Neil MacGregor

Deutschland

Erinnerungen
einer Nation

Neil MacGregor

Deutschland

Erinnerungen einer Nation

Aus dem Englischen
von Klaus Binder

C.H.Beck

The British Museum

BBC RADIO 4 92–95 FM

Frontispiz: Gerhard Richter, Betty, 1991 (Ausschnitt).
Offsetdruck auf Halbkarton, beschichtet mit Nitrozelluloselack,
auf weiße Kunststoffplatte aufgezogen, gerahmt und
verglast. © Gerhard Richter

Die deutsche Originalausgabe erschien zuerst 2015.
2. Auflage. 2016

Titel der englischen Originalausgabe:
«Germany. Memories of a Nation»
First published in Great Britain in the English language by Penguin Books Ltd.
ALLEN LANE an imprint of Penguin Books

By arrangement with the BBC and the British Museum.

Sonderausgabe 2017

Satz: Janß, Pfungstadt
Druck und Bindung: CPI Ebner & Spiegel, Ulm
Umschlaggestaltung: Konstanze Berner, München
Umschlagabbildung: Kriegsflagge der Reichsflotte 1848–1852, Deutsches Historisches Museum, Inventar Fa 77/64/GOS.Nr. MI006839, Fotograf: S. Ahlers
Gedruckt auf säurefreiem, alterungsbeständigem Papier
(hergestellt aus chlorfrei gebleichtem Zellstoff)
Printed in Germany
ISBN 978 3 406 71232 6

www.chbeck.de

Für Barrie Cook
Kurator am British Museum
Polyhistor, Kollege und Berater
sine quo non

KÖNIGREICH DÄNEMARK
NORDSEE
SCHLESWIG
DITHMARSCHEN
HOLSTEIN
Barth
Rostock
Lübeck
Wismar
Neukloster
Ritzebüttel
Ratzeburg
SCHWERIN
MECKLENBURG
OST-FRIESLAND
Jever
Hamburg
Lauenburg
BREMEN
Leeuwarden
Groningen
Bremen
Weser
VERDEN
Elbe
RUPPIN
Havelberg
ALTMARK
Stendal
HOLLAND
UTRECHT
MÜNSTER
Wildeshausen
Verden
BRAUNSCHWEIG-LÜNEBURG
MITTELMARK
HOYA
Lingen
OSNABRÜCK
MINDEN
Hannover
Amsterdam
Bentheim
BRAUNSCHWEIG-KALENBERG
Braunschweig
MAGDEBURG
Tecklenburg
RAVENSBERG
Wolfenbüttel
Magdeburg
Utrecht
GELDERLAND
Münster
LIPPE
HALBERSTADT
BRAUNSCHWEIG
Goslar
Dessau
Wittenberg
Ravenstein
Lippstadt
Paderborn
ANHALT
KURFÜRSTENTUM SACHSEN
KLEVE
Wesel
Dortmund
Nordhausen
Eisleben
Halle
BRABANT
MARK
WESTFALEN
Merseburg
Leipzig
Antwerpen
KÖLN
BERG
Kassel
Waldeck
MAAS
JÜLICH
Köln
Mühlhausen
Brüssel
Aachen
HESSEN
Eisenach
Erfurt
Jena
Altenburg
GRAFSCHAFT SACHSEN
Lüttich
NASSAU
Wetzlar
Zwickau
FULDA
HENNEBERG
LÜTTICH
Koblenz
TRIER
Frankfurt
WÜRZBURG
Mainz
MAINZ
Schweinfurt
BAYREUTH
Eger
LUXEMBURG
Darmstadt
Würzburg
Bamberg
Sedan
Bouillon
Trier
Worms
Luxemburg
ZWEI-BRÜCKEN
PFALZ
Heidelberg
OBERPFALZ
Mosel
Speyer
Nürnberg
Rothenburg
VERDUN
Saarbrücken
Verdun
Metz
METZ
Heilbronn
ANSBACH
BAR
Rhein
Hall
Regensburg
Weißenburg
WÜRTTEMBERG
Eichstätt
Nördlingen
BARROIS
Hagenau
Stuttgart
Esslingen
Donau
Toul
TOUL
Nancy
BADEN
Straßburg
Weil
Reutlingen
Freising
BAYERN
STRASSBURG
Ulm
Augsburg
Schlettstadt
Zollern
KÖNIGREICH FRANKREICH
LOTHRINGEN
Münster
Colmar
Rottweil
Biberach
München
Kaufbeuren
Mühlhausen
FÜRSTENBERG
AUGSBURG
Salzburg
SUNDGAU
Wangen
1507 zu Tirol
Basel
Konstanz
Isny
Kempten
Montbéliard
Lindau
Inn
SALZBURG
BASEL
Zürich
Innsbruck
Besançon
VORARLBERG
TIROL
FREIGRAFSCHAFT BURGUND
Bern
Lienz
Pontarlier
Brixen
EIDGENOSSENSCHAFT SCHWEIZ
Meran
Bozen
Genf
TRIENT
REPUBLIK VENEDIG
SAVOYEN
Trient
Riva
MAILAND
Mailand
Venedig

Das Heilige Römische Reich, um 1500

KÖNIGREICH DÄNEMARK
NORDSEE
SCHLESWIG
HOLSTEIN
POMMERN
MECKLENBURG
Hamburg
BREMEN
Bremen
Weser
Elbe
BRAUNSCHWEIG-LÜNEBURG
SPANISCHE NIEDERLANDE
Amsterdam
MINDEN
Hannover
Braunschweig
Magdeburg
MÜNSTER
Münster
LIPPE
BRAUNSCHWEIG
Wittenberg
KLEVE
WESTFALEN
MARK
BRABANT
Antwerpen
Halle
Leipzig
Kassel
BERG
Maas
Köln
HESSEN
KURFÜRSTENTU
SACHSEN
Brüssel
Aachen
JÜLICH
Lüttich
Erfurt
NASSAU
FULDA
TRIER
Frankfurt
WÜRZBURG
BAYREUTH
Mainz
MAINZ
Eger
LUXEMBURG
Trier
Bamberg
Luxemburg
Worms
PFALZ
Mosel
Nürnberg
Speyer
Verdun
Metz
Rhein
ANSBACH
Eichstätt
Regensburg
WÜRTTEMBERG
Stuttgart
BADEN
Straßburg
Donau
Passa
BAYERN
Augsburg
KÖNIGREICH FRANKREICH
LOTHRINGEN
München
FÜRSTENBERG
AUGSBURG
Salzburg
Montbéliard
Basel
Konstanz
Zürich
SALZBUR
Innsbruck
Inn
FREIGRAFSCHAFT BURGUND
TIROL
Bern
EIDGENOSSENSCHAFT SCHWEIZ
Genf
SAVOYEN
REPUBLIK VENEDIG
MAILAND
Mailand
Venedig

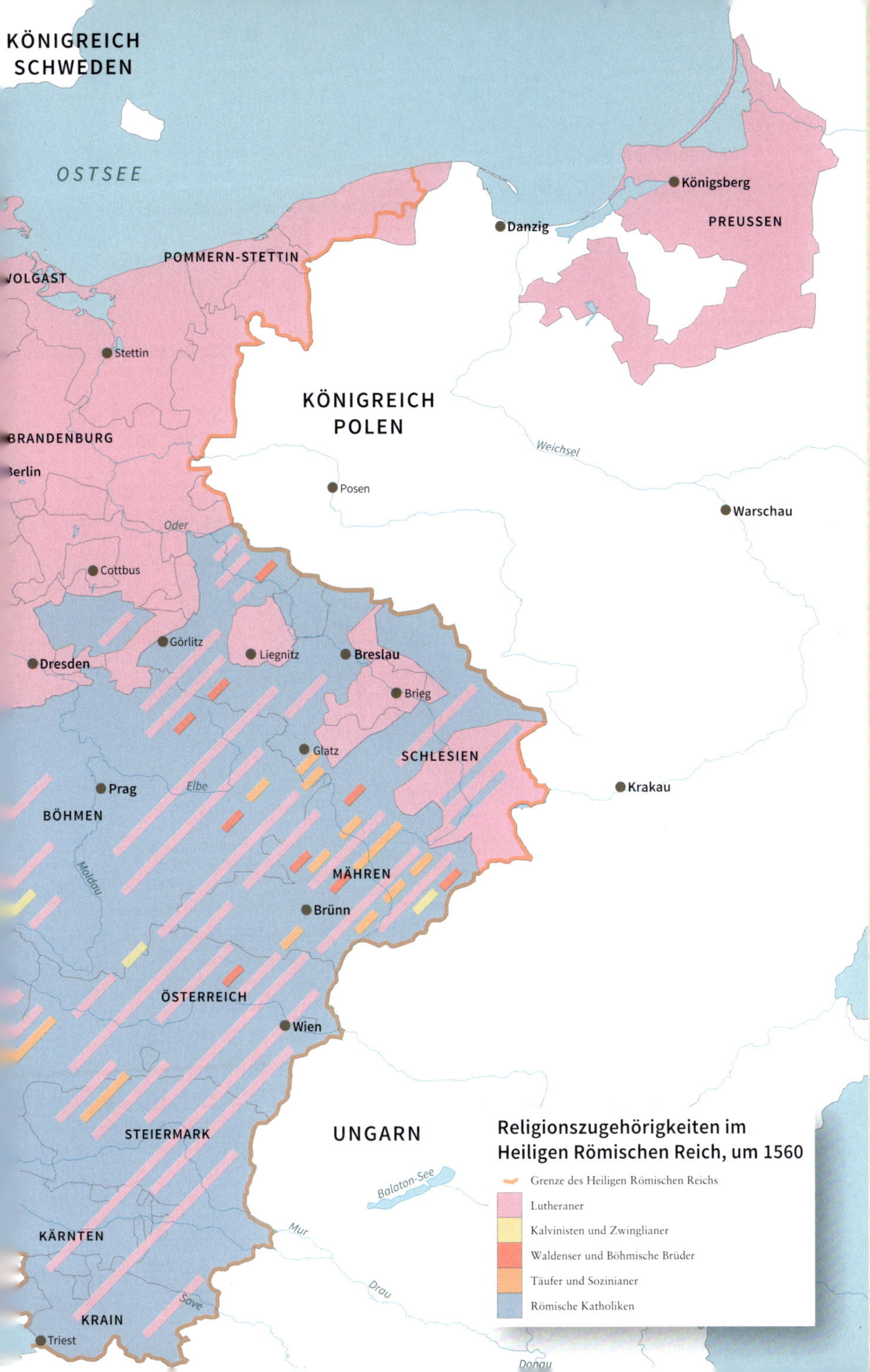
KÖNIGREICH SCHWEDEN
OSTSEE
POMMERN-STETTIN
WOLGAST
Stettin
BRANDENBURG
Berlin
Oder
Cottbus
Görlitz
Dresden
Liegnitz
Breslau
Brieg
Glatz
SCHLESIEN
Prag
Elbe
BÖHMEN
Moldau
MÄHREN
Brünn
ÖSTERREICH
Wien
STEIERMARK
KÄRNTEN
KRAIN
Save
Triest
Danzig
Königsberg
PREUSSEN
KÖNIGREICH POLEN
Weichsel
Posen
Warschau
Krakau
UNGARN
Balaton-See
Mur
Drau
Donau
Religionszugehörigkeiten im Heiligen Römischen Reich, um 1560
Grenze des Heiligen Römischen Reichs
Lutheraner
Kalvinisten und Zwinglianer
Waldenser und Böhmische Brüder
Täufer und Sozinianer
Römische Katholiken

KÖNIGREICH DÄNEMARK
NORDSEE
SCHLESWIG-HOLSTEIN-GOTTORP
HELGOLAND
(zu Holstein)
HOLSTEIN
Lübeck
Rostock
Wismar
Neukloster
Ritzebüttel
-GLÜCKSTADT
Ratzeburg
MECKLENBURG
Jever
OST-
FRIESLAND
Hamburg
Lauenburg
-SCHWERIN
-GÜSTROW
BREMEN
Leeuwarden
Groningen
OLDENBURG
Bremen
Weser
VERDEN
REPUBLIK DER
VEREINIGTEN
NIEDERLANDE
Verden
Havelberg
Wildeshausen
BRAUNSCHWEIG-
LÜNEBURG
Stendal
MÜNSTER
OSNABRÜCK
HOYA
Spandau
Lingen
Hanover
Brandenburg
Potsdam
Amsterdam
MINDEN
MAGDEBURG
Bentheim
BRAUNSCHWEIG-
KALENBERG
Braunschweig
Tecklenburg
RAVENSBERG
Wolfenbüttel
Magdeburg
Utrecht
Münster
LIPPE
BRAUNSCHWEIG
Dessau
Wittenbe
Lippstadt
Paderborn
Goslar
ANHALT
Ravenstein
Maas
Wesel
KLEVE
PADERBORN
Halberstadt
Eisleben
Dortmund
Nordhausen
Halle
MARK
WESTFALEN
zu Mainz
Merseburg
Leipzig
Antwerpen
KÖLN
BERG
Kassel
Naumburg
SACHSEN
Waldeck
Köln
Mühlhausen
Brüssel
Aachen
JÜLICH
HESSEN-KASSEL
Erfurt
Altenburg
LÜTTICH
Lüttich
NASSAU
HESSEN-
DARMSTADT
Eisenach
Jena
SACHSEN
Zwickau
Wetzlar
SPANISCHE NIEDERLANDE
FULDA
Koblenz
TRIER
WÜRZBURG
BAMBERG
Frankfurt
BAYREUTH
Mainz
Schweinfurt
Eger
MAINZ
Trier
Darmstadt
Bamberg
Bouillon
Sedan
Würzburg
PFALZ-SULZBACH
Worms
zu Mainz
Luxemburg
KURPFALZ
Heidelberg
Mosel
Nürnberg
ZWEI-
BRÜCKEN
Rothenburg
Saarbrücken
Speyer
OBERPFALZ
Verdun
Rhein
Heilbronn
ANSBACH
Metz
METZ
Hall
Eichstätt
PFALZ-NEUBURG
Regensburg
BAR
Weißenburg
WÜRTTEMBERG
BARROIS
Hagenau
BADEN
Stuttgart
Nördlingen
Toul
Nancy
Esslingen
Weil
Donau
TOUL
STRASSBURG
Straßburg
Reutlingen
Ulm
Freising
Passa
BAYERN
HOHENZOLLERN
Augsburg
zu
Barrois
Schlettstadt
LOTHRINGEN
Rottweil
Biberach
München
Münster
Colmar
Kaufbeuren
FÜRSTENBERG
AUGSBURG
Mühlhausen
Wangen
Salzburg
SUNDGAU
Kempten
Basel
Konstanz
Isny
Montbéliard
Lindau
SALZBURG
Zürich
Inn
Besançon
VORARLBERG
Innsbruck
FREIGRAFSCHAFT
BURGUND
TIROL
Lienz
Bern
Brixen
EIDGENOSSENSCHAFT SCHWEIZ
Jahr der Unabhängigkeit: 1648
Meran
Bozen
Genf
TRIENT
Trient
REPUBLIK
VENEDIG
SAVOYEN
Riva
MAILAND
Lyon
Rhone
PIEMONT
Mailand
VENEDIG

KÖNIGREICH SCHWEDEN
OSTSEE
ÜGEN
VORPOMMERN
Kolberg
KAMMIN
Kammin
HINTERPOMMERN
Stettin
1637 zu Polen
NEUMARK
BRANDENBURG
Berlin
Storkow
Lebus
Frankfurt
zu Lebus
Schwiebus
Oder
NIEDERLAUSITZ
Cottbus
SAGAN
Sagan
Glogau
OBERLAUSITZ
Görlitz
Meißen
Dresden
Wohlau
Liegnitz
Breslau
Brieg
Oppeln
SCHLESIEN
Beuthen
Leitmeritz
Glatz
KÖNIGREICH BÖHMEN
Prag
Elbe
Jägerndorf
Troppau
Ratibor
Oderberg
Pilsen
Olmütz
MÄHREN
1478 an Ungarn
Moldau
Iglau
Brünn
Budweis
SSAU
ERZHERZOGTUM ÖSTERREICH
Linz
Wien
Preßburg
Waidhofen
KÖNIGLICHES UNGARN
Gröbming
STEIERMARK
Graz
Landsberg
Balaton-See
Villach
KÄRNTEN
Mur
zu Brixen
zu Freising
Laibach
Görz
KRAIN
Save
Drau
Triest
OSMANISCHES REICH
Danzig
Elbing
Marienburg
Marienwerder
Königsberg
PREUSSEN
KÖNIGREICH POLEN
Thorn
Weichsel
Posen
Warschau
Krakau
Mitteleuropa, um 1648
Erzbistum
Grenze des Heiligen Römischen Reichs
Länder der Kirche
Haus Hohenzollern
Haus Wittelsbach (Pfälzische Linie)
Haus Wittelsbach (Bayerische Linie)
Kirchenländer, regiert vom Haus Wittelsbach (Bayerische Linie)
Haus Sachsen (Albertinische Linie)
Haus Sachsen (Ernestinische Linie)
Haus Habsburg (Österreichische Linie)
Kirchenländer, regiert vom Haus Habsburg (Österreichische Linie)
Haus Habsburg (Spanische Linie)
Freie Kantone der Eidgenossenschaft Schweiz
Verbündete Kantone der Eidgenossenschaft Schweiz
Freie Reichsstädte
Französische Eroberungen 1552/1648
Kleinere Staaten

KÖNIGREICH DÄNEMARK
NORDSEE
SCHLESWIG
HOLSTEIN
Lübeck
Hamburg
SCHWEDISCH POMMERN
MECKLENBURG-SCHWERIN
MECKLENBUR
REPUBLIK DER VEREINIGTEN NIEDERLANDE
OLDENBURG
Bremen
Weser
HANNOVER
Stendal
Potsdam
Amsterdam
Osnabrück
MÜNSTER
Münster
Hannover
Magdeburg
Maas
Dortmund
Halle
Leipzig
SACHSEN
Kassel
Antwerpen
KÖLN
BERG
Köln
LÜTTICH
JÜLICH
Brüssel
Lüttich
Erfurt
Jena
HESSEN-DARMSTADT
FULDA
ÖSTERREICHISCHE NIEDERLANDE
TRIER
WÜRZBURG
BAMBERG
Frankfurt
Mainz
MAINZ
Eger
Trier
Würzburg
Bamberg
Luxemburg
Mosel
Speyer
Heilbronn
Rhein
SAARWERDEN
BADEN
Regensburg
LOTHRINGEN
Stuttgart
WÜRTTEMBERG
Donau
Straßburg
SALM
Passa
KÖNIGREICH FRANKREICH
BAYERN
ELSASS
Augsburg
München
Mühlhausen
AUGSBURG
Salzburg
Montbéliard
Basel
SALZBURG
Besançon
Zürich
Inn
LIECHTENSTEIN
Innsbruck
TIROL
Bern
Lienz
Brixen
EIDGENOSSENSCHAFT SCHWEIZ
Genf
TRIENT
Trient
REPUBLIK VENEDIG
SAVOYEN
Lyon
Rhone
KÖNIGREICH SARDINIEN
PIEMONT
Mailand
Venedig

KÖNIGREICH SCHWEDEN
OSTSEE
Königsberg
OSTPREUSSEN
Danzig
Elbing
Marienburg
Marienwerder
ERMLAND
Kolberg
POMMERN
WESTPREUSSEN
KÖNIGREICH PREUSSEN
Stettin
Thorn
Weichsel
MASOWIEN
Frankfurt
Kunersdorf
Posen
GROSSPOLEN
Warschau
Oder
KÖNIGREICH POLEN
Cottbus
Dresden
Liegnitz
Breslau
Landshut
SCHLESIEN
KLEINPOLEN
KÖNIGREICH BÖHMEN
Prag
Elbe
Krakau
ÖSTERREICHISCH-SCHLESIEN
Teschen
Pilsen
Olmütz
GALIZIEN UND LODOMERIEN
Moldau
MÄHREN
Brünn
Budweis
ERZHERZOGTUM ÖSTERREICH
Wien
Preßburg
KÖNIGREICH UNGARN
STEIERMARK
St. Gotthard
Balaton-See
KÄRNTEN
Mur
Laibach
Drau
Save
Görz
KRAIN
Triest
KROATIEN
Mitteleuropa, um 1786
Grenze des Heiligen Römischen Reichs
Länder der Kirche
Haus Hohenzollern, Brandenburg-Preußen
Haus Wettin (Albertinische Linie)
Kirchenländer, regiert vom Haus Wettin
Haus Wittelsbach (Bayerische Linie), vereint ab 1777
Kirchenländer, regiert vom Haus Wittelsbach (Bayerische Linie)
Haus Habsburg (Österreichische Linie 1740 ausgestorben, fortgesetzt von Habsburg-Lothringen)
Kirchenländer, regiert vom Haus Habsburg
Großbritannien und Hannover, vereinigt seit 1714
Kleinere Staaten

KÖNIGREICH DÄNEMARK
NORDSEE
SCHWEDISCH POMMERN
Lübeck
HERZOGTUM MECKLENBURG-SCHWERIN
HERZOGTUM MECKLENBURG STRELITZ
Jever
Hamburg
Bremen
Weser
HANNOVER
Stendal
BRANDENBUR
KÖNIGREICH WESTFALEN
Hannover
Potsdam
Amsterdam
Osnabrück
Braunschweig
KÖNIGREICH HOLLAND
Magdeburg
Münster
Maas
Halle
Leipzig
Antwerpen
Kassel
GROSS-HERZOGTUM HESSEN-DARMSTADT
GROSS-HERZOGTUM BERG
Köln
Brüssel
Aix-la-Chapelle
Erfurt
Lüttich
THÜRINGISCHE HERZOGTÜMER
KAISERREICH FRANKREICH
GROSS-HERZOGTUM FRANKFURT
GROSS-HERZOGTUM WÜRZBURG
Frankfurt
PROVINZ BAYREUTH
Mainz
Eger
Trier
Würzburg
Luxemburg
Mosel
Nürnberg
KÖNIGREICH BAYERN
Rhein
KÖNIGREICH WÜRTTEMBERG
Regensburg
Stuttgart
Donau
Straßburg
Ulm
GROSS-HERZOGTUM BADEN
Augsburg
München
Salzburg
Basel
SALZBU
Zürich
Inn
LIECHTENSTEIN
Innsbruck
SCHWEIZ
Neuenburg
Bern
TIROL
Lienz
Brixen
Genf
REPUBLIK WALLIS
KÖNIGREICH ITALIEN
Trient
VENETIEN
Lyon
Rhone
Mailand
Verona
Venedig

KÖNIGREICH SCHWEDEN
BORNHOLM
OSTSEE
ÜGEN
Königsberg
Danzig
REPUBLIK DANZIG
Kolberg
Stettin
Graudenz
KÖNIGREICH PREUSSEN
Thorn
Weichsel
HERZOGTUM WARSCHAU
erlin
Frankfurt
Posen
Warschau
Oder
Cottbus
ÖNIGREICH SACHSEN
Breslau
Dresden
SCHLESIEN
Krakau
Prag
Elbe
Ratibor
BÖHMEN
ÖSTERREICHISCH-SCHLESIEN
Pilsen
Olmütz
Moldau
MÄHREN
Iglau
Brünn
Budweis
sau
KAISERTUM ÖSTERREICH
Donau
Wagram
Wien
Aspern
Preßburg
Buda (Ofen)
STEIERMARK
KÖNIGREICH UNGARN
Balaton-See
KRAIN
Drau
Mur
Laibach
Save
Drau
ILLYRISCHE PROVINZEN
Triest
(KÖNIGREICH) SLAWONIEN
Deutschland unter Napoleon, 1810
Grenzen des Rheinbundes
Kleinere Staaten

KÖNIGREICH DÄNEMARK
Kopenhagen
NORDSEE
SCHLESWIG
Kiel
Stralsund
HOLSTEIN
Lübeck
GROSSHERZOGTUM MECKLENBURG -SCHWERIN
Hamburg
-STRELI
Bremen
Weser
GROSSHERZOGTUM OLDENBURG
HANNOVER
Elbe
BRANDENBU
KÖNIGREICH NIEDERLANDE
Berli
SCHAUMBURG-LIPPE
Hannover
KÖNIGREIC
HERZOGTUM BRAUNSCHWEIG
Münster
LIPPE-DETMOLD
Rhein
Paderborn
HERZOGTUM ANHALT
WESTFALEN
WALDECK-PYRMONT
Antwerpen
Leipzig
SACHSEN
Köln
Langensalza
Erfurt
KÖNIGREI SACHSE
Brüssel
RHEIN-PROVINZ
HESSEN-NASSAU
KÖNIGREICH BELGIEN
GROSSHERZOGTUM HESSEN-DARMSTADT
THÜRINGISCHE STAATEN
Koblenz
Frankfurt
GROSSHERZOGTUM LUXEMBURG
Main
Sedan
1867 neutral
LICHTENBERG
PFALZ
Metz
KÖNIGREICH BAYERN
ELSASS-LOTHRINGEN
KÖNIGREICH WÜRTTEMBERG
Straßburg
Donau
KAISERREICH FRANKREICH
PROVINZ HOHENZOLLERN
Rhein
GROSS-HERZOGTUM BADEN
München
Basel
Inn
LIECHTENSTEIN
Bad Gaste
EIDGENOSSENSCHAFT SCHWEIZ
Genf
Rhone
Mailand
Venedig

KÖNIGREICH
SCHWEDEN
OSTSEE
GEN
Memel
Königsberg
Danzig
WEST- OST-
PREUSSEN
vereint 1824–1878
POMMERN
Stettin
RUSSISCHES
KAISERREICH
Weichsel
Bug
POSEN
Posen
Warschau
REUSSEN
Oder
KÖNIGREICH POLEN
SCHLESIEN
Breslau
Königgrätz
Prag
Elbe
Krakau
ÖSTERREICHISCH-
UNGARISCHE
MONARCHIE
(ab 1867)
Moldau
Nikolsburg
Donau
Wien
Deutschland, 1864–71
Grenze des Norddeutschen Bundes, 1867
Grenze des Deutschen Reichs, 1871
Preußen, 1864
Preußen, Territorialgewinne 1865/66
Reichsland Elsass-Lothringen, 1871
Freie Städte
Balaton-See
Drau
Mur
Laibach
Save
Triest

SCHWEDEN
REICHSKOMMISSARIAT NORWEGEN
SHETLAND-INSELN
Bergen
Oslo
Uppsala
Stockholm
ORKNEY-INSELN
Scapa Flow
Stavanger
Göteborg
Kalmar
ÖLAN
DÄNEMARK
Glasgow
Edinburgh
NORDSEE
Kopenhagen
Malmö
BORNHOLM
Belfast
GROSSBRITANNIEN
Leeds
Lübeck
Hamburg
Stettin
Dublin
Liverpool
Manchester
IRLAND
REICHSKOMMISSARIAT NIEDERLANDE
Bremen
Amsterdam
Norwich
Birmingham
Potsdam
Berlin
Posen
Den Haag
Cardiff
Bristol
London
Dortmund
Leipzig
Dresden
Breslau
Dünkirchen
BELGIEN
Lille
Brüssel
Köln
Deutschland
Ärmelkanal
Frankfurt
Main
Prag
PROTEKTORAT BÖHMEN-MÄHREN
KANALINSELN
Le Havre
Rouen
Nürnberg
Rhein
Paris
Seine
Brest
ELSASS-LOTHRINGEN
Stuttgart
Rennes
München
Wien
Orléans
Salzburg
Basel
Loire
FRANKREICH
LIECHTENSTEIN
Innsbruck
ÖSTERREICH
Nantes
Bern
SCHWEIZ
Trient
Vichy
Limoges
Lyon
Mailand
Venedig
Triest
Zagreb
Save
Grenoble
Turin
Bordeaux
Genua
KROATIE
Garonne
SAN MARINO
Nizza
Florenz
Toulouse
Marseille
Mosta
La Coruña
ELBA
ITALIEN
Adria
Pamplona
Dubrov
Burgos
ANDORRA
KORSIKA
Ebro
VATIKANSTADT
Bragança
Valladolid
Saragossa
Rom
Barcelona
Neapel
PORTUGAL
Madrid
SPANIEN
Tajo
Toledo
SARDINIEN
Valencia
BALEAREN
Guadiana
MITTELMEER
Palermo
Sevilla
Cartagena
SIZILIEN
Granada
Algier
Tunis
Gibraltar zu GB
Tanger
Ceuta
TUNESIEN
MALTA
Oran
SPANISCH-MAROKKO
Melilla zu Spanien
ALGERIEN
MAROKKO
LIBYEN

Europa im November 1942
Weiteste Ausdehnung der deutschen Herrschaft
Grenzen Deutschlands von 1937
Deutsches Reich mit Österreich und Protektorat Böhmen und Mähren
Territorien unter deutscher Verwaltung
Territorien unter deutscher Besatzung
Achsenmächte
Von Achsenmächten besetzte Territorien
Vichy-Frankreich (besetzt im November 1942)
Italien mit besetzten Territorien
Unbesetzte Territorien der UdSSR
Vereinigtes Königreich und britische Mandatsgebiete
Neutrale Staaten
FINNLAND
Vaasa
Turku
Aland
Hanko
Helsinki
Finnischer Meerbusen
Viborg (Viipuri)
Ladoga-See
Onega-See
Leningrad
Narva
Reval (Tallinn)
Peipus-See
Tartu
Pskow
Nowgorod
Wologda
Wolga
Kalinin
OSTSEE
OTLAND
Riga
REICHSKOMMISSARIAT OSTLAND
SOZIALISTISCHE SOWJETREPUBLIKEN
Gorki
Moskau
RSFSR
Königsberg
Danzig
Kaunas
Wilna (Vilnius)
Minsk
Smolensk
Białystok
Warschau
Pripjet
Gomel
odz
GENERAL-GOUVERNEMENT
Woronesch
Kiew
Krakau
Lemberg (Lwow)
REICHSKOMMISSARIAT UKRAINE
Charkow
Poltawa
Don
Donez
SLOWAKEI
Stalingrad
TRANSNISTRIEN
BESSARABIEN
Dnjepropetrowsk
Budapest
Debrecen
Iași
Dnjepr
Rostow
Don
NGARN
Szeged
RUMÄNIEN
Odessa
Cherson
Timișoara
Asowsches Meer
KRIM
Kertsch
Krasnodar
Stawropol
Belgrad
Sewastopol
Jalta
SERBIEN
Bukarest
Konstanza
arajewo
Nis
BULGARIEN
Warna
SCHWARZES MEER
GEORGIEN
ONTE-
EGRO
Sofia
Plowdiw
Skopje
Edirne
Bosporus
rës
Tirana
Istanbul
LBANIEN
Saloniki
Marmara
İzmit
Bursa
Ankara
Ioannina
Ägäis
GRIECHENLAND
TÜRKEI
İzmir
Patras
Athen
Konya
PELOPONNES
Antalya
Rhodos
KRETA
Nikosia
ZYPERN
JORDANIEN

DÄNEMARK
Kopenhagen
Flensburg
Kiel
SCHLESWIG-HOLSTEIN
Stralsund
Lübeck
HAMBURG
Hamburg
Schwerin
Oldenburg
BREMEN
Bremen
NIEDERSACHSEN
NIEDERLANDE
Amsterdam
Hannover
Potsdam
Osnabrück
Braunschweig
Magdeburg
Münster
Bielefeld
SACHSEN-ANHALT
Maas
NORDRHEIN-WESTFALEN
Dortmund
Göttingen
Kassel
Leipzig
Antwerpen
Düsseldorf
THÜRINGEN
Köln
Erfurt
Brüssel
Bonn
HESSEN
BELGIEN
Koblenz
Coburg
Mosel
Frankfurt
Wiesbaden
Mainz
RHEINLAND-PFALZ
LUXEMBURG
Würzburg
BAYERN
Mannheim
SAARLAND
Heidelberg
Nürnberg
Saarbrücken
Regensburg
Stuttgart
Ingolstadt
Strasbourg
BADEN-WÜRTTEMBERG
FRANKREICH
Ulm
Augsburg
München
Freiburg
Salzburg
Basel
Dijon
Zürich
LIECHTENSTEIN
Innsbruck
Bern
SCHWEIZ
Genf
Lyon
ITALIEN
Mailand
Verona
Venedig

Das wiedervereinigte Deutschland mit den Bundesländern

DEM BAYERISCHEN HEERE

Einleitung

Denkmale und Erinnerungen

Deutschlands Denkmale sind anders als die anderer Länder.

Seit Mitte des 19. Jahrhunderts wurden Besucher, ob sie nach Paris, London oder nach München kamen, in jeder dieser Städte von einem Triumphbogen im römischen Prunkstil begrüßt, der an die nationalen Siege in den Kriegen erinnern sollte, die Europa zwischen 1792 und 1815 erschüttert hatten. Nahe Hyde Park Corner errichteten die Briten den Wellington Memorial Arch, den sie ein Jahrhundert später mit einer riesigen Bronze-Quadriga krönten. Er erhob sich nicht genau dort, wo damals die westliche Grenze Londons verlief, sondern stand direkt vor dem Haus des Siegers von Waterloo. Der Arc de Triomphe, kolossal und überdimensioniert, geschmückt mit Reliefs, die in die Schlacht ziehende Soldaten zeigen, steht inmitten eines Sterns aus breiten Avenuen, von denen drei nach den großen Siegen Napoleons über Preußen und Österreich benannt sind.

Das Münchner Siegestor wurde in den 1840er Jahren errichtet, um den Heldenmut Bayerns in den Revolutions- und Befreiungskriegen zu feiern. Wie sein römisches Vorbild, der Konstantinsbogen, ist auch das Siegestor reich geschmückt, Reliefskulpturen zieren die beiden oberen Register der Nordseite. Über dem Tor erhebt sich die Bronzefigur der Bavaria in ihrer von Löwen gezogenen Quadriga: Mit stolzem Blick schaut sie nach Norden, in die Richtung, aus der die meisten Besucher in die Stadt laufen oder fahren. Unter der Figur die Inschrift: «Dem Bayrischen Heere», um die zu ehren, für deren Heldentaten das Tor errichtet wurde.

Das Siegestor in München, Nordseite.

DEM SIEG GEWEIHT VOM KRIEG ZERSTÖRT ZVM FRIEDEN MAHNEND

Arc de Triomphe, Paris.

Wellington Arch, Hyde Park Corner, London.

So weit, so konventionell. Auf den ersten Blick wird man denken, Wellington Arch, Arc de Triomphe und Siegestor tun das Gleiche auf genau die gleiche Weise. Was den Münchner Triumphbogen jedoch so interessant macht, ist seine Südseite, denn sie erzählt eine ganz andere Geschichte. Das Siegestor wurde im Zweiten Weltkrieg schwer beschädigt, doch bei seiner Restaurierung wurden keinerlei Anstalten gemacht, auch die von Bomben zerstörten Reliefs der Südseite vollständig wiederherzustellen. Auf der Südseite zeigt das obere Register eine nackte Steinfläche, sonst nichts. Am unteren Rand dieser großen Leere stehen die Worte: «Dem Sieg geweiht, vom Krieg zerstört, zum Frieden mahnend».

Wo die Bögen in London und Paris auf Augenblicke der größten Erfolge zurückblicken und damit eine wohltuende, wenn auch selektive Erzählung des nationalen Triumphs präsentieren, da spricht das Münchner Tor von beidem: vom gloriosen Anlass seiner Errichtung und von den Umständen seiner späteren Zerstörung. Anders als bei den beiden anderen Toren steht der ursprünglich feierlichen Absicht eine eher quälende Erinnerung an Niederlage und Schuld entgegen. Dieses Tor verkündet eine moralische Botschaft: Die Vergangenheit hält Lehren bereit, die genutzt werden müssen, um die Zukunft zu formen.

Das Siegestor in München, Südseite.

Damit haben wir vielleicht am genauesten bezeichnet, welche Rolle Geschichte in Deutschland spielt: Sie liefert nicht nur ein Bild der Vergangenheit, sondern führt das Vergangene entschieden und mahnend nach vorne, in die Zukunft.

Wenn deutsche Monumente sich von denen anderer Länder unterscheiden, dann tun sie dies, weil auch die deutsche Geschichte eine andere ist. Großbritannien wie Frankreich, geprägt durch eine über Jahrhunderte hinweg starke Zentralmacht, können ihre jeweilige Geschichte (mehr oder weniger) glaubhaft als eine einzige nationale Erzählung präsentieren. Deutschlands lange Zersplitterung in autonome Staaten macht diese Art der Geschichtspräsentation unmöglich: Über ihre längsten Zeitabschnitte hinweg kann deutsche Geschichte keine einheitliche nationale Erzählung sein. Wohl bot das Heilige Römische Reich (Karte 1), das den größten Teil des deutschsprachigen Europa umfasste, einen Rahmen. Dieser erlaubte es zwar, ein Gefühl des Deutschseins, deutscher Zugehörigkeit zu entwickeln, aber dies Reich war kaum in der Lage, die vielen politischen Einheiten, die es ausmachten, zu koordinieren, geschweige denn einheitlich zu regieren. Infolgedessen ist ein Großteil der deutschen Geschichte zusammengesetzt aus verschiedenen, manchmal gegensätzlichen lokalen Erzählungen.

Vielleicht am deutlichsten lassen sich solche Gegensätze und Konflikte an der Gestalt Friedrichs des Großen erkennen, Mitte des 18. Jahrhunderts König von Preußen. In anderen Ländern hätten ihm seine militärischen Erfolge den Status eines Nationalhelden gesichert. Doch Friedrichs Siege – und gewiss die meisten seiner territorialen Gewinne für Preußen – gingen vor allem zu Lasten anderer deutscher Staaten: In Berlin ein Held, war er in Dresden ein Schurke. Im Lauf des wechselvollen Siebenjährigen Krieges (1756–1763) konnte Preußen die Sachsen zuletzt schlagen, und 1760 richteten Friedrichs Soldaten in der sächsischen Hauptstadt schweren Schaden an. Bernardo Bellottos Gemälde zeigen das barocke Dresden als eine der schönsten Städte Europas, aber er hielt auch die Kreuzkirche fest, die preußische Kanonen zur Ruine geschossen hatten. In Großbritannien wiederum wurde Friedrich der Große verehrt und gefeiert: als Hauptverbündeter im Siebenjährigen Krieg gegen Frankreich. Die Royal Worcester Manufaktur zollte ihm Tribut mit einer ganzen Porzellanserie, und noch 1914 gab es in ganz England

Pubs, die sich stolz *The King of Prussia* nannten. Einen gesamtdeutschen Blick auf den Preußenkönig jedoch konnte es nicht geben: Weder wurde Friedrich von der Meißener Manufaktur verewigt, noch trägt irgendein sächsisches Wirtshaus seinen Namen. Eine ähnliche Ambivalenz zeigt das Münchner Siegestor. Gewidmet ist es dem «Bayrischen Heere» und verschweigt damit den peinlichen Umstand, dass diese Armee während der Napoleonischen Kriege die meiste Zeit an der Seite Frankreichs gegen andere deutsche Staaten kämpfte. So ist das Siegestor ein zweifach zweideutiges Denkmal: ein nicht-triumphaler Triumphbogen, der an Niederlagen ebenso erinnert wie an Siege, und überdies an die unbequeme Tatsache, dass die Gegner der bayerischen Soldaten ebenso gut Deutsche sein konnten wie Nichtdeutsche.

Deutschlands Geschichte ist also unvermeidlich fragmentiert, gleichermaßen bereichernd wie verwirrend. Natürlich existierte das starke Bewusstsein, zur gleichen Familie zu gehören, aber bis zur Reichseinigung von 1871 gab es nur ein unstetes Gefühl gemeinsamer Interessen. Gleichwohl gibt es eine große Zahl von kollektiven Erinnerungen daran, was Deutsche getan und erlebt haben: Einige dieser Erinnerungen aufzurufen und sich mit ihnen zu beschäftigen, ist die Absicht dieses Buches. Es versucht nicht – könnte dies auch gar nicht –, in irgendeinem Sinn deutsche Geschichte zu schreiben, sondern es will einigen prägenden Zügen von Deutschlands heutiger nationaler Identität nachgehen, und dies anhand von Objekten und Bauwerken, von Menschen und Orten. Das älteste Objekt ist die Gutenberg-Bibel aus den 1450er Jahren, dem vielleicht frühesten Zeitpunkt, an dem Deutschland den Lauf der Weltgeschichte nachhaltig mitbestimmt, ja eine der Grundlagen der gegenwärtigen Kultur Europas gelegt hat. Das jüngste Objekt ist das vor nicht allzu langer Zeit restaurierte Reichstagsgebäude, Sitz des Deutschen Bundestages. Wo es um Erinnerungen geht, gibt es kein Ende: Ich habe versucht, solche auszuwählen, die besonders erhellend sind, die wahrscheinlich von den meisten Deutschen geteilt werden, aber auch solche, die nicht jedermann gleich in den Sinn kommen.

Viele dieser Erinnerungen werden natürlich auch von Schweizern und Österreichern geteilt, dieses Buch aber handelt von dem Deutschland, das vor 25 Jahren entstand, und von den Erinnerungen der

Nächste Doppelseite: Bernardo Bellotto, *Die Ruinen der Kreuzkirche*, Dresden, 1765; sie wurde 1760 von preußischer Artillerie zerstört.

Menschen, die heute in diesem Land leben. Sehr früh schon hat sich die Schweiz politisch vom übrigen Deutschland gelöst, und ihre Neutralität in den beiden Kriegen des letzten Jahrhunderts hat ihr eine ganz eigene Geschichte gegeben. Auch Österreich, dessen Geschichte sehr viel enger mit der seines Nachbarn verknüpft ist, ist von diesem in vielen wesentlichen Aspekten unterschieden. So wurde es nicht durch die Reformation fortdauernd gespalten; auf die napoleonischen Überfälle reagierte es nicht mit der Weckung eines deutschen Nationalgefühls, sondern bemühte sich eher, das Habsburgerreich zu konsolidieren; und es wurde während des Kalten Krieges nicht für viele Jahre geteilt mit all den Folgen, die Deutschland daraus erwachsen sind. Vor allem: Österreich hat sich der schmerzlichen öffentlichen Aufarbeitung der Erinnerungen und der Schuld aus der NS-Zeit nicht mit der Strenge und Integrität unterzogen wie das heutige Deutschland. Ein Buch, das österreichische Erinnerungen beinhalten würde, müsste ganz anders aussehen als dieses.

Alle großen Länder versuchen eine Lesart ihrer Geschichte zu konstruieren, die sie ermutigend und mit Zuversicht zu ihrer aktuellen Stellung in der Welt führt. Die Vereinigten Staaten, stark in ihrer Selbstwahrnehmung als «city upon a hill», waren lange Zeit in der Lage, zu ihrer «manifest destiny» zu stehen. In anderer Weise sahen auch Großbritannien und Frankreich ihre politische Entwicklung als Vorbild für die Welt, an dem sie auch andere durch ihre imperiale Expansion großzügig teilhaben ließen. Nachdem Bismarck die deutschen Einzelstaaten 1871 zu einem Reich zusammengeschmiedet und das Reich seinen Weg zur führenden Industriemacht zurückgelegt hatte, hätte auch Deutschland sich einen ähnlichen nationalen Mythos zurechtlegen können. Doch die Niederlage im Ersten Weltkrieg, der Zusammenbruch der Weimarer Republik und die mörderische Politik des Dritten Reichs haben solche Narrative unmöglich gemacht. Vergeblich haben deutsche Historiker versucht, die unterschiedlichen Puzzleteile zusammenzusetzen, aber keinem ist es wirklich gelungen, die großen intellektuellen und kulturellen Leistungen des 18. und 19. Jahrhunderts überzeugend mit dem moralischen Absturz der NS-Zeit zusammenzufügen; es gibt kein nachvollziehbares Muster. Die deutsche Geschichte ist so tief beschädigt, dass sie

Georg Baselitz, *Adler*, kopfüber und mit den Farben der Deutschlandfahne, 1977.

sich nicht reparieren lässt, aber vielleicht muss sie gerade deshalb immer wieder von neuem betrachtet werden – eine Sicht der Dinge, für die Georg Baselitz mit seiner zerfetzten, verwirrend kopfstehenden Deutschlandfahne ein Bild gefunden hat.

*

So unterschiedlich die Erfahrungen der verschiedenen Regionen und Staaten Deutschlands sein mögen, alle sind sie gezeichnet von vier großen Traumata, die in der nationalen Erinnerung lebendig blieben.

Das erste ist der Dreißigjährige Krieg (1618–1648), in dessen Kämpfe jeder deutsche Staat verwickelt war und auch die Armeen aller großen europäischen Mächte – mit entsetzlichen Folgen für die zivile Bevölkerung und das Wirtschaftsleben. Die Heere, die kreuz und quer durchs Land zogen, verbreiteten Terror und Pest. Jacques Callot hat die Grausamkeiten festgehalten, unter denen Dorfbewohner aus Lothringen (damals ein Teil des Heiligen Römischen Reichs) zu leiden hatten. Schrecken wie diese erlebten die Menschen überall in Deutschland, und diese Schrecken wurden nie vergessen. Die wirtschaftlichen Auswirkungen dieses Krieges, so glauben viele Deutsche, blieben bis weit ins 19. Jahrhundert hinein spürbar. Anfang Mai 1945

Jacques Callot, *Der Galgenbaum*, aus der Serie *Das Elend und Unglück des Krieges*, um 1633.

Adolph Menzel, *Germania*, 1846–57.

befahl Hitlers Nachfolger Admiral Dönitz der deutschen Wehrmacht das Ende der Kampfhandlungen, und Albert Speer, Hitlers Architekt und Rüstungsminister, begründete die Kapitulation historisch:

> Die Zerstörung, die Deutschland beigebracht worden ist, kann nur mit der des Dreißigjährigen Kriegs verglichen werden. Die Dezimierung unsers Volks durch Hunger und Mangel darf nicht das Ausmaß dieser Epoche erreichen.

Nach Beginn der europäischen Revolutionskriege 1792 erlebten viele Deutsche den Einmarsch der französischen Revolutionsarmee im Rheinland und die Annexion großer Gebiete in Deutschlands Westen. Viele historische Städte, Mainz, Aachen, Köln und andere, fielen an Frankreich und blieben nahezu zwanzig Jahre französisch. 1806, nach der Niederlage der preußischen Armee bei Jena und Auerstedt, ritt Napoleon triumphierend in Berlin ein. 1812 hielt die französische Armee vom

Rhein bis zur russischen Grenze praktisch ganz Deutschland besetzt. Von deutschem Boden ging kein militärischer Widerstand mehr aus. Jeder deutsche Regent musste Truppen stellen für Napoleons Russlandfeldzug, eine bittere Demütigung. Gerade sie aber trieb die Nation dazu an, sich auf neue Weise zu definieren und im Widerstand gegen den Eindringling zu einigen. Die Erinnerung an die Erniedrigung von 1806 brannte sich damals ins Bewusstsein aller Deutschen ein und blieb virulent bis zum Ende des 19. Jahrhunderts und darüber hinaus.

Das verheerendste und hartnäckigste der vier Traumata war das Dritte Reich. Dieser Ausschneidebogen für Kinder – Hitler, der eine Parade von NS-Braunhemden abnimmt – zeigt, wie weitgreifend das NS-Regime das Alltagsleben der Deutschen infiltriert und vergiftet hat. Die Verbrechen, die

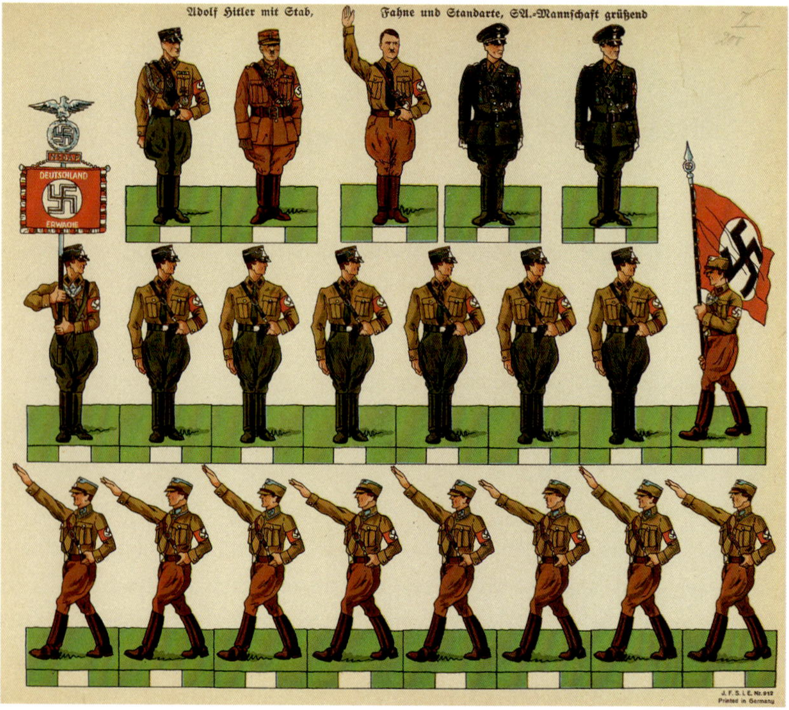

Ausschneidebogen für Kinder, um 1935.

Hamburg, nach den alliierten Bombenangriffen von 1943.

während der NS-Zeit verübt wurden, in Deutschland wie in ganz Europa, die Mitwirkung an diesen Verbrechen durch Mitglieder fast aller Familien, sind eine von vielen Deutschen geteilte Erinnerung – in vielen Fällen auch ein geteiltes Schweigen. Diese hoch belastete Erinnerung ist noch lange nicht ausgetrieben. Der fürchterliche Preis, den die deutsche Bevölkerung zu zahlen hatte, Flucht und Vertreibung aus dem Osten, die Zerstörung von Städten wie Hamburg und Dresden (vgl. Kapitel 27), ist eine zweite Erinnerung, die das Dritte Reich fast allen Deutschen hinterlassen hat.

Die letzte Folge des nationalsozialistischen Angriffskriegs waren der Einmarsch und die Besetzung ganz Deutschlands durch die vier Alliierten und die lange währende Teilung des Landes: die Bundesrepublik im Westen, die Deutsche Demokratische Republik im Osten. Die Teilung verurteilte Ostdeutschland zu weiteren vierzig Jahren Diktatur und Unterdrückung. Die Kosten der Teilung, sinnbildlich geworden in den Menschen, die starben, als sie verzweifelt versuchten, die Berliner Mauer zu überwinden, entziehen sich noch immer einer angemessenen Einschätzung.

Fünfundzwanzig Jahre ist es inzwischen her, dass die Mauer fiel; fast ebenso lange, seit ein neues Deutschland entstanden ist. In dieser Zeit haben die Deutschen enorme Anstrengungen unternommen, offen und mutig über ihre nationale Geschichte nachzudenken. Die Wiedervereinigung Deutschlands fiel zusammen mit einer klarsichtigeren historischen Untersuchung der Verbrechen, an denen große Teile der deutschen Bevölkerung mitgewirkt hatten und die bislang einfach nur den «Nazis» zugeschrieben worden waren. Als das «neue Berlin» entstand, gab es bewusste Versuche, die schmerzlichsten Erinnerungen öffentlich zu machen; das sichtbarste Beispiel dafür ist das Holocaust-Denkmal für die in Europa ermordeten Juden. Auch daran lässt sich ablesen, dass deutsche Denk- und Mahnmale denen anderer Länder nicht gleichen. Jedenfalls kenne ich kein anderes Land, das in der Mitte seiner Hauptstadt ein Mahnmal der eigenen Schande errichtet hätte. Wie das Siegestor in München dient dieses Denkmal nicht nur der Erinnerung an die Vergangenheit, es soll auch dazu beitragen, dass die Zukunft eine andere wird – der wohl noch wichtigere Aspekt. Historische Forschung, so der Historiker und Publizist Michael Stürmer, sollte in Deutschland für lange Zeit vor allem dafür sorgen, dass «so etwas niemals wieder geschehen kann».

Peter Fechter, 18 Jahre alt, ist der erste, der beim Versuch, die Mauer zu überwinden, erschossen wurde; August 1962.

Die Fotografie auf den folgenden Seiten zeigt drei große Monumente in der Mitte des heutigen Berlin. Rechts in mittlerer Entfernung sieht man die Quadriga auf dem Brandenburger Tor, Gegenstand meines ersten Kapitels. Dahinter dann den Reichstag, Gegenstand meines letzten Kapitels. Im Vordergrund sieht man das Holocaust-Mahnmal, das an Ereignisse erinnert, die in späteren Abschnitten dieses Buches behandelt werden. Zusammengenommen lassen diese drei Monumente und ihre jeweilige Bedeutung viel davon erkennen, auf welch einzigartige Weise das heutige Deutschland mit seinem historischen Erbe und seinen komplexen, sich wandelnden Erinnerungen ringt.

Nachfolgende Doppelseite: Blick auf Reichstagsgebäude und Quadriga, gesehen vom Denkmal für die ermordeten Juden Europas aus.

Teil Eins

Wo liegt Deutschland?

«Deutschland? aber wo liegt es? Ich weiß das Land nicht zu finden», schrieben Goethe und Schiller 1796. In Deutschland waren Geographie und Geschichte stets veränderlich. Grenzen wandern. Die Vergangenheit wandelt sich. Städte und Regionen, die jahrhundertelang deutsch waren, sind nun feste Bestandteile anderer Staaten. Was bedeutet das für sie, was für die Deutschen? Für die längste Zeit der 500 Jahre, mit denen sich dieses Buch beschäftigt, bestand Deutschland aus vielen politischen Einheiten, und jede hatte eine eigene Geschichte. Schwächt eine solche Aufteilung, oder bereichert sie durch Vielfalt?

1
Der Blick vom Tor

Wenn das heutige Deutschland so etwas hat wie einen Anger, eine Allmende, einen Platz für große Feste und Versammlungen, dann ist es wohl das Areal rund um das Brandenburger Tor. Seit langem ist dies die bevorzugte Szenerie für Treffen und Umzüge der Stadtbewohner, doch seit der Wiedervereinigung der beiden deutschen Staaten ist der strenge neoklassische Torbau zum selbstverständlichen Hintergrund aller großen nationalen Ereignisse geworden.

Zum Brandenburger Tor sagt Monika Grütters, Staatsministerin für Kultur und Medien:

> Es ist *das* nationale Monument. Es gibt kein anderes, das eine Konkurrenz dazu wäre. Es gibt ein einziges nationales Denkmal, und das ist das Brandenburger Tor, und zwar deshalb, weil es sowohl für die Teilung Deutschlands und die Teilung der Welt in zwei Blöcke steht, in zwei Gesellschaftsformen, weil es an Unfreiheit erinnert, aber weil es genau in demselben Umfang das große Symbol der Wiedervereinigung und der wiedergewonnenen Freiheit ist. Und deshalb ist es das nationale und internationale Freiheits- und Einheitsdenkmal, das in all seiner Würde und Selbstverständlichkeit die Grenzen markiert, allerdings auch die Öffnung symbolisiert.

Nächste Doppelseite: Das Brandenburger Tor, zwischen 1788 und 1791 nach Plänen von Carl Gotthard Langhans errichtet, wurde 1945 schwer beschädigt und nach 1990 restauriert.

Monika Grütters hat die Bedeutungen im Sinn, die sich seit dem Fall der Mauer vor fünfundzwanzig Jahren in aller Welt mit dem Brandenburger Tor verbunden haben. Die Geschichte dieses Tors, die Erfahrungen und weitreichenden Assoziationen, die sich mit ihm verbinden, sind zehn Mal älter.

Ursprünglich stand an dieser Stelle eines der vielen Stadttore rings

um Berlin, an denen Zoll erhoben wurde, wenn Fuhrwerke Güter in die Stadt bringen wollten. In den späten 1780er Jahren wurde dann auf Befehl von König Friedrich Wilhelm II. von Preußen ein neues Tor errichtet; die frühklassizistischen Pläne dafür zeichnete Carl Gotthard Langhans. Der Torbau der Akropolis lieferte ihm ein Vorbild, gedacht war es als Monument des Friedens, und es gehörte zu den ersten architektonischen Zeichen, mit denen sich Berlin – das unter Friedrich dem Großen bereits eine großartige Bibliothek, ein Opernhaus und ähnliche Institutionen erhalten hatte (vgl. Kapitel 30) – nun selbst zu einer Stadt der Kultur und des Geistes in athenischer Tradition proklamierte.

Das Brandenburger Tor markiert das westliche Ende der Prachtstraße Unter den Linden, die, ähnlich den Champs-Elysées in Paris, vom Stadtrand ins Zentrum der Stadt führt. Am östlichen Ende dieser Straße, den Blick entlang der Achse schließend, stand das Stadtschloss, der Palast der Hohenzollernkönige. Auf das Brandenburger Tor aber wurde kurze Zeit nach seiner Errichtung die Quadriga der Siegesgöttin Viktoria gestellt, das Tor erhielt damit den Charakter eines Triumphbogens.

Nicht der König von Preußen jedoch hat dieses Tor als erster zu

Das Stadtschloss der Hohenzollern, 1700–1950.

Napoleons triumphaler Einzug in Berlin am Brandenburger Tor, 1806.

einem triumphalen Einzug in die Stadt genutzt, sondern Napoleon Bonaparte. Nach Österreichs Niederlage in der Schlacht von Austerlitz im Dezember 1805 war Preußen der einzige deutsche Staat, der dem Eroberer noch Widerstand leistete. Ein knappes Jahr später, am 14. Oktober 1806, brachten Napoleons Truppen dem preußischen Heer bei Jena und Auerstedt eine demütigende Niederlage bei, und zwei Wochen danach, am 27. Oktober 1806, zog der französische Kaiser als Sieger in Berlin ein. Er führte seine Truppen durch das Brandenburger Tor und ritt mit ihnen die Straße Unter den Linden entlang zum Stadtschloss. Unterdessen war die königliche Familie nach Osten geflohen, nach Königsberg (dem heutigen Kaliningrad), wo sich der König und seine Regierung daran machten, Preußens Überleben und Wiederaufstieg zu organisieren. Berlin überließ man den französischen Besatzern. Um seine nun unbegrenzte Macht zu demonstrieren und damit zugleich, wie machtlos der preußische König in seiner eigenen Hauptstadt war, ließ Napoleon die Bronzequadriga demontieren und nach Paris bringen, wo sie als Trophäe ausgestellt werden sollte. Acht lange Jahre blieb das Brandenburger Tor ohne seine krönende Skulptur.

Von Königsberg aus setzten der König und seine Berater eine komplette Neuordnung des preußischen Staates in Gang, die es diesem schließlich ermöglichte, im Widerstand gegen die Franzosen und bei deren Vertreibung aus Deutschland eine führende Rolle zu spielen. 1813 drängten preußische und russische Truppen Napoleon aus Berlin und verfolgten ihn und seine Armee bis nach Paris. 1814 kehrte die Quadriga, begleitet von öffentlichen Freudenfeiern, auf das Brandenburger Tor zurück. Zuvor allerdings wurde sie verändert. Denn seither präsentiert die Viktoria in ihrem Bronzewagen auf dem Siegeskranz den preußischen Adler und darin das Eiserne Kreuz, den Orden, den der König von Preußen 1813 für Verdienste im Kampf gegen die französischen Eroberer gestiftet hatte (vgl. Kapitel 14). Die Quadriga sollte zeigen, dass Napoleon geschlagen worden war, und dies von einem Deutschland, das in vielem erst in der Besatzungszeit entstanden ist. Das Tor war zu einem preußischen Triumphbogen geworden.

Das Brandenburger Tor ist nicht nur ein Monument, das im Lauf der Geschichte verschiedene Bedeutungsschichten angesammelt hat. Es ist auch insofern ein markanter Standort, als sich von hier aus einige Schlüsselereignisse der deutschen Geschichte betrachten lassen. Denn an diesem Platz findet man nicht nur Hinweise auf die Befreiungskriege, sondern auch auf viele andere Begebenheiten, die Deutschlands nationale Erinnerung geprägt haben.

Blickt man vom Tor aus nach Westen und schaut die breite Allee entlang, die durch den Tiergarten nach Westen führt, sieht man heute eine weitere Siegesgöttin: Vergoldet und als Einzelfigur steht sie auf der 67 Meter hohen Siegessäule, die 1864 entworfen wurde, um den preußischen Sieg über Dänemark zu feiern, mit dem der Prozess der deutschen Einigung begann. Zum Zeitpunkt ihrer Fertigstellung hatte Preußen die Österreicher entscheidend geschlagen (1866) und auch Frankreich besiegt (1870). Die Reliefs der Säulenbasis feierten diesen dreifachen Triumph. Von Bismarck eingefädelt, stand der König von Preußen ab 1871 als Deutscher Kaiser an der Spitze des geeinigten Deutschland, das inzwischen zur wirtschaftlich und militärisch führenden Macht auf dem Kontinent geworden war. Eingeweiht wurde die Siegessäule am 2. September 1873 – am dritten Jahrestag der siegreichen Schlacht bei Sedan –,

Siegessäule, Entwurf von Heinrich Strack, 1864–73.

Halle des Volkes, Modell, geplant von Albert Speer für das Dritte Reich; im Vordergrund das Brandenburger Tor.

und die Feier sollte ein Zeichen setzen für Berlins neue Rolle in Europa und der Welt. 1945 bestanden die Franzosen darauf, dass die Reliefs, die ihre Niederlage zeigten, entfernt wurden. Der Intention der Säule aber tat dies kaum Abbruch: Noch immer spricht sie von der Zuversicht, dem Optimismus des Berlin der 1870er Jahre.

Der Blick vom Brandenburger Tor nach Westen ist der Blick auf die Stellung in der Welt, die Deutschland zwischen 1870 und 1914 innehatte. Hätten die Dinge sich entwickelt, wie dies Adolf Hitler und Albert Speer vorschwebte, dann hätte der Blick nach Norden Ende der 1940er Jahre gezeigt, welche Vorstellungen Hitler und sein von ihm so geschätzter Architekt mit diesem Ort verbanden. Speer hatte einen kolossalen Bau entworfen. Eine enorme, über 300 Meter hohe Kuppel sollte die geplante «Volkshalle» krönen, in der bis zu 180 000 Menschen ihrem «Führer» hätten zuhören können. Zwergenhaft hätte das nahe Reichstagsgebäude ihr gegenüber gewirkt, und das Brandenburger Tor, das zum bevorzugten Ort für NS-Aufmärsche und Paraden geworden war, hätte einen erdrückend megalomanen Nachbarn bekommen. Eine merkwürdige Vorstellung: Hätte die Geschichte eine andere Wendung genommen, man hätte an diesem Platz stehend Speers Kuppel gesehen, von einem Platz aus also, von dem aus heute jeder, der sich nach Süden wendet, den Zugang zum Holocaust-Mahnmal sieht.

Doch die Blickachsen, die sich vom Brandenburger Tor nach Westen, Norden oder Süden richten, waren stets zweitrangig. Durch einen virtuosen Akt urbaner Inszenierung wurde der Blick nach Osten zu dem, auf den es ankam, der Blick die Allee Unter den Linden entlang, vorbei an der Bibliothek Friedrichs des Großen und am Opernhaus bis hin zum Stadtschloss, mit dem diese Achse endete. Das Schloss, ein gewaltiger Barockbau, wurde um 1700 vollendet, und auch sein Entwurf sollte eine Botschaft verkünden: Brandenburg – dieser einst unbedeutende Staat, dessen Hauptstadt Berlin war – hatte nach siebzig Jahren Unruhe, trotz des Dreißigjährigen Krieges (1618–48), trotz der schwedischen Invasion (in den 1670er Jahren) nicht nur überlebt, sondern es war zu einer ernstzunehmenden europäischen Macht aufgestiegen.

Schon das Überleben war bemerkenswert. In den 1630er Jahren sank die Bevölkerung in Brandenburgs Städten von schätzungsweise 113 500 auf 34 000; gleichzeitig ging die Landbevölkerung von rund 300 000 auf 75 000 zurück. Etwa drei Viertel der Bevölkerung waren tot oder geflohen. Nach dem langen Krieg stabilisierte sich die Lage in Stadt und Land wieder, und langsam kehrte auch ein gewisser Wohlstand zurück. In den 1670er Jahren fielen die Schweden, die große Militärmacht aus Europas Norden, erneut in Brandenburg ein, im Bund mit Frankreich. Der damalige Kurfürst von Brandenburg, in die Geschichte eingegangen als der Große Kurfürst, manövrierte die Eindringlinge brillant aus und besiegte sie. 1685, als Ludwig der XIV. das Edikt von Nantes aufkündigte und alle Protestanten aus Frankreich vertrieb, kam es zu einer glücklichen Wendung politischer und

Der Palast der Republik, 1973/76–2006, auf dem Standort des gesprengten Stadtschlosses.

wirtschaftlicher Revanche. Denn viele Hugenotten, vor allem die gebildeten und handwerklich geschickten, zogen nun nach Berlin, ließen sich dort nieder, und mit ihrer Arbeit wuchs Berlins Reichtum. Auch einige der Handwerker, die bei der Ausgestaltung des Stadtschlosses ihr außergewöhnliches Können unter Beweis stellten, waren mit diesen Emigranten gekommen. Das Schloss gab der Welt zu verstehen, dass man sich mit Brandenburg besser nicht anlegte.

Schaut man heute die Allee Unter den Linden entlang, ist kein Schloss zu sehen. Den Zweiten Weltkrieg hatte es überlebt, von Bomben schwer beschädigt, und es hätte wohl auch wiederaufgebaut werden können, doch 1950 verfügte der Ministerrat der DDR die Sprengung des Hohenzollernschlosses. Der Führungselite der DDR galt es als architektonisches Symbol des preußischen Militarismus, und sie nutzte die Gelegenheit, es dem Erdboden gleichzumachen. Nur ein kleiner Teil der Fassade wurde bewahrt: das sogenannte «Liebknechtportal», vor dessen Balkon

Karl Liebknecht am 9. November 1918 die «freie sozialistische Republik Deutschland» ausgerufen hatte, ein erster, kurzlebiger Versuch, einen kommunistischen Staat zu gründen (vgl. Kapitel 22).

Auf dem leeren Schlossplatz entstand von 1973 bis 1976 im Auftrag der DDR-Staatsregierung der Palast der Republik, eine moderne, mit bronziertem Spiegelglas verkleidete Stahlkonstruktion, die zwei Funktionen diente: Er war bis zum Ende der DDR im Jahr 1990 Sitz der DDR-Volkskammer und zugleich öffentliches «Kulturhaus». Auch dieser Bau existiert nicht mehr. In den Jahren nach der Wiedervereinigung entspann sich eine heftige Debatte über eine angemessene Nutzung des Palasts der Republik, nachdem das deutsche Parlament wieder im gesamtdeutschen Reichstagsgebäude Einzug gehalten hatte. 2008 war der Palast vollständig abgerissen mit der Begründung, er sei wegen des darin verbauten Asbests für keine zukünftige Nutzung mehr geeignet. Mit ihm verschwanden viele der glücklicheren Erinnerungen an das alte Ostberlin. Das Stahlskelett wurde eingeschmolzen, nach Dubai verkauft und zum Bau der Burj Khalifa verwendet.

So lassen sich heute vom Brandenburger Tor aus weder der Triumph des Großen Kurfürsten noch die sozialistischen Errungenschaften der DDR bewundern. Vielmehr endet die historische Blickachse derzeit in einer Baustelle, dort, wo die Rekonstruktion des alten Stadtschlosses rasch Gestalt annimmt (vgl. Kapitel 30). Dahinter allerdings erhebt sich ein weiteres Ostberliner Großmonument, der 368 Meter hohe Berliner Fernsehturm, der Ende der 1960er Jahre am Alexanderplatz errichtet wurde. Auch in Westberlin sollte er unübersehbar sein und – in jeder Hinsicht – unmissverständliche Signale des sozialistischen Fortschritts aussenden. Noch immer das höchste Bauwerk Deutschlands, dominiert er die Skyline der Stadt. Die Kugelkonstruktion unter der Spitze beherbergt nicht nur die Technikzentrale, sondern auch das unvermeidliche Drehrestaurant. Doch nicht allein darum ist der Fernsehturm in die Welt der Berliner Erinnerungen eingegangen. Durch eine Laune von Geometrie und Reflexion erscheint die Sonne, wann immer sie auf die Kugel scheint, nicht als Ball, sondern als ein großes Lichtkreuz – das ist bis heute so und lässt Besucher am Brandenburger Tor noch immer grinsen, wenn sie sich an Unmut und Betretenheit erinnern, die dieses Kreuz den atheistischen Machthabern der DDR bereitete – vom Volksmund rasch «Rache des Papstes» getauft.

Gegenüber: Berliner Fernsehturm, entworfen von Hermann Henselmann und Gerhard Kosel, in Betrieb seit 1969.

Das Brandenburger Tor, im Krieg schwer angeschlagen, war von den Besatzungsbehörden geflickt und notdürftig repariert worden. Direkt auf der Grenze zwischen den Westsektoren und dem Ostsektor der Stadt (später zwischen beiden deutschen Staaten) gelegen, war das Tor eine der offiziellen Passierstellen. Wie bereits im 18. Jahrhundert, wurde es damit wieder zum Eingang nach Berlin und aufgrund dieser bedeutsamen symbolischen Lage auch zum bevorzugten Ort für Demonstrationen. 1953 war es Schauplatz für die erste größere Rebellion gegen die Herrschaft der Sowjets über Osteuropa, als einige zehntausend streikende Arbeiter freie Wahlen forderten und die Rote Fahne vom Tor herunterholten. Sowjetische Panzer und Soldaten erstickten die Unruhen. Später, am 14. August 1961, einen Tag nach Beginn des Mauerbaus in Berlin, versammelten sich Westberliner auf ihrer Seite des Brandenburger Tors, um gegen die Mauer und die Teilung ihrer Stadt zu protestieren. Diese Demonstrationen wiederum lieferten den Ostberliner Machthabern den Vorwand, den Übergang «bis auf Weiteres» zu schließen. Das Tor wurde nun zur undurchlässigen Barriere, achtundzwanzig Jahre lang. Erst am 22. Dezember 1989 wurde es wieder geöffnet: Bundeskanzler Helmut Kohl sollte es passieren und auf der anderen Seite den Vorsitzenden des DDR-Ministerrats Hans Modrow begrüßen. Kein anderes Bauwerk, kein anderer Ort spricht für Deutsche, wo immer sie herkommen, so machtvoll von Teilung und Wiedervereinigung ihres Landes.

Nach der Wiedervereinigung wurde das Brandenburger Tor noch einmal gründlich renoviert. Heute ist es Mittelpunkt eines Fußgängern vorbehaltenen Platzes und bevorzugter Versammlungsort für Feiern aller Art. So auch im Sommer 2014:

Medaille «Deutschland 1989/90», Erich Ott, Bronzeguss, 1989/90. Die Gefängnisgitter der einen Seite verwandeln sich in die Säulen des Brandenburger Tors, wenn man die Medaille umdreht. Auf der Gefängnisseite steht die Anfangszeile der deutschen Nationalhymne: «Einigkeit und Recht und Freiheit».

Feier zur Fußballweltmeisterschaft am Brandenburger Tor, Juni 2014.

Da wurde es erneut zum Triumphbogen für einen Einzug in die Stadt – diesmal nicht eines französischen Eroberers, sondern der deutschen Nationalelf, die siegreich von der Weltmeisterschaft in Brasilien zurückkehrte.

Im nächsten Kapitel werde ich, der Allee Unter den Linden Richtung Osten folgend, einige Erinnerungen an den Kalten Krieg und die Teilung erkunden. So wirksam und tiefgreifend war diese Teilung, dass die Menschen, die im Osten lebten, nur wenige Erinnerungen mit den Menschen im Westen gemeinsam haben. Alle jedoch wissen noch genau, mit welchen Schwierigkeiten es verbunden war, von einem Teil Deutschlands in den anderen zu reisen – und alle erinnern sich auch an den Preis, den diejenigen zahlen mussten, die versucht haben, diesen Übergang ohne Erlaubnis zu bewerkstelligen.

2 Geteilter Himmel

Das restaurierte Reichstagsgebäude, Sitz des Deutschen Bundestags, steht mitten in Berlin. Wegen seiner Nähe zur ehemaligen Grenze zwischen Ost- und Westberlin gibt es in seiner nächsten Umgebung nur wenige Häuser; das Reichstagsgebäude erhebt sich zwischen einer Rasenfläche auf der einen und dem Spreeufer auf der anderen Seite. Die Uferpromenade ist, nicht anders als an Themse oder Seine, an den meisten Tagen von Besuchern und Spaziergängern bevölkert. Doch rasch wird deutlich, dass man sich weder in London noch in Paris befinden kann. Nur in Berlin stehen an mehreren Stellen entlang des Flusses Reihen weißer Kreuze.

Günter Litfen, 24. August 1961

Udo Düllick, 5. Oktober 1961

Hans Räwel, 1. Januar 1963

Klaus Schröter, 4. November 1963

Heinz Sokolowski, 25. November 1965

Marinetta Jirkowsky, 22. November 1980

Man fühlt sich auf einen Soldatenfriedhof versetzt, denn alle diese Toten sind jung gestorben. Aber es ist kein Soldatenfriedhof – die Namen erinnern an einige der Menschen, die erschossen wurden, weil sie versucht haben, vom Osten der Stadt in den Westen zu fliehen, nachdem im August 1961 das mächtigste Symbol des Kalten Krieges errichtet worden war: die Berliner Mauer.

Nächste Doppelseite:
Weiße Kreuze am Ufer der Spree, im Hintergrund das Marie-Elisabeth-Lüders-Haus im Regierungsviertel.

Spree-Blick II
www.reederei-riedel.de

Christa Wolf, *Der geteilte Himmel*, 1963.

Der erste dieser Toten starb zehn Tage nach dem Mauerbau, der letzte zehn Monate vor ihrem Fall 1989. Noch fünfundzwanzig Jahre danach bleibt die brutale Spaltung ihres Landes im Kalten Krieg die lebendigste, schmerzlichste und problematischste unter den vielen Trennungs- und Teilungserfahrungen der Deutschen. Jeder Deutsche, der älter ist als fünfunddreißig, ob im Westen aufgewachsen oder im Osten, weiß von auseinandergerissenen Familien, vom Leid, das eine willkürliche, abgestumpfte Bürokratie verursacht hat, die darüber bestimmte, welche Bewegungen zwischen den beiden Staaten möglich waren und welche nicht; alle wissen von Menschen, die mit ihrem Leben bezahlten.

Der geteilte Himmel, ein Roman der ostdeutschen Schriftstellerin Christa Wolf, erschien 1963, zwei Jahre nach dem Mauerbau. Er begründete Christa Wolfs Ruhm und galt lange Zeit als der nachdenklichste, ergreifendste Bericht über das Auseinandergehen der beiden deutschen Staaten, gesehen aus ostdeutscher Perspektive. Erzählt wird die Geschichte von Rita und Manfred, zwei jungen Liebenden, die vor dem Mauerbau, als das Reisen ins andere Deutschland noch einfach war, im Osten lebten. Manfred, zunehmend enttäuscht von seinen Erfahrungen dort, kehrt von einer Konferenz in Westberlin nicht zurück. Er glaubt, im Westen bessere berufliche Chancen zu haben. Rita fährt zu ihm, wird aber im hektischen, vom Konsum geprägten Leben in Westberlin nicht heimisch. Sie trennt sich von Manfred und will ihr Leben im Osten fortsetzen. Auch wenn sie weiß, woran es dort mangelt, fühlt sie sich in einer Gesellschaft wohler, in der Menschen zumindest versuchen, zusammenzuarbeiten. Das Paar, das sich in jeder anderen Hinsicht so gut ergänzte, scheitert, als sich die beiden Deutschland voneinander entfernen.

«Den Himmel wenigstens können sie nicht zerteilen», sagt Manfred auf dem Höhepunkt der Erzählung, als sich Rita entschließt, die Gemeinschaftsideale Ostdeutschlands über ein Leben mit dem Geliebten im individualistischen Westen zu stellen. «Den Himmel? denkt Rita. Dieses ganze Gewölbe von Hoffnung und Sehnsucht, von Liebe und Trauer? – Doch sagt sie leise, der Himmel teilt sich zuerst» – der Himmel nämlich verstanden als Inbegriff von Erwartungen und Idealen der Gesellschaft. Ein geteilter Himmel: Zwei voneinander getrennte politische Systeme, zwei ganz unvereinbare Wege, Hoffnungen und Sehnsüchte wahr werden zu lassen. Ein Paar, das eigentlich zusammengehört, lebt sich auseinander.

Christa Wolf hat sich, wie ihre Romanfigur Rita, für ein Leben im Osten entschieden. Als berühmte Autorin erfuhr sie dort eine relativ gute Behandlung und durfte reisen. Obwohl sie das Regime kritisierte und ihre Werke zensiert wurden, bewahrte sie den Idealen des Staates eine feste Loyalität; an dem zumindest, was dieser, wie sie glaubte, erreichen könnte. Ihr Vertrauen in das Regime wurde strapaziert, aber sie blieb, und sie blieb voller Hingabe.

Am 23. Mai 1949 wurden die westlichen Besatzungszonen, verwaltet von den Vereinigten Staaten, Großbritannien und Frankreich, zur Bundesrepublik Deutschland vereinigt. Ein paar Monate später, am 7. Oktober 1949, entstand aus der Sowjetischen Besatzungszone die Deutsche Demokratische Republik (vgl. die Karte S. 543). Zunächst war das Reisen zwischen beiden Staaten recht einfach. Die relative Armut Ostdeutschlands jedoch, eine Folge auch der Reparationsleistungen an die UdSSR, veranlasste mehr und mehr DDR-Bürger zur «Republikflucht» nach Westdeutschland, wo wirtschaftliche Möglichkeiten und politische Freiheiten größer schienen – und es auch waren. Ab 1952 verschärfte die DDR ihre Grenzüberwachung; die Risiken, aufgegriffen, verhaftet und verurteilt zu werden, stiegen, gleichwohl gelang jedes Jahr noch gut 200 000 Menschen die Flucht. Bis 1961 hatten ungefähr 3,5 Millionen Ostdeutsche das Land verlassen, fast ein Fünftel der Gesamtbevölkerung, mit gravierenden Folgen für die DDR-Wirtschaft. Als Antwort auf diese Massenemigration machte der Staat die innerdeutschen

Nächste Doppelseite: Die Berliner Mauer um 1980. Sie trennt das ungenutzte Reichstagsgebäude vom Brandenburger Tor in Ostberlin.

Surfanzug, vorgesehen für einen Fluchtversuch von Ost- nach Westdeutschland, November 1987.

Grenzen dicht, und in der Nacht vom 12. auf den 13. August 1961 begannen Soldaten der Volksarmee in Berlin die Mauer zu bauen, die jedem den Weg nach Westen versperren sollte. Von Anfang an wurden diese Maßnahmen hart und rücksichtslos durchgesetzt: Während ihres Baus standen Soldaten vor der Mauer, die Befehl hatten, auf alle Überläufer zu schießen.

Im offiziellen Sprachgebrauch der DDR-Behörden hieß die Mauer «Antifaschistischer Schutzwall», womit, nicht ganz unberechtigt, unterstellt wurde, das benachbarte Westdeutschland sei nicht vollständig entnazifiziert worden. Aber wie immer sie hieß, die Mauer erfüllte ihren Zweck. Sie verhinderte zwischen 1961 und 1989 so gut wie alle Abwanderungen von Ost nach West. Der Aderlass von Facharbeitern und Akademikern war gestoppt, und für einige Zeit stabilisierte sich die Wirtschaft der DDR. Die meisten Ostdeutschen hielten das Grenzwerk für unüberwindbar, dennoch gelang rund 5000 Menschen die Flucht über die Mauer, in Tunneln unter ihr hindurch oder auf anderen Wegen. Allein im Gebiet von Berlin verloren dabei etwa hundert Menschen ihr Leben.

Rund 160 Kilometer nördlich von Berlin gab es einen anderen Weg zur Flucht aus der DDR in den Westen: die Ostsee. Der Surfanzug, der auf der gegenüberliegenden Seite abgebildet ist, aus leuchtend blauen Synthetikfasern gefertigt, ärmellos, mit weißen Reißverschlüssen auf der Brust und an den Beinen, würde einem etwa 1,80 Meter großen Mann passen. Inzwischen ist er über fünfundzwanzig Jahre alt und ein Ausstellungsstück im Deutschen Historischen Museum in Berlin, aber er wirkt, als sei er nie getragen worden. Dr. Regine Falkenberg, Kuratorin an diesem Museum, kennt seine Geschichte:

> Dieser Surfanzug und ein zweiter, ähnlicher gehörten zwei jungen Männern, zwei Freunden aus Leipzig. Im November 1987 wollten sie in einem Schlauchboot – schwarz gestrichen, um es in der See schwerer ausmachen zu können – von Boltenhagen, einem Seebad etwa dreißig Kilometer östlich von Lübeck, in den Westen fliehen. Sie hofften, ihre enganliegenden Surfanzüge würden sie gegen Unterkühlung schützen. Doch beide wurden verhaftet, bevor sie auch nur in ihr Boot gestiegen waren. Im März 1988 verurteilte sie das Bezirksgericht Leipzig wegen «versuchten ungesetzlichen Grenzübertritts im schweren Fall» zu zwanzig und achtzehn Monaten Haft. Es ging den beiden wie vielen, die in der DDR keine Lebensperspektive sahen

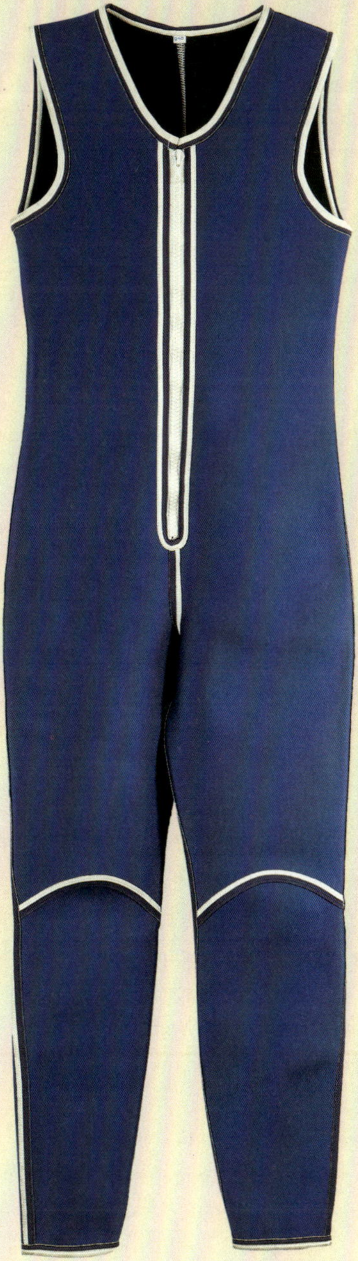

für sich selbst, die Familie oder ihre Kinder. Seit 1961 haben 5609 Bürger der DDR versucht, über die Ostsee zu fliehen. Nur 913 haben Westdeutschland, Dänemark oder Schweden erreicht. 1274 starben an Erschöpfung oder Unterkühlung oder sie ertranken. 4522 Fluchtwillige erhielten monatelange Gefängnisstrafen. Unter ihnen war auch der Besitzer des abgebildeten Surfanzugs.

Für Regine Falkenberg ist es eine der schwierigsten Aufgaben, genauer herauszufinden, welche Geschichte mit solchen Objekten verbunden ist, denn dazu muss man die Relikte des DDR-Staates interpretieren lernen:

Die große Herausforderung für Historiker heute liegt darin, die so harmlos erscheinenden Begrifflichkeiten, beispielsweise in Akten, und die dinglichen Überlieferungen zu interpretieren und dabei nicht der Faszination zu erliegen, sondern auch Repression und Unmenschlichkeit des totalitären Staates DDR mit zu bedenken. Auf den ersten Blick wirkt die Sprache in Akten so banal, und Objekte wie beispielsweise Schlauchboot oder Surfanzug erscheinen so klar und sehr positiv. Aber Worte wurden bewusst gewählt und sollten verschleiern. Beide kulturelle Äußerungen – Sprache wie Dinge – benötigen ihren historischen Kontext, damit wir die Realität der Unterdrückung in der DDR aufdecken können.

Die Geschichte dieses Surfanzugs ist ein Beleg dafür, dass zwei Männer ihr Leben in der DDR so bedrückend und perspektivlos fanden, dass sie mit ihrem Vorhaben im Winter 1987 bereit waren, ihren Tod zu riskieren, um dieses Land zu verlassen. Etwas unerträglich Schmerzliches geht von dem Anzug aus. Nicht nur, weil er nie zum Einsatz kam oder weil er von unerfüllten Hoffnungen spricht. Dieser Anzug ist von seiner Bestimmung her grotesk unzureichend für eine Novembernacht in der Ostsee. Wären die beiden Freunde nicht verraten und deshalb noch vor Erreichen der Küste verhaftet worden, sie wären wahrscheinlich im Meer erfroren oder ertrunken. Vielleicht wären sie auch erschossen worden. Ohne Weiteres hätten auch sie als zwei weitere Namen auf kleinen weißen Kreuzen enden können. Am bittersten aber ist der Gedanke, dass sie, wenn sie nur zwei weitere Jahre ausgeharrt hätten, friedlich und ganz legal durch das Brandenburger Tor Richtung Westen hätten spazieren können.

Zwischen 1961 und 1989 erhielten manche DDR-Bürger die offizielle Erlaubnis, in den Westen zu reisen, politisch Unverdächtige vor allem, Menschen, deren familiäre Bindungen dafür sprachen, dass sie wieder zurückkehrten, und Rentner (sie galten als Last für die DDR-Wirtschaft, insofern war es gleich, ob sie zurückkehrten oder nicht). Von den 1970er Jahren an erleichterte ein Abkommen unter den vier Siegermächten in Berlin den Besuch von Westdeutschen im Ostteil der Stadt. Doch solche Fortschritte waren niemals ohne Komplikationen, und für Ostberliner blieb der Westen so unerreichbar wie zuvor. Den meisten Berlinern hatte es der Mauerbau praktisch unmöglich gemacht, sich aus der einen Hälfte der Stadt in die andere zu begeben. Ein gewisser Kontakt blieb aber erhalten, nicht zuletzt, weil das seit Ende des 19. Jahrhunderts gebaute Verkehrssystem für einen zusammenhängenden Stadtraum ausgelegt war, nicht für zwei getrennte Hälften. U-Bahn und S-Bahn querten die Mauer an mehreren Stellen; der bedeutendste Kreuzungspunkt war der Bahnhof Friedrichstraße, den die meisten

Bahnhof Friedrichstraße, 1956.

Modell des Transitbereichs zwischen West- und Ostberlin, Bahnhof Friedrichstraße, 1970.

Deutschen benutzen mussten, wenn sie aus dem einen Teil der Stadt in den anderen wollten. Jede Bewegung an diesem Übergang war minutiös geregelt und wurde kontrolliert; jede Flucht der eigenen Bürger sollte verhindert werden, nicht weniger entschlossen überwachte man auch jeden, der eine Besuchserlaubnis für den Ostteil der Stadt hatte. Der Übergang von West- nach Ostberlin und umgekehrt wurde für eine ganze Generation Deutscher zu einer schrecklichen Erfahrung. In ganz Deutschland war der Bahnhof Friedrichstraße bekannt als «Tränenpalast».

Wer verstehen will, wie der Vorgang des Grenzübertritts organisiert war und kontrolliert wurde, betrachtet am besten das Modell des Bahnhofs, das heute im Deutschen Historischen Museum gezeigt wird. Dr. Sabine Beneke, Kuratorin des Museums, erklärt, wie dieser Bahnhof funktioniert hat:

> Ich habe die Reise von West- nach Ostberlin mehrfach unternommen. Zunächst musste man zwanzig Deutsche Mark in Ostmark tauschen, der sogenannte Zwangsumtausch, der von jedem Reisenden von West nach Ost verlangt wurde. In der Regel fuhr ich den über Bahnhof Friedrichstraße. Man kann, wenn man das Modell betrachtet, genau erkennen, wie komplex dieser Bahnhof angelegt war. Die Bereiche und Durchgänge sind durch sehr hohe Wände voneinander getrennt, um die Wirkung eines Labyrinths zu erzeugen. Es gab keine klare Orientierung. Man sieht, dass die verschiedenen Bahnsteige völlig voneinander getrennt waren. Die Gleise, die die ostdeutsche Seite bedienten, hatten keinerlei Verbindung zu denen, die in den Westen führten. Wollte man vom Zug zum Ausgang, musste man mehrfach Stockwerk und Richtung wechseln. Man ging durch schmale Türen, dann wieder durch große Räume. An den hoch gelegenen Fenstern waren Beobachtungsagenten oder Kameras platziert. Unter den Decken der Schalterräume befanden sich Spiegel, sodass der Volkspolizist, der die Papiere der Transitreisenden kontrollierte, diese auch von hinten sehen konnte. Fortwährend wurde man also auch von Personen beobachtet, die man selbst nicht sehen konnte: Es war eine bedrückende und angsteinflößende Atmosphäre. Dieses Modell wurde, wie wir annehmen, zur Schulung von Mitarbeitern der Staatssicherheit angefertigt: Ein Schulungszentrum befand sich auch direkt im Bahnhof Friedrichstraße. Das Modell ist in einen Koffer hinein gebaut, war also als transportables Schulungsmaterial gedacht. An der Rückseite befinden sich Knöpfe, mit denen die kleinen Lampen im Modell angeschaltet werden können, um einen Alarm zu simulieren. So konnten Stasi-Offiziere die Auszubildenden anleiten, was zu tun war, wenn Menschen versuchen wollten, die DDR über den Bahnhof illegal zu verlassen.

Diese eigenartige Kreuzung zwischen Modelleisenbahn und Puppenstube ist doppelt verwirrend, denn das Ganze wirkt zunächst tatsächlich wie ein Spielzeug. Man braucht eine gewisse Zeit, um zu begreifen, dass es ausgesprochen erwachsenen Zwecken diente: der Einweisung von Grenzwachen in ihre Pflichten. Besonders beeindruckend sind die Drähte, die zwischen Masten gespannt sind. An ihnen sind Kameras befestigt, mit denen alles, was auf den Bahnsteigen geschah, überwacht werden konnte. Das Ganze ist ein kompliziertes Labyrinth aus Leitplanken, Wänden, Richtungswechseln, Raumwechseln, hoch hängenden Spiegeln und Nebenräumen für Einzelbefragungen. Überall standen die Reisenden unter Beobachtung, verwirrt, wohin es nun ging, ungewiß, was der nächste Raum brachte oder wann das Verfahren sein Ende finden würde. Das Ganze ist als Anlage zur Desorientierung nur schwer zu überbieten und als Verfahren zur Beobachtung von Menschen unter Stress und Angst wohl nie übertroffen worden. Wir haben es mit einem Überwachungsstaat der Spitzenklasse zu tun. Wer einmal den Weg durch diesen Bahnhof nehmen musste, hat diese Erfahrung nie vergessen.

Um die Grenze zu sichern, genügte es nicht, Menschen bei der Ausreise oder bei der Vorbereitung einer Flucht zu observieren. Im Idealfall wollte man die «Republikflucht» bereits voraussehen und verhindern, lange bevor es zu einem tatsächlichen Versuch kommen würde. In den 1980er Jahren, als sich der ökonomische Abstand zwischen Ost- und Westdeutschland zunehmend vergrößerte, stieg auch die Zahl illegaler Ausreiseversuche stetig an. Regine Falkenberg berichtet, wie die Stasi darauf reagierte:

> Das Ministerium für Staatssicherheit sammelte Erkenntnisse zu Flucht und dauerhafter Ausreise über die 1976 gegründete «Zentrale Koordinierungsgruppe» mit ihren Abteilungen. Die Zahl der Mitarbeiter stieg von zwanzig 1976 auf 185 im Jahr 1989, da die Zahl der Ausreise- und Fluchtwilligen ebenfalls anstieg, im Jahr 1988 auf über 10 000 Menschen.
>
> Im Oktober 1985 richtete das Ministerium eine Abteilung ein, die sich speziell mit «spektakulären» Fällen wie gewaltsamen Grenzdurchbrüchen oder Fluchten mit Flugkörpern und Wasserfahrzeugen beschäftigte. Die Stasi verstärkte die Überwachung «verdächtiger» Personengruppen, zu denen sie zum Beispiel 18- bis 35jährige ledige oder geschiedene Männer, Vorbestrafte, langzeitig abgelehnte Ausreise-An-

tragsteller oder Berufslose zählte. Und schon im Vorfeld sollten Fluchtpläne mit selbstgebauten Geräten verhindert werden. Daher sammelte die Staatssicherheit Fluchtmobile von geplanten oder gescheiterten Fluchten um auszuwerten, wie sie hergestellt worden waren, welche Materialien verwendet wurden, welche technischen und handwerklichen Fähigkeiten nötig waren zu Konstruktion und Bau.

Am Weidendamm unweit des Bahnhofs Friedrichstraße unterhielt das «Informationszentrum» der Staatssicherheit seit 1989 eine Dauerausstellung, die mit ihren Dokumenten und Objekten Stasimitarbeitern intern zu Schulungszwecken diente. Die Präsentation sollte 1990 zum 40jährigen Bestehen des Ministeriums für Staatssicherheit um Fluchtmobile erweitert werden. Dazu kam es nicht. Nach dem Mauerfall fanden Museumsmitarbeiter in dieser Stasihinterlassenschaft das zum Fluchtversuch benutzte Schlauchboot und die Surfanzüge, die 1988 der Stasi in Berlin von der Volkspolizei in Leipzig überstellt worden waren. Auch diese Asservate waren für didaktische Zwecke vorgesehen: Stasi-Informanden sollten lernen, bei ihren Mitbürgern alle Anzeichen auszuspähen, die auf die Planung illegaler Fluchten hätten hinweisen können.

Beide, Surfanzug und Modell, erzählen nicht nur von dem Druck und den Gefahren, die mit jedem Versuch, die DDR zu verlassen, ob legal oder illegal, verbunden waren; sie waren auch Schulungsobjekte, um die Fähigkeit der Stasi zu verbessern, ihre Mitbürger zu bespitzeln und die Aufmerksamkeit ihres Netzes von hunderttausenden Informanten zu schärfen. Schätzungsweise einer von drei DDR-Bürgern war involviert in die Informationsbeschaffung der Stasi, berichtete über Arbeitskollegen und Nachbarn, manchmal auch über Mitglieder der eigenen Familie.

Die Erfahrung mit diesem erstickenden Netz der Bespitzelung ist Gegenstand von Christa Wolfs 1979 geschriebener Erzählung *Was bleibt*. Sie ist der Bericht einer Schriftstellerin, die weiß, dass sie unter Beobachtung steht: Männer sitzen in vor ihrem Haus geparkten Autos, sie wird verfolgt und beobachtet, das Telefon wird abgehört. Minutiös beschreibt sie Druck und Bedrängnis, die daraus entstehen, auch Augenblicke von Verzweiflung und Verfolgungswahn, vor allem aber das elende Gefühl, nicht zu wissen, wer ihr da auf den Fersen ist. Es gibt niemanden, mit dem sie ein Gespräch führen könnte, nicht einmal ein aggressives. Die Auflösung dieses Unterdrückungsapparates war eine der ersten Errungenschaften der Wiedervereinigung. Die Erinnerung daran hat das heutige Deutschland in wichtigen Aspekten nachhaltig geprägt.

Christa Wolf an ihrem Schreibtisch, in den 1980er Jahren.

Diese Erinnerung an die allgegenwärtige Stasi-Observation, gemeinsam mit der älteren an die Bespitzelung durch die NS-Geheimdienste, hat Deutsche aus Ost und West äußerst wachsam gemacht – und entschieden in der Ablehnung staatlicher Überwachung ihrer Bewegungen oder des Sammelns von Daten ohne parlamentarische Genehmigung und Kontrolle. Besucht man den Bahnhof Friedrichstraße heute, findet man keine Spur mehr von dem Labyrinth der Desorientierung und konstanter Überwachung, das diesen Ort für fast dreißig Jahre so bedrohlich gemacht hat. Nichts in den Einkaufsbereichen und Stehcafés könnte heute Hinweise darauf geben, warum dieses Bauwerk einmal «Tränenpalast» hieß. Beobachtet man die eiligen Pendler, die sich, Kaffeebecher und Snacks in der Hand, dort drängen, könnte man auch hier meinen, man sei in London oder Paris. Entlang der Spree sind es die weißen Kreuze, die Besuchern klarmachen, dass sie sich in Berlin befinden. Im Bahnhof selbst ist es etwas anderes, etwas, das fehlt: Nirgends – weder auf den Bahnsteigen noch vom Dach herabhängend, weder an Kiosken noch an Pylonen – sieht man Überwachungskameras. Dieser Bahnhof liegt definitiv nicht in Großbritannien.

Welche Macht die Erinnerung an Überwachungsmethoden hat, zeigt sich schlagend, wenn man vergleicht, wie unterschiedlich die britische und die deutsche Regierung reagiert haben, als Edward Snowden im Juni 2013 das US-amerikanische Abschöpfen und Sammeln von Daten publik gemacht hat, das auch vor engsten Verbündeten nicht Halt macht. In Großbritannien war die offizielle Reaktion auf Snowden durchweg feindselig, wenn nicht verächtlich, in Deutschland dagegen wurde seine Erklärung, er wolle die Öffentlichkeit lediglich darüber informieren, was in ihrem Namen und auch gegen sie geschehe, durchaus ernst genommen, und er erfuhr viel öffentliche Zustimmung. In Mainz beispielsweise wurde ein Snowden aus Pappmaschee als Held auf einem der Themenwagen des Rosenmontagszugs durch die Stadt gefahren. Die Bewunderung für Snowdens Aktion war eindeutig und lautstark. In einer Regierungserklärung vor dem Bundestag am 29. Januar 2014 betonte Bundeskanzlerin Angela Merkel gegenüber den Abgeordneten, dass man sich solchen Fragen ernsthaft stellen müsse:

«Der Aufdecker», ein Themenwagen des Mainzer Rosenmontagszugs, März 2014.

Denn die Möglichkeiten der digitalen Rundumerfassung der Menschen berühren unser Leben im Kern. Es handelt sich deshalb um eine ethische Aufgabe, die weit über die sicherheitspolitische Komponente hinausweist. Milliarden Menschen, die in undemokratischen Staaten leben, schauen heute sehr genau, wie die demokratische Welt auf Bedrohungen ihrer Sicherheit reagiert, ob sie in souveräner Selbstsicherheit umsichtig handelt oder ob sie an jenem Ast sägt, der sie in den Augen genau dieser Milliarden Menschen so attraktiv macht – an der Freiheit und der Würde des einzelnen Menschen.

Wahrscheinlich konnte es nur eine führende deutsche Politikerin sein, eine zudem, die in der DDR aufgewachsen ist, die dies mit solcher Überzeugungskraft hat vortragen können.

Die Debatte über Stasi-Bespitzelung und die große Zahl derjenigen, die daran mitgewirkt haben, ist noch immer virulent. Das bringt uns noch einmal zurück zu Christa Wolf, mit deren Roman *Der geteilte Himmel* dieses Kapitel begann. Dieses Buch, 1963 veröffentlicht, ist bemerkenswert offen, was die Defizite der DDR, die Kluft zwischen hohen Idealen und alltäglichen Kompromissen und Ausflüchten angeht. *Was bleibt*, Wolfs Erinnerungen an die verunsichernde Erfahrung eines Lebens unter Beobachtung, ist 1979 entstanden. Veröffentlicht hat sie das Buch jedoch erst 1990, nach dem Fall der Mauer. Sein Erscheinen löste ein literarisches Gewitter aus. Kritiker, zumeist aus Westdeutschland, beschuldigten die Autorin der Feigheit; auch noch schwerwiegendere Vorwürfe waren zu hören: Sie habe das Buch nicht zu DDR-Zeiten veröffentlicht, als die Stasi tätig war und sie mit seiner Veröffentlichung vielleicht etwas dazu hätte beitragen können, den Missbrauch staatlicher Macht zu begrenzen. Stattdessen, so die Unterstellung, habe sie geschwiegen, sei Komplizin geworden und habe sich weiterhin der Privilegien erfreut, die ihr als weltbekannter Autorin und milder Kritikerin des Systems gewährt worden seien.

Und es sollte noch schlimmer kommen. Zunächst hatte sie über ihren Widerwillen, ihre Ablehnung des Bespitzelungssystems der DDR öffentlich gesprochen und auch darüber geschrieben. Dann, Anfang der 1990er Jahre, als die Stasi-Unterlagen zugänglich gemacht worden waren, begann sie zu studieren, was die Stasi in 42 Aktenbänden über sie zusammengetragen hatte. Zu ihrer großen Überraschung und ihrem noch größeren Entsetzen fand sie dort eine Reihe von

Berichten, die sie selbst zwischen 1959 und 1961 für die Stasi verfasst hatte. Sie war Informantin gewesen, Teil des großen Netzwerks von Bürgern, die übereinander an die Stasi berichtet haben. Sie hatte sich mit Stasi-Agenten getroffen. Und sie hatte das vollständig vergessen.

Angela Merkel während ihrer Regierungserklärung im Deutschen Bundestag, in der sie auch über die digitale Überwachung sprach, 29. Januar 2014.

Wieder hagelte es Angriffe wegen Scheinheiligkeit und Komplizenschaft mit dem DDR-Regime. Wolf hat das Geschehen in *Stadt der Engel* beschrieben; das Buch entstand während eines Aufenthalts am Getty Research Center in Los Angeles. In dieser Selbsterkundung kommt sie zu dem Schluss, dass ihre Zusammenarbeit mit Stasi-Leuten kurz und unbedeutend gewesen sei. Ihre wenigen Berichte seien so unergiebig gewesen, dass die Stasi damals das Interesse an ihr verloren haben müsse. Nach 1961 und dem Mauerbau hatte es keine weiteren Kontakte mehr gegeben.

Joachim Gauck in den Stasi-Archiven, 1992.

Mit dieser Auskunft freilich gibt sie sich nicht zufrieden. Denn die eigentliche Frage sei gar nicht die nach ihren Aktivitäten, sondern die nach ihrem Vergessen. Wie konnte sie diese Erinnerung so vollständig verdrängt haben, dass sie sie schließlich vergaß? Wie konnte sie so leichtgläubig gewesen sein, so willig, sich den Behörden zu beugen? Diese Fügsamkeit, so ihre Erklärung, ihr Wunsch, den Staat in jeder Weise, die von ihr verlangt wurde, zu unterstützen, könne nur ein Erbe ihrer Kindheit unter dem NS-Regime gewesen sein. Sie sei, wie so viele ihrer Generation, auf Konformismus konditioniert worden. Die Fähigkeit ihres Bewusstseins, beschämende Erinnerungen zu verdrängen, könne sie nur konstatieren, nicht entschuldigen.

Es ist nicht schwer, Wolfs Prosa zu bewerten: Sie schreibt mit seltener Klarheit und Integrität, und es gibt keinen Grund, an der Aufrichtigkeit ihrer Erinnerungen zu zweifeln. Viel schwerer fällt es, in den anderen Fragen zu einem entschiedenen Urteil zu gelangen. Die Geschichte der Christa Wolf zeigt stellvertretend, in aller Schärfe und beunruhigend, eines der Hauptprobleme der jüngeren Geschichte Deutschlands. Manche Erinnerungen sind, wie wir alle wissen, so schmerzhaft, so beschämend, dass wir sie verdrängen, und wenn sie wieder auftauchen, kann das nur verwirrend und belastend sein. Der Fall dieser einen Autorin lässt erkennen, warum so viele der großen Fragen rund um die Judenvernichtung und um die Rolle, die viele deutsche Täter dabei gespielt haben, bis in die 1990er Jahre nicht nur unbeantwortet blieben, sondern erst gar nicht gestellt wurden. Und das verleiht den Entscheidungen der deutschen Regierung eine deutliche Kontur, denn sie hat in den letzten Jahrzehnten dafür gesorgt, dass die Erinnerungskultur gestärkt wird: mit Forschungsarchiven, mit intensiven Programmen öffentlicher Bildung und durch den Bau von Denkmälern wie dem Berliner Holocaust-Mahnmal. Es ist wohl kein Zufall, dass Joachim Gauck, nach der Wende der erste Bundesbeauftragte für die Unterlagen des Staatssicherheitsdienstes der DDR, nun als Bundespräsident an der Spitze des Staates steht. Die Erinnerungsdebatte in Deutschland dreht sich nicht nur um das, was erinnert wird, sondern auch um das, was aus der Erinnerung gefallen ist. Viele Länder, die ihre Kriege, Niederlagen und Verluste Revue passieren lassen, tun dies unter dem Motto: «Damit wir nicht vergessen». Dieser Satz hat heute in Deutschland eine vielleicht tiefere Resonanz als irgendwo sonst.

3

Verlorene Kapitale

Wenn man über die Geistesgeschichte eines Landes nachdenkt, dann ist dessen älteste Universität ein guter Ausgangspunkt, der Ort, an dem diese Gesellschaft zum ersten Mal die öffentliche Lehre von Ideen organisiert hat. Kaum überraschend, ist dieser Ort in Frankreich die Hauptstadt Paris; in Schottland St. Andrews, der Sitz des Erzbischofs; und in England, niemand weiß warum, das unbedeutende Oxford. In der deutschsprachigen Welt ist dieser Ort Prag, denn dort hat Kaiser Karl IV. 1348 die erste ‹deutsche› Universität gegründet. Über Jahrhunderte war Prag, die Hauptstadt Böhmens und gelegentlich auch die Residenz des Kaisers des Heiligen Römischen Reiches, ein Zentrum deutschen kulturellen und geistigen Lebens. Mit der Karls-Universität beginnt Deutschlands große Universitätstradition. Diese Universität existiert noch immer, ist heute aber eine gänzlich tschechische Universität in einer Stadt, in der kein Deutsch mehr gesprochen wird. Etliche hundert Kilometer weiter nördlich liegt eine andere Universitätsstadt, in der ebenfalls kein Deutsch mehr gesprochen wird: Königsberg. Von beiden – heute Praha und Kaliningrad – handelt dieses Kapitel, von der Stadt Franz Kafkas und der Immanuel Kants; von Städten, die in keiner Hinsicht mehr deutsch sind, aber in jeder Hinsicht weiterhin Teil des deutschen kulturellen und intellektuellen Bewusstseins.

Trinkkrug aus Bernstein,
Königsberg, 1640–60.

Deutschland? aber wo liegt es?
Ich weiss das Land nicht zu finden.

Diese Frage hat kein verwirrter Ausländer gestellt, der sich den Kopf zerbrach über die Flickenteppich-Karte Deutschlands im 18. Jahrhundert, gestellt haben sie die beiden Giganten der deutschen Literatur, Goethe und Schiller, in den *Xenien*, die 1796 erschienen sind. Es ist eine Frage, auf die es noch nicht allzu lange eine klare Antwort gibt. Das hat nicht allein damit zu tun, dass die deutschen Länder von so vielen politischen Grenzen durchzogen und diese immer wieder verschoben wurden, sondern damit, dass sich vom frühen Mittelalter an überall in Mittel- und Osteuropa deutschsprachige Gemeinschaften im Zuge von Eroberungen, Partnerschaften oder Einladungen ansiedelten. Die deutsch-

Die Prager Universität.

spachige Welt hat, anders als die französische, englische oder italienische, zahllose Außenposten und Satelliten in Europa entstehen lassen, die bis an die weit entfernte Wolga reichten. Die meisten dieser Gemeinschaften wurden 1945 gewaltsam aufgelöst, doch im kulturellen Gedächtnis Deutschlands sind sie geblieben wie Phantomglieder: einst konstituierende Teile des Körpers, heute endgültig amputiert und verloren. Die einzigen vergleichbaren Beispiele sind wohl die seit langem bestehenden griechischen Eliten in Konstantinopel und Alexandria, beide ein ähnlich fester Bestandteil des nationalen kulturellen Selbstbilds, beide ähnlich aufgelöst durch die politischen Ereignisse des 20. Jahrhunderts.

Der Dom von Kaliningrad, um 1998; bis zu seiner Zerstörung im Zweiten Weltkrieg war der Dom dicht von anderen Gebäuden umgeben.

Einen deutlichen Hinweis darauf, dass das heute russische Kaliningrad einmal eine große deutsche Stadt war, gibt der gotische Dom der Stadt, ein typisches

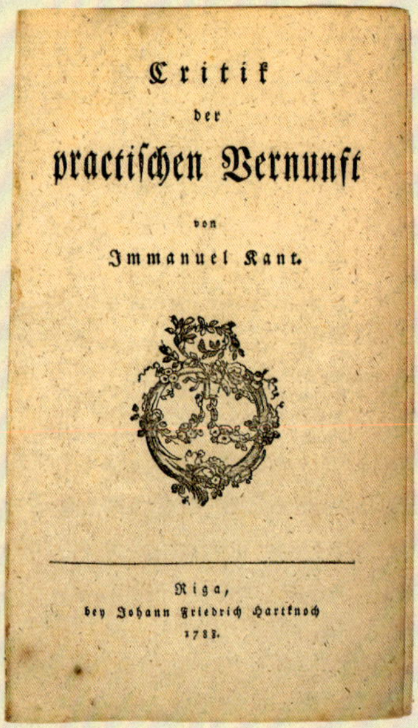

Links: Titelblatt der Erstausgabe von Kants *Kritik der praktischen Vernunft*, Riga 1788.

Rechts: Die Gedenktafel nahe Kants Grab, außen am Kaliningrader Dom. Die Inschrift, in Deutsch und Russisch, lautet: «Zwei Dinge erfüllen das Gemüt mit immer neuer und zunehmender Bewunderung und Ehrfurcht, je öfter und anhaltender sich das Nachdenken damit beschäftigt: Der bestirnte Himmel über mir und das moralische Gesetz in mir.»

Rechte Seite: Das Königsberger Schloss um 1905, mit dem Turm, den die Deutschordensritter im 14. Jahrhundert errichteten. Das Schloss wurde während des Zweiten Weltkriegs schwer zerstört, seine Ruine in den 1960er Jahren planiert. Im Vordergrund das Bismarck-Denkmal.

Beispiel der deutschen Backsteinarchitektur entlang der Ostseeküste. Er wurde von der Royal Air Force im Zweiten Weltkrieg zerstört und in den 1990er Jahren sorgfältig wiederaufgebaut. In seiner nordöstlichen Ecke befindet sich das Grabmal von Immanuel Kant, dem berühmtesten Sohn der Stadt. Der große Philosoph wurde 1724 in Königsberg geboren, und er entfernte sich nie weiter als 16 Kilometer von der Stadt, nie hat er seinen Fuß dorthin gesetzt, wo sich heute Deutschland befindet. Auf der Tafel neben seinem Grab liest man die berühmten Worte aus der *Kritik der praktischen Vernunft* über die zwei Dinge, die ihn mit immer neuer und zunehmender Bewunderung und Ehrfurcht erfüllten, je mehr er über sie nachdenke: «Der bestirnte Himmel über mir, und das moralische Gesetz in mir». Deutsche Philosophie – europäische Philosophie – ist undenkbar ohne Kant.

Kants Königsberg lag am Ende der Welt – zumindest der deutschsprachigen Welt. Die Stadt war ihr östlichster Außenposten. Gegründet haben sie, und zwar gewaltsam, 1254 die Deutschritter, grimmige deutsche Kreuzfahrer, die sich vorgenommen hatten, die heidnischen Balten zu erobern und zu christianisieren. Unter ihrer Herrschaft wurde aus dem «Borussia» der lateinischen Chroniken Preußen, eine zutiefst deutsche Provinz. Der Handel mit Weizen und Holz machte es reich. Berühmt allerdings wurde es durch eine ganz besondere Ware: den Bernstein. Klar, golden, geheimnisvoll konnte der fossile Harz längst versunkener Wälder an der Ostseeküste in

Ansicht von Königsberg, kolorierter Stich, um 1740.

großen Mengen gesammelt werden und wurde als Handelsgut bis ans Kaspische und ans Schwarze Meer, ans Mittelmeer und an die Atlantikküsten gebracht. Bernstein war weitaus wertvoller als Silber, der Handel damit war über Jahrhunderte ein staatliches Monopol, zunächst des Deutschen Ordens, seit 1525 der Herzöge von Preußen. Und als das Herzogtum 1618 an Brandenburg ging, da waren die Kurfürsten in Berlin imstande, diplomatische Geschenke zu machen, die kostbarer waren als alle anderen und die niemand zurückweisen würde.

Bernsteinfischer an der Ostsee, 1761. Das Recht, Bernstein zu sammeln, lag allein beim Herrscher über das jeweilige Gebiet. Die Galgen standen dort als unerbittliche Warnung an potentielle Diebe.

Ein prachtvolles, zugleich typisches Beispiel dafür ist der Trinkkrug aus Bernstein im Besitz des British Museum, der um 1650 in Königsberg gefertigt wurde. Dabei ist die Idee eines kunstvoll aus Bernstein geschnitzten Trinkkrugs im Grunde absurd: Es muss ziemlich schwierig und unpraktisch gewesen sein, aus ihm kostspielig importierten Wein oder einheimisches Bier zu trinken und gleichzeitig den Deckel offenzuhalten. Natürlich ist dieser Krug nicht in erster Linie als Trinkgefäß konzipiert worden, sondern als Schaustück. Wer einen solchen Humpen auf den Tisch stellen konnte, der demonstrierte seine hohe Stellung. Denn der weiße Bernstein, der für die Mitte des Deckels verwendet wurde, war noch seltener als der goldene, zudem zeigte er das Wappen der schwedischen Krone. Ziemlich sicher stammt dieser Trinkkrug aus dem Besitz der Königin Christina von Schweden und war ein Geschenk des Kurfürsten von Brandenburg, der zugleich Herzog von Preußen war – und auf der Suche nach mächtigen Verbündeten.

So ostentativ spartanisch es am eigenen Hof auch zugehen mochte, Geschenke wie diese ermöglichten dem Brandenburgischen Haus der Hohenzollern, anderen gegenüber extravagant zu prunken. Denn dieses Fürstenhaus befand sich im Aufstieg. Es verfolgte ausgreifende royale Ambitionen, in denen ausgerechnet das abgelegene Königsberg eine zentrale Rolle spielte. Dazu Professor Christopher Clark, Historiker der preußischen Geschichte:

> Königsberg war eine Stadt außerhalb des Heiligen Römischen Reiches [vgl. die Karten 1–3], und genau darum wurde es bedeutsam für die Kurfürsten von Brandenburg, die den Anspruch auf einen Königstitel erhoben. Innerhalb des Reiches konnten sie diesen Titel nicht erlangen, denn dazu hätten sie die Zustimmung der österreichischen Kaiser des Heiligen Römischen Reiches erlangen müssen, und dazu verspürten sie wenig Lust. So suchten sie ihren Königstitel in Königsberg, und auf diese Weise wurde die Stadt zu dem Ort, mit dem die Preußen ihren Anspruch auf den Königstitel begründeten. Der Brandenburgische Kurfürst Friedrich III. machte sich zum König des Herzogtums Preußen und wurde zu Friedrich I. Aus verschiedensten Gründen konnte er nicht König *von* Preußen werden, was damit zu tun hatte, dass sich der Name Preußen auch auf Territorien bezog, die damals zu Polen gehörten. Also musste sich Friedrich König *in* Preußen nennen. Aber er begnügte sich mit die-

Bernsteinkrug:
links: In der Mitte des Bodens prangt eine Sonne.
Rechts: Der Deckel des Krugs mit dem königlichen Wappen Schwedens.

187. Krönungsszene in Königsberg

sem recht merkwürdigen Titel und kreierte auf diese Weise einen neuen königlichen Status. Doch zugleich war Preußen – Königsberg – der Staat, von dem Brandenburg seinen Namen ableitete. Bis ins 17. Jahrhundert war der Staat schlicht Brandenburg genannt worden. Erst durch die Akquisition Ostpreußens wurde er zunächst als Brandenburg-Preußen, später als Preußen bekannt. So gesehen hat der Staat, den wir als Preußen kennen, seinen Namen gestohlen, er war eine Art Logo, gewählt nach seiner östlichsten Besitzung.

Links:
Friedrich als Kurfürst von Brandenburg.
Rechts:
Friedrich als «König in Preußen».

Friedrichs I. Selbstkrönung 1701 in Königsberg war, wie sich zeigen sollte, ein Schlüsselereignis in Deutschlands Geschichte und auch für Europa. Die Kurfürsten von Sachsen waren damals Könige von Polen, doch war dies ein Wahlkönigtum, das irgendwann auch an eine andere Adelsfamilie übergehen konnte. Der Kurfürst von Hannover sollte König von England werden, was seine Interessen in andere Bahnen lenken würde. Doch der König in Preußen war nun wie die Könige von Dänemark und Schweden ein bleibender Faktor, dem zudem große Territorien im Norden Deutschlands gehörten. In einer Hinsicht jedoch wollte der neue König gar nicht wie die anderen sein. Schon die Krönungszeremonie, die am 18. Januar 1701 im

Linke Seite:
Friedrich I. krönt sich selbst zum «König in Preußen» im Königsberger Dom, 1701.

gotischen Backsteindom von Königsberg stattfand, war darauf angelegt, diesen Unterschied herauszustellen. Christopher Clark:

> Sie war das bis dahin kostspieligste Einzelereignis in der brandenburgisch-preußischen Geschichte, arrangiert als ein gewaltiges Werbespektakel, doch man traf – völlig unüblich – keinerlei Anstalten, dieser Krönung durch historische Kontinuität Legitimität zu verschaffen. Der Titel ist nicht vom Habsburger Kaiser verliehen worden; der König hatte ihn sich selbst verschafft. Eine interessante Besonderheit dieser Krönung bestand darin, dass sich der König die Krone eigenhändig aufs Haupt setzte und anschließend auch seine Frau krönte. Niemand anderer sollte in diesen Vorgang eingreifen. Es war also eine komplett selbstgemachte Monarchie.

Von 1701 bis 1914, während der neue Staat Preußen an Macht und Bedeutung zunahm, blieb das abgelegene unbedeutende Königsberg ein fast mythischer Ort: Ursprung und Sitz der Monarchie. Mochte die königliche Residenz stets das Berliner Schloss gewesen sein, die Stadt im Osten hatte ihren eigenen Status. Darum war es ganz natürlich, dass die königliche Familie 1806, nachdem Napoleon die preußische Armee vernichtend geschlagen hatte, in Königsberg Zuflucht suchte, dem entferntesten Teil Ostpreußens. Von dort aus reorganisierten der König und seine Ratgeber das Königreich, sie entwarfen Reformen, die Preußens Armee und Staat in die Lage versetzten, ihre deutschen Verbündeten zum Sieg über Napoleon zu führen, Seite an Seite mit Österreich, Großbritannien und Russland; und später dann, 1871, ganz Deutschland nördlich von Österreich unter seiner Führung zu vereinigen. In und um Königsberg also wurde Preußen 1701 erstmalig und 1806 zum zweiten Mal aus der Taufe gehoben.

Während dieser ganzen Zeit blieb es die Stadt des Bernsteins. Die vielleicht deutlichste Demonstration der ambitionierten Pläne, die die gerade begründete Monarchie verfolgte, war das Geschenk, das Friedrich Wilhelm I. 1716 seinem wichtigsten Verbündeten machte, dem russischen Zaren Peter dem Großen – keinen Bernsteinkrug, keine Bernsteinschatulle, wie dies seine sparsamen Großeltern vielleicht getan hätten, sondern gleich ein ganzes Bernsteinzimmer. Mehrere Tonnen schwer, das «achte Weltwunder» genannt, prangte es rund zweihundert Jahre lang in imperialem Glanz im Katharinenpalast in Zarskoje Selo, dem Schloss der Romanows vor St. Petersburg. 1941, während der Belagerung Leningrads,

Das Bernsteinzimmer in Zarskoje Selo, mit einem Standbild Friedrichs des Großen, um 1930.

wurde es von deutschen Soldaten geplündert und nach Königsberg zurückgebracht. Dort befand es sich noch 1944, als die Stadt bombardiert wurde – und ist seither verschwunden.

Das gilt in gewisser Weise auch für Königsberg. In der Endphase des Krieges wurde die Stadt zunächst von britischen Bombern zerstört, den Rest erledigte die russische Artillerie. Soweit die deutsche Bevölkerung 1945 noch nicht geflohen war, wurde sie getötet oder verschleppt. Neue Bewohner wurden aus der Sowjetunion in die Stadt gebracht. Die Territorien rings um Königsberg gingen an Polen und Litauen, die Stadt selbst, umbenannt in Kaliningrad, wurde zu sowjetischem Staatsgebiet, einer Enklave mit einem großen Stützpunkt der sowjetischen Kriegsflotte. Zwischen 1945 und 1989 zerstörten die Sowjets, was von der ruinierten Stadt übrig geblieben war – ein klassischer Fall

Kanaldeckel im heutigen Kaliningrad, noch immer mit der Aufschrift «1937 – Königsberg».

von stalinistischer Auslöschung der Vergangenheit. Jeder Platz, jede Straße wurde umbenannt, die Wiege der preußischen Monarchie radikal in eine typische Sowjetstadt verwandelt. Kants Königsberg verschwand. Nur eines blieb unverändert, ein beständiges Zeichen der langen deutschen Präsenz: die Kanaldeckel, die bis heute zu sehen sind. Rundherum sind überall nur sowjetische Bauwerke und Standbilder ausfindig zu machen, auch der Name Kaliningrad in kyrillischer Schrift, wer aber durch die Stadt spaziert, wird unter seinen Füßen in massivem Gusseisen lesen: L. STEINFURT. A-G-1937-KÖNIGSBERG.

Der physischen Zerstörung des größten Teils der Stadt entsprach die juristische Eliminierung des Staates Preußen. Noch einmal Christopher Clark:

> Es liegt etwas Außerordentliches in der Entscheidung des Alliierten Kontrollrats von 1947, den Staat Preußen per Gesetz abzuschaffen. Anders als die meisten Gesetze, die der Kontrollrat erließ, enthält dieses in seiner Präambel eine Geschichtsstunde en miniature. Es heißt darin: Der Staat Preußen, «der seit jeher Träger des

> Militarismus und der Reaktion in Deutschland gewesen ist», wird hiermit aufgelöst. So enthält dieses Gesetz in seinem Wortlaut zugleich seine Erklärung. Weil dieser Staat als Quelle von Militarismus und Reaktion in der deutschen Geschichte betrachtet wurde, musste er von der Landkarte Europas verschwinden. Ein Geist, der Unruhe stiftete, war zu exorzieren. Dafür – die Abschaffung eines Staates per Federstrich in Friedenszeiten – gibt es, soweit ich sehe, keinen Präzedenzfall. Schon erstaunlich, dass der Name Preußen auf keiner Karte des heutigen Europa mehr erscheint.

Auch den meisten Deutschen begegnet der Name Preußen nur noch selten. In einer Sphäre freilich fällt dieser Name häufig, allerdings werden die wenigsten wissen, wofür er steht, denn hier erscheint er in seiner ursprünglich lateinischen Form: «Borussia Dortmund» – so nennt sich der 1909 gegründete, sehr erfolgreiche Dortmunder Fußballverein und bewahrt damit die Erinnerung, dass diese Stadt einst zur preußischen Provinz Westfalen gehörte.

1787, während Kant in Königsberg an der *Kritik der praktischen Vernunft* arbeitete, in der die berühmte Formulierung «Der bestirnte Himmel über mir, und das moralische Gesetz in mir» zu lesen ist, befand sich Mozart auf seiner Reise nach Prag, voller Hoffnung auf eine freundliche Aufnahme der Uraufführung seiner Oper *Don Giovanni*. Immerhin konnte er sicher sein, dass er eine deutsche Stadt vorfinden würde, in vielerlei Hinsicht nicht weniger deutsch als Königsberg. Der Historiker des Heiligen Römischen Reiches R. J. W. Evans erklärt:

> Wer im 18. Jahrhundert nach Prag reiste, bekam schon den Eindruck, dass Leben und Treiben im Königreich Böhmen sehr vertraut deutsch waren. Ihrer äußeren Erscheinung nach war die Stadt deutsch und unterschied sich nicht wesentlich von den Orten, durch die man auf der Reise durch Sachsen oder Österreich gekommen war; und auch die Sprache, in der man dort in der Regel miteinander verkehrte, war Deutsch.

Eine durchweg deutsche Stadt freilich war Prag niemals. Die Hauptstadt des alten Königreichs Böhmen, ein Zentrum des tschechischen Bewusstseins, hatte aber lange zurückreichende und vielfältige Verbindungen mit der deutschen Welt. Ostpreußen und Königsberg wurden mit Waffengewalt erobert, nach Prag hingegen sind die Deutschen – gegen Ende des 13. Jahrhunderts, etwa zur gleichen Zeit also – auf Einladung gekommen. Die Überfälle mongolischer Steppenvölker in Mitteleuropa hatten zu einer schmerzlichen Entvölkerung geführt, und die Könige von Böhmen, die ihre Städte und Marktflecken wieder aufbauen wollten, ermutigten zur Immigration und Ansiedlung von Deutschen. Schon um 1300 gab es in Prag ein ausgeprägt deutsches Viertel.

Die deutsche Gemeinde spielte von Anfang an eine führende Rolle im geistigen und kulturellen Leben der Stadt. Als die Universität gegründet wurde, im Jahr 1348, waren die meisten Professoren und Studenten deutschsprachig. Um 1600, als Rudolf II., Kaiser des Heiligen Römischen Reichs, seine Hauptresidenz nach Prag verlegte, wurde die Stadt noch einmal zur geistigen Hauptstadt der deutschen Welt, die Künstler, Gelehrte, Naturwissenschaftler und besonders Astronomen aus ganz Europa anzog.

Adriaen de Vries, *Rudolf II. bringt die Freien Künste nach Böhmen*, 1609.

Der Altstädter Markt in Prag, 1922. Gleich hinter dem Hus-Denkmal (Mitte) befand sich die Galanteriewarenhandlung des Vaters von Franz Kafka.

Für die folgenden 200 Jahre blieb der deutsche Einfluss im Grunde unangefochten – was Mozart hätte bestätigen können –, bis dann, in den Jahren der Napoleonischen Kriege, Böhmen wie das übrige Europa auch erfasst wurde von nationalen Sehnsüchten. Nach dem Zusammenbruch des Heiligen Römischen Reichs änderten sich die Dinge rapide. Das tschechische Nationalbewusstsein gewann stetig an Kraft. Die Einwohner von Prag und Böhmen rückten, nach 500 Jahren des Zusammenlebens, aus dem auch viele Mischehen hervorgegangen waren, immer entschiedener von der deutschen Welt ab. Zwischen 1848 und 1880 wurde Prag von einer mehrheitlich deutschsprachigen zu einer mehrheitlich tschechischsprechenden Stadt. 1882 sprach der neue Bürgermeister in seiner Antrittsrede von «unserer hunderttürmigen, geliebten, goldenen *slawischen* Stadt», woraufhin die letzten dort verbliebenen Deutschen unter Protest den Stadtrat verließen. Ein Jahr später kam

Hans Fronius, *Franz Kafka*, Holzschnitt, 1937.

Franz Kafka zur Welt. Karen Leeder, Professorin für Moderne Deutsche Literatur in Oxford:

> Kafka ist einer der bedeutendsten Schriftsteller deutscher Sprache. Allein sein Name bescherte uns ein neues Wort: *kafkaesk*. In vielfacher Hinsicht stellt er das Unbehagen, die spirituelle Verlassenheit, die Einsamkeit des modernen Menschen heraus; Kafka wurde zum Inbegriff für die Entfremdung und eine Art Selbstverlust im 20. Jahrhundert und darüber hinaus. Das 20. Jahrhundert ist undenkbar ohne Kafka, nicht nur in der deutschen, sondern in der Weltliteratur. Man sagt, er sei ein tschechischer Autor, ein österreichischer, ein jüdischer Autor. Versucht man ihn auf diese Weise zu verstehen, gerät man mitten hinein in die Fragen nach dieser einzigartigen Stimme. Er hat deutsch geschrieben. Er hat in Prag gelebt. Er hat Deutsch und Tschechisch gesprochen, aber Deutsch geschrieben, und in diesem Sinne sind viele seiner Kernpunkte ebenfalls deutsch. Andererseits ist es Prag, das Kafka zu Kafka gemacht hat.

Oder um es genauer zu sagen: Es waren die besonderen Umstände des deutschen Prag. Die Stadt, in die Kafka 1883 geboren wurde und die ihn geformt hat, war eine Stadt, in der sich das Deutsche nicht nur auf dem Rückzug, sondern in einem endgültigen Niedergang befand. Offiziell war Prag zu einer einsprachigen Stadt geworden, bereits in Kafkas Jugend waren die Straßenschilder tschechisch. Als er

1901 die Karls-Universität besuchte und dort Jura studierte, war diese bereits geteilt – in einen deutsch- und einen tschechischsprachigen Teil –, und die jeweiligen Studenten benutzten unterschiedliche Eingänge. So ist Kafka, der Deutsch sprach, bereits Außenseiter in einer Stadt, die sich vor noch nicht allzu langer Zeit entschieden hatte, ihre weit zurückreichende deutsche Identität aufzugeben. Das Porträt von Hans Fronius, der einige seiner Erzählungen illustriert hat, zeigt einen Mann, der sich eindeutig unbehaglich fühlt, wachsam und verunsichert ist.

Doch Kafka war, wie die meisten jungen deutschsprechenden Prager der 1890er Jahre, Außenseiter noch in anderer Hinsicht. Auf dem deutschen Gymnasium, das er besuchte, waren die meisten Schüler, wie er selbst, Juden. Als Jude in einem Land, das seit 300 Jahren tief katholisch war, als Deutschsprechender in einer Stadt, die ihr deutsches Erbe loswerden wollte: Von Geburt an war Kafka in einer Situation, die ihn Unterdrückung und Entfremdung durch moderne politische Strukturen erfahren und verstehen ließ.

Kafkas Romane *Das Schloss* und *Der Prozess* sowie seine Erzählung *Die Verwandlung*, deren Hauptfigur sich eines Tages in einen riesigen Käfer verwandelt findet, gehören mittlerweile zum Kanon der Weltliteratur. Mit seinen Werken kam das deutsche Prag zu einer letzten, bleibenden Blüte. Nochmals Karen Leeder:

> Man kann den Spuren von einigen der Hauptfiguren im wirklichen Prag nachgehen, die Straßen entlang spazieren, die auch sie genommen haben. So ist der Ort, an dem beispielsweise seine berühmte Erzählung *Die Verwandlung* spielt, die Wohnung, in der Kafka mit seinen Eltern wohnte; beider Grundrisse sind identisch. Prag war ein merkwürdiger Schmelztiegel tschechischer, deutscher, jüdischer und jiddischer Einflüsse, und Kafka verkehrte in den Prager Kaffeehäusern, in denen alle diese unterschiedlichen Menschen aufeinandertrafen.

Es war die Art von Kosmopolitismus, die in Österreich-Ungarn blühte, doch dieser hatte kaum eine Chance, in den 1919 entstandenen Nationalstaaten zu überleben. Als Kafka 1924 starb, waren nurmehr fünf Prozent der Prager Bevölkerung von Geburt an deutschsprachig, die meisten von ihnen wie Kafka jüdisch. Knapp zwanzig Jahre später waren die meisten von ihnen, auch Kafkas drei Schwestern, tot, Opfer der Judenvernichtung während der NS-Besatzung der Tschechoslowakei. Ironischerweise waren es die Deutschen selbst, die endgültig die deutsche Sprache und Tradition in Prag eliminierten. Die neue Regierung vertrieb 1945 die noch verbliebene deutschsprachige Bevölkerung des Landes, insgesamt drei Millionen Menschen, die meisten aus dem Sudetenland. Die Regierung, so hieß es in einer offiziellen Erklärung, korrigiere «die Fehler unserer tschechischen Könige, die die deutschen Kolonisten hierher eingeladen haben». Die Vertriebenen gelangten nach Deutschland, das die meisten von ihnen nie gesehen hatten. Damit war die siebenhundertjährige Geschichte des deutschen Prag beendet, auf den Seiten von Kafkas Dichtungen freilich lebt sie fort.

In keiner Hinsicht mehr, hieß es zu Beginn dieses Kapitels, seien beide Städte, das russischsprechende Kaliningrad und das tschechischsprechende Prag, heute noch deutsche Städte. Die Gräueltaten des Dritten Reichs, durch die so viele Russen und Tschechen ihr Leben verloren, setzten auch diesem langen Kapitel deutscher Geschichte ein Ende. Die Wunden, die der Zweite Weltkrieg geschlagen hat, sind gewiss nicht vergessen, aber sie vernarben. Die russische Universität in Kaliningrad ist inzwischen umbenannt worden in Immanuel Kant Universität, und es wird darüber diskutiert, was Kant mit Russland verbindet. Die Verbindungen Prags ins benachbarte Sachsen (Dresden ist nur rund 130 Kilometer entfernt) sind wieder so eng wie im 18. Jahrhundert. Beide, Kaliningrad und Prag, werben um deutsche Besucher und um deutsche Investoren. Das heutige Deutschland und seine östlichen Nachbarn leben zufrieden und sicher in den gemeinsamen Grenzen. Prag aber, Kaiserstadt und Kafkas Heimat, auch Königsberg, die Stadt Kants und der preußischen Monarchie, bleiben im deutschen Bewusstsein wichtige, stimulierende Erinnerungen. Die politischen Grenzen Deutschlands stehen heute fest. Doch für den Kulturhistoriker sind sie noch immer fließend, offen auch weit nach Osten.

4
Stadt an der fließenden Grenze

Kein Fluss, nicht einmal die Donau, rauscht so sehr durchs Innerste der deutschen Vorstellungswelt, keiner ist so befrachtet mit kulturellen, historischen oder musikalischen Assoziationen wie der Rhein. Er ist es, der ruhig fließt, während sich im Abendsonnenschein Heines Loreley die blonden Locken kämmt und die Flussschiffer ins Verderben lockt. Auch Richard Wagners Siegfried vertraut sich den Fluten des Rheins an und beginnt so seine epische Reise. Und als in den 1840er Jahren ein angriffslustiges Frankreich mit den Säbeln rasselte und davon sprach, erneut in Deutschland einzufallen, da wurde ein patriotisches Lied gesungen, das Robert Schumann mitreißend vertont hat:

> Sie sollen ihn nicht haben
> den freien deutschen Rhein …

Ist nun der Rhein ein deutscher *Fluss* oder eine deutsche *Grenze*? Die historischen Landschaften der deutschen Sprache und Kultur reichen weit hinaus über die Grenzen des heutigen Deutschland und überlappten sich einige hundert Jahre lang mit mal mehr, mal weniger wohlwollenden Nachbarstaaten. Im Westen waren solche regionalen Überlagerungen im Grenzgebiet zu Frankreich am problematischsten, und dabei ging es vor allem um eine alte deutsche Stadt: Straßburg. Jahrhundertelang haben Besucher das großartige gotische Münster bewundert, keiner aber hat diesen Bau mit solch ekstatischer, poetischer Kraft beschrieben wie der junge Johann Wolfgang Goethe.

Nächste Doppelseite:
Herman Saftleven, *Rheinlandschaft mit Landungsplatz*, 1666.

Goethe im Jahr 1765, kurz vor seiner Abreise nach Straßburg.

Einundzwanzig Jahre war Goethe alt, als er 1770 zum Studium nach Straßburg kam und vor der Münsterfassade stand, an der ihm zweierlei aufging: die begeisternde, erhebende Kraft der gotischen Architektur und ein Aspekt dessen, was es für ihn bedeutete, deutsch zu sein. Reisende der Goethezeit besuchten, nicht anders als die unserer Tage, das Straßburger Münster nicht nur, um mit Begeisterungsschauern an der gotischen Fassade emporzuschauen, sondern auch, um eine der berühmtesten technischen Errungenschaften der deutschen Renaissance zu bewundern: die astronomische Uhr im Inneren des Münsters, deren Werk eingefügt ist in ein drei Stockwerke hohes Gehäuse. Zu jeder vollen Stunde schlagen Glocken, bewegen sich Figuren: Aufgeführt wird das Drama der Erlösung, mechanisch und in Kurzform.

Die Straßburger Uhr, 1574 fertiggestellt, ist das Werk von Isaac Habrecht, einem der größten Meister mechanischer Präzisionsinstrumente, den Renaissancedeutschland hervorgebracht hat. Auch Goethe wird diese Uhr bei seinen Besuchen im Münster besichtigt haben. Leider versagte

Die astronomische Uhr im Straßburger Münster.

das Uhrwerk im späten 18. Jahrhundert den Dienst und wurde entfernt – sodass man es heute nicht mehr besichtigen kann. Was man heute in der Straßburger Kathedrale sieht, ist eine Kopie aus dem 19. Jahrhundert.

Zum Glück fertigte Habrecht 1589 eine kleinere Version seines Straßburger Meisterwerks, und diese lässt sich bis heute im British Museum bewundern. Es ist eine tragbare Zimmeruhr, ebenfalls als dreistöckiger Turm gestaltet, etwa 90 Zentimeter hoch. Der Turm erhebt sich über einem quadratischen Grundriss, elegante freistehende Säulen tragen die drei Etagen, alle Teile sind aus fein graviertem Messing: ein wahres Haus der Zeit, dessen Zifferblätter und Scheiben die Minuten und Stunden bis zum Tag der Auferstehung messen. Regelmäßig ziehen auf einer Art Karussell die Wochentage vorbei, es werden die jeweiligen Mondphasen angezeigt, ebenso die Position der Sonne im Tierkreis. So wird jede Stunde im tyrannischen Lauf der Zeit in Szene gesetzt. Die Figuren, die die Viertelstunde schlagen, personifizieren die vier Lebensalter des Menschen – und so erscheint das Menschenleben in all seiner Flüchtigkeit und Vergänglichkeit: nicht anders als die großen Reiche der Griechen und Römer, der Assyrer und Perser, die auf den Gravuren auftauchen, die das Kalendarium umgeben. Wie sie wird alles Menschliche fortwährend aufsteigen und absterben, bis am Ende aller Tage und auf der obersten Etage die Figur Christi hervortritt und den Tod, der die Stunde schlägt, vertreibt. Zu jeder vollen Stunde wird dieses Geschehen vorgeführt, und wenn dabei Christus als Richter erscheint, spielt dieses erstaunliche Uhrwerk die Melodie, mit der Martin Luther seine Übersetzung des *Vater Unser* vertont hat.

Habrechts Uhr verbindet Astronomie mit Theologie, Mathematik mit Geschichte, Präzisionstechnik mit Luthers Bibelübersetzung (vgl. Kapitel 6), exquisites Silberhandwerk mit Luthers Talent, die Schrift mit Musik zu verbinden. Das Ganze ist ein kleines, 90 Zentimeter hohes Denkmal des deutschen Renaissancehumanismus; ein Kunstwerk zudem, wie es nur in wenigen deutschen Städten hat entstehen können, und Straßburg war eine davon. Dazu Joachim Whaley, der als Historiker das Heilige Römische Reich erforscht:

Die Straßburger Zimmeruhr, Isaac Habrecht, 1589.

> Straßburg war einfach eine deutsche Stadt. Es war Freie Reichsstadt im Heiligen Römischen Reich. Zugleich auch Bischofsstadt, und der Straßburger Bischof ein Fürstbischof des Reichs. Es war eine deutschsprachige

SPES
FIDES

Stadt – die Leute sprachen einen alemannischen Dialekt –, die Eliten waren vollständig integriert in das deutsche Bildungs- und das politische System. Nur wenige Kontakte bestanden nach Westen, vor allem wegen der starken deutsch-alemannischen Identität. Die Universität von Straßburg blieb durch das 18. Jahrhundert hindurch eine deutsche Universität und war ein beliebter Studienort: Hier studierte der junge Goethe, auch der österreichische Staatsmann Metternich.

Doch Straßburg, die Stadt der deutsch-lutherischen Universität, die Stadt, in der Habrechts Uhr vom Können deutscher Feinmechaniker zeugte, in der Goethe das Deutsche in der gotischen Architektur entdeckte – diese Stadt hat ein überraschendes Attribut: Hundert Jahre vor Goethes Studentenzeit war sie mit Gewalt zu einem Teil Frankreichs gemacht worden. 1681 hatte Ludwig XIV., animiert durch seinen erfolgreichen Eroberungskrieg im Elsass, ohne ersichtlichen Grund auch Straßburg angegriffen. Widerstand gegen die französischen Truppen war aussichtslos, und die Freie Reichsstadt wurde von Frankreich annektiert.

Ein Einblattdruck, erschienen um 1678, drei Jahre vor dem Angriff auf Straßburg, zeigt, wie die Deutschen die französische Besatzung eines Territoriums aufgenommen haben, in dem die Menschen Deutsch sprachen und das stets zum Heiligen Römischen Reich gehört hatte: Ein ergrimmter Adler, den Reichsapfel tragend und umgeben von kleineren Bundesgenossen, stößt, das Schwert schwingend, herab auf den gallischen Hahn, der über eine Karte des Reichs stolziert und mit seinem Schatten Straßburg unsichtbar macht. Die Allegorie ist klar: Der Kaiser und seine Verbündeten werden die Franzosen alsbald wieder davonjagen. Doch die Hoffnung auf baldige Rückeroberung der Region blieb vergeblich, 1697 musste der Kaiser knirschend anerkennen, was Faktum war: Aus Straßburg war durch Waffengewalt Strasbourg geworden.

Etwa hundert Jahre regierten die Franzosen mit leichter Hand. Deutsch blieb die Sprache der meisten Elsässer, die Universität blieb deutsch. So war die Stadt, in die der junge Goethe 1770 kam, ein Doppelwesen: deutsch in ihrem Charakter, politisch jedoch von Franzosen verwaltet.

Das Münster aber, da war sich Goethe sicher, war kein Mischwesen: Es war *deutsch*, erbaut von einem überragenden Genius, dem deutschen Architekten Erwin von Steinbach. Goethe war überwältigt. Er schrieb:

Das Straßburger Münster über den Dächern der Stadt: vom 15. bis ins 19. Jahrhundert das höchste Bauwerk der Welt.

Deutsches Flugblatt zur Besetzung des Elsass durch Ludwig XIV., 1678.

Ein ganzer, großer Eindruck füllte meine Seele, den, weil er aus tausend harmonierenden Einzelnheiten bestand, ich wohl schmecken und genießen, keineswegs aber erkennen und erklären konnte. Sie sagen, daß es also mit den Freuden des Himmels sei, und wie oft bin ich zurückgekehrt, diese himmlisch-irdische Freude zu genießen, den Riesengeist unsrer ältern Brüder in ihren Werken zu umfassen! Wie oft bin ich zurückgekehrt, von allen Seiten, aus allen Entfernungen, in jedem Lichte des Tags, zu schauen seine Würde und Herrlichkeit!

Von deutscher Baukunst, Goethes erste als Einzeldruck veröffentlichte Schrift, war begeisternd, einflussreich und in einem wesentlichen Punkt – falsch. Goethe sah, dass die scheinbar verworrenen, vielfältigen Details einer gotischen Fassade dennoch von einer alles verbindenden ästhetischen Dynamik belebt waren – das war ungewöhnlich für seine Zeit. Dazu jedoch redete er sich ein (und damit war er nicht

Goethe in Straßburg (1770), ein Druck von 1870.

allein), dass diese gotische Architektur, von der wir heute wissen, dass sie in Frankreich entstand, in ihrem Wesen überwältigend deutsch sei. Die romantischen Zwillingssaiten von Genie und Nation anschlagend, ruft er aus:

> Und nun soll ich nicht ergrimmen, heiliger *Erwin*, wenn der deutsche Kunstgelehrte, auf Hörensagen neidischer Nachbarn, seinen Vorzug verkennt, dein Werk mit dem unverstandnen Worte *gotisch* verkleinert. Da er Gott danken sollte, laut verkündigen zu können, das ist deutsche Baukunst, unsre Baukunst, da der Italiener sich keiner eignen rühmen darf, viel weniger der Franzos.

Das Straßburger Münster, in einer Stadt, die seit nahezu hundert Jahren französisch war, wurde für Goethe zu einem flammenden Aufruf an die Deutschen, sich auf ihre nationalen Traditionen zu besinnen und den Platz unter den Kulturen

Europas einzunehmen, der ihnen gebühre. Dazu passt, dass Goethe in Straßburg den damals sechsundzwanzigjährigen Philosophen Johann Gottfried Herder kennenlernte – den schöpferischen Mentor des *Sturm und Drang*, einer Vorläuferbewegung der Romantik. In seinen Schriften zur Literatur trat Herder, der bei Kant in Königsberg studiert hatte, mit allem Nachdruck für die einzigartige Leidenschaftlichkeit und Expressivität der deutschen Sprache ein:

> Wenn Sprache das Organ unserer Seelenkräfte, der Mittel der innersten Bildung und Erziehung ist: so können wir nicht anders als in der Sprache unseres Volkes und Landes gut erzogen werden; eine sogenannte französische Erziehung in Deutschland muss deutsche Gemüter notwendig mißbilden und irre führen.

Seit der Renaissance galten das Alte Rom, Italien und Frankreich der deutschen Kultur als Vorbilder. Dass sich dies ändern müsse, wurde diesen begabten jungen Männern im Straßburg der 1770er Jahre klar.

Viele Städte könnte man auswählen, um das Argument zu untermauern, dass über Jahrhunderte (und in einer Weise, die Briten unbegreiflich ist) Deutschlands geistige, religiöse und kulturelle Grenzen nicht mit den politischen Grenzen korrespondierten: Straßburg zeigt dies wohl am besten. Unmöglich ließe sich eine Kulturgeschichte Deutschlands schreiben, ohne diese Stadt einzubeziehen, die heute politisch, aber auch sprachlich eine französische Stadt ist. Sie war die Heimatstadt Gottfrieds von Straßburg, des Verfassers von *Tristan*, einem Meisterwerk mittelalterlicher deutscher Literatur. Sie war eine bedeutende Stadt der deutschen Renaissance, lieferte den wirtschaftlichen und geistigen Nährboden für Habrechts mechanische Errungenschaften. Drucker und Prediger der Stadt trugen dazu bei, die Reformation in ganz Deutschland zu verbreiten. In Straßburg gelang es Herder zu formulieren, worin die besonderen, belebenden Eigenschaften der deutschen Sprache bestehen. Und mit Goethes begeisterten Ergüssen zum Münster stimulierte diese Stadt die erste große Hymne auf den deutschen Kulturnationalismus.

Anfänglich agierte die französische Verwaltung tolerant und mit leichter Hand; angesichts der im 19. Jahrhundert fortschreitenden Zentralisierung der Nationalstaaten konnte es dabei aber nicht bleiben; ebenso wenig konnte Straßburg in einer zunehmend nationalistischen Welt weiterhin beides sein, deutsch und fran-

Angelika Kauffmann, *Johann Gottfried Herder*, 1791.

zösisch. Wenn in den kommenden 200 Jahren die Stadt abwechselnd – mal durch den einen, mal durch den anderen Staat – übernommen wurde, so vollzog sich dies Hin und Her immer repressiver, gewaltsamer und umfassender.

Ein anderer Druck aus dem British Museum – diesmal eine Feier des Sieges im Deutsch-Französischen Krieg 1870/71 und der Wiedereroberung Straßburgs – zeigt das Münster und verdoppelt es durch den Kölner Dom, der damals gerade seiner Vollendung entgegen ging, für die Preußen ein Symbol des Nationalstolzes und der Reichseinigung. Verbunden werden die beiden großen deutschen Kathedralen, wie auf dem Flugblatt zu lesen, durch den «freien deutschen Rhein» – nach dem Text von Nikolaus Becker, dessen *Rheinlied* Robert Schumann 1840 vertont hatte. Das Heilige Römische Reich deutscher Nation war damit wiederhergestellt. Strasbourg, so das Flugblatt, ist wieder die deutsche Reichsstadt Straßburg.

In Paris wiederum, dessen Politiker niemals aufgehört hatten, von einer Rückkehr zu Napoleons Rheingrenze zu träumen, die 1815 aufgegeben werden musste, wurde der Verlust Strasbourgs im Jahr 1871 zum Symbol einer monströsen Fehlentwicklung. *Strasbourg*, eines der allegorischen Stadtdenkmale auf der Place de la

Soldaten aus deutschen Fürstentümern beim Vivat auf den neuen deutschen Kaiser, Lithographie, 1870.

Concorde, wurde schwarz verhüllt – und zum Ziel sonntäglicher Ausflüge der Familie de Gaulle, Anlass, den jungen Charles über seine Pflicht zu belehren, mitzuwirken an der Wiedererringung der Stadt und der verlorenen Ehre Frankreichs. Strasbourg war zu *dem* Totem der deutsch-französischen Feindschaft geworden. 1919 wurde die Stadt dann wieder französisch, 1940 erneut deutsch, und am 23. November 1944 wieder französisch. Jedesmal, wenn die Stadt den Besitzer wechselte, geschah dies mit verschärftem Nationalismus, mit zunehmend verbissen betriebener Assimilation. Heute ist diese Stadt, die so bedeutsam war in der deutschen Kulturgeschichte, endgültig französisch. Für Joachim Whaley ist diese Frage jetzt eindeutig entschieden:

> Das Schlusskapitel in dieser langen französisch-deutschen Geschichte im 19. und 20. Jahrhundert ist eigentlich die deutsche Besatzung von 1940. Sie war kaum weniger brutal als die Besatzung der meisten anderen Gebiete, und im Bewusstsein der meisten Stadtbewohner war die Frage der Identität damit geklärt.
>
> Wie oft gesagt worden ist, haben die Deutschen in viereinhalb Jahren das erreicht, was den Franzosen in den vorangegangenen zwanzig Jahren nicht geglückt ist, nämlich die Elsässer zu Franzosen zu machen.

Ein deutsches Merkmal jedoch hatten viele dieser «Franzosen» 1945 noch immer: ihre Sprache. Sie war die letzte Spur des so lange währenden Deutsch-seins. Auch Tomi Ungerer, ein Veteran der Kampagnen für die sprachlichen Rechte der Elsässer, muss eingestehen, dass dieser Kampf verloren ist:

> Ich habe gut dreißig Jahre damit zugebracht, mich für die elsässer Identität und für unsere Sprache einzusetzen, denn diese ist ja Teil unserer Identität, doch denke ich inzwischen, dass wir, so wie die Dinge nun liegen, unseren Kampf verloren haben. Wir sind nun praktisch ohne eine Sprache, ohne eigene Sprache, geblieben ist ein Akzent, der elsässische Akzent. Das Elsass ist inzwischen so französisch, dass ich nicht glaube, dass die jungen Leute heute solche Identitätsprobleme haben, wie ich sie hatte; sie sind eben französisch. Die Jakobiner haben die Schlacht gewonnen. Und wir müssen uns nicht mehr fragen, sind wir französisch, sind wir deutsch? Wir sind Europäer. Elsässer als wahre Europäer, weil wir eine neue Identität gefunden haben.

Seit 1945 haben die langen französisch-deutschen Kämpfe um den Rhein ein Ende gefunden, durch einen Prozess, in dem de Gaulle – der Junge, der vor der *Strasbourg*-Statue auf der Place de la Concorde stand – eine Hauptrolle spielte. Tomi Ungerers hoffnungsvolle Schlussfolgerungen legen nahe, dass die fließenden Grenzen Deutschlands, die damit verbundenen Verwicklungen und Konflikte, nun in einer neuen politischen Ordnung aufgehoben sind, in einem Bündnis autonomer Staaten, genannt Europäische Union. Doch diese Zukunft hat eine sehr lange Vergan-

Nächste Doppelseite: Straßburg 1871, nach dem Beschuss durch deutsche Artillerie. Über dem Münster weht die preußische Fahne.

genheit, die wiederum auffällige Ähnlichkeiten mit einer älteren Geschichte aufweist: der des Heiligen Römischen Reichs.

Heute ist Straßburg Sitz des Europäischen Parlaments, eines Grundelements der Vision eines neuen Europa, und es ist gut möglich, dass die Europäische Union in einiger Zeit zu einer Form der Regionenpolitik findet, in der lokale Besonderheiten wie die elsässische Sprache überleben können. Sollte es dazu kommen, wird dies im Wesentlichen nur eine Rückkehr sein zu einer Ordnung, die jahrhundertelang blühte und zu der als bedeutsames Element auch Straßburg gehörte. Goethe sah in der Fassade des Münsters einen «ganzen, großen Eindruck», den er, weil er «aus tausend harmonierenden Einzelnheiten bestand, ... wohl schmecken und genießen, keineswegs aber erkennen und erklären konnte». Es war ein Zusammenhang, der ihm, trotz aller Details und trotz deren Vielfalt, ein Gefühl der Einheit vermittelte, ein Gefühl der Ganzheit und der Größe. Er hätte damit gerade so gut das Heilige Römische Reich beschreiben können, das riesige Bündnis ganz unterschiedlicher Staaten, auch ganz unterschiedlicher Formen des Deutschseins, das tausend Jahre bestand und uns nun, im nächsten Kapitel, näher beschäftigen wird.

Place de la Concorde, Paris, 1904 – *Strasbourg*, die Stadtallegorie ist zum Zeichen der Trauer mit Tüchern und Kränzen verhängt.

VIVE L'ALSACE !

Manifestation sur la place de la Concorde autour de la statue de Strasbourg

Oben:
Der silberne Sterbetaler der Kurfürstin von Hannover, 1714.

Unten:
Das goldene Fünf-Guineen-Stück mit George I., König von Großbritannien, 1716.

5
Fragmentierte Macht

Nur wenigen Menschen kann der Zeitpunkt ihres Sterbens ungelegener gekommen sein als Sophie, der Kurfürstin von Hannover, die vom Parlament in London zur protestantischen Erbin der britischen Krone nominiert worden war. Über ein Jahrzehnt hatte sie, die doch so gesund, so fröhlich durch ihre Gärten spazierte, auf den Tod ihrer weit entfernten, bekanntermaßen schwächelnden Verwandten Anne gewartet, und nun lag sie selbst im Sterben, nur Wochen bevor Königin Anne am 1. August 1714 schließlich auch starb. Darum hat das British Museum keine Münze zur Feier der Krönung Sophies zur Königin von Großbritannien, sondern nur eine, die aus Anlass ihres Todes in Hannover geprägt wurde, sie allerdings als Erbin des britischen Thrones nennt.

Neben dieser schlichten Silbermünze, auf der Sophie als Tote erscheint, gibt es jedoch jene Münze, auf der sie zu ihren Lebzeiten selbst zu gerne aufgetaucht wäre, ein britisches Fünf-Guineen-Stück in Gold. Das auf der Seite links abgebildete Exemplar zeigt ihren Sohn, König George I., stolz mit Lorbeer gekränzt und umgeben von den Titeln König von Großbritannien, Frankreich (ein Titel, den die britischen Herrscher bis 1802 beanspruchten) und Irland sowie Verteidiger des Glaubens. Auf der Gegenseite erscheint der gleiche George als Georg Ludwig, Kurfürst und Erzschatzmeister des Heiligen Römischen Reichs, Herzog von Braunschweig und Lüneburg. Georges Währung war die einzige im Land. Georgs Währung in Hannover war eine von rund zweihundert, die in den verschiedenen deutschen Territorien des Reichs ausgegeben wurden. Die Münze erzählt von einem Herrscher, der in zwei Welten lebte.

Schon ein einfacher Vergleich der Münze, die in Georges neuem, dem Britischen, Königreich geprägt wurde, mit jener aus dem Deutschland, das er hinter sich ließ, zeigt die gewichtigen Unterschiede zwischen der politischen Geschichte der beiden Länder im 18. Jahrhundert, und diese sagen auch einiges darüber aus, warum die beiden Länder heute mit politischen Fragen so verschieden umgehen.

Für England – und später Großbritannien – war Einheit, im Zweifelsfall auch erzwungene Einheit, für Jahrhunderte Ziel und Zweck des Staates, die Grundbedingung von Ordnung und Wohlstand. Das Heilige Römische Reich deutscher Nation dagegen war ein politisches Gebilde aus vielen Teilen, aus Elementen eines schwer fassbaren Ganzen, das nicht zusammengehalten wurde durch militärischen Zwang, sondern durch ein Netz gemeinsamer Auffassungen und Traditionen, die den Rahmen setzten.

Joachim Whaley erläutert diese Nichtdeutschen oft schwer verständliche Ordnung:

> Von außen wirkt das Ganze chaotisch, insbesondere wenn man historische Karten betrachtet, die eine wahre Farbenpracht zeigen, winzige Territorien hier und dort und überall, ein einziger Wirrwarr. Und doch hat das Ganze funktioniert, so gut wie viele Staaten der frühen Moderne. Man darf nicht vergessen, dass dieses Flickwerk unterschiedlicher Territorien, das man sieht, ja kein Flickwerk völlig souveräner Staaten darstellt. Die Fürsten und Reichsstädte waren nicht unabhängig und autonom, sondern sie unterstanden dem Reich, alle funktionierten sie in einem gemeinsamen rechtlichen Rahmen, auf den sich Kaiser und Landesherren im Reichstag nach bestimmten Regeln einigten. Es wurde, denke ich, zusammengehalten von einem Gefühl der Zusammengehörigkeit, dem Gefühl, zum ersten christlichen Reich zu gehören, das eine ganz eigene, universale Mission hatte.

Mag das institutionelle Rahmenwerk des Reichs komplex gewesen sein und unübersichtlich, seine Münzen geben Reichweite und Grenzen dieser Unterschiedlichkeit recht anschaulich wieder. An der Spitze des gesamten politischen und monetären Systems stand der Kaiser. Um 1700 war dies Leopold I., hier dargestellt auf der Silbermünze, die Taler genannt wurde. Ganz ausgeprägt sieht man das typische Habsburgerkinn mit stark vorspringender Unterlippe – kein Wunder, denn er war der Spross einer langen Folge von Heiraten innerhalb der Familie. Leopold war einer der größten Herrscher des kontinentalen Europa, zu seiner

Silbertaler,
Kaiser Leopold I.,
1700.

Silbergulden,
Lippe-Detmold,
1714.

Hausmacht gehörten die heutigen Staaten Österreich, Tschechische Republik, Slowakei, der größte Teil Ungarns, Slowenien und der größte Teil Rumäniens. Doch anders als die englischen Könige besaß dieser Herrscher nicht das Münzmonopol: Praktisch jeder Landesherr, der dem Reichstag angehörte, war befugt, eigene Münzen prägen zu lassen – Kurfürsten, Bischöfe, Reichsstädte, Fürstäbte und so weiter. Zusammen wurden sie die Reichsstände genannt und gehörten zum Kreis der Herrscher, die das Reich zu dem machten, was es war – zu einer sonderbaren Art aristokratischer Republik, mit vielen Behörden und Institutionen, die zusammenwirkten unter der mehr oder weniger geschickten Führung des Kaisers, der den Reichstag einberief und leitete.

Es waren rund hundert säkulare Landesherren, knapp sechzig freie Reichsstädte, eine etwa gleiche Zahl von Bischöfen und Erzbischöfen, die alle der kaiserlichen Führung unterstanden, und sie alle besaßen das Münzrecht für ihre Territorien. So finden wir, neben dem Taler mit dem Konterfei des Kaisers, auch Münzen des Grafen von Lippe-Detmold, der in einem kleinen Winkel Westfalens nur zehn- bis zwanzigtausend Untertanen regierte, auf seiner Münze jedoch prangt wie der Kaiser selbst. Auch der Graf hatte seinen eigenen Rat, er konnte eine eigene Armee aufstellen, eigene Landesgerichte berufen, eigenes Geld prägen und ausgeben. Kurz: Er erfreute sich dessen, was im größten Teil des übrigen Europa zu den Attributen der Souveränität gehörte.

Nach den Landesfürsten kamen die damals etwas mehr als fünfzig freien Reichsstädte, die einige wunderschöne Münzen prägen ließen. Die Städte nutzten ihr Münzrecht häufig als Möglichkeit, ihre Silhouette zu präsentieren, Köln etwa seinen Dom und dessen über Jahrhunderte hinweg unvollendeten Turm, auf dessen Stumpf ein Kran montiert war, so als könnten die Bauarbeiten eines nicht fernen Tages fortgesetzt werden. Am großartigsten waren gewiss die Münzen der Stadt Hamburg, der Hafen- und Kaufmannsstadt im Norden, die ein Zehn-Dukaten-Stück ausgab, eine riesige Goldmünze – Goldgewicht 35 Gramm –, die das Stadtpanorama zeigte und davor den geschäftigen Hafen voller Segelschiffe. Über den Masten und Türmen liest man das Wort *Jachwe*, in hebräischen Buchstaben geschrieben, eine Erinnerung daran, dass diese prosperierende Handelsstadt unter Gottes Schutz und Segen stand. Diese Münze bringt das ganze Welt- und Selbstverständnis des reichen Hamburg zum Ausdruck, einer fromm protestantischen Stadt mit einer großen jüdischen Gemeinde.

Wie weltliche Herrscher und Reichsstädte, so prägten auch Bistümer, Abteien oder Besitzungen der Orden eigene Münzen. Die großen Fürstbischöfe waren natürlich Hochadlige, aber selbst kleinere Territorien – regiert von Abteien oder Klöstern – verfügten über Münzrecht. Diese waren kaum selbstständige ökonomische Einheiten und prägten Münzen meist nicht aus irgendwelchen wirtschaftspolitischen Notwendigkeiten, sondern um zu demonstrieren, dass sie als Gerichtsherren oder politisch Herrschende das Recht dazu hatten. Auch der Prior von St. Alban im Rheinland beispielsweise, der vermutlich nur über die Ländereien seines Klosters regierte, also über wenige tausend Untertanen, ließ prächtige Golddukaten prägen.

Silbertaler, Köln, 1705–1711.

Zehn Dukaten, Goldmünze, Hamburg, 1689.

Golddukaten, St. Alban, 1744.

Silbertaler,
Quedlinburg, 1704.

Es mag überraschen, dass es gerade in kirchlichen Territorien eine lange Tradition von Frauen gab, die Münzen prägen ließen. Eine Handvoll Reichsäbtissinnen war es, die über uralte Münzrechte verfügte. Im sächsischen Quedlinburg etwa findet man dieses seltene Phänomen – einzigartig fast in ganz Europa –, dass eine ganze Sukzession von Landesherrinnen Münzen ausgeben ließ. Die auf der Münze oben abgebildete Äbtissin von Quedlinburg illustriert ein weiteres Schlüsselelement für das Funktionieren des Heiligen Römischen Reichs. Sie war die Tochter des Herzogs von Sachsen-Weimar, und sie und ihre männlichen Verwandten, die in der Nachbarschaft herrschten, arbeiteten in der Regel im dynastischen Interesse zusammen. Deutsche Münzen zeigen nicht nur, wie außerordentlich weit Macht und Amtsgewalt über viele Zentren hinweg verteilt waren, sie illustrieren auch die Familienbande zwischen diesen Zentren, wodurch sich die Machtstreuung doch eher als Schein denn als Realität erweist. So zeigen die diversen Münzen recht häufig Cousins und Cousinen. Und es konnte durchaus sein, dass die gleiche Person auf mehreren Münzen erschien – so haben wir etwa einen Silbertaler von Lothar Franz von Schönborn als Erzbischof von Mainz und einen weiteren Taler, der ihn als Bischof von Bamberg zeigt.

Betrachtet man eine Karte des Heiligen Römischen Reichs, dann sieht dieses Reich derart fragmentiert und zerstückelt aus, dass kaum vorstellbar ist, wie das Ganze wohl zusammenhielt. Die Münzen erlauben uns, das zumindest ein Stück weit zu verstehen. Viel schwieriger jedoch ist es, zu begreifen, wie sich eine solche

Silbertaler, Bamberg, 1697; zeigt Schönborn als Bischof.

Silbertaler, Mainz, 1696; zeigt Schönborn als Erzbischof.

Zwölf-Dukaten-Stück in Gold, Sachsen-Gotha-Altenburg, 1723.

Landkarte hat entwickeln können, doch auch da können Münzen Aufschluss geben. Auf der Rückseite der Münze, die Herzog Friedrich von Sachsen-Gotha-Altenburg zeigt, sehen wir sieben Familienporträts, denn der Herzog hatte sieben Söhne. Unter ihnen teilte er sein Territorium auf, und alle bekamen sie mit dieser Erbteilung auch eigene Münzrechte. So fasst diese Münze die vielfältigen Vorgänge der Auflösung von Territorien in selbstständige Einheiten zusammen, die jeweils nach dem lokal gültigen Erbrecht erfolgten. Jede Linie konnte heiraten, aussterben, die Mitglieder verschiedener Linien konnten aber auch untereinander heiraten, womit sich Landesteile wieder vereinen ließen, wenn auch in neuer Konfiguration.

Ein derart dezentralisiertes Münzsystem kann, so würde man erwarten, nur zu hoffnungslosem Durcheinander und Verwirrung führen. Ausländische Reisende fanden diese unübersichtliche Vielfalt denn auch lästig, in der Praxis jedoch waren diese Schwierigkeiten recht geringfügig. Wo immer sie ausgegeben worden waren, die Gold- und Silbermünzen waren nach einem ziemlich genau standardisierten Gewichtssystem geprägt worden, und sie ließen sich recht einfach in kleinere Einheiten umrechnen. So war der Silbertaler Kaiser Leopolds, des größten Territorialherrn in Europa, das gleiche wert wie die Silbertaler, die der Fürst von Hanau-Lichtenberg in einem der kleineren Fürstentümer ausgab. Und so wie diese Münzen nach Wert und Gewicht vergleichbar waren, so trugen die größeren Münzen häufig auf einer Seite ein gemeinsames Symbol – den Reichsadler, der anzeigte, dass sie Teil hatten an einem gemeinsamen, wenn auch nicht einheitlichen System. Es verhält sich damit nicht viel anders als mit dem heutigen Euro: In Frankreich sehen die meisten Euromünzen französisch aus, aber man wird dort auch italienische oder deutsche Münzen in die Hand bekommen. Nicht anders damals. War man in Hannover, so waren die meisten Münzen im Beutel wohl die des Kurfürsten von Hannover, aber man konnte auch eine des benachbarten Bischofs von Paderborn oder eine Münze aus Preußen in die Hand bekommen, und beide waren grundsätzlich von gleichem Gewicht und Wert. Es gab quer durch das gesamte Netzwerk einen Zusammenhang, alle Münzen basierten auf den Standards, die durch Reichsgesetze geregelt waren. Dieses System mochte kompliziert, auch umständlich gewesen sein, aber irgendwie funktionierte es, wie das Heilige Römische Reich auch.

Silbertaler,
Wismar, 1673.

Die Geschichte der Münzen im Heiligen Römischen Reich ist nicht nur eine deutsche Geschichte. Zu Beginn dieses Kapitels war vom britischen Monarchen George I. die Rede, der neben den britischen Münzen, auf denen sein Konterfei als Herrscher von Gottes Gnaden erscheint, auch deutsche Münzen prägen ließ, auf denen er als Kurfürst von Hannover dargestellt ist, mithin als Fürst des Heiligen Römischen Reichs. Von 1714 an und bis zum Ende des Reichs 1806 hatte der König Großbritanniens als Kurfürst von Hannover einen Sitz im Reichstag. Und der Kurfürst von Hannover war, wie uns die Münzen zeigen, nicht allein. Der Kurfürst von Brandenburg war König in Preußen, und zwei aufeinander folgende Kurfürsten von Sachsen, Friedrich August I. und Friedrich August II., waren Könige von Polen. Andere, völlig externe Monarchen herrschten unter dem Kaiser in deutschen Territorien, wie Professor R. J. W. Evans beschreibt:

> Um den Beginn des 18. Jahrhunderts waren ziemlich viele Territorien Gesamteuropas auf diese Weise ins Reich eingebunden: Großbritannien, Dänemark, Preußen, Schweden, Polen, Böhmen, Ungarn, deren Könige alle die Kronen von Ländern trugen, die nicht zum Reich gehörten, aber doch sehr eng, auf funktionelle Weise mit diesem verbunden waren. Selbst das in Russland herrschende Fürstenhaus war ein deutsches. Es handelt sich bei diesem Reich also um eine sehr viel weiter gefasste politische Konstellation. Die Sicherheit des Reiches war unauflöslich verbunden mit der Sicherheit in Europa insgesamt. Das war ein sehr wichtiger Weg, auf dem einerseits Probleme des Reichs exportiert werden konnten, doch auch das übrige Europa konnte es andererseits als notwendig ansehen, in Deutschland für eine gewisse Ordnung zu sorgen.

Deutschland als die Spitze eines europaweiten Sicherheitssystems – eine erstaunlich aktuelle Sicht der Dinge. Nicht anders verhält es sich mit den ausgeprägten regionalen Differenzen und der zurückhaltenden Zentralmacht in Deutschland. So sieht Joachim Whaley in der politischen Praxis des Reichs denn auch eine bis heute wirksame Kraft:

> Das System übertragener Macht, ein Rahmen, in dem Regionen und Provinzen sich entfalten können ohne Intervention einer Zentralmacht: das, denke ich, ist ein großes Vermächtnis. Von hier aus versteht man auch die deutsche Bereitschaft zum Kompromiss, die endlose Geduld in Verhandlungen innerhalb des heutigen Staatensystems von Europa. Das war sehr charakteristisch für das Heilige Römische Reich in der frühen Neuzeit, etwa die Entscheidungsprozeduren im Reichstag, in dem Kaiser, Fürsten und Reichsstädte ihre Angelegenheiten berieten. Worüber man keine Einstimmigkeit erreichen konnte, das wurde nicht umgesetzt. In anderen Worten, es war ein politisches System, das vermittels Kompromissen funktionierte.

Wenn man die Münzen im Heiligen Römischen Reich betrachtet, dann erkennt man, wie unterschiedlich die Geschichte jedes einzelnen der deutschsprachigen Länder ist. Daran sieht man auch, wie schwierig es ist, von *einer* deutschen Geschichte zu sprechen. Tatsächlich gibt es viele deutsche Geschichten. Jede Münzstätte, selbst die der kleinen Einheiten mit administrativer Selbstständigkeit, hat ihre eigene Geschichte, und viele dieser Geschichten sind bis heute lebendig. Die Autonomie von Bayern oder Sachsen, von Hamburg oder Bremen, von der die Münzen künden, erklärt warum diese auch heute noch *Bundesländer* sind, Teile der Bundesrepublik Deutschland.

Übernimmt man das bekannte Paradox, mit dem das Funktionieren des Kapitalismus beschrieben wird – kreative Zerstörung –, dann lässt sich das Heilige Römische Reich als Sieg der schöpferischen Fragmentierung bezeichnen. Die einzelnen Teile wissen, dass sie zusammengehören, Teile einer größeren Einheit bilden. Zwei Fragen bleiben: Wie eng sollte ihre Verbindung sein? Und: Wer ist für den Gesamtprozess zuständig? Das sind Fragen, die zu stellen oder zu beantworten Engländer und Franzosen niemals wirklich gelernt haben. Die Deutschen dagegen haben darin, dank des Heiligen Römischen Reiches, eine Erfahrung von tausend Jahren.

Zweiter Teil
Ein Deutschland der Imaginationen

Die Geschichten, die wir einander erzählen, und die Gerichte, die wir essen, halten unsere Nationen zusammen. Ein Land, das in sich so vielgestaltig ist wie Deutschland, wird von seinen Dichtern, Malern, Propheten und Geschichtenerzählern ebenso zusammengehalten wie von seinen Regierungen und Grenzen. Goethe, Caspar David Friedrich, Luther, die Brüder Grimm, sie alle haben beigetragen zu Deutschlands nationalem Fundus an Erzählungen, heiligen und säkularen, Mixturen aus Geschichte und aus Mythen, häufig gewürzt mit Phantasie und Humor. Gemeinsam ergeben sie wichtige Zutaten, aus denen die nationale Identität gebildet wurde – aber man sollte auch Biere und Würste nicht vergessen.

6

Eine Sprache für alle Deutschen

Als Thomas Mann im Juni 1949 nach sechzehnjähriger, unfreiwilliger Abwesenheit erstmals wieder deutschen Boden betrat, sagte er in einer Botschaft an das deutsche Volk:

> Ich bin auch als amerikanischer Staatsangehöriger ein deutscher Schriftsteller geblieben, treu der deutschen Sprache, die ich als meine wahre Heimat betrachte.

Bewegende Worte. Was Thomas Mann zum Ausdruck bringen wollte, war, dass selbst jetzt, in der Stunde der völligen Auflösung Deutschlands, und selbst wenn sein physisches Heimatland in Trümmern lag, seine geistige Heimat intakt geblieben war: die deutsche Sprache. Sie war es, die Thomas Mann und «Deutschland und die Deutschen» – so der Titel der berühmten Rede, die er am 29. Mai 1945, drei Wochen nach dem Ende des Krieges in Europa, in der Library of Congress aus Anlass seines siebzigsten Geburtstages gehalten hatte – unlösbar miteinander verband.

Der gleiche Gedanke hatte den künftigen König Ludwig I. von Bayern bewegt, als er 1807, eineinhalb Jahrhunderte zuvor, auf die Idee kam, großen historischen Gestalten, die Deutsch gesprochen haben, ein Denkmal zu setzen – die Walhalla (vgl. Kapitel 9). Den Auftrag zu diesem Bauwerk gab Ludwig, nachdem das Heilige Römische Reich aufgelöst und Deutschland durch Napoleon tief gedemütigt worden war. Beide, der künftige König ebenso wie Thomas Mann, sahen im Augenblick der vollkommenen nationalen Katastrophe ihre Heimat in der Sprache; sie bot einen festen Grund, auf dem sich eine neue und bessere Vorstellung dessen bilden konnte, was es bedeutet, deutsch zu sein.

Nächste Doppelseite: Werkstatt von Lucas Cranach d. Ä., *Martin Luther und seine Frau Katharina von Bora*, 1529.

Von der Ostsee bis zu den Alpen, vom Rheinland bis nach Polen wird Deutsch bis heute auf viele und recht unterschiedliche Weisen gesprochen. Die Dialekte können so sehr voneinander abweichen, dass sich Menschen unterschiedlicher Regionen kaum verstehen können, und doch ist allen eine einzige Schriftform gemeinsam – ein bemerkenswerter, politisch äußerst bedeutsamer Umstand. Dahinter steht die Leistung eines Mannes: Martin Luther.

Im Deutschen Historischen Museum in Berlin befinden sich zwei Porträts, Ehemann und Ehefrau. Die Frau hat scharf gezeichnete Gesichtszüge, das Haar ist straff zurückgekämmt, sie trägt ein elegant geschnürtes Mieder in schwarz und weiß, darüber eine gewiss sehr teure pelzgefütterte Jacke. Der Mann, ganz in Schwarz gekleidet, ist recht füllig. Sein Doppelkinn quillt über den hohen Kragen seiner Jacke aus offensichtlich schwerem Tuch. Dargestellt sind Dr. Martin Luther, Theologe, und seine junge Frau Katharina von Bora, gemalt von ihrem Freund Lucas Cranach und seinen Gesellen. Sie war Nonne gewesen, er Mönch. Nun sind sie glücklich verheiratet, sie scheinen sich wohl zu fühlen und mit der Welt im Reinen. Doch eben dieser Mann, Martin Luther, hat in den Jahren nach 1517 nicht nur Deutschland, sondern ganz Europa auf den Kopf gestellt. Und er hat mit seiner Bibelübersetzung mehr als irgendeine andere einzelne Person die moderne deutsche Sprache geschaffen. Dieses Kapitel handelt von einem Buch – der Luther-Bibel.

Nach einer langen Tradition wurden Heilige und fromme Menschen stets dünn, asketisch und entrückt dargestellt. Luther ist anders. Er ist eindeutig ein Mann *in* dieser Welt und ein Mann *des* Volkes. Um dessen Verteidigung ging es ihm, zumindest auch, als er 1517, aus seiner Stellung als Theologieprofessor an der Universität Wittenberg heraus, seine berühmten 95 Thesen verfasst hat. Sie waren ein Protest gegen korrupte Praktiken der Kirche, vor allem gegen den Verkauf von Ablasszetteln im Namen des Papstes, der auf diese Weise den Neubau des Petersdoms in Rom finanzieren wollte. Luther hielt das für Betrug an den Armen: Ablass – Vergebung der Sünden – sei, so sein Argument, ein Geschenk, das nur Gott nach seinem freien Willen gewähren könne, gewiss nichts, das sich kaufen und verkaufen lasse. Die 95 Thesen sollten einen innerkirchlichen gelehrten Disput eröffnen, setzten aber einen Prozess in Gang, der das ganze abendländische Christentum erfasste – und dann spaltete.

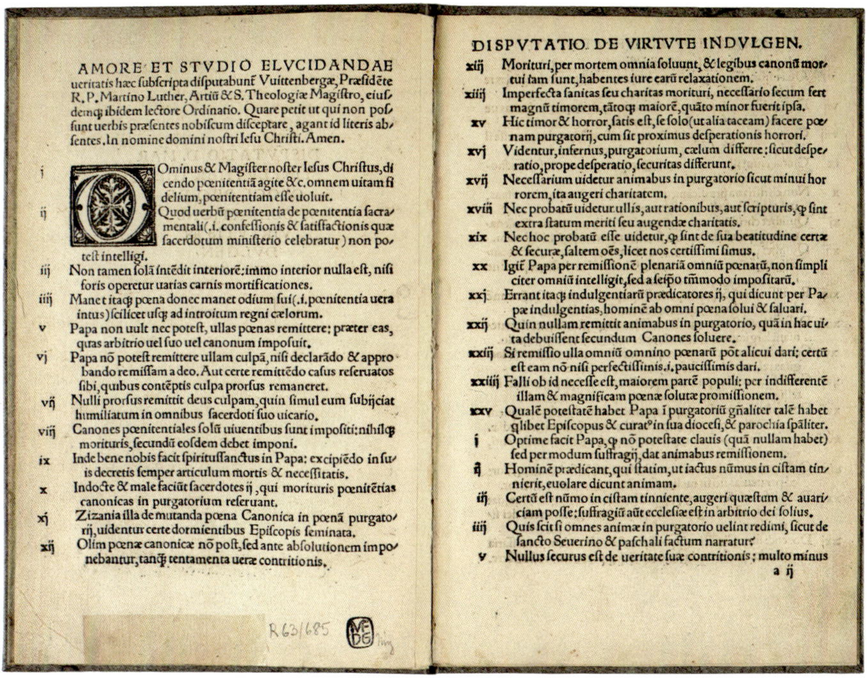

AMORE ET STVDIO ELVCIDANDAE ueritatis hæc subscripta disputabunt Vuittenbergæ, Præsidēte R. P. Martino Luther, Artiū & S. Theologiæ Magistro, eiusdemq; ibidem lectore Ordinatio. Quare petit ut qui non possunt uerbis præsentes nobiscum disceptare, agant id literis absentes. In nomine domini nostri Iesu Christi. Amen.

j Dominus & Magister noster Iesus Christus, dicendo pœnitentiā agite &c. omnem uitam fidelium, pœnitentiam esse uoluit.

ij Quod uerbū pœnitentia de pœnitentia sacramentali (.i. confessionis & satisfactionis quæ sacerdotum ministerio celebratur) non potest intelligi.

iij Non tamen solā intēdit interiorē; immo interior nulla est, nisi foris operetur uarias carnis mortificationes.

iiij Manet itaq; pœna donec manet odium sui (.i. pœnitentia uera intus) scilicet usq; ad introitum regni cælorum.

v Papa non uult nec potest, ullas pœnas remittere; præter eas, quas arbitrio uel suo uel canonum imposuit.

vj Papa nō potest remittere ullam culpā, nisi declarādo & approbando remissam a deo. Aut certe remittēdo casus reseruatos sibi, quibus contēptis culpa prorsus remaneret.

vij Nulli prorsus remittit deus culpam, quin simul eum subijciat humiliatum in omnibus sacerdoti suo uicario.

viij Canones pœnitentiales solū uiuentibus sunt impositi: nihilq; morituris, secundū eosdem debet imponi.

ix Inde bene nobis facit spiritussanctus in Papa: excipiēdo in suis decretis semper articulum mortis & necessitatis.

x Indocte & male faciūt sacerdotes ij, qui morituris pœnitētias canonicas in purgatorium reseruant.

xj Zizania illa de mutanda pœna Canonica in pœnā purgatorij, uidentur certe dormientibus Episcopis seminata.

xij Olim pœnæ canonicæ nō post, sed ante absolutionem imponebantur, tanq; tentamenta ueræ contritionis.

R63/685

DISPVTATIO DE VIRTVTE INDVLGEN.

xiij Morituri, per mortem omnia soluunt, & legibus canonū mortui iam sunt, habentes iure earū relaxationem.

xiiij Imperfecta sanitas seu charitas morituri, necessario secum fert magnū timorem, tātoq; maiorē, quāto minor fuerit ipsa.

xv Hic timor & horror, satis est, se solo (ut alia taceam) facere pœnam purgatorij, cum sit proximus desperationis horrori.

xvj Videntur, infernus, purgatorium, cælum differre: sicut desperatio, prope desperatio, securitas differunt.

xvij Necessarium uidetur animabus in purgatorio sicut minui horrorem, ita augeri charitatem.

xviij Nec probatū uidetur ullis, aut rationibus, aut scripturis, q sint extra statum meriti seu augendæ charitatis.

xix Nec hoc probatū esse uidetur, q sint de sua beatitudine certæ & securæ, saltem oēs, licet nos certissimi simus.

xx Igit Papa per remissionē plenariā omniū pœnarū, non simpliciter omniū intelligit, sed a seipo tm̄modo impositarū.

xxj Errant itaq; indulgentiarū prædicatores ij, qui dicunt per Papæ indulgentias, hominē ab omni pœna solui & saluari.

xxij Quin nullam remittit animabus in purgatorio, quā in hac uita debuissent secundum Canones soluere.

xxiij Si remissio ulla omniū omnino pœnarū pōt alicui dari; certū est eam nō nisi perfectissimis .i. paucissimis dari.

xxiiij Falli ob id necesse est, maiorem partē populi: per indifferentē illam & magnificam pœnæ solutæ promissionem.

xxv Qualē potestatē habet Papa ī purgatoriū gnaliter talē habet qlibet Episcopus & curat⁹ in sua diocesi, & parochia spāliter.

j Optime facit Papa, q nō potestate clauis (quā nullam habet) sed per modum suffragij, dat animabus remissionem.

ij Hominē prædicant, qui statim, ut iactus nūmus in cistam tinnierit, euolare dicunt animam.

iij Certū est nūmo in cistam tinniente, augeri quæstum & auariciam posse: suffragiū aūt ecclesiæ est in arbitrio dei solius.

iiij Quis scit si omnes animæ in purgatorio uelint redimi, sicut de sancto Seuerino & paschali factum narratur?

v Nullus securus est de ueritate suæ contritionis; multo minus

a ij

Das Deutschland des 16. Jahrhunderts war, wie wir in den vorangegangenen drei Kapiteln sahen, ein Flickenteppich aus einigen hundert Staaten und Kleinststaaten, regiert von Königen, Kurfürsten, Herzögen, Fürstbischöfen und einer Menge niederer Adliger, die ihre Territorien als Lehen oder Privilegien des Kaisers hielten; Herrscher, die mal in Rivalitäten zerstritten, mal in wechselnden Bündnissen vereinigt waren. Die Reformation zwang jeden dieser Herrscher schon bald zur Entscheidung: katholisch oder protestantisch. Sie führte zu politischen Krisen, zu Verfassungskonflikten, zu religiösen und kulturellen Spaltungen, die in manchen Aspekten bis heute fortbestehen.

Luthers 95 Thesen, veröffentlicht 1517.

Kompromisse waren Luthers Sache nicht, der in der Geschichte Deutschlands häufig als der große Spalter gesehen wird (vgl. Kapitel 9). Seine Angriffe

auf seine Gegner waren erbarmungslos, häufig grob und erschreckend rabiat im Ton, das gilt nicht zuletzt für seine bösartigen Schriften gegen die Juden. Einige betrachten ihn als verantwortlich für die langen und bitteren Religionskriege, die auf die Reformation folgten, verantwortlich auch für den Dreißigjährigen Krieg – selbst wenn dieser erst gut siebzig Jahre nach seinem Tod entbrannte. Einige sehen in Luthers Antisemitismus sogar einen finsteren Beitrag zu den Geschehnissen im 20. Jahrhundert. Dennoch: Er ist auch und fraglos ein großer Einiger gewesen. Die Sprache, die er prägte, eine wirksame Waffe in den Disputen und Streitigkeiten des 16. Jahrhunderts, ist ein Band, das alle Deutschen zusammenhält.

Luthers 95 Thesen wurden als ketzerisch verdammt, doch ist es unwahrscheinlich, dass er einen öffentlichen Disput über deren Inhalte gewollt hat. Er hat sie in

Luther (rechts, hinter der Schranke des Gerichts) vor Kaiser und Kurfürsten, während des Reichstags zu Worms, April 1521.

Latein geschrieben, und sie hätten niemals einen solchen Wirbel verursacht, wären sie nicht von einigen seiner Freunde ins Deutsche übertragen und in Druck gegeben worden. Die Druckerpresse war erst in den 1450er Jahren erfunden worden, gleichwohl können wir davon ausgehen, dass es um 1517 bereits über 3000 Druckerwerkstätten an rund 300 Zentren des Buchdrucks in Deutschland und Mitteleuropa gab. Und so wurden Luthers *Fünfundneunzig Thesen* innerhalb von wenigen Wochen überall in Deutschland gelesen.

Das Wort Gottes war kostbar, Drucken billig. Luthers Ideen verbreiteten sich schneller, als die Katholische Kirche reagieren konnte. 1521 wurde Luther auf den Reichstag zu Worms vor den jungen Kaiser Karl V. geladen und zum Widerruf aufgefordert. Er weigerte sich und soll dies mit den Worten «Hier stehe ich und kann

Friedrich III. der Weise, Kurfürst von Sachsen, 1532.

nicht anders. Gott helfe mir, Amen!» bekräftigt haben. Diese Worte hat er in dieser Form wohl nie gesprochen, gleichwohl wurden sie zum Teil des Luther-Mythos, den jeder Deutsche kennt. Luther wurde als Ketzer mit Kirchenbann belegt und vom Kaiser in Reichsacht getan. Wäre dies in England oder Frankreich geschehen, es hätte Luthers Ende sein können. In zentral regierten Königreichen wie diesen gab es nur wenige Orte, um sich zu verstecken, und Luther hätte leicht aufgegriffen und auf dem Scheiterhaufen verbrannt werden können, wie das in England vielen Ketzern widerfuhr. Im politischen Flickenteppich Deutschland war dies viel schwieriger. Der Vollstreckungsbefehl der Kirche reichte, obwohl der Kaiser ihn bekräftigt hatte, nur soweit wie der Wille lokaler Herrscher, ihm Folge zu leisten. Im Jahr 1521 entschloss sich der Kurfürst von Sachsen, in dessen Staat Luther lebte und arbeitete, dem Kaiser die Gefolgschaft zu verweigern. Friedrich III., genannt der Weise, ließ Luther verschwinden und von Worms nach Eisenach bringen, in die Sicherheit der Wartburg.

Dort, abgeschieden in seiner Zelle, in erzwungener Isolation von der öffentlichen Debatte, doch mehr als je zuvor überzeugt von seiner Berufung, machte sich Martin Luther an die Übersetzung des Neuen Testaments. Auch vor Luther hatte es bereits deutsche Bibeln gegeben, tatsächlich eine ganze Anzahl – so etwa die, die Anton Koberger, Albrecht Dürers Pate, in Nürnberg gedruckt hatte; andere waren in Straßburg und Augsburg erschienen, alle im Deutsch der

Die Wartburg, hoch über Eisenach.

jeweiligen Region. In Köln erschienen sogar zwei Übersetzungen, veröffentlicht in den zwei Dialekten, die in der Stadt und ihrer Umgebung gesprochen wurden.

Keines dieser Bücher hatte über die jeweilige Region hinaus größere Resonanz gefunden. Alle aber waren von der Katholischen Kirche mit dem Bann belegt worden. Der Erzbischof Mainz (der seinen Anteil an allen Ablasszetteln kassierte, die in seinen Territorien verkauft wurden) behauptete, die deutsche Sprache sei schlicht zu arm, zu derb, um die Heilige Schrift wiederzugeben. Luther aber war überzeugt, ein Deutsch finden zu können, das sowohl dem Wort Gottes angemessen war wie auch von einfachen Deutschen gelesen werden konnte.

Mit der für ihn typischen, schier grenzenlosen Energie machte sich Luther an die Arbeit, in nur elf Wochen hatte er seine Aufgabe vollendet. Mit nicht geringerem Tatendrang sorgte der Wittenberger Drucker Melchior Lotter dafür, dass seine Drucker in zwei Schichten arbeiteten. Ende September 1522, auf der Leipziger Buchmesse, wurde das *Neue Testament* in Luthers deutscher Fassung angeboten und in ganz Deutschland vertrieben. Die Auflage war fast sofort ausverkauft. Schon nach drei Monaten war eine zweite nötig. Nur innerhalb eines Jahres erschienen weitere zwölf autorisierte Nachauflagen, dazu über fünfzig Raubdrucke. Kein deutscher Text hatte sich in den siebzig Jahren seit Gutenbergs Erfindung der Druckerpresse in solchen Zahlen verkauft (vgl. Kapitel 16). Luther wandte sich nun der – sehr viel umfangreicheren – Aufgabe zu, auch das Alte Testament ins Deutsche zu bringen. 1534 konnte die *Biblia: das ist: Die gantze Heilige Schrifft: Deudsch* zum ersten Mal erscheinen.

Susan Reed, Leitende Kuratorin der Germanic Studies an der British Library, zu einer der Lutherbibeln in deren Bestand:

> Er übersetzte das Neue Testament sehr schnell. Anschließend arbeitete er ein Jahrzehnt am Alten Testament, also deutlich länger. Denn er nahm lieber den hebräischen Text zur Grundlage als griechische Übersetzungen, und das war weniger vertrautes Gebiet für ihn, zudem ist das Alte Testament umfangreicher als das Neue. Die Ausgabe im Britischen Museum stammt aus dem Jahr 1541, bekannt als die «Medianbibel», in recht luxuriöser Ausstattung, vor allem größer als die vorangegangenen Ausgaben. Es ist eine der zehn Editionen des vollständigen Bibeltextes, die zwischen 1534 und Luthers Todesjahr 1546 erschienen sind. Unsere Ausgabe ist die erste, in welche die sehr gründlichen Textrevisionen Luthers und seiner Weg-

gefährten Eingang fanden, insbesondere die von Aurogallos und Melanchthon aus den Jahren zwischen 1539 und 1541.

Dem Titelblatt gegenüber, auf dem Vorsatz, sieht man eine handschriftliche Eintragung von Martin Luther. Dazu nochmals Susan Reed:

> Er zitiert den ersten Vers des 23. Psalms: «Der Herr ist mein Hirte. Mir wird nichts mangeln.» Und er unterschreibt und datiert es 1542. Außerdem gibt es Randglossen anderer Übersetzer. Es existieren nur wenige weitere Exemplare mit ähnlichen Eintragungen. Es handelt sich um eine Prachtausgabe, vielleicht haben sie deshalb einige Exemplare signiert und in Umlauf gegeben oder ausgewählten Personen zukommen lassen – so wie dieses zweite Exemplar hier, in dem sich nur eine Eintragung Luthers findet, wieder mit einer Stelle aus dem 23. Psalm: «Und ob ich wandern müßte im finstern Tal, fürcht ich mich doch nicht denn du bist bei mir.» Interessanterweise ist dies nicht der Wortlaut, der in der gedruckten Ausgabe erscheint. Er hat wohl aus dem Gedächtnis zitiert und sich nicht genau erinnert.

Die beiden Bibeln im Bestand der British Library, jede mit einer Eintragung Luthers, lassen erkennen, wie viel ihm daran gelegen war, dass diese Ausgaben in die Hand einflussreicher Leser kamen.

Alexander Weber, Philologe am Birkbeck College in London, hat sich eingehend mit der Sprache beschäftigt, die Luther in seiner Übersetzung verwendet:

> Er war ein unglaublich gebildeter Mann, aber auch jemand, der Kontakt zu einfachen Leuten herstellen, ihre Sprechweisen aufgreifen konnte, und das ist außergewöhnlich. Luther war Sohn eines Bergmannes, er kannte die Umgangssprache sehr genau – und man kann sich vorstellen, wie leicht es ungewollt komisch klingen könnte, wenn er die Personen der Bibel sprechen lässt wie deutsche Bauern. Doch das genaue Gegenteil ist der Fall: Er brachte die Bibel zum Leben. Das rührt daher, dass seine Sprachformen sich unterschieden von früheren Übersetzungen, die sehr gelehrt waren, sehr gekünstelt und sehr elitär und nur denen verständlich, die sowieso die lateinische Bibel, die Vulgata, in- und auswendig kannten. Diese neue Form erklärt Luthers Erfolg. Er hatte die Fähigkeit, mit den Angriffen der Katholischen Kirche auf seine Theologie fertig zu werden und zugleich zu den Menschen seiner Zeit zu sprechen. Er bildete sein geschriebenes Deutsch nach der gesprochenen Sprache: Das ist sein Geheimnis. Wer mit dem Schreiben beginnt, sollte eine Regel beherzigen: Schreibe so, wie du sprichst, und wenn

Nächste Doppelseite: Vorsatzblätter der Lutherbibel von 1541 mit Bildnissen von Luther und Johannes Bugenhagen, links Luthers Zitat aus dem 23. Psalm mit Unterschrift.

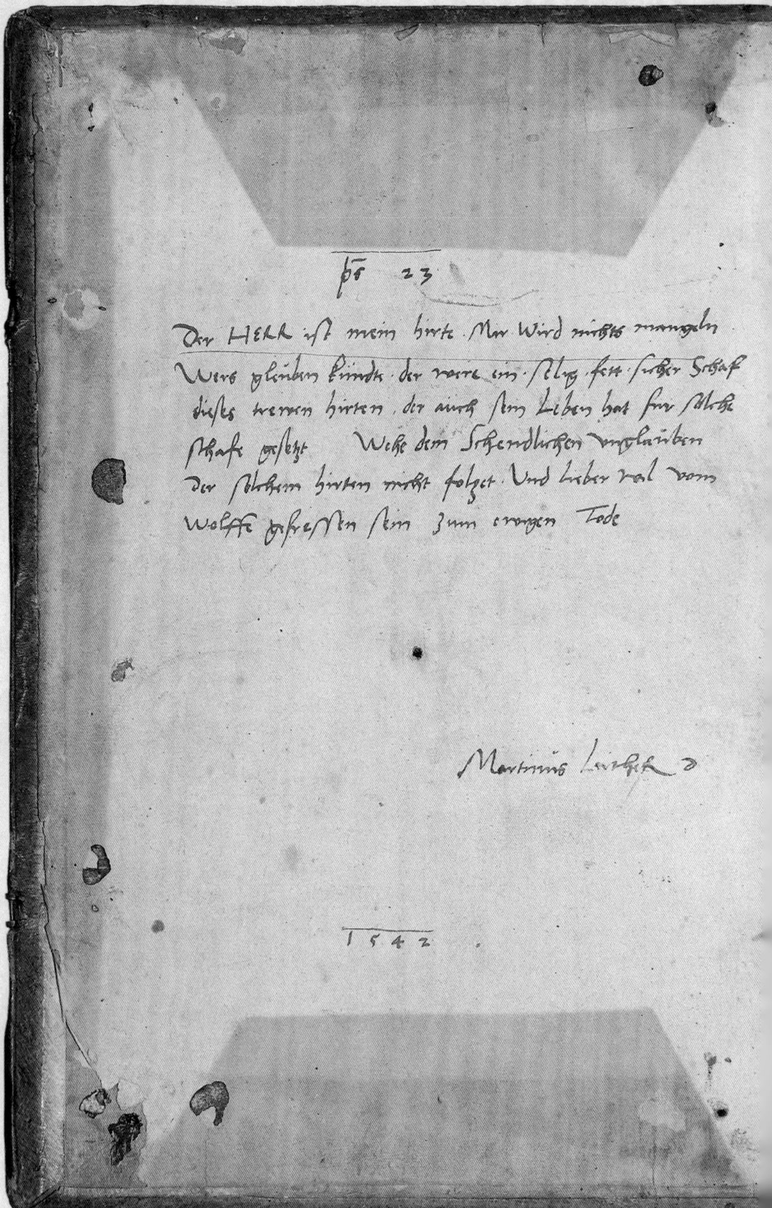

Ps 23

Der HERR ist mein hirte Mir wird nichts mangeln
Wers gleuben künde der were ein selig fett sicher schaf
dieses trewen hirten, der auch sein Leben hat fur solche
schafe gesetzt Wehe dem schendlichen unglauben
der solchem hirten nicht folget Und lieber wil vom
wolffe gefressen sein zum ewigen Tode

Martinus Luther D

1542

Hoc est nescire, sine Christo plurima scire.
Si Christum bene scis, satis est, si cetera nescis.
Hec non docent Bonas Artes Dei donum esse contemnendas, id quod esset impium, sed potius Omnia nihil esse sine Christo.
Johannes Bugenhagen Pomeranus D.
MDLI. xxx. Maij.
Experto crede Ruperto.
MARTINUS LUTHERUS Theologus
IOANNES BUGENHAGIUS Pomeranus
Vale tuo Germania quo duce constat
libertas populis relligiosa tuis
In medio felix pelago jam Danio
Te duci constituit pro grege

> du einen Satz schreibst, dann frage dich, ob irgendein lebender Mensch so etwas tatsächlich sagen würde, und wenn niemand so spricht, schreibe deinen Satz neu. Luther war ein Genie: Je mehr er seine Übersetzung überarbeitete, desto spontaner und lebensnäher klang sie. Luthers Übersetzung ist äußerst lesbar, sie ist lebendig, glaubhaft, authentisch.

Wie hat Luther das erreicht? Er selbst gibt Auskunft, ganz offen, in seinem *Sendbrief vom Dolmetschen*, den er 1530 veröffentlichte. Er hat nicht versucht, Wort für Wort aus dem Lateinischen oder Griechischen zu übersetzen, er wollte ein lebendiges Deutsch schreiben:

> ... denn man muss nicht die Buchstaben in der lateinischen Sprache fragen, wie man soll deutsch reden, ... sondern man muss die Mutter im Hause, die Kinder auf der Gassen, den gemeinen Mann auf dem Markt drum fragen und denselbigen auf das Maul sehen, wie sie reden und darnach dolmetschen, so verstehen sie es denn und merken, dass man deutsch mit ihn' redet.

Schwer zu entscheiden, was revolutionärer ist: der Gelehrte, der die akademische Diktion verwirft zugunsten der Sprache der Straße, oder die Reihenfolge, in der das angesprochene Publikum aufgezählt wird: Frauen, Kinder, erst zuletzt die Männer. Luthers Sprache hat ein bis dahin unerhörtes Ziel: Sie soll jeden ansprechen. Das *Neue Testament* wird nicht als theologischer Text übersetzt, sondern wie ein Gespräch, das man auf der Straße verfolgen könnte oder am Hafen – Jesus spricht wie ein deutscher Zimmermann zu deutschen Fischern.

Das war nicht das, was die kirchliche Hierarchie gewöhnt war. Luther gab dem Volk wenn nicht die Macht, so doch das Evangelium. Die Lutherbibel stürmte noch zu seinen Lebzeiten in Auflagenhöhen von einer halben Million Exemplaren, ein wahrer Bestseller der damaligen Zeit. Doch wie konnte der Verkauf in ganz Deutschland bewerkstelligt werden, das eine Ansammlung heterogener Staaten war, ein Sammelsurium regionaler Dialekte? Das Deutsche lässt sich aufteilen in Niederdeutsch und Oberdeutsch. Als Eselsbrücke wird manchmal angeführt, dass die Berge hoch sind, die See aber im Tiefland liegt: Englisch, Niederländisch und die norddeutschen Dialekte sind also Niederdeutsch; die Dialekte Süddeutschlands, Österreichs und der Schweiz dagegen gehören zum Oberdeutschen.

Ein Bewohner Salzburgs sprach zu Luthers Zeiten eine Form des Oberdeutschen, die schon ein Mensch aus Frankfurt am Main nur schwer verstehen konnte, denn dort sprach man einen mitteldeutschen Dialekt. Vollends unverständlich aber war der Salzburger für einen Hamburger, der Niederdeutsch oder Platt sprach; und umgekehrt. Das trifft, mehr oder weniger, auch heute noch zu, doch es gibt eben auch eine gemeinsame Sprache, das Neuhochdeutsche, eben die Sprache, deren frühe Form Luther schuf, wie Alexander Weber erläutert:

> Wir wissen aus Luthers Briefen und Gesprächen, dass er seine Sprache dem Deutsch der Hofkanzlei Sachsens nachbildete, das in der östlichen Mitte Deutschlands liegt, wo die Dialekte, vereinfacht gesagt, nicht so ausgeprägt sind. Es gibt so etwas wie eine Sprachgrenze, die das Niederdeutsche vom Mitteldeutschen und Oberdeutschen trennt, und Luther hat als Kind mit seinen Eltern auf beiden Seiten dieser Grenze gelebt, er war also zweisprachig, sprach Niederdeutsch und Mitteldeutsch. Es war für die Entwicklung der deutschen Sprache ein Glücksfall, dass der Mann, der historisch auf die Reformation den entscheidenden Einfluss ausübte, in der Lage war, sowohl niederdeutsche Leser und Zuhörer zu erreichen als auch mittel- und oberdeutsche, und darum einen Ausgleich zwischen beiden finden konnte.

Luthers sorgfältig gebildete «Ausgleichssprache» war, mit Abstrichen, überall zu verstehen. Das Vokabular war meist offensiv einfach – bewusst vermied er hochgestochene Worte, nutzte vielmehr lokale Idiome, umgangssprachliche, alltägliche Wendungen und Redensarten. (Dass eine 1523 in Basel erschienene Lutherbibel ein Glossar für dort nicht geläufige Worte enthält, zeigt uns, wie schwer diese Aufgabe war.) Syntax und Wortreihenfolge dienten der Klarheit, vor allem des laut gelesenen Textes. Viele Vorarbeiten hin zu einer verständlicheren Form der Sprache sind in der sächsischen Hofkanzlei bereits geleistet worden, deren Schreibweisen, Grammatik und Satzkonstruktion Luther zum Vorbild nahm. Auch wenn Luther von dieser bürokratischen Form des Ostmitteldeutschen ausging, vermied er doch bewusst jede verschlungene Syntax oder latinisierende Ausschmückungen. Auf diese Weise machte er die Sprache prägnant, kräftig und expressiv, mit einprägsamem Schwung und Rhythmus.

Die Bibel von 1534 war ein Triumph der Übersetzungskunst, im gleichen Maß aber auch ein Meisterstück des Marketings. Luther verstand es, eine ganze Theologie zu präsentieren, und das in einer Sprache, mit der er ein breites Publikum

erreichen konnte; er fand den Ton, der die Menschen direkt und ohne Herablassung ansprach, einen Stil, der ernst war und zuweilen auch poetisch. Und als Krönung all dessen schuf sein alter Freund Lucas Cranach, der ihn und seine Frau porträtiert hatte, die Illustrationen. Kein Wunder, dass diese Bibel zum Bestseller wurde.

Der Erfolg der Lutherbibel war unverkennbar, von Anfang an – mindestens zwei katholische Übersetzungen wurden auf den Markt geworfen, um ihr etwas entgegenzusetzen. Sie waren voller Anmerkungen zu Luthers angeblichen Irrtümern und «falschen Interpretationen», sprachlich und theologisch, gleichwohl basierten auch sie über weite Strecken auf Luthers Übersetzung und nutzten Luthers neue Form der deutschen Sprache, um seine Vorstellungen in Frage zu stellen und seine Schriften zu kritisieren. Die Reformation sorgte in ganz Deutschland für heftige Kontroversen, die ihren Niederschlag in Flugschriften fanden, die zu Tausenden gedruckt wurden – alle in Luthers Deutsch. So verbreitete sich mit seinen Ideen auch seine Sprache. Bemerkenswert genug, begriffen seine Gegner gerade im Süden, wo die entschiedensten Katholiken und Luthergegner lebten und wo die deutschen Dialekte doch sehr weit auseinanderlagen, dass sie *seinen* Argumenten nur in *seiner* Sprache entgegentreten konnten. So kam es, gerade wegen der Grundsätzlichkeit und Dauerhaftigkeit der religiösen Differenzen, dazu, dass Luthers Sprache zur Sprache ganz Deutschlands wurde, des katholischen wie des protestantischen. Gegen Ende des 16. Jahrhunderts war das geschriebene Deutsch im ganzen Heiligen Römischen Reich das Deutsch der Lutherbibel. Das Lutherdeutsch, so Alexander Weber, beeinflusste die Sprache der Straße nicht weniger als die der gebildeten Kreise und Literaten:

> Revolutionär an der Reformation war die Behauptung, dass Jesus ein Mensch aus dem einfachen Volk war und dass man das Verständnis der Bibel und der biblischen Geschichten wieder verbinden müsse mit dem alltäglichen Leben. Sehr viele Redewendungen und Worte, die im Deutschen gebraucht werden, lassen sich bis zu Luther zurückverfolgen. Die Geschichte der gesamten deutschen Literatur basiert auf der Sprache Luthers; es gibt eine Menge Redewendungen, die er geprägt und gängig gemacht hat. Erstellt man nach der Lutherbibel eine Wortliste und betrachtet daraufhin die großen Gedichte des 17., die Literatur des 18. Jahrhunderts, dann lässt sich ihre Sprache zu einem ganz be-

Eine der Illustrationen aus Lucas Cranachs Werkstatt für die erste vollständige Ausgabe der Lutherbibel.

> trächtlichen Teil auf die zurückführen, die sich mit der Lutherbibel entwickelte. Sie war der Maßstab, das einzige Vorbild, das jene Autoren hatten. Es gab nichts anderes auf Deutsch, auf das man sich hätte beziehen können.

Über 500 Jahre hinweg haben alle großen deutschen Autoren – Goethe, Nietzsche, Brecht, Mann – ihre Sprache an der Luthers und auch gegen diese verfeinert.

Dank der Druckerpressen verbreiteten sich Luthers Ideen auch über den deutschen Sprachraum hinaus: Innerhalb von zwei Monaten nach ihrer Veröffentlichung in Wittenberg konnten sie in ganz Europa gelesen werden. Die Kirche des 16. Jahrhunderts konnte diese neue Technik ebenso wenig kontrollieren wie eine Regierung des 21. Jahrhunderts die sozialen Medien. In Verbindung mit dem gesellschaftlichen und politischen Wandel sorgte diese Technik dafür, dass Luthers lokaler religiöser Protest den gesamten Kontinent in Unruhe versetzte. Nochmals Alexander Weber:

> Die Kombination verschiedener Faktoren war es: die Druckerpresse als neues Medium, das historische Entwicklungsstadium der deutschen Sprache, die theologischen und sozialpolitischen Umwälzungen der Reformation – all das geschah zur gleichen Zeit, und Luther war der große Geist und Katalysator, der alle diese Kräfte zusammenbrachte und in ganz Deutschland verbreitete. Nimm einen dieser Faktoren weg – die Druckerpresse etwa oder die explosive Lage zur Zeit der Reformation oder die besondere Stufe in der Entwicklung der deutschen Sprache – und es wäre niemals zu dieser Umwälzung gekommen. Der Stil und die Sprache, die Luther schrieb, haben etwas wirklich Einzigartiges. Und das zeigt, dass der Einzelne zählt in der Geschichte. Worauf es Luther vor allem ankam, war der Glaube, und er sah, wie dieser rund um ihn her verloren ging. Alles andere – seine Bedeutung für die deutsche Sprache – ist ein Nebenprodukt seiner Sorge um den christlichen Glauben.

Natürlich waren noch weitere Faktoren am Werk. Der politische Schutz, den die bald darauf protestantischen Staaten ihm gewährten, bedeutete, dass er und auch die Druckerwerkstätten sicher waren. Die Fragmentierung der Macht verhinderte eine reichsweit wirkungsvolle Unterdrückungskampagne. In England dagegen wurden 1526 lutheranische Bücher verbrannt. Und zehn Jahre später wurde William Tyndale, einer der großen Bewunderer Luthers, durch Erwürgen hingerichtet, weil er eine englische Bibelübersetzung verfasst hatte, die sich sehr stark auf die Luthers bezog.

Der entscheidende Faktor aber waren Bildung und Lesefähigkeit. Beides war unter Deutschen damals weiter verbreitet als unter vielen anderen Europäern. Jeder noch so kleine Staat im Reich hatte seine eigene schriftkundige Bürokratie. Es gab ein komplexes Netz von Märkten und Messen, aus dem heraus sich einige hundert Handelszentren entwickelt hatten, jedes mit einer literaten Schicht von Kaufleuten, die es sich leisten konnten, einen Gulden für eine Lutherbibel zu zahlen – das Doppelte dessen, was ein Schulmeister in einem Monat verdiente oder auf den Märkten für ein Kalb gezahlt wurde. Man schätzt, dass einer von fünf Haushalten eine Lutherbibel gekauft hat. Häufig war sie das einzige Buch im Haus, wie Johannes Cochläus, einer von Luthers wirkungsvollsten und eloquentesten Gegnern, missmutig festgestellt hat:

> Sogar Schneider und Schuhmacher, sogar Weiber und anderes einfaches Volk, die ein wenig Deutsch zu lesen gelernt haben, lesen sie mit großer Begierde, so als sei sie ein Quell der Wahrheit. Manche pressen sie an ihre Brust und lernen sie auswendig.

Heute benutzen Deutsche, die niemals eine Lutherbibel gesehen, geschweige denn darin gelesen haben, alltäglich deren Worte und Sätze. *Sündenbock* und *Herzenslust* sind nur zwei der vielen neuen Wörter, die Luther geprägt hat und die heute zum normalen Wortschatz gehören. *Der Geist ist willig, aber das Fleisch ist schwach*, *Richtet nicht, damit ihr nicht gerichtet werdet* und *Ein Land, wo Milch und Honig fließen* – das sind nur drei der vielen Schöpfungen Luthers, die sprichwörtlich wurden. Luther nahm nicht nur auf, wie einfache deutsche Menschen sprachen, er prägte auch die Weise, in der sie zukünftig sprechen würden. In den Händen der Geschichtenerzähler der nächsten Jahrhunderte, auf den Seiten eines Goethe wurde Luthers Deutsch zu einer der großen Literatursprachen der Welt.

Und noch auf eine ganz andere Weise erlangte sie Weltgeltung, denn Luther schuf nicht nur ein lesbares Deutsch, sondern auch eines, das sich singen ließ. Mit ihm begann die große Tradition des Kirchenlieds, einer Musik, die sich in der Gemeinde singen ließ und für die man keinen Chor ausgebildeter Sänger brauchte. Das war, wie die Bibelübersetzung, Musik für das Volk, nicht nur für die Privilegierten. Luther selbst war ein begabter Schöpfer von Texten wie von Musik, und viele seiner Choräle werden bis heute gesungen, allen voran wohl «Ein feste Burg ist unser Gott», nach dem 46. Psalm. In Eisenach, wo Luther in der Einsamkeit der Wartburg das Neue Testament übersetzt hat, steht die gotische Georgenkirche. Im Abstand von zwei Jahrhunderten sangen dort zwei Sängerknaben, beide Absolventen der gleichen Lateinschule: Martin Luther und Johann Sebastian Bach. In dieser Kirche, Woche um Woche, nahm der junge Bach die Worte und Rhythmen der Lutherbibel in sich auf, bis sie ganz zu den seinen wurden. Als Erwachsener besaß Bach zwei komplette Ausgaben von Luthers Schriften. Viele große Werke der Literatur wären niemals entstanden ohne Luthers Bibel, viele Kantaten und Oratorien auch nicht, und gewiss auch nicht, um über das Größte zu sprechen, die Passionsmusiken Johann Sebastian Bachs.

Das Titelblatt der Lutherbibel Johann Sebastian Bachs, rechts unten von ihm signiert und mit 1732 datiert.

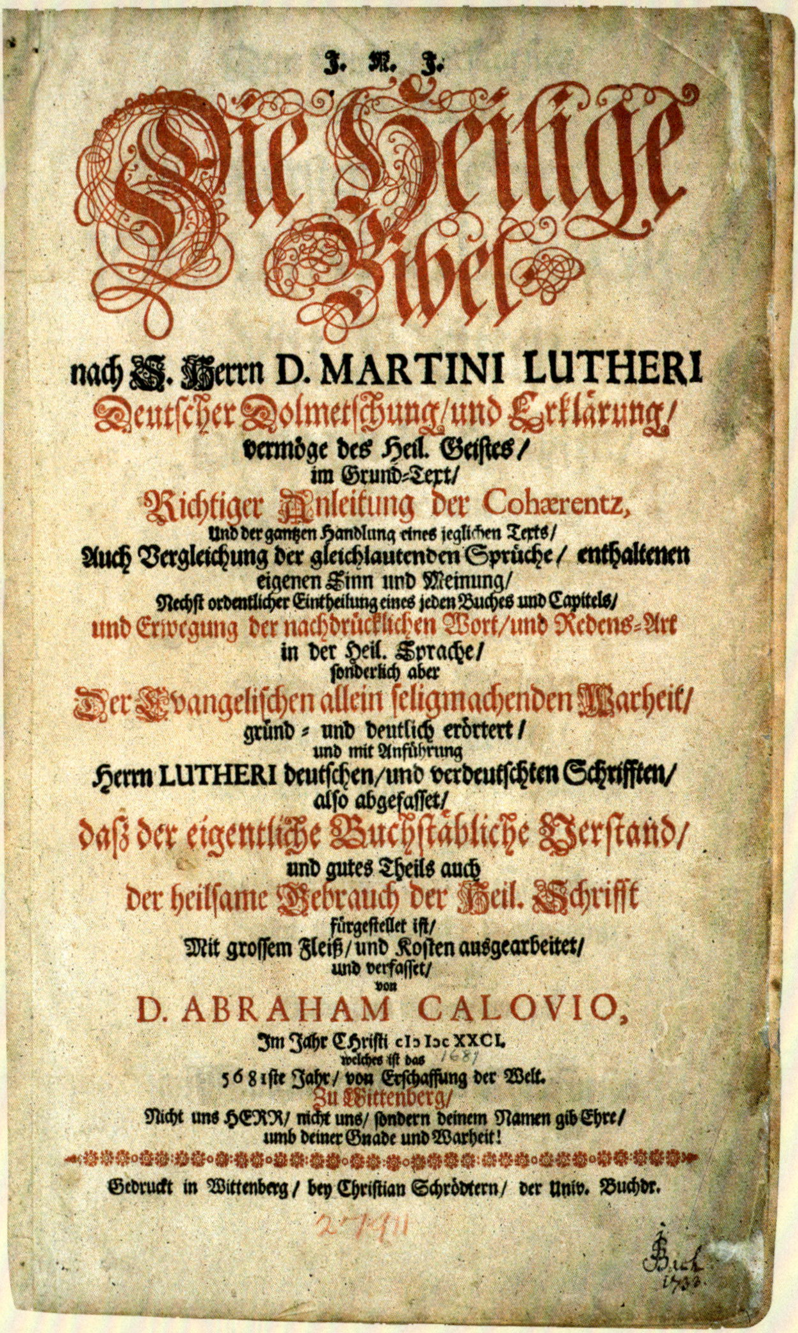

J. N. J.

Die Heilige Bibel

nach S. Herrn D. MARTINI LUTHERI

Deutscher Dolmetschung/ und Erklärung/

vermöge des Heil. Geistes/

im Grund-Text/

Richtiger Anleitung der Cohærentz,

Und der gantzen Handlung eines jeglichen Texts/

Auch Vergleichung der gleichlautenden Sprüche/ enthaltenen

eigenen Sinn und Meinung/

Nechst ordentlicher Eintheilung eines jeden Buches und Capitels/

und Erwegung der nachdrücklichen Wort/ und Redens-Art

in der Heil. Sprache/

sonderlich aber

Der Evangelischen allein seligmachenden Warheit/

gründ- und deutlich erörtert/

und mit Anführung

Herrn LUTHERI deutschen/ und verdeutschten Schrifften/

also abgefasset/

daß der eigentliche Buchstäbliche Verstand/

und gutes Theils auch

der heilsame Gebrauch der Heil. Schrifft

fürgestellet ist/

Mit grossem Fleiß/ und Kosten ausgearbeitet/

und verfasset/

von

D. ABRAHAM CALOVIO,

Im Jahr Christi cIↄ Iↄc XXCI.

welches ist das 1681

5681ste Jahr/ von Erschaffung der Welt.

Zu Wittenberg/

Nicht uns HERR/ nicht uns/ sondern deinem Namen gib Ehre/

umb deiner Gnade und Warheit!

Gedruckt in Wittenberg/ bey Christian Schrödtern/ der Univ. Buchdr.

SNEEWITTCHEN

7

Schneewittchen gegen Napoleon

> Rapunzel war das schönste Kind unter der Sonne. Als es zwölf Jahre alt war, schloss es die Zauberin in einen Turm, der in einem Walde lag und weder Treppen noch Türen hatte.
>
> Die Großmutter aber wohnte draußen im Wald, eine halbe Stunde vom Dorf. Wie nun Rotkäppchen in den Wald kam, begegnete ihm der Wolf. Rotkäppchen aber wusste nicht, was das für ein böses Tier war, und fürchtete sich nicht vor ihm.
>
> Vor einem großen Walde wohnte ein armer Holzhacker mit seiner Frau und seinen zwei Kindern; das Bübchen hieß Hänsel und das Mädchen Gretel.
>
> Da erschrak die Königin und ward gelb und grün vor Neid. ... Da rief sie einen Jäger und sprach: «Bring das Kind hinaus in den Wald, ich will's nicht mehr vor meinen Augen sehen. Du sollst es töten und mir Lunge und Leber zum Wahrzeichen mitbringen.»

Die meisten von uns kennen diese Geschichten. Die Worte klingen vertraut wie ein Schlaflied: «Rapunzel, Rapunzel, lass dein Haar herunter»; «Spieglein, Spieglein an der Wand, wer ist die Schönste im ganzen Land?» Rapunzel, Schneewittchen, Hänsel und Gretel – die Figuren der *Kinder- und Hausmärchen* der Brüder Grimm waren Teil unserer Kindheit. An das, was ihnen widerfuhr, an das Geschehen, die Abenteuer, erinnern wir uns mit Herzklopfen.

Eines ist ihnen allen gemeinsam: Jedes Mal spielt die Handlung in den Wäldern. Dort, in dunklen und beängstigenden Wäldern, erweist sich Charakterstärke, dort wird das Böse überwunden. Diese Märchen erzählen vom Schicksal imaginärer Figuren, sie handeln aber auch vom Schicksal Deutschlands. Die Grimmschen Märchen spiegeln nationale Politiken und tatsächlich auch Ängste und Hoffnungen, die sich mit dem Schicksal der Deut-

Schneewittchen, Stich von Ludwig Emil Grimm, 1825.

schen verbanden. Und eine der großen, um Deutschland rankenden Mythen ist, dass sein Ursprung und sein Geschick – wie das von Hänsel und Gretel – in den Wäldern geformt wurden.

Archetypisch deutsch ist der Teutoburger Wald östlich von Bielefeld. Dort wachsen Kiefern, Buchen und Eichen. Der Wald ist riesig, grün und dicht, gruselig und dunkel, gemütliche Holzhütten gibt es da und erschreckend wilde Tiere. Kommt man vom Weg ab, wird man vielleicht nie mehr gesehen. Zudem ist dieser Wald ein Ort von enormer nationaler Bedeutung, denn im Jahr 9 n. Chr. war er Schauplatz eines großen deutschen Siegs über Rom, grimmig-respektvoll berichtet vom römischen Geschichtsschreiber Tacitus. Eine große römische Armee war eingefallen mit dem Ziel, das östlich des Rheins liegende Germanien zu erobern und zu kolonisieren. Der Krieger Hermann, Anführer einer Allianz deutscher Stämme, vernichtete die römischen Legionen. Der Wald blieb deutsch, der Rhein wurde zur Grenze des Römischen Reichs; der Rest Deutschlands blieb unerobert. Hier im Teutoburger Wald, so die patriotische Legende, wurde eine Nation geboren im Widerstand gegen römische Aggression und Besatzung.

Mit einem Zeitsprung in die ersten Jahre des 19. Jahrhunderts sehen wir, wie Literatur und Malerei daran gehen, ein neues Bewusstsein des Deutschtums zu schaffen, als Reaktion auf ausländische Angreifer, und beide häufig mit dem Wald verknüpfen. Im ersten Jahrzehnt des 19. Jahrhunderts waren die Aggressoren keine Römer, sondern deren gallische Nachfahren, die Franzosen. Aber dieses Mal hatten sie die Deutschen nicht einfach nur angegriffen, sie hatten sie erobert, das Heilige Römische Reich deutscher Nation aufgelöst und die Heimat besetzt – vom Rhein bis an die russische Grenze.

Ein Buch ist bis heute in fast jedem deutschen Haushalt zu finden, nämlich die *Kinder- und Hausmärchen*, erzählt von Jacob und Wilhelm Grimm. Ihr ganzes Leben lang haben die Brüder Märchen gesammelt, und ihre Sammlung erschien in vielen Auflagen; die erste 1812, gerade als der militärische Widerstand gegen Napoleon an Stärke gewann. Doch das Interesse der Grimms daran galt nicht allein den Erzählungen für Kinder, ihre Sammelleidenschaft richtete sich auf das, was alle Deutschen teilten: ihre Sprache.

Caspar David Friedrich, *Der Chasseur im Walde*, 1814.

Worte lagen ihnen im Blut. Sie waren Pioniere der Wissenschaft

Brüder Grimm, *Kinder- und Hausmärchen*, Ausgabe von 1815.

von der Sprache und ihrer Ursprünge. Jacob Grimm formulierte, was heute das Grimmsche Gesetz genannt wird, die erste Regel zur Lautverschiebung, die in den Sprachwissenschaften entdeckt wurde. Dazu haben die Grimms die Veränderung der Konsonanten verfolgt – es geht um die Frage, warum die Engländer *fish* und *father*, die Deutschen *Fisch* und *Vater* sagen, wo die Römer *piscis* und *pater* sagten. Das war eine neue Art, über Sprache nachzudenken. So vertieften sich die Brüder Grimm vor allem in die Geschichte der deutschen Sprache. Die Arbeit an ihrem *Deutschen Wörterbuch* begleitete sie ihr ganzes Leben.

Steffen Martus, Professor an der Berliner Humboldt Universität, hat viel zu den Grimm-Brüdern publiziert. Sie hätten, so erklärt er, eine enge Verbindung gesehen zwischen der Art, wie die deutsche Sprache aufgebaut ist, und wie die deutsche Gesellschaft am besten funktioniert:

> Der interessante Punkt sowohl bei der Sprachforschung als auch bei den Untersuchungen der Grimms zur Literaturgeschichte ist stets der, dass sie herauszufinden suchen, was man als «deutsch» bezeichnen kann, und dies immer in einem internationalen Kontext. Jacob Grimm hat an der deutschen Grammatik gearbeitet, und er hat lange Zeit gebraucht, um zu verstehen, dass jede Sprache nach ganz eigenen Formgesetzlichkeiten organisiert ist. Dass also die Gesetze der Sprache nicht von außen beeinflusst werden, nicht nach ihren Funktionen, sondern durch ihren eigenen Organismus.
>
> Diese Vorstellung hat politische Implikationen. Die Grimms sagen: So wie eine Sprache ihre eigene Form und Logik hat, so auch Gesellschaften und Gemeinschaften. Gesetze können nicht mit Erfolg von außen aufgezwungen werden, nicht durch einen König oder wen auch immer, sie müssen aus der Gemeinschaft heraus kommen. In diesem Sinn werden Politik, Sozial- und Sprachgeschichte austauschbar, befruchten sich wechselseitig. Veränderungen in der deutschen Gesellschaft können nur dann erfolgreich sein, wenn sie von innen heraus erfolgen, wenn sie also der deutschen Art, Dinge zu tun, entsprechen, und nicht aus fremdem Zwang erfolgen.

Mit anderen Worten, die Grimmschen Märchen waren Element einer politischen und sozialen Renaissance des Deutschen, ein Beleg dafür, dass die Deutschen in ihrer Sprache und in ihren Volksmärchen eine Identität besitzen, die kein fremder Eroberer auslöschen kann. 1812 war ganz Deutschland von Frankreich erobert und besetzt, große Teile des Rheinlands annektiert, Köln zu einer Stadt in Frankreich gemacht. Die Brüder Grimm jedoch erkannten, dass Deutschland etwas immens Wertvolles besaß, das die Franzosen nicht für sich beanspruchen konnten – eine uralte Sprache, deren Spuren zurückreichen bis in die Nebel der Vorgeschichte. Dies, so Will Vaughan, Professor Emeritus der Kunstgeschichte am Birkbeck College in London, ist der Hintergrund ihrer Begeisterung für Philologie, für ihr Studium der Sprache:

> Die Vorstellung, dass die Deutschen ihre ursprüngliche Sprache behalten haben, war sehr wichtig – dann nämlich ist Sprache gewissermaßen Ausdruck des deutschen Charakters und der deutschen Psyche insgesamt, denn es ist die Sprache, die die Deutschen immer gesprochen haben. Eines der Dinge, die die Grimms in ihrem berühmten Wörterbuch zum Thema machten, war die Frage: Was haben wir gemeinsam, wenn nicht unsere Sprache? In der napoleonischen Zeit gab es eine Menge Vergleiche zwischen dem Französischen und dem Deutschen. Es wurde behauptet, dass die Franzosen ihre ursprüngliche Sprache nicht behalten hätten, vielmehr sprächen

Caspar David Friedrich,
Einsamer Baum, 1822.

> sie nun eine Version des Lateinischen, die ursprüngliche Sprache dagegen, wie sie die Kelten sprachen, sei verloren. Darum gebe es zwischen den Franzosen und ihrer Sprache auch nicht die lebendige Verbindung, wie sie die Deutschen hätten.

Hänsel und Gretel, Schneewittchen und die anderen Märchen, die von den Grimms gesammelt wurden, sind nicht nur ergreifend-schaurige Gespinste. In den Worten, den Sätzen und der Syntax ihrer Erzählung ist die Geschichte des deutschen Selbst gleichsam aufgehoben.

Der Wald ist in der Malerei der Zeit eine ebenso mächtige Kraft wie in der damaligen Literatur, wie sich an einem Bild des großen romantischen Malers Caspar David Friedrich erkennen lässt, *Der einsame Baum* von 1822. Im Mittelgrund, in einer grünen Ebene, liegt ein Dorf; im Hintergrund sieht man einen Bergzug. Im Zentrum aber, ganz vorne und die Komposition dominierend, steht eine einzelne Eiche, deren Krone abgestorben ist und vom Wind zerzaust. Das Laub der unteren Äste dagegen ist dicht, in seinem Schatten suchen ein Schäfer und seine Herde Schutz. Will Vaughan hat die Bedeutung dieses Bildes für das deutsche Nationalbewusstsein untersucht. Das bringt uns zurück zu den Grimms und zum Wald:

> Die Eiche führt zur Wurzel der deutschen Bilderwelt; der Baum steht für ein Volk, das alle Stürme überstanden hat. Der Eichbaum gehörte zur ursprünglichen Landschaft. Er war schon immer dort, und die Deutschen hatten das Gefühl, dass er zu ihnen gehört, dass er sie in gewisser Weise definiere. Als Hermann die Römer im Teutoburger Wald schlug, schien es fast so, als sei der Wald auf Seiten der Deutschen – versteckt hinter den Bäumen hatten sie den Römern einen Hinterhalt gelegt. Es ist sehr verblüffend, dass sich auch die Kämpfer in den Befreiungskriegen gegen Napoleon den Wald zunutze machten. Das zeigt ein wunderbares Gemälde von G. F. Kersting, einem Freund von Friedrich, *Auf Vorposten*. Darauf sieht man drei dieser Freiheitskämpfer, die sich, auf die Franzosen wartend, gegen Eichenstämme lehnen. Jedermann hätte damals so etwas wie eine nationale Identität mit der Eiche gespürt. Friedrich hat die Eiche früher genutzt, schon während der napoleonischen Herrschaft, auch für Bilder anderer Art. Auf einem sieht man Eichen, die sich um alte Gräber im germanischen Stil gruppieren – sie bilden eine Art heroisches Monument. Was an dem Gemälde auffällt, ist, dass nun eine Eiche alleine steht, womit Friedrich das Gefühl der Einsamkeit sehr wirkungsvoll evoziert. Vielleicht hat der Maler hier ein persönliches Gefühl zum Ausdruck bringen wollen – er selbst ist diese einsame alte Eiche; vielleicht aber wollte er auch Menschen ansprechen, die seine radikalen Sympathien teilten und auch die Hoffnung, dass die Eiche überdauern werde.

Georg Friedrich Kersting, *Auf Vorposten*, 1815.

Die Eiche war ein Motiv, das Deutschlands Regierende bei mehr als einer Gelegenheit aufgegriffen haben, als Emblem des Überlebens und der Wiedergeburt: So ziert Eichenlaub die Rückseite des Eisernen Kreuzes (vgl. Kapitel 14), und man sieht es auf den ersten Münzen Westdeutschlands nach 1945. Friedrichs einsame Eiche, böse zugerichtet, doch immer noch standhaft, bietet Schutz und Nahrung im Licht des frühen Morgens. Sie hat die Nacht überstanden, vom Sturm verwittert, ihm dennoch trotzend. Wie Deutschland nach den Befreiungskriegen hat auch sie überlebt.

Die Grimms haben die deutsche Sprache erforscht: das innere Deutsche, das in den Märchen, die sie sammelten, gegenwärtig war. Friedrich nutzte die Landschaft als äußere Vision des Deutschseins. Constable hat um die gleiche Zeit etwas Ähnliches mit seinen Bildern von England getan – *Der Heuwagen*, *Flatford Mill* und so weiter. Auch in diesen Bildern steckt ein Element der Erfindung, die nichts anderes leisten soll, als die Wirkung der machtvollen nationalen Vorstellungen zu verstärken, in denen sich Landschaft und Phantasien verbinden. Friedrich malte sein Leben lang wilde, erhabene Landschaften, in denen ein Einzelner seine Möglichkeiten entdeckt und die Nation gleichermaßen. Will Vaughan:

> Friedrich ist bis heute in Deutschland ein sehr wichtiger Künstler, denn er hat die deutsche Seele in der Landschaft dargestellt. Er ist ebenso sehr ein Maler der inneren Welt wie der äußeren: Es ist nicht bloß das Terrain, das er uns zeigt, sondern die Landschaft gesehen durch eine deutsche Seele, und damit wird sie emotional aufgeladen.

Ein-Pfennig-Münze mit Eichblättern, Bundesrepublik Deutschland, 1949.

Die Bäume in Friedrichs Gemälden sind erhaben, in den Märchen der Grimms ist der Wald bedrohlich. Beide verändern sie die deutsche Landschaft im Sinn ihrer eigenen Absichten. Und sie taten, wie uns Steffen Martus sagen kann, mehr als das. Sie haben die deutsche Landschaft *erfunden*:

> Das Interessante ist, dass der deutsche Wald, den wir heute kennen, große Wälder mit Tannen oder den typisch deutschen Laubbäumen, Erfindungen der Romantik sind, so wie auch die Kinder- und Hausmärchen Erfindungen der Romantik sind. Der deutsche Wald entsteht durch die Aufforstung im 19. Jahrhundert, und als dieses romantische Waldprojekt wird er dann zur Stimmungskulisse für Literatur, für Märchen und so weiter. Die Grimms nutzten die Wälder als eine Art zweischneidiges Schwert. Was in diesen Märchenwäldern geschieht, ist oft recht brutal, sehr grausam, und es war darauf angelegt, die Kinder zu erschrecken; zu jedem Zeitpunkt aber durften sie sich dabei von der mütterlichen Stimme aufgehoben und behütet fühlen.

Das war, wenn man so will, eine Art politisch gemeinter Sozialarbeit. Gut und Böse stehen in diesen Märchen einander gegenüber – die Kinder gegen die böse Hexe, die böse Stiefmutter, die nur so tut, als ob sie lieb sei. Zum Schluss aber wartet immer die bürgerliche Mutti mit ihren beruhigenden Worten. Verlässliche deutsche Werte, eincodiert in die Sprache, in Geschichten und zuletzt in das Volk selbst. Es gibt, wie Steffen Martus sagt, in den Märchen der Grimms ein starkes, in den späteren Ausgaben zunehmend moralistisches Element, das auch die wachsende bürgerliche Mittelschicht Deutschlands widerspiegelt:

> Diese Märchen wurden nicht nur bearbeitet, um sie zu literarisieren und ihnen etwas Poetisches zu geben, sie waren auch moralische Erzählungen. Diese Märchen wurden für einen modernen Lesergeschmack wieder und wieder aufbereitet, für Leute, die romantische Literatur kannten, für die bürgerliche Kleinfamilie, die mit diesen Märchen erziehen wollte. Das hatte zur Folge, dass, wie zum Beispiel in Schneewittchen, die bösen Frauen in den ersten Fassungen der Märchen sehr oft Mütter gewesen sind, in späteren Fassungen aber zu Stiefmüttern wurden, weil die Mutter in bürgerlichen Familien natürlich nie böse sein darf. Oder nehmen Sie Rapunzel: In der ersten Fassung ist es so, dass die böse Fee merkt, dass Rapunzel Männerbesuch bekommen hat, weil ihr die Kleider zu eng werden; mit anderen Worten: die junge Frau war schwanger. Diese Schwangerschaft wird später sozusagen literarisch verhütet, denn Wilhelm Grimm streicht das alles; nun erzählt er, dass sich Rapunzel verspricht und

nur dadurch herauskommt, dass sie Männerbesuch hat. Verbürgerlichung, Entsexualisierung, Moralisierung: Das waren die – durchaus viktorianischen – Strategien von Wilhelm Grimm.

Friedrich und die Grimm-Brüder haben der deutschsprachigen Bevölkerung eine Identität zurückgegeben, den Menschen, die heimatlos geworden waren, als Napoleon das Heilige Römische Reich und die politischen Strukturen zerschlagen hatte, die auf diesem gründeten. Sie haben eine Antwort geliefert auf die Frage: Wer sind wir denn jetzt? Maler, Historiker und Schriftsteller begannen sich zurückzuwenden zu Hermann, der zur Gründungsfigur der Nation wurde. 1808 verfasste Heinrich von Kleist *Die Hermannsschlacht*, ein Schauspiel um die Kämpfe im Teutoburger Wald, in denen die Römer geschlagen wurden. Es ist ein ziemlich schreckliches Stück, stark aufgeladen mit anti-napoleonischer Propaganda, und es wurde auch kaum gespielt; Friedrich freilich berührte das Schauspiel sehr. Wie auch immer: Hermann, der romantische Held, auferstanden aus Tacitus' Text, hat seither seinen Platz in der deutschen Imagination.

Heute kommen jedes Jahr über 100 000 Besucher, um das Hermannsdenkmal zu bewundern, die Kolossalstatue im Teutoburger Wald südwestlich von Detmold. Fast 27 Meter hoch zückt die Bronzefigur ihr Schwert und richtet es, wohin sonst, in Richtung Frankreich. Lange nach den Befreiungskriegen begonnen, 1875 vollendet, ist sie ein bombastisches Fanal für den preußischen Sieg über Frankreich von 1871 und zugleich eine perfekte Demonstration dafür, wie die patriotische Erhebung in den Befreiungskriegen – Impulse, die Caspar David Friedrich und die Grimm-Brüder prägten – seit den 1860er Jahren vom aufkommenden Nationalismus angeeignet und vulgarisiert wurde.

Die meisten Deutschen finden die schrille Aggressivität des Hermannsdenkmals heute eher abstoßend, ebenso beschämend wie die spätere Indienstnahme der Schlacht im Teutoburger Wald durch die Nationalsozialisten. 2009 fanden an diesem Ort keine Feiern statt zur Erinnerung an den 2000. Jahrestag des Ereignisses, das lange als Gründungsakt der nationalen Identität Deutschlands galt. Ganz ohne Feier freilich ging dieser Tag nicht vorüber. In Hermann, Missouri, der von deutschen Siedlern 1830, in der Hochzeit des Hermannskults, gegründeten Stadt, wurde des Bimilleniums durch

Rapunzel, Märchen der Brüder Grimm, Stich von 1857.

Rapunzel.

216

RAPUNZEL

nach Grimm von Otto Speckter 1857

Es war einmal ein Mann und eine Frau, die wünschten sich lange vergeblich ein Kind, endlich machte sich die Frau Hoffnung, der liebe Gott werde ihren Wunsch erfüllen. Die Leute hatten in ihrem Hinterhaus ein Fenster, daraus konnte man in einen Garten sehen, der voll schöner Blumen und Kräuter stand, er war aber von einer Mauer umgeben, und niemand wagte hineinzugehen, weil er einer bösen Zauberin gehörte, die von aller Welt gefürchtet wurde. Eines Tages stand die Frau am Fenster und sah in den Garten hinab, da erblickte sie ein Beet mit den schönsten Rapunzeln bepflanzt, die sahen so frisch und grün aus, daß sie lüstern wurde und das größte Verlangen empfand, von den Rapunzeln zu essen. Das Verlangen nahm jeden Tag zu, und da sie wußte, daß sie keine davon bekommen konnte, so fiel sie ganz ab und sah blaß und elend aus; da erschrak der Mann und fragte: „Was fehlt Dir, liebe Frau?" „Ach," antwortete sie, „wenn ich keine Rapunzel aus dem Garten zu essen bekomme, so sterbe ich!" Der Mann, der sie gar lieb hatte, dachte, ehe du deine Frau sterben lässest, holst du ihr von den Rapunzeln, es mag kosten, was es will! In der Abenddämmerung stieg er über die Mauer in den Garten der Zauberin, stach in aller Eile einen Korb voll Rapunzel; er wollte eben damit fort, da erschrak er gewaltig, denn er sah die Zauberin hinter sich stehen. „Wie kannst Du es wagen," sagte sie zornig, „in meinen Garten wie ein Dieb zu kommen und mir meine Rapunzeln zu stehlen?" „Ach," antwortete er, „ungern hab' ich mich dazu entschlossen; meine Frau hat Eure Rapunzeln erblickt und hat ein so großes Gelüste darnach, daß sie sterben würde, wenn sie nicht davon zu essen bekäme." Da ließ die Zauberin in ihrem Zorne nach und sprach: „Verhält es sich so, so will ich Dir gestatten, Rapunzeln mitzunehmen so viel Du willst, allein ich mache eine Bedingung, Du mußt mir das Kind geben, das Ihr bekommen werdet." Der Mann sagte in der Angst alles zu, und als die Frau in die Wochen kam, so erschien gleich die Zauberin, gab dem Kinde den Namen Rapunzel und nahm es mit sich.

Rapunzel wurde das schönste Kind unter der Sonne. Als es zwölf Jahre alt war, schloß es die Zauberin in einen verlassenen Turm der Stadtmauer, der weder Treppen noch Tür hatte. Wenn die Zauberin hinauf wollte, so stellte sie sich unten hin und rief: „Rapunzel, Rapunzel, laß Dein Haar herunter!" Rapunzel hatte lange prächtige Haare, fein wie Gold. Wenn sie die Stimme der Zauberin vernahm, so band sie ihre Zöpfe los, schlug sie oben um einen Haken, dann fielen die Haare zwanzig Ellen tief herunter, und die Zauberin stieg daran hinauf. Nach ein paar Jahren trug es sich zu, daß der Sohn des Königs an dem Turme vorüber kam. Da hörte er einen Gesang, der war so lieblich, daß er stille hielt und horchte. Das war Rapunzel, die in ihrer Einsamkeit sich die Zeit damit vertrieb, ihre süße Stimme erschallen zu lassen. Der Königssohn suchte vergeblich nach einer Tür des Turmes, der Gesang hatte ihm aber so sehr das Herz gerührt, daß er jeden Tag hinausging und darauf horchte. Als er einmal im Gesträuch lauerte, sah er die Zauberin herankommen und hörte wie sie rief: „Rapunzel, laß Dein Haar herunter!" Alsbald fielen die Haare herab und die Zauberin stieg zu ihr hinauf. „Ist das die Leiter, auf welcher man hinauf kommt," sprach der Königssohn, „so will ich mein Glück auch versuchen." Und den folgenden Tag ging er zu dem Turme hinaus und rief: „Rapunzel, laß Dein Haar herunter!" Alsbald fielen die Haare herab und der Königssohn stieg hinauf. Anfangs erschrak Rapunzel gewaltig, als ein Mann zu ihr herauf kam, wie ihre Augen noch nie einen erblickt hatten. Doch der Königssohn fing an ganz freundlich mit ihr zu reden und erzählte ihr, daß von ihrem Gesang sein Herz so sehr sei bewegt worden, daß es ihm keine Ruhe gelassen und er sie selbst habe sehen müssen. Da verlor Rapunzel ihre Angst, und als er sie fragte, ob sie ihn zum Manne nehmen wolle, und sie sah, daß er jung und schön war, dachte sie, der wird mich lieber haben als die alte Frau Gothel, und sagte ja, und reichte ihm ihre Hand.

Sie verabredeten, daß er alle Abend zu ihr kommen sollte, aber die Zauberin, die nur bei Tage kam, merkte nichts davon, bis einmal Rapunzel anfing und zu ihr sagte: „Frau Gothel, wie kommt es nur, sie wird mir immer schwerer heraufzuziehn, ist doch der junge Königssohn in einem Augenblick bei mir." „Ach," rief die Zauberin, „so hast Du mich doch betrogen!" Und in ihrem Zorn packte sie die schönen Haare der Rapunzel, ergriff eine Schere und ritsch, ritsch, waren sie abgeschnitten. Und sie war so unbarmherzig, daß sie die arme Rapunzel in die Berge brachte, wo sie in großem Jammer und Elend leben mußte.

Denselben Tag aber, wo sie Rapunzel verstoßen hatte, machte die Zauberin abends die abgeschnittenen Haare oben am Haken fest, und als der Königssohn kam und rief: „Rapunzel, laß Dein Haar herunter!" so ließ sie die Haare hinab. Aber der arme Königssohn fand oben nicht seine Rapunzel, sondern die Zauberin schaute mit bösen, giftigen Blicken hinaus, indem sie ihm zurief: „Für Dich ist Rapunzel verloren, Du wirst sie nie wieder erblicken." Der Königssohn geriet außer sich vor Schmerz, und vor Schreck und Verzweiflung stürzte er von der Haarleiter herab.

Das Leben brachte er davon, aber die beiden Augen waren verletzt. Blind irrte er im Wald umher, aß nichts als Wurzeln und Beeren und tat nichts als jammern und weinen über den Verlust seiner liebsten Frau.

So irrte er umher und geriet endlich an den Platz, wo Rapunzel mit den Zwillingen, die sie bekommen hatte, einem Knaben und einem Mädchen, kümmerlich lebte; er vernahm eine Stimme und sie däuchte ihm so bekannt, da ging er darauf zu, und wie er heran kam, erkannte ihn Rapunzel und fiel ihm um den Hals und weinte.

Zwei von ihren Tränen aber benetzten seine Augen, da wurden sie wieder klar und er konnte damit sehen wie sonst.

Bald darauf führte er seine Frau und Kinder aus den Bergen heraus. Wie die Leute in der Stadt die frohe Kunde vernahmen, zogen sie ihm entgegen und führten sie mit großer Pracht und Ehren in die Stadt zurück.

Von da ging es auf das Schloß des Königssohnes hinauf, wo er mit seiner geliebten Frau und Kindern noch lange glücklich lebte.

Die böse Hexe aber wurde verbrannt.

Caspar David Friedrich, *Gräber gefallener Freiheitskrieger (Grab des Arminius)*, 1812.

die Errichtung einer Statue in der Market Street gedacht, die den Bezwinger der römischen Legionen zeigt.

Caspar David Friedrich wie auch die Grimms hatten es schwer im 20. Jahrhundert. Disney trug die Märchen – vor allem Schneewittchen – in alle Welt, zu einem Publikum, an das die Brüder nie gedacht hätten. Doch sie hatten auch weniger willkommene Anhänger. In ihrem Drang, Gefühle nationaler Identität zu wecken und zu stärken, kamen die Grimm-Brüder den Nationalsozialisten gerade recht. Jede Familie, so ihre Empfehlung, sollte eine Ausgabe der *Kinder- und Hausmärchen* zuhause haben. Allein schon wegen dieser offiziellen Aufforderung haftete den Geschichten im Blick späterer Generationen ein Makel an, darüber hinaus auch der Befürchtung wegen, die Gewalt und die Grausamkeit dieser Märchen könnten ein bleibender Zug des deutschen Nationalcharakters sein, der durch die traditionellen deutschen Tugenden nicht wettgemacht werden könne. Heute

Das Hermannsdenkmal im Teutoburger Wald bei Detmold.

allerdings scheint dies vorüber zu sein. Die *Kinder- und Hausmärchen* sind mittlerweile wieder, wie Steffen Martus sagt, das in Deutschland nach der Luther-Bibel verbreitetste Buch:

> Im Unterschied zu einer langen Tradition nach 1945, als die Grimmschen Märchen mit ihrer ganzen Grausamkeit auch dafür verantwortlich gemacht wurden, dass die Deutschen so kaltblütig die Verbrechen des 20. Jahrhunderts begehen konnten, gibt es eine neue, junge Mittelklasse, die Prenzlauer-Berg-Kultur Berlins etwa, und dort die Tendenz, die Grimmschen Märchen auch wieder im Original vorzulesen, so als wollten diese jungen Leute eine bestimmte Vorstellung der bürgerlichen Familie bewahren, gegen ein Deutschland, das bislang immer von 1933–45 her gedacht wurde.

Auch Caspar David Friedrich hatte unter der Bewunderung durch Nationalsozialisten und andere zu leiden, die ihn als einen wahrhaft deutschen Nationalkünstler feierten. Aber auch er, darauf verweist Will Vaughan, wird heute ganz anders gedeutet, weit entfernt von schrillem Patriotismus:

> Es ist sehr interessant zu sehen, dass Friedrich seit den 1960er Jahren von den Deutschen wieder in einem ganz anderen Sinn wahrgenommen wird, fast als Proto-Ökologe, als Bewahrer der Landschaft.

Die Bindung der Deutschen an ihren Wald, so alt wie ihre Berge, zumindest wie die Eichen, besteht noch immer, sie gehört weiterhin ganz zentral zum deutschen Nationalcharakter. Caspar David Friedrich und den Grimmbrüdern hätte dies gefallen. Etwa ein Drittel des Landes ist von Wald bedeckt, und der steht in immer mehr Regionen unter Schutz – die Grünen sind in Deutschland als politische Partei fester etabliert als in irgendeinem anderen Land Europas. Die Zukunft der neuen Nation wird sich, wie ihre Vergangenheit, auch im Wald abspielen. Im nächsten Kapitel werden wir einen großen Bewunderer von Caspar David Friedrich und auch der Grimms näher betrachten – einen Schriftsteller, der seinerseits zum Symbol eines neuen Deutschseins wurde und die wohl bekannteste Gestalt im deutschen Pantheon bleibt.

Filmplakat zu Walt Disneys *Schneewittchen*, 1937.

HIS FIRST FULL LENGTH FEATURE PRODUCTION!
Walt DISNEY'S
Snow White
and the Seven Dwarfs
©W.D.P.
in the marvelous new
MULTIPLANE TECHNICOLOR
Distributed by RKO RADIO PICTURES, Inc.

8
Eine Nation unter Goethe

Es gibt ein Porträt, 1787 von Johann Tischbein gemalt, das die meisten Deutschen auf der Stelle erkennen; ja, man könnte wohl zu Recht behaupten, es sei in ganz Deutschland das mit Abstand berühmteste Bildnis. Es hängt im Frankfurter Städel Museum und zeigt uns den Dichter Johann Wolfgang von Goethe in Italien. In einen eleganten weißen Reisemantel gehüllt, einen breitkrempigen Hut auf dem Kopf, sitzt er auf einigen römischen Relikten und schaut sinnend ins Weite. Und so, wie die Deutschen dieses Bild ihres großen Nationaldichters besser kennen als alle anderen Bildnisse, wissen sie auch, dass er der Autor des großartigen Dramas ist, das nicht eines unter anderen großen tragischen Dichtungen ist, sondern seit langem ein bestimmendes Element im nationalen Mythos der Deutschen: *Faust*.

Zu den Elementen, die Deutsche aller Regionen und Dialekte zusammenhält, gehört – neben der von Luther geprägten Schriftsprache und den gemeinsamen Erinnerungen an Märchen und wilde Landschaften – unbedingt auch dieser größte der deutschen Dichter und sein *Faust*, dieses weit schweifende und unspielbare Weltdrama, an dem er sein Leben lang schrieb und das er immer wieder umschrieb. Wenn die Amerikaner «eine Nation unter Gott» sind, dann lässt sich mit einigem Recht sagen, die Deutschen sind eine Nation unter Goethe. Und ganz ohne Zweifel hat Goethe mehr als irgendwer sonst das Deutsche zu einer Sprache gemacht, die vom gebildeten Europa gelesen und gesprochen wird. Rund um die Welt fördert und präsentiert die deutsche Regierung Sprache und Kultur ihres Landes heute in den Goethe-Instituten.

Nächste Doppelseite:
Johann Tischbein, *Goethe in der römischen Campagna*, 1786/87.

Gegenüber: Goethes Geburtshaus in Frankfurt am Main, 1832.

Goethes Geburtshaus gibt es noch immer (wenn auch als Rekonstruktion, denn es wurde im Krieg schwer zerbombt): Es steht, vier Stockwerke hoch, im Zentrum Frankfurts; mit fünf geräumigen Zimmern in jeder Etage zeugt es vom behaglichen Wohlstand des 18. Jahrhunderts. Im Inneren kann man noch immer das Puppentheater betrachten, das Goethe 1753, zu seinem vierten Geburtstag, erhielt. Der große Kasten aus bemaltem Holz erinnert ein wenig an ein Puppenhaus; doch er hat ein Proszenium, das aus der Vorderwand geschnitten ist und den Blick freigibt in einen tiefen Bühnenraum, in den sich gemalte Szenerien hängen ließen, je nach dem Stück, das die Puppen aufführen sollten.

Goethes Vater wird sich wohl keine Vorstellung davon gemacht haben, was er mit diesem Geschenk bei seinem Sohn ausgelöst hat, doch das Puppentheater hat, wie Goethe später selbst schrieb, sein Leben verändert, es habe ihn, den Vierjährigen, in eine Welt versetzt, in der das Reale und das Imaginierte nebeneinander existierten, beide häufig im Widerstreit, einander aber zugleich wechselseitig bereichernd und verändernd. Goethe begann zu schreiben. Das hatte

Goethes Puppentheater.

der Vater mitnichten beabsichtigt: Nach seiner Vorstellung sollte der Sohn Anwalt werden, einen sicheren Beruf ergreifen, der ihm Wohlstand und soziales Ansehen verschaffen würde. Das konnte nur zu Spannungen zwischen Vater und Sohn führen. Der junge Goethe wurde an die Universität geschickt, und zwar an mehrere (vgl. Kapitel 4), um Jura zu studieren. Er hasste es, trieb sich in nicht standesgemäßer Gesellschaft herum und verliebte sich in die falschen Frauen.

Drei Jahre verbrachte Goethe an der Universität in Leipzig, war eingeschrieben als Student der Rechte, hörte stattdessen Vorlesungen zur Literatur, schrieb Verse für Käthchen Schönkopf, die erste seiner vielen Lieben. Doch machte ihm, was er zu Papier brachte, keine rechte Freude, denn er fand nicht die Worte, um zu sagen, was er fühlte. Das literarische Deutsch in den 1760er Jahren – vergeistigt und von Konventionen der Klassik reglementiert – orientierte sich am französischen Stil, es konnte einem begeisterten jungen Mann nur gestelzt und erstickend erscheinen. Goethe suchte nach etwas Stärkerem, Direkterem, auch Aufrichtigerem. Und so wie er 1772 im Straßburger Münster eine deutsche Tradition bildender Kunst entdeckte, so fand er ein Jahr später, an ganz unerwarteter Stelle, ein literarisches Vorbild für ein lebendiges Deutsch: bei Shakespeare.

Shakespeare ließ Goethe erkennen, dass es eine Sprache gibt, mit der sich tiefe Gedanken und ungekünstelte Gefühle ausdrücken lassen. Hier lag die Antwort auf die Frage, die ihn verfolgt hatte: Wie lässt sich das *Deutschsein* in einer Weise ausdrücken, die von anderen jungen Deutschen verstanden wurde?

> Die erste Seite die ich in ihm las, machte mich auf Zeitlebens ihm eigen. ... Ich sprang in die freye Lufft, und fühlte erst dass ich Hände und Füsse hatte.

«Zum Schäkespears Tag», Goethes Manuskript, 14. Oktober 1771.

Diese Zeilen stammen aus der Festrede «Zum Schäkespears Tag», die der Zweiundzwanzigjährige am 14. Oktober 1771 (in deutschen Heiligenkalendern der Namenstag für Wilhelm) im Haus des Vaters für einen Kreis von Freunden hielt. Das Manuskript blieb uns erhalten: das überschwängliche und doch genau komponierte Protokoll der Begeisterung eines jungen Mannes. Goethes Rede ist ein Liebeslied: «Und ich rufe Natur! Natur! nichts so Natur als Schäkespears Men-

Zum Schäkespears Tag.

Mir kommt vor, das sey die edelste von unsern Empfindungen, die Hoffnung, auch dann zu bleiben, wenn das Schicksaal uns zur allgemeinen Nonexistenz zurückgeführt zu haben scheint. Dieses Leben, meine Herren, ist für unsre Seele viel zu kurz, Zeuge, dass ieder Mensch, der geringste wie der höchste, der unfähigste wie der würdigste, eher alles müd wird, als zu leben; und dass keiner sein Ziel erreicht, wornach er so sehnlich ausging — denn wenn es einem auf seinem Gange auch noch so lang glückt, fällt er doch endlich, und offt im Angesicht des gehofften Zwecks, in eine Grube, die ihm, Gott weis wer, gegraben hat, und wird für nichts gerechnet.

Für nichts gerechnet! Ich! der ich mir alles bin, da ich alles nur durch mich kenne! So ruft ieder, der sich fühlt, und macht grose Schritte durch dieses Leben, eine Bereitung für den unendlichen Weeg drüben. Freylich ieder nach seinem Maas. Macht der eine mit dem stärcksten Wandrerstab sich auf, schen.» «Schäkespear, mein Freund, wenn du noch unter uns wärest ich könnte nirgend leben als mit dir, wie gern wollt ich [in Euripides' *Iphigenie*] die Nebenrolle eines Pylades spielen, wenn du Orest wärst.»

Anne Bohnenkamp-Renken, eine große Kennerin der Literatur dieser Epoche, zu Goethe und Shakespeare:

> Dies war die erste Shakespeare-Feier in Deutschland. Für Goethe war Shakespeare eine Art Symbol für eine neue, freie Weise des Schreibens, des Denkens – ja, auch des Lebens –, und der Ausruf «Natur, Natur» zeigt, was er auf diesem Weg gefunden hat. Dass Goethe auf diese Denk- und Schreibweise stieß, war für ihn eine umstürzende Erfahrung, die sich einem religiösen Erweckungserlebnis vergleichen lässt.

Es gab etwas bei Shakespeare, das Goethe erlaubte, seine eigenen Ideen und Ideale ganz unmittelbar wahrzunehmen. Wenn man seine Gedanken zu Shakespeare liest, erfährt man mehr über die Gefühle, die diese Begegnung in Goethe auslöste, als über Shakespeare selbst. Unter dem Einfluss des englischen Dramatikers verfasste Goethe sein erstes großes Werk, das ihn in Deutschland mit einem Schlag bekannt machte: *Die Leiden des jungen Werthers*, erschienen 1774. Mit dem *Werther* ist Goethe eine Revolution gelungen; der Roman wurde zu einer Wasserscheide in der Entwicklung der deutschen Literatur. Eine Geschichte voller jugendlicher Empfindsamkeit und Leidenschaft, die Goethes eigene Liebesaffäre mit der Braut seines Freundes reflektiert und die tragisch endet: im Schmerz einer unerwiderten Liebe begeht Werther Selbstmord. *Werther* war für die 1770er Jahre so etwas wie *A Clockwork Orange* für die 1960er – ein Buch, das die Gewalt in einen neuen schockierenden Kontext rückt, die Leser mit einem Aspekt des menschlichen Verhaltens konfrontiert, den sie lieber ausblenden würden. Goethe beschreibt die Welt aus der Sicht eines zerquälten jungen Mannes, seines Hin-und-hergerissen-Seins zwischen Liebe und Hoffnung, Enttäuschung und Tod. In ganz Europa wurde dieser Roman zum Bestseller. Überall kleideten sich junge Männer wie Werther – mit blauer Jacke und gelber Weste –, und nicht nur das, es häuften sich Selbstmorde à la Werther. Und noch etwas bewirkte dieses Buch: Mit *Werther* wurde Deutsch zum ersten Mal zu einer in Europa anerkannten Literatursprache. Als Autor, den alle Welt lesen wollte, schloss Goethe auf zu seinem Helden Shakespeare.

Die Leiden des jungen Werthers, Titelseite der Erstausgabe, 1774.

Die Leiden des jungen Werthers.

Erster Theil.

Leipzig,
in der Weygandschen Buchhandlung.
1774.

E. W. M. Bergmann:

Der junge Werther, eine Tasse aus Meissener Porzellan, um 1790.

Werther wurde für eine ganze Generation zum Kultbuch, ein leidenschaftliches Plädoyer, auf das Herz zu achten, auf seine Bedeutung für alles, was einen Menschen ausmacht; und das ist, wie uns Goethe erzählt, unser Gefühl, seine Tiefe und Kraft. Mitfühlend berichtet der Roman von einem jungen Mann, der sich, seinen Gefühlen folgend, gegen die erstickenden Konventionen wendet, die ihm die Gesellschaft auferlegt. Zu *Werthers* Höhenflug gehörte aber auch, als Kehrseite, dass der Roman zu einem hochgefährlichen Buch erklärt wurde: Mit dem Selbstmord des Helden, so der Vorwurf, stelle es Selbstmitleid und Amoralität über Pflicht und Verantwortung. Doch die junge Generation las es und liebte es – bekanntlich hatte sogar Napoleon ein Exemplar bei sich, als er ausfuhr, Ägypten zu erobern.

Werther trug Goethe Ruhm ein – und die Aufmerksamkeit des acht Jahre jüngeren Herzogs Karl August von Sachsen-Weimar-Eisenach, eines liberalen, im Geist der Aufklärung erzogenen Herrschers. Er hatte Goethes Roman gelesen und wurde Goethes Gönner: 1775 lud er Goethe nach Weimar ein, und nicht nur das, er berief den Dichter in sein Geheimes Consilium, wo dieser, unter anderem, verantwortlich war für die Silber- und Kupferbergwerke des Herzogs. Für den gerade zu Ruhm gelangten Schriftsteller war dies ein Wendepunkt: Dem engen Mitarbeiter des Regenten eines Kleinstaates öffneten sich nun Möglichkeiten, die einem Autor in Paris oder London niemals offen gestanden hätten. Er reiste in diplomatischer Mission, traf auf diesen Reisen viele Schriftsteller seiner Zeit; er verfügte über ein sicheres Einkommen, hatte eine Lebensstellung, dazu noch das Privileg, Urlaub zu nehmen, wann er wollte, und schreiben zu können, was er wollte.

Gleichwohl führte ihn das erste Jahrzehnt in Weimar zu etwas, das man heute vielleicht eine Mid-Life-Crisis nennen würde. In Straßburg hatte er die Kraft der gotischen Architektur erfahren; mit der Shakespeare-Rede und dem *Werther* die Freiheit und die Empfindsamkeit der nordeuropäischen Literatur entdeckt und zu nutzen verstanden, doch trieb es ihn, ähnlich wie Shakespeare, zu immer neuen Erfahrungen, und nun wandten sich seine Gedanken der Kunst und Literatur des Südens zu. Mit siebenunddreißig entschied er, es sei Zeit, Rom mit eigenen Augen zu sehen. Dort traf er auf Tischbein, der das berühmte Porträt malte.

Zeigen uns der *Werther* und die Shakespeare-Rede einen Goethe, der die Traditionen Nordeuropas in sich aufnahm, dann sieht man ihn auf Tischbeins Porträt mitten in Relikten der mediterranen Kultur. Lässig zurückgelehnt wie auf einer Chaiselongue ruht Goethe auf antiken Trümmern. Im Hintergrund sieht man Reste eines Aquädukts, neben Goethe befinden sich das Kapitell einer ionischen Säule und ein Marmorrelief. Nach den Bauwerken und der Literatur des Nordens hier also die Bildenden Künste des Südens. Doch geht es dabei nicht nur um Zerfall, nicht nur um die Antike. Mag sich Efeu um das Marmorrelief winden, links, neben Goethes Schulter, hat ein kleiner Baum Wurzeln geschlagen – eine ziemlich deutsche Eiche. Aus den Relikten einer untergegangenen Kultur wird Goethe etwas Lebendiges schaffen. Das Relief rechts zeigt die griechische Fürstentochter Iphigenie mit ihrem Bruder Orest und dessen Gefährten Pylades: die Rolle, die Goethe, wie wir aus seiner Shakespeare-Rede wissen, gerne an der Seite seines Helden Shakespeare gespielt hätte. Während das Porträt entstand, schrieb Goethe an

Nachfolgende Doppelseite:
Weimar von Nordwesten, nach einem Gemälde von Georg Melchior Kraus, 1798.

seiner Version der *Iphigenie*, einem Schauspiel, mit dem er sich nicht auf Shakespeare, sondern auf Euripides bezog und das den klassisch-griechischen Mythos zu einem deutschen Drama machte. Aus diesen Fragmenten aus Rom und Griechenland, scheint Tischbein zu sagen, schafft Goethe etwas Neues, das die Errungenschaften des Mittelmeerraums mit der Erbschaft des Nordens verbindet.

Kaum zurück in Weimar, wandte sich Goethe diesem großen Vorhaben mit erneuerter Energie zu. Im Rückblick erscheint ihm die Italienreise als die glücklichste Zeit seines Lebens, und die Worte, mit denen er Italien beschrieb, wurden zu dem Seufzer, mit dem alle Deutschen lernen, ihre Sehnsucht nach dem Süden auszudrücken; die blühenden Zitronenbäume sind ihnen so vertraut wie uns Engländern Wordsworths Narzissen: «Kennst du das Land, wo die Zitronen blühn'». Tischbeins Gemälde ist nicht nur das Porträt eines Dichters, es ist das unvergleichliche Bild von Deutschlands langer Liebesaffäre mit Italien. In seinem Haus am Weimarer Frauenplan umgab sich Goethe mit Gipsabgüssen antiker Bildwerke. Rom – wenn auch in domestiziertem Maßstab – sollte wiederhergestellt werden, nördlich der Alpen. Doch ist das Goethehaus in Weimar weitaus mehr: In der kleinen Hauptstadt eines winzigen Herzogtums versuchte Goethe die ganze Welt zu versammeln und zu verstehen. Bei einem Besuch sieht man seine Pflanzensammlung (eine Pflanze darin ist nach ihm benannt: *Goethea cauliflora*) und seine Mineralien (darunter auch einen «Goethit»). Er sammelte, verglich, studierte, schrieb über all diese Objekte, dazu über die Dichtungen Altpersiens und über Newtons Optik. Fasziniert von der Idee des Genialischen erwarb er den Schädel van Dycks (zumindest hielt er ihn dafür), weil er herausfinden wollte, ob die Gestalt des Schädels Aufschluss geben kann über das Maß des Talents. Auch mechanische Erfindungen interessierten ihn. Noch am Ende seines Lebens erwarb er ein kleines Modell einer großen Neuerung: Stephensons Lokomotive «Rocket». So stand Weimars erste Miniatureisenbahn auf Goethes Schreibtisch. Alles interessierte ihn, ob aus Kunst oder Wissenschaft, ob antik oder modern, und die Objekte kamen aus aller Welt. Das Goethe-Haus ist ein Denkmal der Aufklärung, das British Museum eines einzelnen Sammlers, die Welt unter einem Dach, auf dass sie studiert werde und erfasst: Goethe der *Weltbürger*, mehr – viel mehr – als nur ein Schriftsteller.

Das Weimar Goethes, das auch das Weimar der Dichter und Philosophen Schiller, Wieland und Herder war, wurde zum Emblem eines neuen Deutschlands: durchaus kosmopolitisch, heiter gelassen human. Und als sich Deutschland nach der Katastrophe des Ersten Weltkriegs und dem Zusammenbruch 1918 selbst neu erfinden wollte, war Weimar die Stadt, in der die neue Verfassung entstand. Weimar, der Ort der Aufklärung und der Humanität, gab der neuen Republik den Namen. Schon zu Lebzeiten wurde Goethe zu einem Symbol, von überall her kamen Reisende, um ihn zu sehen – unter ihnen auch Napoleon, der frühe Bewunderer des *Werther*, nun Eroberer und Kaiser. Das militärische Genie Frankreichs und die Personifikation des deutschen Geistes trafen einander am 2. Oktober 1808 in Erfurt. Leider gibt es keine befriedigenden Aufzeichnungen über das Gespräch, das sie führten, wir wissen nicht viel mehr, als dass Napoleon gerne über den *Werther* sprechen wollte. Das Puppentheater der Kindheit hatte eine recht erwachsene Besetzung bekommen.

Goethes Modell von George Stephensons «Rocket».

Abbildung aus Goethes *Farbenlehre*, 1810.

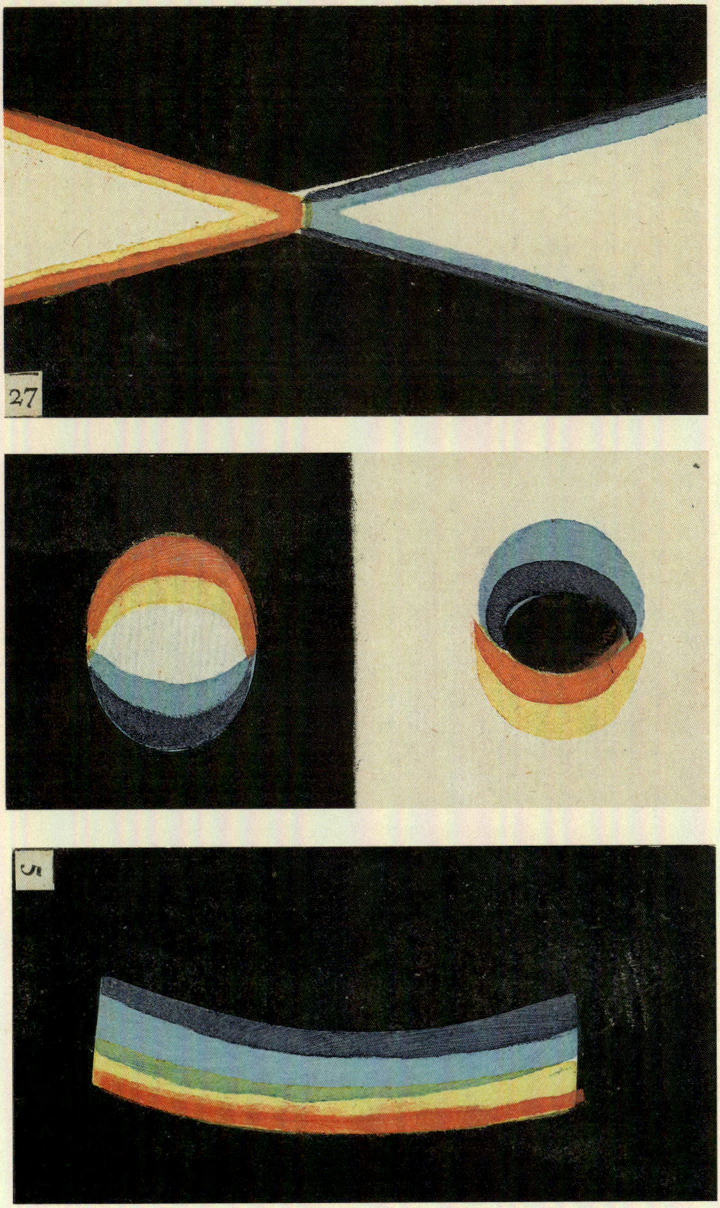

Karten zur
Demonstration
der Farbenlehre,
1791.

Carl Christian Vogel von Vogelstein, *Faust beschwört die Geister,* um 1840.

In all diesen Jahren – sein Leben lang – schrieb Goethe am *Faust*, am Drama des Mannes, der einen Pakt mit dem Teufel schließt, um die Welt erforschen und besitzen zu können, der unermüdlich nach Wissen und Erfüllung strebt, der einiges Gute tut und viel Übles, und der am Ende doch gerettet wird – wenn er denn gerettet wird –, erlöst von seinem unauslöschlichen Begehren, die Suche fortzusetzen. Seit seiner Veröffentlichung im Jahr 1808 wurde das Drama verknüpft mit der Frage, was es heißt, deutsch zu sein – und dies, wie Anne Bohnenkamp-Renken erläutert, auf vielfältige Weise:

> Das späte 19. Jahrhundert verstand den *Faust* als eine Art Symbol für die Kraft einer aufstrebenden Nation. Während des NS-Regimes wurde *Faust* verbunden mit der Vorstellung des Deutschen, der stetig strebt und zuletzt auch gewinnt. Die Kommunisten verstanden ihn als Symbol ihrer Vision einer neuen Gesellschaft, heute nun tendieren die Interpretationen dazu, das Scheitern seines Strebens zu betonen – er ist schuldig und kann nur durch göttliche Liebe erlöst werden. Meine Generation wuchs auf mit einem sehr gebrochenen Verhältnis zu unserer Nation. Und so sehen wir den Faust als eine sehr gebrochene Figur, als einen, der schuldig wird und die Erfahrung seines ‹höchsten Augenblicks› der eigenen Blindheit verdankt. Es gibt heute kein einheitliches, kein einfaches Bild der deutschen Geschichte, aber es gibt gewiss ein Bewusstsein für intellektuelle Gefahren, die in der deutschen Tradition stecken. Wir sehen im *Faust* heute stärker die hellsichtige Diagnose gerade der ambivalenten und problematischen Aspekte einer kommenden Zeit.

Vielleicht aus der Überlegung heraus, dass Goethes «Deutschsein» auf viele Weisen verstanden werden kann, setzt Gustav Seibt, ein führender Literaturkritiker und Goethe-Kommentator, die Akzente ein wenig anders als Anne Bohnenkamp-Renken. Für Seibt nämlich ist Goethe nicht länger vor allem der Autor des *Faust* – seine Bedeutung liege heute woanders. Seibt sieht ihn als Sinnbild für das multikulturelle Deutschland:

> Diejenigen, die ihn noch immer lieben und verehren, so wie ich, tun dies, weil sie Goethe als einen Mann von umfassender Bildung und Kultur betrachten, der Bücher aller Zeiten und aller Sprachen las, der sich für China interessierte und für den Islam und Serbien und noch für vieles andere. Für unsere Muslime ist er natürlich besonders wichtig, denn es gibt ein Gedicht im *West-östlichen Divan*, einer Folge von Gedich-

Goethestatue, nach Tischbeins Porträt, in einem Café des Frankfurter Flughafens.

ten Goethes, die inspiriert sind vom persischen Dichter Hafiz, in dem er bekennt, dass Allah Gott ist und Mohammed sein Prophet, und das reicht aus, um Muslim zu werden. Wir haben den wunderbaren muslimischen Schriftsteller Navid Kermani, der Theologe ist und Dichter. Er sagt, Goethe ist ein Muslim, ist einer von uns.

Es sind, so Seibt, nicht nur deutsche Muslime, die Goethe als «einen von uns» betrachten:

> Ich denke, wenn man heute jemanden fragt, würde er oder sie sagen: Er ist ein interessantes Vorbild dafür, wie wir unser Leben formen können. Er hatte schwere Depressionen, große Ängste und Neurosen, fürchtete sich vor dem Tod, vor dem Wahnsinn, vor der Ehe – große existenzielle Ängste also, und doch schaffte er es, so lange zu leben und, zuletzt, auch alles zu vollenden.

Hört man Bohnenkamp-Renken und Seibt, dann wird einem klar, dass die Deutschen heute noch immer – so wie jene jungen Leser des *Werther* in den 1770er

Jahren – ihre wichtigsten Einstellungen in den Schriften und im Leben Goethes wiedererkennen und erkunden können. Wenn *Werther* heute zu einer Gestalt der Literaturgeschichte geworden ist und *Faust* weniger als noch eine Generation zuvor als nationales Selbstporträt gelesen wird, der Mensch Goethe bleibt eine weiterhin faszinierende Gestalt. Man sieht in ihm ein Sinnbild des heutigen Deutschland, das sich den vielfältigen Herausforderungen der Moderne auf humane Weise stellt. Vielleicht darum ist das Bildnis im Städel auch heute noch vertraut und so beliebt.

Der Goethe auf Tischbeins Bildnis ist ein attraktiver Mann in den späten Dreißigern. Er war damals bereits eine europäische Berühmtheit und ist es noch, doch Tischbeins Porträt zeigt noch etwas mehr, und das scheint merkwürdig prophetisch. Tischbeins Goethe ist bereits überlebensgroß. Er ist ein Mann, der gleichsam die Kultur der ganzen Welt umgreift. Er lagert buchstäblich auf einem Sockel. Tischbein präsentiert uns Goethe als ein Monument, das er heute wohl auch ist. Wer auf dem Frankfurter Flughafen ankommt, und es sind Menschen aus aller Welt, die Deutschland hier zum ersten Mal erleben, der kann zur Begrüßung einer Skulptur begegnen, die nach Tischbeins Gemälde entstanden ist – ein Gemälde, das zur Statue wurde, zu einem Symbol für Deutschlands Vergangenheit und Gegenwart.

9
Die Halle der Helden

1808 standen praktisch alle deutschsprachigen Territorien von der niederländischen bis zur russischen Grenze unter französischer Herrschaft. Jeder ernsthafte Versuch, militärisch Widerstand zu leisten, war gescheitert. In der Schlacht bei Austerlitz, im Dezember 1805, hatte Napoleon die Österreicher vernichtend geschlagen und war als Eroberer in Wien eingezogen. Im Sommer 1806, nachdem es eintausend Jahre bestanden hatte, war das Heilige Römische Reich deutscher Nation aufgelöst. Einige Monate später warf Napoleon bei Jena und Auerstedt die preußische Armee nieder und erzwang eine demütigende Kapitulation. Am 27. Oktober 1806 zog er im Triumph durch das Brandenburger Tor in Berlin ein (vgl. Kapitel 1). Im September 1808 dann bestellte er die deutschen Herrscher nach Erfurt, nun Hauptstadt des Fürstentums Erfurt, das Frankreich zugeschlagen werden sollte, wo sie ihm im Beisein des russischen Zaren huldigen sollten. Viele dieser Herrscher waren inzwischen Napoleons Verbündete (siehe Einleitung), den anderen blieb nichts übrig, als sich widerwillig zu fügen. Es gab, als wirklich autonomes, politisches Gebilde, kein Deutschland mehr.

Was aber sollte, was konnte es unter diesen Umständen noch heißen, «deutsch» zu sein? Und wie, angesichts der fortdauernden militärischen Überlegenheit der Franzosen, hätte Widerstand aussehen sollen?

Die Ruhm- und Ehrenhalle Walhalla, nach Plänen von Leo von Klenze, vollendet 1842.

> Es waren die Tage von Teutschland's tiefster Schmach, (schon hatten jene von Ulm und Jena stattgefunden, die Rheinische Conföderation war geschlossen, Teutschland zerfleischte sich bereits selbst), da entstand im Beginne des 1807 ten Jahres in dem Kronprinzen Ludwig von

> Bayern der Gedanke, der fünfzig rühmlichst ausgezeichneten Teutschen Bildnisse in Marmor verfertigen zu lassen, und er hieß gleich Hand an die Ausführung legen.

Diese Worte (aus der Denkschrift zur Eröffnung des Monuments) lassen den trotzigen Traum erkennen, den Kronprinz Ludwig (ab 1825 König von Bayern) 1807 in einem Aide-Mémoire niederlegte: den Traum der Wiedergeburt eines unsterblichen Deutschland, verkörpert durch die hervorragendsten Gestalten seiner Geschichte. Im Laufe der nächsten Jahrzehnte führte er zu dem wohl eigenwilligsten Ausdruck nationaler Identität im Europa des 19. Jahrhunderts – einem Tempel des Deutschtums hoch über der Donau: der Walhalla.

Als Kronprinz konnte Ludwig den Bau eines so großen Gebäudes noch nicht anordnen, aber er konnte, wie oben beschrieben, die Porträtbüsten in Auftrag geben. Zwischen 1807 und 1812, als ein deutscher Staat nach dem anderen in ein demütigendes Bündnis mit Napoleon gezwungen wurde und Soldaten für dessen Russlandfeldzug stellen musste, ließ Ludwig die führenden Bildhauer dieser Tage Büsten anfertigen, von Friedrich dem Großen und Maria Theresia, Gluck und Haydn, Leibniz und Kant, Schiller und Goethe. Die großen Geister der Vergangenheit – nur Goethe war damals noch am Leben – sollten einem geschlagenen Deutschland Würde und Hoffnung zurückgeben: Das war Geschichtsschreibung als höchste Form des passiven Widerstands, eine nationale Porträtgalerie als erster Schritt zur nationalen Befreiung. Mochte das Heilige Römische Reich nicht länger existieren, das Reich des deutschen Geistes würde überdauern. Nach seiner Inthronisation 1825 konnte er endlich die nötigen Mittel einsetzen, um seinen Tempel zu verwirklichen.

In der nordischen Mythologie ist Walhalla der Ort, an den die Walküren die gefallenen Helden bringen, auf dass sie in dieser majestätischen Halle vereint seien mit ihren Gefährten und Ahnen. Nordische Sagen waren zu Beginn des 19. Jahrhunderts in Mode. So wie die Brüder Grimm die deutschen Märchen wiederentdeckten (vgl. Kapitel 12), so wurden auch die großen Epen des Mittelalters als Teil des Nationalerbes neu ediert. Richard Wagner sollte später die Sagen der Wikinger und die Dichtung des deutschen Mittelalters in seinen gebieterischen Ring-Zyklus verwandeln, der jeden Opernbesucher mit

Angelika Kauffmann, *Kronprinz Ludwig von Bayern*, 1807.

Walküren und Walhalla vertraut machte, – und damit das vielleicht größte Werk deutscher Musikliteratur schaffen.

In seinen ersten Visionen sah Ludwig seine Walhalla noch im Englischen Garten in München. Später kam ihm die Idee, die Gedenkstätte sollte näher bei Regensburg liegen (das kurz zuvor ins Königreich Bayern eingegliedert worden war), dem Ort, an dem das Heilige Römische Reich seine Versammlungen abgehalten und sich die Abgesandten aus ganz Deutschland und darüber hinaus eingefunden hatten. Walhalla sollte ein deutsches Parlament ganz anderer Art werden. Der Kaiser hatte Abgesandte zusammengerufen, Ludwig berief die Geister großer Deutscher der Vergangenheit zu einer überwältigenden Versammlung ein.

Spektakulär ist der Bauplatz, den Ludwig und sein Baumeister Leo von Klenze aussuchten. William Turner, Englands großer Landschaftsmaler, damals fast siebzig Jahre alt, war bei der Einweihung 1842 anwesend. Er war derart hingerissen, dass er eine seiner komplexesten späten Landschaften malte (heute in der Tate Gallery) und einige seiner schlechtesten Verse schrieb:

> But peace returns – the morning ray
> Beams on the Walhalla, reared to science and the arts,
> For men renowned, of German fatherland.
>
> Und Frieden kehrt zurück – der Morgenstrahl
> Fällt auf Walhalla, der Wissenschaft errichtet und den Künsten,
> Den Männern, berühmt im deutschen Vaterland.

Auf einem Hügel gut 90 Meter über einem Donaubogen gelegen, nach Süden gerichtet, entwarfen der König und sein Baumeister keine gotische Evokation der nordischen Götter, sondern eine Version des Parthenon. Vom Fluss her erreicht man den Eingang über eine monumentale Treppenanlage, eine Hommage an die Propyläen, den Eingangsbau zu Akropolis und Parthenon. Unausweichlich stellt sich auf diesem Weg das Gefühl ein, man nähere sich als demütiger Pilger einem großen Schrein. Gerät dann das Bauwerk in den Blick und der Portikus mit seiner gewaltigen Doppelreihe kannelierter dorischer Säulen, ist die Botschaft klar: Hier werden die größten Deutschen eingeführt in eine Gemeinschaft mit den alten Griechen.

Links:
Johann Gottfried Schadow, *Büste Friedrichs des Großen*, 1807.

Rechts:
Konrad Eberhard, *Büste der Kaiserin Maria Theresia*, 1811.

Wie beim Parthenon so erzählen auch die Giebelfelder der Walhalla die Gründungsmythen. Im nördlichen Giebel sieht man die kolossale Figur Hermanns, des germanischen Heros und Stammesführers mit seinen Kämpfern aus den verschiedenen Stämmen in der Schlacht am Teutoburger Wald, im Jahr 9, gegen die Römer – den ersten überlieferten Akt des erfolgreichen Widerstands gegen einen Eindringling (vgl. Kapitel 7). Das südliche Feld dagegen ist Germania gewidmet, die, 1800 Jahre später, umgeben ist von denen, die sich gegen Napoleon erhoben haben und Deutschland wiederum von einem fremden Angreifer und Eindringling befreiten. Zwischen diesen beiden entscheidenden Augenblicken nationaler Erhebung, erst gegen die Römer, dann gegen die Franzosen, liegt alles, was deutsche Völker zustande gebracht haben – wie im Inneren von Ludwigs Bauwerk zu besichtigen.

Dies Innere ist ein edler, lichter Raum, etwa 40 Meter lang und 31 Meter breit, in starken, fröhlichen Farben gehalten. Der Boden ist mit weißen und goldenen Fliesen ausgelegt, die Wände sind mit rötlichem Marmor verkleidet, die hölzerne

Südliches Giebelfeld, Germania und die deutschen Teilstaaten nach der Befreiung von Napoleon.

Nördliches Giebelfeld, Hermann in der Schlacht im Teutoburger Wald.

Deckenkonstruktion, in Gold und Blau gefasst, wird getragen von paarweise aufgestellten weiblichen Figuren. In Athen wären dies Karyatiden gewesen, hier aber sind es Walküren, die Schildjungfern der nordischen Sagen, die ehrenvoll Gefallene nach Walhalla führen. Diese besonderen Walküren tragen mit ihren weiß-blauen Gewändern die Farben Bayerns.

Die Mitte dieses prächtigen Bauwerks ist völlig leer gelassen, denn die reiche Farbigkeit dient allein als Hintergrund für die rund 130 Büsten aus weißem Marmor, jene Bewohner von Walhalla, mit denen man beim Rundgang nacheinander

in ein Zwiegespräch treten kann, das zu einem besseren Verständnis dessen führen soll, was es heißt, deutsch zu sein. Die Auswahlkriterien hat Ludwig selbst festgelegt; sie finden sich in der Einleitung seiner Schrift *Walhallas Genossen*:

> Teutscher Zunge zu seyn, wird erfordert, um Walhalla's Genosse werden zu können; wie aber der Hellene ein solcher blieb, gleichviel, ob aus Ionien oder aus Sicilien, aus Kyrene oder Marsiglia, so der Teutsche, sey er aus Liefland, dem Elsaß, der Schweiz oder den Niederlanden (ward ja holländischer Adel sogar in den teutschen Orden aufgenommen, und flammändisch und holländisch sind Mundarten des Platt-

> Teutschen). Auf die Wohnsitze kommt es nicht an, ob es seine Sprache behalten, das bestimmt den Fortbestand eines Volkes ...

Damit hatte Ludwig eine Antwort gefunden auf die ewig unlösbare Frage, die dem Fehlen fester Grenzen Deutschlands entsprang: Deutschland, das waren schlicht alle die Orte, an denen Menschen Deutsch sprachen. So wie die griechische Diaspora rings ums Mittelmeer, so bildeten die Deutschen, die überall in Europa siedelten, eine kulturell zusammenhängende Welt.

Eine Vorstellung, die damals, nach den Befreiungskriegen, von vielen geteilt wurde. 1813 hatte Ernst Moritz Arndt, der erste Barde des deutschen Nationalismus, ein Lied komponiert, das äußerst populär wurde: «Was ist des Deutschen Vaterland?» Vers um Vers betrachtet er die diversen Kandidaten: Pommern und Bayern, Sachsen, die Schweiz, Tirol – und kommt zu dem Schluss: «Soweit die deutsche Zunge klingt ... Das soll es sein!» Die Verbindung zwischen Sprache, nationaler Identität und geteilten Aspirationen, mit der König Ludwig, Arndt und viele andere von Deutschland sprachen, findet sich auch in Großbritannien: Wordsworth, der 1803 in einem Sonett der Frage nachging, wie die Briten auf französische Angriffe reagieren sollten, kam zum gleichen Ergebnis: «We must be free or die, who speak the tongue that Shakespeare spake». (Wir müssen frei sein oder tot, wir, die wir die Sprache sprechen, die Shakespeare sprach.) Die Idee hatte ein langes Leben: Noch 1937, als erneut Krieg drohte, begann Churchill seine *History of the English-Speaking Peoples* zusammenzustellen – die auf der gleichen Idee basierte wie Ludwigs Programm für die Walhalla, dass eine gemeinsame Sprache anhaltende Zusammengehörigkeiten impliziere.

Nachdem das Hauptkriterium für die Aufnahme in die Walhalla formuliert war, erklärt Ludwig deren Hausordnung:

> Mit dem ersten bekannten großen Teutschen: Hermann dem Römerbesieger, angefangen, sind in Walhalla von rühmlich ausgezeichneten Teutschen die Brustbilder, oder (wurden keine gleichzeitigen Bildnisse gefunden) aus Erz die Namen. Kein Stand, auch das weibliche Geschlecht nicht, ist ausgeschlossen.

Innenansicht der Walhalla, 1842.

Was dieses Insistieren auf Gleichheit angeht, gibt es eine auffällige Ähnlichkeit zwischen Ludwigs Walhalla und einer anderen könig-

Büste Katharinas der Großen, 1831.

Büste Wilhelms von Oranien (Wilhelm III. von England), 1815.

lichen Initiative, das Volk gegen die Eindringlinge zu sammeln – Friedrich Wilhelm III. von Preußens Stiftung des Eisernen Kreuzes und, für Damen, des Luisenordens (vgl. Kapitel 14). In Bayern und in Preußen konnten die höchsten Ehrungen nicht nur an Männer und Frauen verliehen werden, auch der Stand spielte keine Rolle. In beiden Königreichen freilich blieb diese Vorstellung von Gleichheit symbolisch, sie war keineswegs politisch gemeint.

Die Tafeln über dem Eingang lassen die vereinnahmende, schrullig eigenwillige Auswahl, die Ludwig traf, sofort erkennen. Es beginnt mit Hermann, dem Sieger über die Römer; später ist Einhard vermerkt, der Geschichtsschreiber am Hof Karls des Großen: Deutschland ist streitbar und gelehrt. Alfred der Große (der englische Alfred the Great!), der Befreier seines Landes von den Dänen, sprach Sächsisch und gehört damit zur großen Familie der Deutschsprechenden. Doch Walhalla ist nicht nur ein Ort für die Großen. Neben Karl dem Großen, dem ersten deutschen Kaiser, findet sich auch eine Gedenktafel für Peter Henlein aus Nürnberg, der vermutlich um 1510 die erste Taschenuhr verfertigt hat (vgl. Kapitel 19). Es ist ein recht persönliches Pantheon, und es ist ein Vergnügen ganz eigener Art,

Büste Johannes Gutenbergs, 1835.

Büste Martin Luthers, 1831, aufgestellt erst 1848.

durch die Walhalla zu wandern und sich zu überlegen, wer zu dieser ultimativ exklusiven Party eingeladen wurde – und wer eben nicht.

Verständlich, dass sich Ludwig seinen Wittelsbacher Vorfahren gegenüber großzügig zeigte, wie überhaupt Monarchen gegenüber. So mag die Aufnahme der Kaiserinnen Maria Theresia von Österreich und Katharina von Russland, einer geborenen deutschen Prinzessin, ein wenig snobistisch anmuten, was die Russen durchaus ärgerte (wie auch die Franzosen schnaubten über die Anwesenheit Karls des Großen). Doch Walhalla war immerhin das einzige Pantheon seiner Zeit, in das eine beachtliche Zahl von Frauen aufgenommen wurde, und nicht nur als mythologisch-dekoratives Personal, nicht nur als Germania, Walküren, Siegesgöttinnen. All das passte vielleicht zu einem Monarchen, dessen Verehrung des weiblichen Geschlechts notorisch war – der Skandal um die schöne Kurtisane Lola Montez führte 1848 zur Abdankung des Königs. Ludwig war aber auch König des katholischen Bayern, also ließ er Heilige und Missionare beiderlei Geschlechts in seine Walhalla einziehen. Den Grundton indessen bestimmen die beiden Gedenktafeln für Hermann und Einhard: Im Kreis der geladenen Gäste sind militärische und Geistesheroen in der Überzahl.

Ebenso auffällig ist, dass die Büsten auf den ersten Blick in keiner kohärenten chronologischen Ordnung stehen, sodass der Besucher fortwährend in Zeit und Raum vor- und zurückspringen muss, was den Eindruck einer beinahe traumhaften Begegnung mit all diesen Charakteren verstärkt, gebrochen durch das erratische Prisma von Ludwigs historischen Imaginationen.

Obwohl er Protestant war und Preuße, gehörte Friedrich der Große zu den ersten Auserwählten dieser bayerischen Festveranstaltung. Er hatte gegen viele seiner Mitdeutschen Krieg geführt, oft genug siegreich, andererseits aber sein Land nicht nur mit Erfolg durch den Siebenjährigen Krieg gebracht, sondern es damit auch zu einer europäischen Macht gemacht. Nahe bei der Friedrich-Büste steht die des Generals Blücher, der mit Wellington Napoleon bei Waterloo besiegte. Und weil das Deutschsein hier sehr weit ausgelegt wurde, treffen wir auch auf Barclay de Tolly, einen russischen General schottischer Abstammung, dessen Muttersprache allerdings Deutsch war. Ebenfalls zugegen ist Wilhelm von Oranien, in Personalunion Wilhelm III. von England, was nicht weiter überrascht, denn für den Hausherrn Ludwig war Holländisch eine deutsche Sprache, zudem war Wilhelm ein Spross des Hauses Nassau, der hundert Jahre zuvor eine europäische Koalition gegen den Franzosenkönig Ludwig XIV. angeführt hatte. Wieder und wieder geht es darum, von Karl Martell, der 732 in der Schlacht bei Tours die Araber schlug, bis zur Schlacht von Waterloo: Ludwig wählt die Figuren aus, die Deutsch gesprochen haben und irgendwann in den vergangenen Jahrhunderten ihr Land tapfer verteidigten.

Was die Kultur angeht, so sind zahlreiche große Musiker vertreten, Beethoven und Mozart, Haydn und Händel; dann die Dichter und Denker, Goethe und Schiller, Erasmus von Rotterdam und Kant; die Erfinder und Entdecker, Gutenberg und Kopernikus, aber auch Henlein und Otto von Guericke, der Experimentator, der die Vakuumpumpe erfand und die berühmten Magdeburger Halbkugeln. Die Maler dann verdeutlichen noch einmal, wie weit Ludwig seine Vorstellung des Deutschseins spannte: Neben Dürer und Holbein tauchen Rubens auf und van

Dyck, beide sprachen Flämisch, mithin Deutsch, und schon waren sie qualifizierte Bewohner von Walhalla.

Die wirklich harte Debatte darüber, wer nun dazu gehört und wer nicht, betraf nicht Literatur oder Philosophie, nicht Wissenschaft, Musik oder bildende Künste. Strittig wurde es, wenn es um Religion ging. Einer fehlte, als Walhalla mit ihren 160 Gestalten aus 1800 Jahren deutscher Geschichte 1842 eingeweiht wurde: Martin Luther. Auch damals schon hätte niemand bestritten, dass er eine große Gestalt der deutschen Religionsgeschichte war, doch für den katholischen Ludwig, König des tiefkatholischen Bayern, war Luther eine absolut entzweiende Figur der deutschen Geschichte, verantwortlich für das nationale Schisma, das die Katastrophe des Dreißigjährigen Kriegs heraufbeschworen und Deutschlands religiöse Einheit zerstört hatte. Die Oxforder Historikerin Abigail Green, die untersucht hat, wie Geschichte eingesetzt wurde, als es nach 1815 darum ging, den deutschen Kleinstaaten eine nationale Identität zu geben, erläutert:

> Mit dem Ende des Heiligen Römischen Reichs hat sich die Balance der Religionen verschoben. Dabei änderten sich nicht die Zahlen von Katholiken und Protestanten; solange das Reich bestand, gab es sehr viel mehr katholische Staatsgebilde, die meisten allerdings recht klein. Nach der Auflösung des Heiligen Römischen Reichs waren protestantische Landesherren in der Mehrzahl, und sehr viele Staaten waren nun religiös gemischt. Als sich die Debatte darüber belebte, welche Art Deutschland nun kommen werde, spielte die Religion eine große Rolle. Für Protestanten war Luther der bedeutendste Deutsche – Deutschlands großer Beitrag zur Weltkultur. Wer aber Katholik war, dem erschienen Luther und der Protestantismus als spaltende Kräfte. Sie hatten die christliche Gemeinschaft entzweit und auch die Nation. Das Erbe der Religionskriege, insbesondere das des Dreißigjährigen Kriegs, war äußerst bitter.

Tatsächlich war eine Lutherbüste in Auftrag gegeben worden und auch entstanden, im letzten Moment aber wurde sie nicht aufgenommen. Luther blieb der Eingang in die Walhalla verwehrt bis 1848, dem Jahr der liberalen Revolutionen – er war die erste Neuaufnahme seit der Einweihung, ein Zugeständnis des zunehmend unbeliebten Ludwig kurz vor seiner erzwungenen Abdankung. Heute, in einer Art Wiedergutmachung, steht die Lutherbüste an bevorzugter

Nachfolgende Doppelseite: *Einzug der Götter in Walhall*, Schlussszene aus Richard Wagners Oper *Das Rheingold*, Druck, um 1876.

Stelle, neben Goethe. Doch die Religionsdebatte ging, so Abigail Green, über die Frage Katholik oder Protestant weit hinaus:

> Anfangs hat Ludwig nur christliche Deutsche in seine Walhalla aufgenommen. Jedenfalls stand nicht zu erwarten, dass der König etwa Moses Mendelssohn aufnehmen würde: Dabei war Mendelssohn ein Riese der Aufklärung, eine der bedeutendsten Gestalten in der neueren jüdischen Geschichte, ein großer Freund des Dichters und Philosophen Gotthold Ephraim Lessing, der die Aufnahmeprüfung bestand. Mendelssohns Fehlen ist bemerkenswert, und bis heute gibt es weitere Juden, deren Abwesenheit auffällt, Freud etwa und Marx.

Die meisten der späteren Neuzugänge sind wenig spektakulär. Gegen die Aufnahme von Max Josef von Pettenkofer, Chemiker und Vorkämpfer der medizinischen Hygiene, ist ebenso wenig zu sagen wie gegen die Wilhelm Röntgens, Entdecker der nach ihm benannten Strahlen. Jedes Haus deutscher Erinnerungen muss der Musik einen besonderen Platz einräumen. So erhielt der unbekannte Verfasser des Nibelungenlieds eine Ehrentafel, und unter den Büsten findet man, kaum überraschend, Richard Wagner, dessen späteres musikalisches Walhalla Ludwigs Tempel deutscher Geister in puncto Weltruhm rasch den Rang ablief. Seine Büste wurde 1913 installiert, drei Jahre darauf und damit erstaunlich spät,

Feierliche Aufstellung der Büste von Anton Bruckner, 1937. Hitler, vor den übrigen Festgästen stehend, ehrt den Komponisten.

Enthüllung der Büste von Heinrich Heine durch Bayerns Ministerpräsidenten Horst Seehofer, 28. Juli 2010.

die von Johann Sebastian Bach. Aber es gibt noch einen spät berufenen Musiker, über den man ein Wort verlieren sollte: Anton Bruckner. Seine Büste war der einzige Neuzugang während des Dritten Reichs, und er fand seinen Platz nicht nur als großer Komponist, sondern auch weil er in Linz geboren wurde – Hitlers Heimatstadt. An den Feierlichkeiten nahm der Führer höchstpersönlich teil, und die Aufnahme Bruckners in die Walhalla gehörte zu den Schritten, mit denen sich das Dritte Reich Ludwigs kulturpolitische Bestrebungen aneignete. Dennoch blieb Bruckners Ankunft die einzige: erstaunlich genug, denn man könnte meinen, dass sich Ludwigs Idee eines Tempels großer Deutscher, die die Welt verändert haben, für eine Ausbeutung durch Hitler geradezu aufdrängte; doch ließ er das Pantheon weitgehend in Ruhe.

Die untere Reihe der Büsten, fast in Augenhöhe, ist heute in der Folge angeordnet, in der sie in der Walhalla eintrafen. Nach Luthers Aufnahme ist da nichts besonders Aufregendes geschehen, zumindest bis 1990: Da nämlich kam mit Albert Einstein der erste Jude nach Walhalla. Dies war vielleicht der Augenblick, in dem klar wurde, dass, wer in der Walhalla Aufnahme findet, wahrhaft bedeutend und immer noch Gegenstand öffentlicher Debatten ist. In diesem Bauwerk entscheidet Deutschland – zumindest aber der Freistaat Bayern als dessen Teil –, welche Art Geschichte es schreiben will, welche Erinnerungen zählen. Wenige Länder bieten ein solches Forum, um das Narrativ nationaler Geschichte zu formen.

Auf Einstein, einen Juden, der NS-Deutschland verlassen und ins Exil gehen musste, folgte Konrad Adenauer, der Baumeister des demokratischen Nachkriegsdeutschlands. Vielleicht stellen sich mit den drei letzten Büsten, die in Walhalla aufgenommen wurden, die interessantesten Fragen. Lange hatte der Dichter Heinrich Heine, so scharf wie lyrisch und ironisch, gefehlt – teils weil er jüdischer Abstammung war, teils weil er sich schon über die Idee eines solchen Schreins scharfzüngig geäußert hatte. Ihm erschien Walhalla absurd, als «marmorne Schädelstätte», die er mit satirischen Versen bedachte. Gleichwohl, am 28. Juli 2010 stieß auch der Spötter zu den Auserwählten. Seine Büste allerdings ist nicht wie die der anderen. Vom Kieferknochen bis zur Mitte der Brust verläuft ein Riss. Damit wollte der Bildhauer die kaum zu kaschierende Widersinnigkeit ausdrücken, die darin liegt, Heine, den Walhalla-Kritiker, nun ebendort zu präsentieren.

Die gewiss schwierigsten Entscheidungen der letzten Zeit, vielleicht die schwierigsten überhaupt, betrafen Deutsche, die unter dem NS-Regime zu Tode kamen. Aufgenommen wurde die Büste Edith Steins, der jüdisch geborenen Philosophin, die zum Christentum konvertierte. Sie wurde in Auschwitz umgebracht und später von der Katholischen Kirche heiliggesprochen. Dazu Abigail Green:

> Man darf nicht vergessen, dass es Abgeordnete des Bayerischen Landtags sind, die heute entscheiden, wer in die Walhalla kommt. Die Wahl Steins erscheint mir recht konservativ. Dass Marx, eindeutig ein weltweit bedeutsamer Deutscher, in dieser Versammlung fehlt, will schon etwas heißen. Die Entscheidungen reflektieren das besondere Klima Bayerns, und das Land war stets sehr katholisch. Edith Stein ist eine in mehrfacher Hinsicht merkwürdige Wahl. Man sieht, warum sie aufgenommen wurde: Sie ist jüdischer Herkunft, ein Holocaust-Opfer, aber auch eine bedeutende Philosophin. Doch was ist mit Hannah Arendt, die global gesehen eindeutig von größerer Bedeutung ist? Es spricht viel dafür, dass es noch immer konkurrierende Narrative darüber gibt, was Deutschland ist und was Deutschland war, und was zu Deutschlands Vergangenheit gehört – und diese Narrative variieren je nach Ort und Konfession.

Büste der Sophie Scholl, mit der Gedenktafel für den deutschen Widerstand, 2003.

SOPHIE SCHOLL
IM GEDENKEN AN ALLE, DIE
GEGEN UNRECHT, GEWALT UND
TERROR DES „DRITTEN REICHS"
MUTIG WIDERSTAND LEISTETEN.

Geht man in der Walhalla umher, dieser monumentalen Chronik der deutschsprachigen Welt und ihrer Errungenschaften, dann trifft man zuletzt auch auf Sophie Scholl – die Studentin, die mit ihrer Gruppe Flugblätter gegen den NS-Terror verteilte und dafür hingerichtet wurde. Ihre Büste steht über der letzten, diese Ebene abschließenden Gedenktafel; sie trägt die Worte:

> Im Gedenken an alle, die gegen Unrecht, Gewalt und Terror des Dritten Reichs mutig Widerstand leisteten.

In diesem Bauwerk, wie in so vielen anderen in Deutschland auch, können Besucher etwas von dem Ringen einer Nation wahrnehmen, die versucht, zu einer Geschichte zu gelangen, die kohärent ist und Integrität besitzt.

Vieles in und um Walhalla erscheint befremdlich und verwirrend, und das betrifft insbesondere den architektonischen Stil der Gesamtanlage. Hoch oben an der Wand gibt es eine Gedenktafel für den unbekannten Baumeister des Kölner Doms; es gibt eine Büste von Erwin von Steinbach, dem Baumeister des Straßburger Münsters, den Goethe gefeiert hat als großen Meister deutscher Gotik (vgl. Kapitel 4). Zur gleichen Zeit, als Ludwig seine Walhalla über der Donau errichten ließ, waren am Rhein die Preußen dabei, den mittelalterlichen Kölner Dom zu vollenden: als Symbol des alten Deutschland, das wiederhergestellt werden sollte. Und dennoch: Walhalla, in der es um nichts anderes geht als um das Deutschsein, wurde nicht im deutschen, dem gotischen Stil errichtet, sondern im Stil der griechischen Antike, mit eklektischen Ausflügen ins alte Ägypten, Babylon und Indien. Nochmals Abigail Green:

> Klassische Architektur verlieh Status. Die Franzosen identifizierten sich stets mit den Römern, entweder mit der Römischen Republik oder mit dem Imperium. Die Deutschen aber identifizierten sich mit den Griechen. Wie die Griechen, so fühlten auch sie sich kulturell überlegen, militärisch vielleicht weniger schlagkräftig als Römer oder Franzosen. Sie identifizierten sich auch mit der griechischen Pluralität: Es gab eine Menge griechischer Stadtstaaten, so wie es eben auch eine Vielzahl deutscher Staaten gab. Die Griechen, so dachten die Deutschen, hatten eine besondere Bindung an die Freiheit, und auch das galt als etwas für Deutsche Typisches. Dass die Wahl auf einen griechischen Architekturstil fiel, ist, denke ich, naheliegend und durchaus bezeichnend.

Büste Erwin von Steinbachs, 1811.

Für Bayern hat diese Identifikation mit Griechenland noch einen besonderen Beiklang. Während Ludwig I. die Walhalla bauen ließ, wurde Otto, sein zweitältester Sohn, von Großbritannien, Frankreich und Russland zum ersten König eines unabhängigen Griechenland gemacht, das gerade von osmanischer Herrschaft befreit worden war. Der bayerische Otto hat in vielerlei Hinsicht das Griechenland mitgeprägt, das wir heute kennen. Er verlegte die Hauptstadt nach Athen, ließ dort die Restaurierung der Akropolis beginnen. Die damals errichteten öffentlichen Gebäude Athens sind denen auffallend ähnlich, die zur gleichen Zeit in München entstanden, denn beide, Vater und Sohn, waren entschlossen, zwei ideale griechisch-deutsche Städte für das 19. Jahrhundert zu bauen. In den späten 1830er Jahren waren der Parthenon in Athen und der Parthenon über der Donau Bauprojekte des bayerischen Hauses Wittelsbach. In dieser wie in vieler anderer Hinsicht glaubten die Deutschen des 19. Jahrhunderts von sich, sie verkörperten die Tugenden der alten Griechen. Bis heute heißt, was in England «grammar-school» genannt wird, in Deutschland – eine Hommage an griechische Bildungsideale – Gymnasium.

Gruß aus München!

10
Ein Volk, viele Würste

Im vorangegangenen Kapitel haben wir gesehen, wie Ludwig I. von Bayern versucht hat, das Deutsche zum Ausdruck zu bringen, indem er ein monumentales Denkmal für die großen Männer und Frauen aus der Geschichte schuf, die eines gemeinsam hatten: Sie sprachen Deutsch, in welchem Dialekt auch immer. Es wurde zu einem faszinierenden, idiosynkratischen Panorama einer nationalen Kultur. Doch so sehr sie zu ihrer Zeit gerühmt wurde, in deutschen Landen selbst und darüber hinaus, Ludwigs Walhalla gelang es nicht, das deutsche Nationalgefühl derart anzusprechen, wie dies dem späteren Hermannsdenkmal glückte (vgl. Kapitel 7). Vielleicht war Walhalla doch ein wenig zu hochgestochen, eher an ein erlesenes denn ans breite Publikum gerichtet.

Eigentlich ganz nebenbei hat Ludwig dann doch eine Institution geschaffen, die etwas Urdeutsches repräsentiert, und das auf eine Weise, mit der jeder, gleich welcher Bildung, etwas anfangen kann, und die auch international weitaus stärker nachwirkt als Walhalla. Aus Anlass seiner Hochzeit wurde am 12. Oktober 1810 in seiner Hauptstadt München das erste Oktoberfest gefeiert – mit solchem Erfolg, dass es im Jahr darauf wiederholt und inzwischen zum weltweit größten Volksfest wurde, größer, wie die Münchner sagen, als der Karneval in Rio de Janeiro oder Mardi Gras in New Orleans. Jedes Jahr kommen Besucher zu Hunderttausenden nach München, um etwas zu feiern, das nicht nur die meisten Deutschen lieben, sondern die ganze Welt: deutsches Bier.

«Gruß aus München!», Postkarte, 1960er Jahre.

Das British Museum besitzt Trinkgefäße aus aller Welt, doch seine deutsche Sammlung sticht heraus: diese enorme Vielzahl

von Gläsern, Krügen, Humpen, Seideln und anderen Gefäßen, alle gemacht, um daraus – vor allem – Bier zu trinken. Die meisten, aus den unterschiedlichsten Materialien hergestellt, stammen aus dem 16. und 17. Jahrhundert, sie kommen aus allen Teilen der deutschsprechenden Welt, von irgendwo zwischen der belgischen und der russischen Grenze, zwischen Alpen und Ostsee. Es gibt schmale hohe Gläser aus der Schweiz, Steinguthumpen aus Köln, Deckelbecher aus Österreich, vergoldete Silberkrüge aus Hamburg und den deutschsprachigen Hansestädten entlang der Ostsee, von Lübeck bis Riga. Am erstaunlichsten ist der Deckelkrug, der ganz aus Bernstein gefertigt wurde – aus dem exotischen, kostspieligen, exklusiven Material, das in Ostpreußen so reichlich zu finden war (vgl. Kapitel 3). Betrachtet man diese Vielfalt, dann ist rasch klar, dass Deutsche, wo immer sie herkommen, nicht nur gerne Bier trinken, sondern dies auch in Mengen tun können – und mit Stil.

Das ist offenbar seit mindestens 2000 Jahren so. Kam ein Fremder zu den Deutschen, war dies für gewöhnlich das Erste, was er zu berichten wusste. So auch um 100 n. Chr. der Römer Tacitus. In seinem Bericht *Germania* schreibt er von den blonden, blauäugigen Stämmen, die den Legionen entlang des Rheins so viele Probleme machen, auch von weit entfernten, die Bernstein an der Ostseeküste sammeln, und von einer Sache, die sie alle gemeinsam haben:

> Zum Getränk dient eine Flüssigkeit aus Gerste oder Weizen, zu einer gewissen Weinähnlichkeit vergoren ... Tag und Nacht ununterbrochen durchzuzechen ist für keinen eine Schande.

Die Archäologen bestätigen Tacitus' Bericht von den heftigen und lärmenden Biergelagen unter den deutschen Stämmen. Daher rührt, dass Bier später zu einer Art Prüfstein des Deutschseins wurde, wie Peter Peter, der in der *Frankfurter Allgemeinen Zeitung* über Essen und Trinken schreibt und ein Buch über die Kulturgeschichte der deutschen Küche veröffentlicht hat, erklärt:

Vorhergehende Doppelseite: Glas, vergoldetes Silber, Bernstein, Steingut: Bierseidel aus der deutschsprachigen Welt.

> Es gibt viele archäologische Hinweise darauf, dass die alten Germanen, die so heroisch gegen das Römische Imperium kämpften, enorme Mengen Bier konsumierten. Viele Maler des 19. Jahrhunderts malten diese Germanen auf eine Weise, die Bären und Bier verband: Man lag auf Bärenhäuten und soff enorme Mengen Bier aus vergoldeten Stierhörnern. Im

> 19. Jahrhundert wurde Bier darum zu einer nationalen Angelegenheit. Man denke nur an die riesigen Bierhallen aus dem 19. Jahrhundert, insbesondere in München: Deren Architekten ließen sich inspirieren von Wagner und seinen nordischen Traumhelden.

Es ist ungefähr so, als ob die Engländer im 19. Jahrhundert entdeckt hätten, was die keltische Königin Boadicea am liebsten trank, und es zu ihrem Nationalgetränk gemacht hätten.

Als die Nationalisten im 19. Jahrhundert bei ihrer übereifrigen Suche nach authentisch deutschen Traditionen auch dem symbolischen Status des Biers nachforschten, da zitierten sie nicht nur Tacitus, sondern gruben auch das bayerische Reinheitsgebot aus, das Herzog Albrecht IV. von Bayern 1487 als Erster verfügt haben soll. Dieses Reinheitsgebot lieferte die Basis einer erfolgreichen Mythenbildung. Denn jene Nationalisten nahmen an, es sei erlassen worden, um sicherzustellen, dass nur klares, unverschmutztes Wasser zum Bierbrauen verwendet wurde, und glaubten einen Beweis dafür zu haben, dass die Reinheit des Nationalgetränks bereits seit Jahrhunderten verteidigt wurde. Eine Vermutung, die noch bis heute für wahr gehalten wird. Peter Peters Kollege Harald Scholl vom Münchner Slow Food Convivium weiß es genauer:

> Das deutsche Reinheitsgebot bedeutete, dass man zum Bierbrauen nur eine begrenzte Anzahl von Dingen verwenden durfte – Gerstenmalz, Hopfen, Wasser und sonst nichts. Das war eine durchaus politische Angelegenheit. Es hatte jedenfalls nichts mit Verbraucherschutz zu tun oder damit, die Leute davor zu bewahren, krank zu werden – es ging nur darum zu verhindern, dass mit Weizen gebraut wurde oder mit Roggen, denn die sollten besser zu Brot gebacken werden.

Mit anderen Worten, das Reinheitsgebot hatte ursprünglich mit einer anderen bleibenden Erinnerung der Deutschen zu tun – der Furcht vor einer Hungersnot. Peter Peter nimmt das auf und erklärt, wie die Reinheit des Bieres zum Politikum wurde:

> Es ist sehr interessant, dass diese Dokumente zur Bierreinheit über 300 Jahre lang überhaupt nicht beachtet wurden. Erst im 19. Jahrhundert, als das Biertrinken zum Symbol deutscher Identität, zum Symbol des deutschen Nationalismus wurde, da plötzlich tauchten diese Dokumente wieder auf. Bier war zur nationalen Angelegenheit geworden, und, so hieß es dann, nur wir Deutschen haben die Reinheit des Bieres verteidigt, niemand sonst auf der Welt.

pfarrern in vnserm lannde nit gestatt werden sol/außgenomen was die pfarrer vnd gaistlichen von aigen weinwachsen habē/ vnd für sich/jr pfarrgesellen/priesterschafft vnnd haußgesindt/ auch in der not den kindlpetterin vnd kranncken leütn/ vnuärlich geben/das mag jne gestatt werdē. Doch geuärlicher weiß/ von schennckens vnd gewins wegen/söllen sy kainen wein einlegen.

Wie das Pier Sūmer vnd Wintter auf dem lannd sol geschennckt vnd praüen werden.

Item wir ordnen/setzen/vnd wöllen/mit Rate vnnser Lanndschafft/das füran allenthalben in dem Fürstenthūmb bairn/ auff dem lannde/ auch in vnnsern Stetten vnd Märckten/ da deßhalb hieuor khain sonndere ordnung ist/ von Michaelis biß auff Georij/ain Mass oder Khopffpiers vber ainen pfenning münchner werung/vnd von sant Jörgen tag/biß auf Michaelis/die mass vber zwen pfenning derselben werung/ vnnd derennden der Khopff ist/vber drey haller/bey nachgesetzter peene/ nicht gegeben noch ausgeschenckt sol werdē. Wo auch ainer nit Mertzen/sonder ander Pier prawen/oder sonnst haben würde/ sol Er doch das/ kains wegs höher/dann die mass vmb ainen pfenning schencken/vnd verkauffen. Wir wöllen auch sonderlichen/das füran allenthalben in vnnsern Steten/Märckten/ vnd auf dem lannde/zů kainem pier/merer stückh/dann allain Gersten/Hopffen/vnnd wasser/genomen vnd gepraucht söllen werden. Welher aber dise vnnsere ordnūg wissentlich vberfarn vnd nit halten wurde/dem sol von seiner gerichtzöbrigkait/ dasselbig Vas pier/ zůstraff vnnachläßlich/so offt es geschicht/genomen werden. Yedoch wo ain Geüwirt von ainem Pierpreiwen in vnnsern Stetten/Märckten/oder aufm lannde/yezůzeiten ainen Emer piers/zwen oder drey/kauffen/vnd wider

Auch wenn das Reinheitsgebot ursprünglich ein bayerisches Gesetz war, es wurde rasch in vielen Teilen Deutschlands übernommen. Die Verwüstung Norddeutschlands – insbesondere die katastrophalen, legendär gewordenen Hungersnöte während des Dreißigjährigen Kriegs –, die häufigen Missernten und Brotknappheit ließen es vernünftig erscheinen, die Nahrungsmittelressourcen zu schützen. Wie erfolgreich die mythische Verquickung von Bier und nationaler Identität tatsächlich war, lässt sich daran ermessen, dass Bayern während der Verhandlungen über die Vereinigung des Reichs 1871 die reichsweite Übernahme des Reinheitsgebots zur Bedingung dafür machte, dem neuen Deutschen Reich beizutreten.

Erstaunlich, zumindest für einen Nichtdeutschen, ist der Umstand, dass die Bierfrage nach der Wiedervereinigung erneut zum Streitthema wurde. Zehn Jahre lang beschäftigte der sogenannte Brandenburger Bierkrieg (1993–2005) die Gerichte. Es ging um ein in der ehemaligen DDR gebrautes Schwarzbier, dem Zucker zugesetzt wurde; nach dem Reinheitsgebot war das nicht erlaubt.

Regionale Biere waren etwas, schildert Harald Scholl, was deutsche Städte, große wie kleine, ja einzelne Orte und sogar Wirtshäuser über Jahrhunderte definierte:

> Es gibt in Deutschland eine starke Tradition des regionalen Bierbrauens. In Franken finden Sie tatsächlich von Hand, in ganz kleinen Brauereien gemachte Biere, gebraut mit Gerste, die auf besondere Weise gemälzt wird. In Bamberg etwa finden Sie eine besondere Sorte Bier, das *Rauchbier*, das gibt es nur dort, und es erinnert an Islay Malt Whisky und dessen ganz besonderen Geschmack. Eines der besten Biere Münchens, das Augustiner, wurde ursprünglich von Augustinermönchen gebraut.

Diesen Sinn für lokale Zugehörigkeit und Identität erkennt man recht deutlich auch an den Bierkrügen und Seideln des British Museum. Eigentlich alle präsentieren sie die Wappen der jeweiligen Städte oder Fürstentümer. Von Handwerksmeistern hergestellt, häufig aus wertvollen Materialien, sind sie eindeutig als Zeichen des Bürgerstolzes gefertigt. Aber sie sind auch Elemente bestimmter Rituale. Häufig wurden Verträge, Handelsabkommen, Eide mit einem Zutrinken bekräftigt, mit einem Zeichen des wechselseitigen Vertrauens – gemeinsam trank man Wein oder, häufiger noch, ein Bier, und das entsprach dem Handschlag, der ein Übereinkommen besiegelte. Nacheinander, in einem öffentlichen feierlichen Akt der Überein-

Das «Reinheitsgebot», Wortlaut seiner Bekräftigung durch Herzog Wilhelm IV. von Bayern, 1516.

kunft, tranken die Parteien eines Vertrags nach dessen Abschluss aus dem gleichen großen zeremoniellen Krug. Bedenkt man die Größe dieser Krüge – manche fassen mehrere Liter –, dann gewinnt man den Eindruck, dass Tacitus nicht übertrieben hat, wenn er beschreibt, wie die Deutschen ganze Tage und Nächte mit Biertrinken verbringen.

Zum Bier gehört das andere große Markenzeichen deutscher Kost, die Wurst. Auch sie, wie die Biere, definiert Städte und Regionen Deutschlands, jede Sorte Wurst mit eigener Rezeptur und eigenen Traditionen. Münchens lokale Spezialität beispielsweise ist die Weißwurst, zu der dann ein lokales Bier gehört, bevorzugt eines aus der Brauerei der Augustinermönche. Weißwurst ist eine Brühwurst, deren Brät, traditionell aus gehacktem Kalbfleisch und Schweinerückenspeck, nicht mit Nitritpökelsalz, sondern mit Kochsalz gewürzt wird und die darum hell bleibt. Zu diesen Würsten gehört die Brezel, und beide zusammen isst der wahre Bayer niemals nach zwölf Uhr. Das stammt wohl aus Zeiten ohne Kühlschrank, ohne den die nicht gepökelten und ungekochten Würste nicht sehr haltbar waren. Doch echte Tabus widerstehen der Technik, und trotz aller Kühltechnik hält man sich daran, so wie ein echter Schotte bis heute auf Salz in seinem Porridge besteht. Eine Weißwurst soll das Mittagsläuten nicht hören.

Eine «Wurst-Karte» von Deutschland wäre ein Mosaik von kaum zu erfassender Komplexität. Natürlich gibt es die internationalen Berühmtheiten wie die Frankfurter, doch Bayern kann weitere Stars ins Rennen schicken, die Nürnberger und die Regensburger etwa, dann die fränkische Bratwurst, Sachsen wird antreten mit der Bregenwurst, Bremen mit Pinkel, Pommern schickt die Teewurst, und das sind noch längst nicht alle! 1200 Sorten, sagt man, sollen es sein. In deutschem Bier und deutschen Würsten verkörpern sich Jahrhunderte nationaler, regionaler und lokaler Geschichte, sie sind lebendige Zeugnisse der Diversität, gastronomische Äquivalente der immer noch gesprochenen lokalen Dialekte. Insofern haben sie einen eigenen Ort im regionalen und lokalen Gedächtnis – wenn nicht sogar in der nationalen Psyche, wie Peter Peter erläutert:

> Deutsche Wurst ist Geschichte auf Ihrem Teller. Traditionell war das Wurstmachen ein meisterliches Handwerk – eine Menge Erfahrung war nötig, das Fleisch zu zerkleinern, die richtigen Gewürze beizufügen, um den Brät haltbar zu machen, und

Die Wursttheke in einer Wilmersdorfer Metzgerei, Berlin 2006.

so weiter. Darum war es Stolz und Privileg der freien Städte, darum auch tragen noch viele Wurstsorten Städtenamen. So gibt es die kleinen Würstchen, so groß wie ein Finger, Nürnberger genannt. Da gehört Zimt hinein und andere Gewürze: Nürnberg stand ja in regelmäßigem Verkehr mit Venedig und hatte privilegierten Zugang zu Gewürzen aus dem Orient. Weil sie teuer waren, waren diese Würstchen so klein. Heute ist der Name «Nürnberger» in ganz Europa gesetzlich geschützt.

Die Nürnberger Würstchen werden Ausländern nicht unbedingt bekannt sein, jeder aber kennt die Frankfurter. Die bescheidenste, einfachste aller Würste bekommt man, meist in einem Brötchen serviert, in Deutschland an jeder Ecke, aber eben auch überall in Europa und in Amerika: fein gehacktes Fleisch wird zu einem Brei, dem Brät, verarbeitet und leicht geräuchert; man isst Senf dazu oder auch Ketchup.

Doch derart bescheiden kam das Frankfurter Würstchen nicht auf die Welt: Diese Würste haben einen kaiserlichen Stammbaum. Über Jahrhunderte war der Frankfurter Dom die Krönungskirche der Römischen Kaiser. Zu den anschließenden Feierlichkeiten gehörte es, dass ein Ochse geschlachtet, ausgenommen, mit Würsten gefüllt und am Spieß gebraten wurde. Diese Würste waren aus feinst gehacktem Schweinefleisch – darum auch teuer –, Würste, in denen viel Arbeit und Zeit steckte, ein dem großen Ereignis angemessener Luxus. Aber nicht nur Menschen, auch Würstchen können tief fallen. Die Frankfurter Imbisswurst hat einen tiefen Sturz hinter sich.

Eine weitere Wurstsorte, so Peter Peter, hat die vielleicht faszinierendste Geschichte hinter sich, und auch sie kommt aus Frankfurt: die Rindswurst, wie der Name sagt, aus reinem Rindfleisch gemacht. Warum? Rindfleisch ist fest und nur schwer zu zerkleinern. Ende des 19. Jahrhunderts war Frankfurt die Stadt mit der wohl größten jüdischen Gemeinde in Deutschland (vgl. Kapitel 28). Juden sind Würste aus Schweinefleisch, die berühmten Frankfurter etwa, natürlich verboten. Also aßen sie Würste aus fein gehacktem und geschabtem Rindfleisch, und nach und nach taten es ihnen die Frankfurter nach. So ist diese beliebte Wurstsorte eines der wenigen Beispiele dafür, dass jüdisches Erbe bis heute in der deutschen Alltagsküche präsent ist.

Im späten 19. Jahrhundert wurde die Lebensmittelproduktion in Deutschland wie anderswo auch mechanisiert, und das Wurstmachen, traditionell ein häusliches Gewerbe, blieb davon nicht unbetroffen. Mit den neuen Maschinen konnte nun jedes Fleisch fein zerkleinert werden, mit dem geringeren Aufwand wurden auch die Wurstwaren billiger (ein Prozess, durch den das Frankfurter Würstchen entthront wurde). Industriell hergestellte Wurstwaren wurden zum Massenprodukt für die proletarische Unterschicht, besonders in Berlin, der damals am schnellsten wachsenden Stadt Europas. Aber nun konnte man nicht mehr sicher sein, was sich tatsächlich in der Wurstmasse befand. Darum die berühmte, wenn auch möglicherweise apokryphe Bemerkung Bismarcks, dass die Bürger weder von Gesetzen noch von Würsten genau wissen wollten, wie sie gemacht würden.

Fünfzig Jahre später hatte die beklagenswerte Qualität Berliner Wurstwaren

unerwartete Folgen. Museen sind auf materielle Objekte angewiesen, unglücklicherweise aber hinterlassen Würste nur wenige physische Spuren. Anders als das Bier mit seinem reichen Vermächtnis an Gläsern und Krügen, braucht der Verzehr von Würsten kein spezielles Geschirr oder andere Utensilien, die ausschließlich mit ihnen ver-

Blutwurstküche, Ausschnitt aus Hans Wertinger, *Der Monat Dezember*, um 1525/26.

bunden wären. Museen haben also ein Problem, wenn sie die Geschichte der Wurst erzählen wollen. Umso überraschter und erfreuter war die internationale Community der Museumsleute, als sie vor einigen Jahren erfuhr, dass da neue Kollegen aufgetaucht waren, mit einem Currywurst Museum in Berlin, direkt neben dem ehemaligen Checkpoint Charlie. Seine Existenz zeugt vom erstaunlichen Erfolg des jüngsten Neuzugangs in der Wurstszene, in diesem Fall kein Erbe prunkvoller Krönungsfeierlichkeiten einer freien Reichsstadt, sondern Resultat der Lebensmittelknappheit im Nachkriegsberlin. Keynes parodierend, könnte man sagen, die Currywurst sei eine der «Gastronomischen Konsequenzen des Friedens». Und diese Wurst hat sich durchgesetzt – sie ist längst ein fester Bestandteil der Berlin-Erfahrung. Peter Peter:

> Currywurst wurde mit der Hilfe eines unbekannten englischen Soldaten erfunden, der Ende der 1940er Jahre auf dem Schwarzmarkt mit Currypulver Tauschgeschäfte trieb. Es gab damals nur sehr billige Würstchen, und so kam man auf die Idee, dieses Manko unter darüber gestreutem Currypulver zu verbergen. Es war eine Zeit, in der wir hier scharf darauf waren, fremdländische Gerichte zu entdecken, insofern war es interessant, etwas Indisches, Exotisches zu haben, und die Currywurst wurde zu einem Wahrzeichen von Berlin – einer Stadt, in der es kaum gute Wurst gab. Als 1989 dann die Mauer fiel, entdeckten eine Menge Deutsche Berlin, und die

Currywurst Museum Berlin, 2010.

Hitler spricht im Bürgerbräukeller, 8. November 1935.

Currywurst wurde zum Erkennungszeichen eines jungen, coolen Berliner Lebensstils. Vom Standpunkt des Gourmets aus gesehen ist es eine Tragödie, dass ausgerechnet die Currywurst zu einem Symbol für deutsches Essen wurde.

Die Wurst-Tradition kann leicht verbilligt und kommerzialisiert werden, das Biertrinken dagegen hat seinen Ort im öffentlichen Leben der Nation bewahren können, wenn auch nicht ganz so, wie von Tacitus beschrieben. Im 19. Jahrhundert entstand eine weitere bayerische Tradition, die sehr beliebt wurde: die Bierhallen, riesige Tempel des Biertrinkens voller Marmor oder Stuck und Holztäfelungen, grandiose Zelebrationen des deutschen Nationalgetränks. Die berühmteste – und größte – Bierhalle Münchens war der Bürgerbräukeller. In den 1920er Jahren wurde er zum bevorzugten Versammlungsort der wachsenden NSDAP; er war im Novem-

Eines der großen Bierzelte des Münchner Oktoberfests.

ber 1923 auch der Ausgangspunkt für den Marsch auf die Feldherrnhalle, den berüchtigten und gescheiterten Hitlerputsch. Hier hielt Hitler nach der «Machtergreifung» zehn Jahre später seine jährliche Rede auf die «Alten Kämpfer». Der Bürgerbräukeller steht nicht mehr, doch die Tradition der Bierhallenrede, heute meist eine Bier*zelt*rede, gibt es noch immer, und es ist eine Disziplin, die deutsche Politiker, jedenfalls in Bayern, beherrschen müssen. Peter Peter:

> Bierhallen sind ideale Orte für politische Versammlungen. Die zugkräftigsten politischen Reden in Bayern werden heute am Aschermittwoch gehalten, in Bierzelten. Der Redner muss populistisch sein, ein bisschen aggressiv, und er muss die Leute zum Lachen bringen, sonst hat er keine Chance.

Das Biertrinken ist heute in Deutschland nicht mehr ganz so beliebt wie früher, doch noch immer ist das Land der weltweit drittgrößte Bierkonsument, und die lokalen Biere rangieren ganz oben – wie bei den Würsten auch. Beide hatten nach

1945 ein Imageproblem – sie wurden mit dem nationalistischen Deutschlandbild assoziiert, das die Nachkriegsgeneration loswerden wollte. Doch die Dinge, das zumindest meint Peter Peter, ändern sich gerade wieder:

> Die junge Generation von heute hat weder die Probleme des Kalten Kriegs noch des Zweiten Weltkriegs miterlebt. Die Jungen finden es cool, diese altmodischen Sachen zu erproben. In gewisser Weise ist es avant-garde zu entdecken, dass selbst Sauerkraut ein ausgezeichnetes Gericht sein kann. Ich denke, ein sehr gutes Symbol für dieses neue Deutschland ist das Oktoberfest. Vor zwanzig Jahren wäre kaum jemand auf die Idee gekommen, traditionelle bayerische Tracht zu tragen. Heute ist das weithin chic geworden, und es hat weder etwas Nationalistisches noch etwas Chauvinistisches. Das Oktoberfest ist mit seiner ungeheuren Zahl von Biertrinkern ein wunderbares Beispiel dafür, wie das neue Deutschland ikonische Traditionen mit Weltoffenheit verbindet. Es bringt Menschen und Völker zusammen, noch mehr als der Fußball. Es ist nicht nationalistisch – es ist ein Zeichen deutscher Gastfreundschaft.

Biertrinker in München in bayerischer Tracht.

Für einen britischen Beobachter ist Deutschland eine Nation von erstaunlicher Vielfalt. Regionale Spezialitäten stehen für Jahrhunderte regionaler Geschichte – verschiedene Biere und lokal spezifische Wurstsorten, deren Herstellung reguliert ist durch Vorschriften, die zum Teil 500 Jahre alt sind. General de Gaulle soll sich beklagt haben über die Schwierigkeiten, ein Land zu regieren, das 246 verschiedene Käsesorten kennt. Er hätte glücklich sein sollen darüber, dass er es nicht mit einem zu tun hatte, in dem es viel, sehr viel mehr Wurstsorten gibt. So sind auch diese weit gefächerten Varianten, wie so oft in Deutschland, dann doch eingebunden in ein übergeordnetes nationales Gefüge. In gewisser Weise ist das die gastronomische Analogie zu den Münzen aus Kapitel 5 und zum ganzen Funktionieren des Heiligen Römischen Reichs, das große Teile Deutschlands und Mitteleuropas zusammenhielt, und das trotz so großer lokaler Unterschiede doch tausend Jahre lang.

Dritter Teil
Die fortlebende Vergangenheit

Politisch war Deutschland lange Zeit der Inbegriff lockerer Assoziation und variabler Geometrie. Nahezu tausend Jahre lang hielt das Heilige Römische Reich Deutscher Nation Völker und Staaten mit unterschiedlichen Dialekten, Gesetzen und Konfessionen zusammen. Die Hanse war eine flexible und äußerst erfolgreiche Handelsvereinigung oder Freihandelszone. Erinnerungen an beide sind weiterhin lebendig, und beide werden heute als Vorbilder für das werdende Europa gehandelt. Verschiedene Episoden der deutschen Vergangenheit – die Reformation, die Napoleonischen Eroberungen und die Revolutionen von 1848 – hinterließen lange, bis in die Gegenwart wirksame Vermächtnisse.

ꝑMEREGES
REGNANT

11

Die Schlacht um Karl den Großen

Unter den vielen kostbaren Besitztümern, die von den Habsburgern über Jahrhunderte in der Schatzkammer der Wiener Hofburg gesammelt wurden, ist die Reichskrone die vielleicht wertvollste. Schwer mit historischer Bedeutung und Symbolik beladen, wird sie die Karlskrone genannt und war fast tausend Jahre lang ritueller Bestandteil der Kaiserkrönungen des Heiligen Römischen Reichs. Nicht diese Krone jedoch ist Gegenstand dieses Kapitels. Die hier abgebildete Krone ist eine Nachbildung, 1914 in Auftrag gegeben vom rivalisierenden deutschen Herrscherhaus, den Hohenzollern; heute wird sie im Krönungssaal des Aachener Rathauses aufbewahrt.

Der erste Teil dieses Buches hat die fließenden Grenzen Deutschlands und seine vielen wechselnden Gestalten erkundet, die samt deren zahllosen inneren Untergliederungen über die Jahrhunderte hinweg bestanden. Dieser Teil nun widmet sich den Erinnerungen, die Deutschland heute einen; kollektive Erinnerungen und Sichtweisen, die trotz jener Zersplitterung Assoziationen an gemeinsame Erfahrungen und Hoffnungen auslösen. So könnte es merkwürdig erscheinen, dass das Objekt, das ich als Verkörperung solch gemeinsamer Vorstellungen ausgewählt habe, wenn nicht direkt eine Fälschung, so doch zweifellos eine Nachbildung ist – aber gerade darum in diesem Fall vielleicht aufschlussreicher als das Original. Wir werden sehen, dass auch das Original nicht das ist, was es zu sein vorgibt.

Die Krone der Kaiser des Heiligen Römischen Reiches, die «Karlskrone»; Nachbildung angefertigt auf Befehl Kaiser Wilhelms II., 1914.

Der Aachener Dom
mit Karls Oktogon als
Mittelbau.

Aachener Dom,
der Innenraum des Oktogons.

TUAM ERANT ET CREATA SUNT DIGNUS ES DOMINE DEUS
HOC TUTUM STABILI FUNDAMINE TEMPLUM QUOD CAROLUS PRINCEPS CONDIDIT ESSE VELIT CUM LAPIDES VIVI PACIS COMPAGE LIGANTUR

Um das Jahr 400 begann sich das Römische Reich im Westen aufzulösen. Die Autorität des Römischen Kaisers schwand. Die Legionen zogen sich von den Britischen Inseln, aus dem heutigen Frankreich und Deutschland zurück, und in großen Teilen Westeuropas brach die gesellschaftliche Ordnung zusammen. Vierhundert Jahre später, um 800, machte sich ein Mann, Karl, der König der Franken und Herrscher über die größten Teile des heutigen Frankreich und Deutschland, daran, das untergegangene Römische Reich neu zu beleben. Er ließ seine Pfalzkirche in Aachen nach dem Vorbild der römischen Kaiserkirchen in Konstantinopel und Ravenna bauen. Zudem ließ er Reliquien aus Jerusalem und aus Rom antike Porphyrsäulen nach Aachen bringen, um das heidnische Rom auf christlichem deutschen Boden wiedererstehen zu lassen – ein großartiges Beispiel dafür, wie durch die Aneignung diverser Geschichten ein neues Narrativ geschaffen wird.

Die Aachener Pfalzkirche steht noch immer, ein prächtiges, kuppelgedecktes Achteck, drei Stockwerke hoch. Für Jahrhunderte war sie das höchste Gebäude nördlich der Alpen. Getragen wird die Kuppel von antiken römischen Säulen und feierlichen Rundbögen. Diese Kirche sollte die Hauptkirche eines neuen Römischen Reiches sein, und sie wurde es auch. Den König, der sie bauen ließ, nennen die Deutschen Karl den Großen; für Franzosen und für Engländer ist er Charlemagne.

Während seiner vierzigjährigen Regentschaft, in fast ununterbrochenen Kriegszügen zwischen seiner Thronbesteigung 770 und seinem Tod 814, eroberte Karl der Große (der sicher einen germanischen Dialekt sprach) Territorien, die zuletzt von den Pyrenäen im Westen bis zu den Ufern von Elbe und Donau im Osten und Südosten reichten und auch große Teile Oberitaliens einschlossen. Am Weihnachtstag im Jahr 800 wurde er in Rom vom Papst zum Kaiser gekrönt. Für kurze Zeit sah es so aus, als sei das Römische Reich im Westen wiedergeboren und mit ihm die Hoffnung auf Frieden und Wohlstand.

Reiterstatuette Karls des Großen im Dom zu Metz, 9. Jahrhundert.

Diese Hoffnung zerschlug sich 843, als die drei zerstrittenen Enkel Karls des Großen das Reich erbten und unter sich aufteilten. Das führte zu Konflikten, und zwischen den Herrschern des westlichen und des östlichen Teils von Karls Reich (in etwa die Gebiete

des heutigen Frankreich und Deutschland) begann ein langes Gerangel um die Vorherrschaft, wobei es in ihrem erbitterten Streit vor allem um das mittlere Reich zwischen ihnen ging. Der Kampf zwischen Deutschen und Franzosen um das Erbe Karls des Großen – um die legitime Vorherrschaft über Westeuropa – wurde über tausend Jahre ausgetragen, und stets fungierte Karls Pfalzkirche als symbolische Trophäe. Dort befindet sich seit 814 Karls Grablege, dort wurden in den 600 Jahren von 936 bis 1531 dreißig Römische Kaiser gekrönt.

Der Kaiser, der uns hier interessiert, ist Otto I. Er wurde zunächst in Aachen zum Römischen König gekrönt, 962 dann, wie Karl der Große, in Rom zum Römischen Kaiser. Bei dieser Zeremonie wurde die Reichskrone, die sich heute in Wien befindet, wahrscheinlich zum ersten Mal getragen, später jedoch wurde sie, gewiss zu Unrecht, für die Krone Karls des Großen selbst gehalten. Sie ist eine außergewöhnliche Arbeit aus Gold und Edelsteinen, aus Emailtafeln und Perlen, die über die Jahrhunderte immer weiter ausgeschmückt wurde. Bis zur endgültigen Auflösung des Heiligen Römischen Reichs 1806 wurde sie bei jeder Kaiserkrönung getragen.

Die Krone ist nicht rund, wie man vielleicht annehmen möchte, sondern bildet, aus acht einzelnen Platten montiert – vier davon sind mit Juwelen besetzt, vier tragen Emailbilder – ein Oktogon. Zusammen bilden sie die von Juwelen umstrahlte Allegorie der von Gott eingesetzten, irdischen Herrschaft. Die vier Bildplatten zeigen Könige: die drei Könige des Alten Testaments, die Jesus vorangehen: David, Salomo und Ezechias; sie tragen Schriftbänder mit Auszügen aus der Krönungsliturgie. Die vierte Platte zeigt den thronenden Christus zwischen zwei Seraphim. Zwei der übrigen Platten sind mit einer Auswahl bunter Edelsteine geschmückt – Amethyste und Malachite, Rubinen und Quarz, Kristall und Perlen –; die beiden anderen großen Platten tragen jeweils zwölf große Juwelen, wobei die auf der Rückseite die zwölf Stämme Israels symbolisieren, die auf der Stirnseite die zwölf Apostel. Über der vorderen Platte erhebt sich ein juwelenbesetztes Kreuz, auf dessen Rückseite das Bildnis des gekreuzigten Christus eingraviert ist.

Karl der Große, aus *Ursprung und Herkommen der zwölff ersten alten König und Fürsten Deutscher Nation*, um 1543.

Das ganze Objekt ist eine mystische, dabei – im wörtlichen Sinne – blendende Verschmelzung der geistlichen Autorität des biblischen

Carolus Magnus/der erst Deutsche Keiser.

Carolus der groß/ein Franck des gblüts
Ein thewrer Fürst/eins edlen gmüts/
Kühn/weis/mechtig/vnd grosser sterck
Das zeigt sein that/vnd all sein werck/
Erlangt von wegn seins hohen rhumbs
Die Monarchey des Keyserthumbs
Wölcher mit ehrn/vnd grosser macht
Hat erstlich an die Deutschen bracht
Wölchs auch in ehrn in Deutschen landen

Er hat Deutschland gar hoch erhaben
Erleucht mit vielen thewren gaben
Mit Policey vnd gbewen zirt/
Vil grosser fehrlich krieg gefiert/
Aln vngehorsam vnderbracht
Gut Regiment vnd friden gmacht
Hat Gotseligkeit/vnd kunst geliebt/
Vnd sich in aller tugent geiebt
Gestifftet hoher schulen drey

Königtums mit der schieren Macht und dem Reichtum des frühen Mittelalters. Mehr noch: Es ist nicht einfach nur eine Krone, es ist Nachklang und Widerhall eines Bauwerks, der Pfalzkirche Karls des Großen in Aachen, und damit auch eine Reminiszenz an die majestätischen Reichskirchen in Konstantinopel und Ravenna. Wann immer diese Krone auf Reisen ging, und sie war über die Jahrhunderte viel unterwegs, kreuz und quer durch das Reich, nahm sie den Nachklang der Aachener Hofkirche und vor allem der politischen und geistlichen Macht desjenigen Mannes mit, der als Gründer des Reichs verehrt wurde – Karl der Große. Er hat diese Krone nie getragen. Wer sie aber besaß, der besaß auch sein Vermächtnis.

Der Kunsthistoriker Horst Bredekamp erläutert:

> Im deutschen Reich wurden Karl der Große und seine Pfalz in Aachen als der Ursprung Deutschlands und der deutschen Herrschaft über Europa, zumindest über Mitteleuropa betrachtet. Im Gegenzug wurde von französischer Seite nicht Karl der Große, sondern Charlemagne als Gründungsvater des französischen Königtums reklamiert. Dieser Konflikt durchzog das gesamte Mittelalter. Im 18. Jahrhundert erklärte Voltaire Charlemagne zu einem durchaus französischen Herrscher. Deutschland wiederum betrachtete im 19. Jahrhundert Karl als den großen Deutschen. Dieses Gegeneinander setzte sich fort, bis die Nachbildung der Krone hergestellt wurde, an der sich die Frage neu entzündete. Wer war Karl der Große? Der Gründer des deutschen Reichs oder der des französischen?

Um ihre Ansprüche zu stützen, fügten beide Monarchien, in erfreulich übereinstimmender Missachtung historischer Authentizität, «Reliquien» Karls des Großen in ihre vom Mittelalter bis ins 18. Jahrhundert geltenden Krönungsrituale ein – die Franzosen das, was sie Karls Schwert nannten, die Deutschen die «Karlskrone».

Was bedeutete diese Krone, als die politische und militärische Macht des Kaisers schwand? Für ganz Europa galt sie als Emblem der gottgewollten Herrschaft, und dies umso wirkungsvoller, als das Amt des Kaisers nicht erblich war, sondern wie das des Papstes durch Wahl bestimmt. Weil sowohl Karl der Große wie auch Otto I. vom Papst selbst gekrönt worden waren, bestätigte die Krone auch den Vorrang des Kaisers vor allen anderen christlichen Herrschern. Innerhalb Deutschlands war sie Symbol – und nach Hinzufügung von Kreuz und Bügel ein wahrhaft überwöl-

Die Reliquien, Gewänder und Insignien des Heiligen Römischen Reichs, Nürnberg, 1470–80.

Das ist die kron keyser karls
Da sint drey epffel keyser karls vnd zwen zepter
Dz ist die kor kap keyser karl
Das sint die claider keyser karls

bendes Symbol – der doch so disparaten Territorien des Reichs, der gemeinsamen Berufung der deutschen Länder. Sie kündete ruhig, archaisch und historisch ungenau von einem gemeinsamen Vermächtnis.

Während der ersten Jahrhunderte wurde der Kaiser aus verschiedenen Adelsfamilien gewählt, darum wurde die Krone auch in unterschiedliche deutsche Burgen, Pfalzen und Städte gebracht. Um 1500 allerdings, als die Habsburger ihren Anspruch auf die Kaiserkrone festigen konnten, gelangte sie dauerhaft nach Nürnberg und machte diese reiche und mächtige Freie Stadt in einem ganz besonderen Sinne zur Reichsstadt: Sie gelangte ins Zentrum der Traumwelt deutscher Harmonie und Einigkeit. Das war ein Nachhall, an dem Wagner seine Freude hatte und den Hitler später ausbeutete. Im Lauf der Zeit verschafften sich eine Reihe von Reichsfürsten eigene Kronen – in Preußen, Großbritannien und Polen. Doch waren dies nur Königskronen. Das Kaiserreich gab es nur einmal, und so blieb auch dessen Krone die höchste.

Mit dem Aufstieg Napoleon Bonapartes freilich änderte sich alles. Französische Truppen griffen nicht nur das Rheinland an, wie es zuvor bereits Ludwig XIV. getan hatte, sondern marschierten auch in Italien ein und besetzten Rom. 1804 krönte sich Napoleon in Notre Dame selbst zum Kaiser der Franzosen, und dies geschah, wie bei Karl dem Großen, im Beisein des Papstes, der aus diesem Grund eigens nach Paris geholt worden war. Zum ersten Mal seit über

Bertrand Andrieu, Medaille, 1806. Vorderseite: Napoleon und Karl der Große. Rückseite: deren geschlagene Gegner Widukind, der Sachsenführer, und Friedrich Wilhelm III. von Preußen.

tausend Jahren gab es zwei Kaiser in Westeuropa. Die Inszenierung des Spektakels ließ keinen Zweifel an Napoleons Intentionen. Eigens für diesen Anlass wurde vor dem Portal der Kathedrale eine Statue Charlemagnes errichtet. Während der Krönung trug Napoleon «Karls Schwert». Und weil sich die «wahre» Karlskrone natürlich in Deutschland befand (die Habsburger taten, was sie konnten, dass sie Napoleon nicht in die Hand fiel und brachten sie von Nürnberg nach Wien und von da bis nach Ungarn), gab Napoleon eine *neue* Karlskrone in Auftrag, nach einem ganz anderen Entwurf. 1804 gefertigt, wird sie noch immer im Louvre gezeigt, mit dem verblüffenden Hinweis: «La couronne dite de Charlemagne» (Die Krone, die als die Karls des Großen gilt). Ein größerer Tribut an die mythische Macht der Krone in Nürnberg ist kaum vorstellbar – ebensowenig eine, wie R. J. W. Evans erläutert, demonstrativere Kampfansage an die bloße Existenz des Heiligen Römischen Reichs seitens der Franzosen:

> Napoleon zerstört das Reich, keine Frage. Der Anspruch, den Napoleon mit seiner Krönung zum Kaiser der Franzosen erhebt, war ganz offensichtlich unvereinbar mit dem Heiligen Römischen Reich. Der öster-

Napoleons Version der Karlskrone.

Jacques-Louis David, *Napoleon krönt sich selbst zum Kaiser*, Zeichnung, um 1804–07.

reichische Herrscher erkennt das, und obwohl er bereits als Franz II. zum Römischen Kaiser gekrönt worden war, nennt er sich nun Franz I., Kaiser von Österreich. Er erkennt, dass er diese Rückzugsposition braucht.

Als die Franzosen im Dezember 1805 in Austerlitz den Sieg erringen, ist klar, dass Napoleon in den deutschen Ländern nun mehr oder weniger freie Hand hat. Natürlich hat er eine Menge Verbündete unter den deutschen Fürsten, und das ermöglicht ihm, den Rheinbund zu schaffen, die Konföderation von Staaten, die aus dem Reich austraten. Das wiederum ist der Auslöser für dessen völlige Auflösung. Im Sommer 1806 entlässt Franz II. seine reichsdeutschen Vasallen aus ihrer Treuepflicht. Er tut dies, weil er erkennt, dass Napoleon das Reich entweder auf irgendeine Weise usurpieren oder aber unter Einbeziehung der Vasallen des Kaisers ein neues Reich gründen wird. In beiden Fällen wäre es unmöglich, das Heilige Römische Reich zu erhalten.

Die Krone war eines der Streitobjekte, doch auch an den Steinen seiner Pfalzkapelle in Aachen lässt sich der Kampf ums Erbe Karls des Großen ablesen. 1794 rissen französische Besatzungssoldaten die römischen Porphyrsäulen aus dem Oktogon und verfrachteten sie nach Paris. Nur einige wurden später wieder zurückgebracht (der große Rest befindet sich weiterhin im Louvre), sodass jene Säulen, die Karl eigens hatte von Rom nach Aachen bringen lassen, nun zwischen Repliken aus dem 19. Jahrhundert stehen. Doch nicht nur Säulen wurden nach Paris verschleppt. 1801, mit dem Friedensvertrag von Lunéville, wurde ganz Aachen annektiert und Frankreich eingegliedert, zur französischen Stadt gemacht, als welche sie in Napoleons Übernahme der kaiserlichen Stellung Karls des Großen eine bedeutende symbolische Rolle spielte. Auch nach Waterloo, der Niederlage Napoleons gegen Preußen und Großbritannien im Jahr 1815, konnte Aachens Status als Freie Reichsstadt im Heiligen Römischen Reich nicht restituiert werden, weil dieses nicht mehr existierte. Stattdessen wurde die Stadt dem Staat Preußen eingegliedert. Die kaiserliche Pfalzkapelle, lange in Habsburgischem Besitz, von Napoleon begehrt, war nun in der Hand der Hohenzollern. Aus Charlemagne wurde nun wieder Karl der Große, ein Deutscher oder gar, ein Schelmenstreich, ein Preuße.

Kaiser Wilhelm I. im Gewand eines Kaisers des Heiligen Römischen Reiches, Glasfenster, 1888.

Im Verlauf des 19. Jahrhunderts zogen sich die Habsburger Herrscher, nun Kaiser allein von Österreich, auf ihre Erblande im Süden und Südosten zurück. Preußens Macht wuchs, und so erwachte die

·WILHELM·I·
·DEUTSCHER KAISER, KÖNIG VON PREUSSEN·

alte Reichsidee zu neuem Leben, bis 1871, nach dem preußischen Sieg im Deutsch-Französischen Krieg, Napoleon III. seinen Kaiserthron verlor und der Hohenzollernkönig zum Deutschen Kaiser ausgerufen wurde. Damit, so sollte man denken, müsste der Krieg um das Erbe Karls des Großen eigentlich beendet sein. Aber es blieb bei der Rivalität zwischen Berlin und Wien, allerdings war dies ein im Grunde innerdeutscher Streit (vgl. Kapitel 21). Doch sind Mythen eine wirkmächtige Angelegenheit, und der Mythos der Vorherrschaft über Europa war zu stark, als dass Frankreich davon hätte lassen können. 1882 wurde auf der Île de la Cité in Paris eine riesige Bronzestatue von Karl dem Großen und seinen Paladinen errichtet, geschaffen von den Brüdern Charles und Louis Rochet, aufgestellt direkt vor den Türen von Notre-Dame de Paris, dort also, wo bereits Napoleon für seine Kaiserkrönung eine Karlsstatue hatte platzieren lassen. Auch die Dritte Französische Republik, so antiklerikal und antikaiserlich sie sich gerierte – immerhin hatte man Napoleon III. nach der Niederlage von 1870 abgesetzt und ins Exil verbannt –, wollte, dass der alte Kaiser von Aachen seinen Platz im Herzen der französischen Hauptstadt fand, vor der Nationalkirche. Herausfordernd blickt er nach Deutschland, und der heutige Besucher kann sehen, dass er, auf dem Schlachtross in den Krieg ziehend, die achteckige Krone trägt, die Mittelpunkt dieses Kapitels ist.

2013 fragte das British Museum bei der Wiener Schatzkammer an, ob wir Ottos Krone mit all ihren Erinnerungen an die Macht Karls des Großen als Leihgabe für unsere Ausstellung bekommen könnten. Höflich, aber bestimmt kam die Absage: Die Reichskrone des Heiligen Römischen Reichs reise nicht mehr. Doch wir entdeckten, dass wir uns damit in erlauchter Gesellschaft befanden. Ein Jahrhundert zuvor hatte Kaiser Wilhelm II. die gleiche Anfrage vorbringen lassen für eine Ausstellung zu den Kaiserkrönungen, die in Aachen stattfinden sollte. Trotz des damals bestehenden, engen politischen und militärischen Bündnisses zwischen Berlin und Wien wurde auch Kaiser Wilhelm abschlägig beschieden. Am Vorabend des Ersten Weltkriegs konnte und wollte sich der Habsburger Kaiser nicht von der Krone trennen, die von der religiösen und politischen Aura des ersten deutschen Kaisers umgeben ist.

Charles und Louis Rochet, *Karl der Große*, Kolossalstatue auf der Île de la Cité, Paris, Bronze, 1877.

Horst Bredekamp erzählt die Geschichte weiter:

> In der Nachbildung der Reichskrone in Aachen ist eine komplizierte Geschichte enthalten – und so auch die Geschichte der Rivalität zwischen den preußischen Hohenzollern und den österreichischen Habsburgern, die beide das Erbe des Heiligen Römischen Reichs Deutscher Nation beanspruchten. Die Aachener Reichskrone ist eine Nachbildung, weil Kaiser Wilhelm das Original nicht ausleihen konnte; die Krone durfte Wien, wo sie aufbewahrt wurde, nicht verlassen und nach Preußen reisen. So ließ er eine Kopie anfertigen, um zu demonstrieren, dass die Hohenzollern die wahren Erben des Heiligen Römischen Reichs Deutscher Nation und seiner Traditionen sind.

Die Nachbildung der Reichskrone, die heute in Aachen verwahrt wird, ist von hoher handwerklicher Qualität und akkurat bis ins Detail – ein Beleg dafür, welche hohe Bedeutung Wilhelm II. seiner Ausstellung zu den Kaiserkrönungen zumaß. Das Projekt kam 1914, mit Beginn des Ersten Weltkriegs, zum Stillstand. Am Ende des Krieges waren beide Herrscherhäuser verschwunden, das Haus Habsburg ebenso wie das der Hohenzollern. Die Reichskrone allerdings blieb, und die von ihr verkörperte Geschichte hat, wie Horst Bredekamp erläutert, ihren Abschluss noch nicht gefunden:

> Diese Nachbildung ist ein Akt des Widerstands gegen den österreichischen Anspruch, es seien die Habsburgischen Kaiser, die in ihrer Person das *Imperium* verkörperten.
>
> Für das 19. Jahrhundert war das deutsche Reich mit Otto I. verbunden, der nicht nur das Imperium gegründet habe, sondern auch den Mythos, dass dessen Krone auf Charlemagne oder Karl den Großen zurückgehe. Von diesem Augenblick an wurde Karl der Große erneut zum Streitobjekt: französisch oder deutsch?
>
> Aber das liegt in der Vergangenheit. Charlemagne/Karl der Große steht heute für das Einvernehmen zwischen Frankreich und Deutschland. Aus diesem Grund spielt der in Aachen verliehene Karlspreis, mit dem stets ein überzeugter Europäer ausgezeichnet wird, eine wichtige Rolle in der deutschen öffentlichen Erinnerung an Karl den Großen. Wenn er überhaupt eine Rolle im deutschen Bewusstsein spielt, dann die eines großen Deutschen, nicht als Figur, die deutsche nationale Interessen fördert, sondern als eine Gestalt, die auf eine höhere Ebene verweist, auf der die deutschen Interessen europäisch aufgehoben sind.
>
> Für meinen Begriff hätte Karl der Große für diesen Status seinen Ort in der Kathedrale von Reims, wo Konrad Adenauer und Charles de Gaulle 1962 die Aussöhnung zwischen der französischen und der deutschen Nation feierten. Das war ein

Augenblick, in dem Charlemagne/Karl der Große durchaus präsent war und beiden Staatsmännern die Legitimation gab für einen europäischen Weg, der nationale Interessen nach Möglichkeit transzendiert.

Charles de Gaulle und Konrad Adenauer vor der Kathedrale von Reims, 8. Juli 1962.

Adenauer und de Gaulle trafen sich zu diesem feierlichen Akt der Aussöhnung genau 1000 Jahre, nachdem Otto I. vom Papst in Rom zum Kaiser gekrönt worden war, wahrscheinlich mit der Krone, die später zur «Karlskrone» wurde. Die Saga, die in Aachen begann, die Konflikte rund um die Krone Karls des Großen und der Kampf um ihr Vermächtnis wurden der Geschichte überantwortet und die neue und dauerhafte Partnerschaft zwischen Deutschland und Frankreich zum «Kern einer europäischen Friedensordnung» erklärt.

Es gibt eine letzte, oder fast letzte, bittere Wendung in dieser Geschichte. Das «Happy End» von 1962, an das Frankreich und Deutschland nun mit Herzlichkeit zurückdenken, hatte zwanzig Jahre zuvor ein unglückliches Vorspiel gehabt, das – verständlich genug – aus der kollektiven Erinnerung verschwunden ist. Wie Napoleon, wie Kaiser Wilhelm II. war auch Adolf Hitler am Vermächtnis Karls des Großen interessiert. Er hatte die Reichskrone aus Wien zurückbringen lassen nach Nürnberg, das sie bis zu den Napoleonischen Kriegen beherbergt hatte, nun aber zum Schauplatz der Massenaufmärsche geworden war, mit denen das Dritte Reich sich feierte – als dritte Wiederkehr des Deutschen Reiches.

Anfang der 1940er Jahre, als Hitler um die Unterstützung der französischen Rechten für seinen Feldzug gegen Russland warb – in seiner Terminologie: für seinen Kreuzzug zur Rettung der europäischen Werte vor der bolschewistischen Barbarei –, bezog er sich auf Karl den Großen als den Begründer der europäischen Zivilisation, den beide Länder verehren konnten. Ein Porzellanteller, 1943 in Sèvres produziert, zeigt eine Reiterstatuette Karls des Großen. Auf der Rückseite hält eine lateinische Inschrift fest:

Gedenkteller zum 1100. Jahrestag der Teilung des Reichs von Karl dem Großen, Sèvres, 1943.

> Das Reich Karls des Großen, im Jahr 843 von seinen Enkelsöhnen geteilt, im Jahr 1943 von Adolf Hitler und allen Völkern Europas verteidigt.

Hitler hat tatsächlich Franzosen gefunden, die auf deutscher Seite als Freiwillige an der Ostfront kämpften. Ihre SS-Division trug den Namen «Charlemagne».

12
Den Geist schnitzen

In einer berühmten Stichelei spottet Voltaire 1756 über das Heilige Römische Reich, es sei «weder heilig noch römisch noch ein Reich». Ein gelungenes Bonmot – Voltaire verstand sich darauf –, aber es trifft nicht zu. Denn in bestimmten Etappen seiner tausendjährigen Geschichte war das Heilige Römische Reich sehr wohl all das. Um es klar zu sagen, das Reich hielt, was der Name versprach: Es trat ein doppeltes Erbe an, das des antiken Rom und das des Rom der Päpste, und in überraschendem Maße ist ihm dies auch gelungen. Wir haben es bereits anhand seiner Münzen betrachtet (Kapitel 5) und als Schöpfung und Vermächtnis Karls des Großen (Kapitel 11). In diesem Kapitel möchte ich einen Aspekt des «Heiligen» betrachten.

Von Anfang an war das Reich, auch wenn es seinen Mittelpunkt am Niederrhein hatte, in hohem Maß antik-römisch, nämlich in seinen kriegerischen Ambitionen und in seinen Träumen von einem ausgedehnten Machtbereich. Karl der Große, der ausgesuchte Altertümer von Rom in seine Aachener Pfalzkapelle transportieren ließ, wollte durchsetzen, dass er und seine Nachkommen *Imperator* würden und ihr Reich in militärischer wie in politischer Hinsicht universal. Der Kaiser sollte Caesar sein, mit vielen seiner Attribute und Titel. Doch von Beginn an war das Reich auch heilig. Im Jahr 800 zog Karl der Große, wie wir im letzten Kapitel sahen, nach Rom und wurde dort vom Papst gekrönt. Untrennbar sollten die weltliche und die geistliche Macht des neuen Reichs sein – im sogenannten Reichskirchensystem waren Kirchenfürsten zugleich weltliche Herren. Und als sich das Kurfürstenkollegium herausbildete, da waren drei der sieben Kurfürsten geistliche Herren, die Erzbischöfe von Mainz, Trier und Köln.

Tilman Riemenschneider, *Lukas*, aus der Gruppe der *Vier Evangelisten*, um 1490–92.

Zu den vielen erstaunlichen Seiten des Heiligen Römischen Reichs gehört nicht zuletzt, dass dieses alte politische, im Kern römisch-katholische Gebilde während der Reformation dazu in der Lage war, sich den neuen Verhältnissen so erfolgreich anzupassen, dass in ihm sowohl der protestantische wie der katholische Glaube Platz fanden. Tatsächlich bewahrte es in hohem Maße die Loyalität beider Konfessionen. Politisch war das eine große Leistung, auch wenn dieser Ausgleich nur zu immensen Kosten gelang. Dieses Kapitel thematisiert den schmerzhaften Übergang um 1520, der beide, die Kirche und Deutschland, auf Dauer spaltete, so wie er das Leben und das Werk eines der gewaltigsten und bewegendsten Bildhauer ganz Europas einschneidend beeinflusste: Tilman Riemenschneider.

Außerhalb Deutschlands ist Riemenschneider nicht allzu bekannt, obwohl er, wie ich finde, in seiner intensiven und subtilen Erkundung des Spirituell-Seelischen mit Donatello vergleichbar ist. Als Medium bevorzugte er Lindenholz, das traditionelle Material deutscher Bildschnitzer, dessen feiner Maserung er erstaunliche Variationen der Textur abgewonnen hat. Die *Vier Evangelisten*, heute im Berliner Bode-Museum, gehörten ursprünglich zur 1492 vollendeten Predella des Altars der Magdalenenkirche in Münnerstadt bei Würzburg. Die 15 Meter hohe, vielfigurige Komposition des Altars, der Maria Magdalena gewidmet war, dominiert den Ostchor der Kirche mit Figuren, die dem Himmel entgegenstreben (hoch hinauf, bis fast ans Chorgewölbe reichend). Die sitzenden Figuren der vier Evangelisten, jede gut siebzig Zentimeter hoch, bildeten die Basis des Hochaltars, direkt über dem Altartisch. Wenn der Priester die Messe zelebrierte, wobei er nach katholischer Lehre Christus selbst repräsentiert, befand er sich auf Augenhöhe mit Matthäus, Markus, Lukas und Johannes. In ihrer Gegenwart verlas er die Evangelien, die sie geschrieben hatten. Nur wenige Meter davor knieten die Gläubigen. Die Evangelisten sind also Bildwerke, die geschaffen wurden, damit man sie oft und aus der Nähe betrachtet, wie mit Gefährten sollten die Gläubigen mit ihnen leben, jedes Mal mit ihnen kommunizieren, wenn die Messe gelesen und die Hostie empfangen wird. Mit diesem gen Himmel strebenden Altar schuf Riemenschneider einen heiligen Rahmen, in dem sterbliche Akteure ihre ewigen geistlichen Funktionen ausüben konnten. In diesem Sinn

Magdalenen-Altar der Kirche in Münnerstadt, für den Riemenschneiders *Vier Evangelisten* ursprünglich geschaffen wurden; heute sieht man dort Nachbildungen.

könnte man den Altar auch als emblematisch für den Aufbau des Heiligen Römischen Reiches insgesamt begreifen: Auch das Reich war ein heiliger, mit Referenzen an das Leben und die erlösenden Leiden Christi durchsetzter Rahmen, innerhalb dessen sterbliche Akteure – Kaiser, Fürsten, Kaufleute – ihren gottgegebenen Rollen entsprechend lebten.

Lukas sitzt auf einem niedrigen Schemel, den Kopf nachdenklich zur Seite geneigt, seine rechte Hand ruht auf seinem Evangelium, seine Linke streichelt den Stier, das ihm zugeordnete Symboltier, das ruhig an seiner Seite liegt. Die Figur, aus einem einzigen Holzblock geschnitzt – dem Halbstamm einer Linde – demonstriert Riemenschneiders ruhige Beherrschung von Material und Technik. Lukas' Hand, das Buch, der Stoff zwischen beiden, sind in ihrer Textur, in Substanz und Gewicht deutlich voneinander unterschieden; wieder anders wirken die

Hautfalten am Hals des Stiers. Aber diesem Schnitzwerk geht es um mehr als um Oberflächen. Der Faltenwurf des Gewandes lässt erkennen, dass Lukas, obwohl er ruht, keinen Frieden findet: Der schwere Stoffwust auf seiner linken Schulter, die von dort im Zickzack herabfallenden Falten, auch die seiner Ärmel sprechen von lastender Unruhe. Von seinem Sitz aus schaut er auf den Altar, auf dem während der Messe das Opfer Christi vollzogen wird. Nur das von Lukas geschriebene Testament erzählt die Geschichte von Christi Geburt: Jeden Tag wird er hier Zeuge seines Sterbens. Sein Gesicht trägt den Ausdruck nachdenklicher Melancholie, nur der Stier wendet sich erwartungsvoll wie ein Hund, der sich um seinen Herrn sorgt, dem Evangelisten zu, als wolle er ihn trösten. Dieser Heilige ist ein Mensch wie wir.

Tilman Riemenschneider, *Die Vier Evangelisten*, 1490–92. Von links: Matthäus, Markus, Lukas, Johannes.

Der Kunsthistoriker Julien Chapuis, Leiter des Bode-Museums, ist ein anerkannter Experte für Riemenschneider und dessen Kunst:

> Genau das zeichnet sein Genie aus. Eben darum war er so erfolgreich. Man kann diese Werke nicht betrachten, ohne zu vergessen, dass man Holz betrachtet. Wir müssen bedenken, dass in der Zeit, in der die Figur entstand, in den Jahren 1490 bis 1492, die meisten Skulpturen in Deutschland farbig gefasst und vergoldet waren. Wenn sich ein Bildhauer oder Schnitzer darauf verlassen konnte, dass seine Figuren später angemalt würden, dann konnte er sich auch auf den Maler verlassen, der den Wangen einen Rotton geben, auch den Augen einen rötlichen Stich verleihen würde, damit es so aussieht, als habe die Figur geweint; wer dagegen ein Bildwerk schafft, das ohne Farbe bleiben soll, der muss sich, um dem Bildwerk Ausdruck zu verleihen, allein auf seine Fähigkeit verlassen, Beitel und Messer zu führen. Und darin war Riemenschneider unübertroffen. An sein Können reichte niemand heran.
>
> Das sehr helle Lindenholz wurde mit einer honigfarbenen Lasur überzogen, und man sieht, dass die Augen nur andeutungsweise farbig markiert sind, auch die Lippen haben einen leichten roten Schimmer. Das ist alles. Alles, der ganze Ausdruck wird allein durch die Bearbeitung des Lindenholzes erreicht. Schaut man genau hin, wird man fast überall Spuren des Werkzeugs erkennen. Die großen flachen Falten etwa tragen die Spuren eines besonderen Beitels. Die Textur des Haares dagegen ist in verschiedene Richtungen gedreht, sodass einzelne Locken deutlich hervortreten. Sie sind tief gebohrt, sodass sich ein reiches Muster aus Licht und Schatten ergibt: Riemenschneider war ein großer Meister darin, das Licht als kreatives Element zu nutzen. Man darf nicht vergessen, dass in der Kirche, in der diese Bildwerke aufgestellt wurden, die Lichtverhältnisse zwischen Morgen und Abend fortwährend wechseln, auch Jahreszeiten und das Wetter spielen eine Rolle. Häufig war da nur Kerzenlicht. So hat sich der Ausdruck immer wieder verändert.
>
> Die Figur des heiligen Lukas ist für mich unübertroffen in ihrer Introversion und meditativen Stimmung. Bedeutung und Form passen vollkommen zueinander. Er hält das vollendete Evangelium auf seinem Knie, aber er hält es nicht direkt. Ein Stück des Faltenwurfs trennt Hand und Buch voneinander – eine jahrhundertealte Konvention: Man durfte, was heilig ist, nicht direkt berühren. Die Melancholie des Gesichts, die Haltung der Figur, der Fall der Falten, die Gesten, all das zeugt, so sehe ich das, von der Ehrfurcht vor dem Inhalt des Buchs, das er geschrieben hat.

Gemessen an seinem Ruhm als Bildhauer, wissen wir nur sehr wenig über Riemenschneiders Jugend und frühes Leben. Wir kennen nicht einmal das genaue Datum seiner Geburt. Wie Gutenberg zog auch er zwischen den großen Städten Süd-

Tilman Riemenschneider, *Creglinger Altar,* Detail, vermutlich ein Selbstbildnis, 1505–10.

deutschlands hin und her, wie bei Gutenberg wurde auch seine Karriere geprägt durch die von der Kirche bestimmte Wirtschaft des Spätmittelalters. Man nimmt an, dass er sein Handwerk in Ulm und Straßburg gelernt hat und dann nach Würzburg kam, Sitz eines reichen Fürstbischofs, und sich 1483 dort niederließ; damals war er Anfang Zwanzig. Zwei Jahre später heiratete er eine reiche Witwe (er hat noch weitere drei Male geheiratet) und konnte damit Stadtbürgerschaft und Meistertitel erwerben. Die meisten seiner Aufträge bekam er von der Kirche, er hatte eine eigene Werkstatt und bildete Lehrlinge aus, die aus anderen Teilen Deutschlands kamen. Die Bildhauerei war eine mühsame, zeitaufwändige Arbeit, doch seine Werkstatt war groß und äußerst produktiv – dort entstanden nahezu 150 Altäre und andere religiöse Bildwerke, Grabsteine und Statuen. Vieles ist verschollen, doch allein im Würzburger Raum blieben zwölf Retabel erhalten, dazu viele Bildwerke im weiteren Umfeld. Um 1492, als die *Vier Evangelisten* entstanden, war Riemenschneider führend auf seinem Gebiet, und mit seiner Werkstatt, die bis zu vierzig Lehrlinge beschäftigte, führte er einen so erfolgreichen Betrieb, dass er mehrere Häuser und einen Weinberg erwerben konnte. Er wurde zum angesehenen Bürger in einem bedeutenden Fürstbistum des Heiligen Römischen Reichs. Als Künstler stand er – religiös, wirtschaftlich und politisch – mitten im Leben seiner Stadt und Welt.

Riemenschneiders Aufstieg vollzog sich in einer Zeit wachsender religiöser und politischer Instabilität. Die Ideen, die später die Reformationsbewegung antrieben, verbreiteten sich in ganz Deutschland und sorgten für hitzige Debatten. Wir wissen nicht, wohin Riemenschneiders religiöse Neigungen tendierten, Julien Chapuis aber glaubt, die *Vier Evangelisten* ließen einen Bildhauer erkennen, der selbst mit den neuen beunruhigenden Ideen zu kämpfen hatte:

> Der meiner Meinung nach größte Gewinn der Reformation war, dass zwischen Gott und den Menschen kein Vermittler mehr stehen sollte: Jeder konnte direkt zu Gott beten. Jedes Mal, wenn die Messe gefeiert wurde, und das geschah ja tagtäglich, fand die Wandlung der Hostie auf dem Altar statt – vor dem Hintergrund dieser Figuren. Die Hostie ist das Symbol dafür, dass Gott Fleisch wurde und dass Gott die Menschen erschaffen hatte. *Die Vier Evangelisten* stellen den Gott dar, der Wort war und ist. Riemenschneider verbindet diese beiden Dimensionen Gottes, indem er seine Figuren hinter die Wandlung der Hostie platzierte. Aus diesem Grund würde ich bei der Betrachtung von Lukas' Gesichtsausdruck nicht sagen, er sei tief beunruhigt, aber das, was in diesem Buch steht, lässt ihn auch nicht unberührt. Man sieht eine tiefe Traurigkeit, und er streichelt den Hals seines Stiers, der wiederum die Ohren aufstellt, so als wollte er sagen: Alles wird gut. Man hat das Gefühl, da sitzt ein Mensch nahe am Zusammenbruch, und diese so überaus persönliche Dimension ist das, was diese geschnitzten Holzblöcke so bemerkenswert, so berührend macht – wir können sie als beides wahrnehmen, als Blöcke aus geschnitztem Holz und zugleich als menschliche Wesen.
>
> Riemenschneider ist niemals theatralisch. Seine Kunst ist nicht laut, ruft nicht. Sie äußert sich überzeugend und sanft. Wir erkennen unsere Hoffnungen, unsere Schwächen, unsere Sehnsüchte; das, was uns zu Menschen macht und uns auch hilft, bessere Menschen zu werden. Sein Talent liegt darin, dass er Gott auf einer persönlichen Ebene erreichbar macht, und in diesem Sinne ist er, wenn man so will, ein Künstler der Reformation, auch wenn er sein ganzes Leben lang für die katholische Kirche gearbeitet hat.

Die Innerlichkeit der Lukas-Figur, die ganz für sich über die Bedeutung von Leben und Sterben Christi nachdenkt, steht in Einklang mit einer starken Strömung deutscher Religiosität um das Jahr 1500 – einer intimen Frömmigkeit, die zum Wesensmerkmal der reformierten, protestantischen Theologie wurde.

Als dieser Altar geschaffen wurde, waren die Strukturen von Kirche und Reich noch stabil, auch wenn die Praxis der Kirche, vor allem ihr Verhältnis zum Geld, bereits heftig attackiert wurde. Der Kaiser hatte unter sich Hunderte von Regenten unterschiedlicher Territorien: einige davon Fürsten, Herzöge oder Grafen, viele waren aber auch Bischöfe und Äbte. Generell sorgte die Kirche für den Rahmen des spirituellen Lebens, an vielen Orten fungierte sie aber auch als Territorialherrin. Fürstbischöfe waren lokal in allen Hinsichten souveräne Herrscher, so wie auch Riemenschneiders Beschützer, Mäzen und Fürst, der Bischof von Würzburg. Immer häufiger aber wurde am weltlichen Status der Kirchenfürsten Anstoß genommen, die Protestanten gelangten schließlich zu der Ansicht, dass die weltliche Macht die Kirche und ihre spirituelle Aufgabe korrumpiert habe. Wie nicht anders zu erwarten, stimmten dem, in einer Mischung aus Prinzip und Eigeninteresse, einige der weltlichen Herzöge und Fürsten zu und ergriffen Partei für die Sache der Protestanten. Alles lief auf politische Unruhen hinaus, wie Joachim Whaley erklärt, und Riemenschneider befand sich im Zentrum des turbulenten Geschehens:

> Künstler wie Tilman Riemenschneider etwa, Bürger der Stadt Würzburg und Mitglied im Rat der Stadt, konnten die Reformation und die Zeit um diese herum nur als Jahre großer Unsicherheit erleben. Während der Kaiser, zunächst Maximilian I. und dann, ab 1519, Karl V., alles daran setzte, den Katholizismus zu erhalten, hatten einige der Fürsten und Städte ganz andere Absichten. Viele waren daran beteiligt, die Reform der Kirche voranzutreiben, doch ging es ihnen vor allem darum, die Ordnung in ihren Territorien aufrechtzuerhalten. Die Probleme, die sich aus der Reformation ergaben, wurden für viele Zeitgenossen noch drängender durch die große Erhebung des Bauernkriegs von 1525, der das politische Gleichgewicht in vielen Teilen Deutschlands ernsthaft bedrohte.

Zusammengehalten wurde das Heilige Römische Reich seiner Idee nach in einem hohen Maße vom römisch-katholischen Glauben: Wie immer die alltägliche Machtausübung auch aussehen mochte, alle politischen Funktionen wurden in einem theologischen Bezugsrahmen formuliert und vollzogen. Ein Vergleich mit der Beziehung zwischen dem gegenwärtigen chinesischen Staat und der traditionellen, orthodox marxistisch-leninistischen Lehre des Kommunismus ist vielleicht nicht allzuweit hergeholt. Wenn mit der Reformation also ein neues, verändertes

Verständnis des christlichen Glaubens aufkam, dann stand die *Idee* des Heiligen Römischen Reichs insgesamt in Frage. So jedenfalls war es in Würzburg. Dort hatte Tilman Riemenschneider, zuvor schon Ratsherr, von 1521 bis 1524 das Amt des Bürgermeisters inne. Zwischen den Stadtbürgern und dem Bischof, einem der reichsten und mächtigsten Kirchenfürsten im Reich und streitbaren Mann, kam es zu ständigen Reibereien.

1525 erlebte Europa den größten und ausgedehntesten Volksaufstand vor der Französischen Revolution: den deutschen Bauernkrieg. Auslöser war unter anderem die Wut über die exzessive Besteuerung durch die Fürsten, eine bekannte Klage und als solche nichts Neues. Neu aber war die Unterstützung, die die Bauern bei einer ganzen Reihe protestantischer Geistlicher fanden. Für viele wurden die Aufstände zu einer Revolte gegen wirtschaftliche und politische Unterdrückung: Es entwickelte sich ein neuer, radikaler Egalitarismus, der sich gegen alle lokalen Hierarchien wandte. Die Aufstände waren erbittert und blutig, nicht weniger blutig wurden sie schließlich von den herrschenden Mächten niedergeschlagen. In seiner Mischung aus utopischem Idealismus und ungezügelter Gewalt nimmt der Bauernkrieg einen besonderen Platz in den Erinnerungen der politischen Linken wie der Rechten in Deutschland ein. Der Aufstand wurde ein Thema, dessen sich zum Beispiel die junge Käthe Kollwitz besonders annahm (vgl. Kapitel 22). Würzburg und die Festung Marienberg wurden 1525 zum Schauplatz entscheidender Kämpfe.

Es war Tilman Riemenschneiders Unglück, dass er einer der Würzburger Ratsherren war, als 1525 überall in Süddeutschland die Revolte ausbrach. Als Bauernhaufen vor der Stadt aufzogen, musste der Rat der Stadt entscheiden, ob er sich auf die Seite der bischöflichen Truppen stellen wollte oder auf die der weitaus zahlreicheren Truppen der Bauern. Zuletzt öffnete der Rat (er hatte wohl keine andere Wahl) den Rebellen die Stadttore, Domkapitel und Bischof flohen auf die Feste Marienberg über der Stadt. Nachdem die Bauernhaufen vernichtend geschlagen worden waren, kehrte der Bischof triumphierend in die Stadt zurück. Der Kirchenfürst machte sich sofort daran, seine weltliche Herrschaft zu restituieren. Was dabei mit Riemenschneider geschah, verliert sich im Nebel von Vermutungen; viele spätere Darstellungen sind, so Julien Chapuis, nicht mehr als interessierte Legendenbildung:

Das Heer des Schwäbischen Bundes zieht gegen die Bauern bei Würzburg zu Felde, 1527.

Zu dieser Frage haben wir nur wenige Fakten und viele Phantasiegeschichten. Wir wissen, dass Riemenschneider Bürgermeister von Würzburg war und einige Jahre Mitglied des Rats der Stadt. Bürger und Rat hatten unter der Herrschaft des Fürstbischofs zu leiden gehabt, weswegen sie sich auf die Seite der Bauern schlugen. Auch pragmatische Gründe gab es dafür. Würzburg war keine unabhängige Stadt, sondern unterstand einem Fürsten. Möglicherweise wollten die Würzburger den Status einer Freien Reichsstadt erlangen, wie Nürnberg oder Köln. Es ist also nicht klar, ob die Motive des Rats reiner Menschenfreundlichkeit entsprangen.

Es ist bekannt, dass Riemenschneider nach dem Zusammenbruch des Aufstands verhaftet wurde. Doch es ist kein Zeugnis von ihm überliefert, das uns Auskunft über seine Ansichten geben könnte. In Anbetracht der bekannten Fakten ist es durchaus möglich, dass er der Sache der Bauern zuneigte. Belegen aber können wir das nicht. Der Legende nach wurde er gefoltert, und man hat ihm die Hände gebrochen, sodass er danach nie wieder habe schnitzen können. Alles, was wir sicher wissen, ist, dass er noch einige Reparaturarbeiten ausführte, jedenfalls ist nach dem Ende des Bauernkriegs 1525 kein bedeutsames Werk mehr entstanden: Ob ihm die Hände gebrochen wurden, wissen wir nicht.

Andererseits erwartet man schon, dass ein Meister seines Ranges bis ins hohe Alter arbeiten würde, wenn er denn könnte. Nur, dazu hätte er auch Aufträge erhalten müssen, dem wiederum stand sein Verhalten entgegen. Es war nicht ratsam, sich allzu kritisch zu zeigen. Selbst der große Johann Sebastian Bach unterzeichnete, 200 Jahre später, die Briefe an seinen Gönner als «untertänigster Diener». Nachdem der Fürstbischof den Würzburger Aufstand niedergeworfen hatte, war Riemenschneider, trotz seiner meisterlichen Fähigkeiten, ganz sicher Persona non grata. Er war geradezu radioaktiv geworden, auch für andere Gönner oder Auftraggeber, die den Konflikt mit dem Fürstbischof scheuten.

Der Bauernkrieg endete mit blutiger Vergeltung. Luther, der das Evangelium in die Sprache des Volkes übersetzt hatte, der Mann, nach dessen Lehre alle Menschen gleich sind vor Gott, war entsetzt, nach welcher Art Gleichheit die Menschen nun schrien. Er forderte die Fürsten auf, den Aufstand gnadenlos niederzuwerfen. Und das taten sie.

Wie auch immer Riemenschneider in den Bauernkrieg verwickelt war, fest steht, mit der Niederlage von 1525 war seine Karriere als Bildhauer zu Ende. Die deutsche Kunst – und die Welt – sind damit ärmer geworden. Doch die Folgen für sein Werk waren – zumindest zunächst – weniger apokalyptisch. In Frankreich, England und Schottland hatte die Reformation verheerende Folgen für religiöse Kunstwerke. Bilder, Glasfenster, Skulpturen wurden zerschlagen und verbrannt, Klöster in Ruinen verwandelt. In Deutschland war das anders. Luther hatte eher wohlwollende Ansichten über die Kunst und ihre Rolle im Gottesdienst. Der dezentralisierte Aufbau des Heiligen Römischen Reichs mit seinem Flickenteppich zwar verbundener, doch unabhängiger Staaten sorgte dafür, dass sich zu keiner Zeit ein alles erfassender Bildersturm entwickelt hat. In anderen Teilen Europas hätten von Riemenschneiders Retabeln und Statuen nicht viele unbeschadet überlebt, im Reich blieben sie erhalten.

Wie Joachim Whaley betont, hatte die Schwäche der kaiserlichen Zentralmacht zur Folge, dass sich in Deutschland, anders als im übrigen Europa, eher Kompromisse durchsetzten als ideologische Barbarei:

> 1526 wurde festgelegt, dass jeder Regent die Angelegenheiten seines Territoriums nach seinem Willen regeln sollte, bis das Kirchenkonzil alles entscheiden würde, eine eher vage Formulierung. Natürlich hat das Kirchenkonzil niemals alles endgültig entschieden, und so folgte Kompromiss auf Kompromiss. In den 1540er Jahren unternahm Kaiser Karl V. einen letzten Versuch, seine Autorität und seine religiöse Präferenz – den Katholizismus – mit Gewalt durchzusetzen, doch er scheiterte am Widerstand der Fürsten, und so wurde 1555 ein Rahmenvertrag erreicht, der Augsburger Reichs- und Religionsfrieden. Darin wurden zwei christliche Konfessionen anerkannt, die römisch-katholische und die protestantisch-lutherische; sie sollten im Heiligen Römischen Reich gleichberechtigt sein. Dies wurde weiter ausgearbeitet, bis zuletzt im Westfälischen Frieden von 1648 auch der Calvinismus als dritte erlaubte Konfession anerkannt wurde. Diese Vereinbarung bestätigte nicht nur die Rechte der Fürsten, sondern auch und vor allem, im Kontext dieser drei Konfessionen, alle Rechte der einzelnen Untertanen auf Religionsfreiheit.

So führten der Bauernkrieg und der Dreißigjährige Krieg nach fürchterlichen Kämpfen zu dem, was einige Historiker als die höchste Leistung des Heiligen Römischen Reichs betrachten: zur Schaffung einer politischen Einheit, die offiziell religiöse Unterschiede in sich aufnehmen und aushalten konnte. Eine solche religiöse Toleranz erreichten weder England noch Frankreich.

Riemenschneider überlebte (in gewisser Weise) Reformation und Bauernkriege, und das gilt (in gewisser Weise) auch für die meisten seiner Werke. Was sie in der Folgezeit bedrohte, war eine andere Macht – der Zeitgeschmack. Der Münnerstädter Altar mit den *Vier Evangelisten* kam unbeschädigt durch die Reformationszeit. Doch fand man die so wundervoll aufgetragene Lasur zu langweilig, und es wurde ein anderer Künstler beauftragt, die Figuren farbig zu fassen. Dann geriet das ganze Werk aus der Mode. Der riesige Altar wurde demontiert und eingelagert. Während der Unruhen der Napoleonischen Kriege wurde er in seine Teile zerlegt und diese einzeln verkauft. Die meisten blieben jedoch erhalten und werden nun in verschiedenen Museen bewahrt. *Die Vier Evangelisten*, deren farbige Fassung sorgfältig entfernt wurde, stehen heute sicher in Berlin.

Im 20. Jahrhundert ist Riemenschneiders künstlerischer Ruhm stetig gewachsen; die Kirchen, in denen seine Werke stehen, sind zu touristischen Attraktionen geworden. Museen haben sein Werk in Einzelausstellungen präsentiert. Heute gilt er als überragender Bildhauer, der zwar in Lindenholz, einem ausgesprochen deutschen Material, arbeitete und doch die Empfindungsweise eines ganzen Kontinents zum Ausdruck bringt. So nimmt er heute den ihm gebührenden Platz in der europäischen Kunstgeschichte ein. Sein Ruf als Mensch freilich hat seit 1945 eine erstaunliche Entwicklung durchlaufen. Denn Tilman Riemenschneider wurde für den Aufbau eines deutschen Nationalbewusstseins auf überraschende Weise in Anspruch genommen.

Als der Krieg im Mai 1945 endete und sich die Deutschen fragten mussten, welche Zukunft sie in einem Europa würden haben können, das zu zerstören sie so viel getan hatten, ließ sich jenseits des Atlantiks in Washington einer der großen Deutschen des 20. Jahrhunderts vernehmen: Thomas Mann, der aus Hitlers Reich hatte fliehen müssen, sprach in der Library of Congress zu seinen amerikanischen Gastgebern über «Deutschland und die Deutschen» (vgl. Kapitel 6). Nach allem, was «böse Deutsche» getan hätten, sei es nun doch an der Zeit, über «gute Deutsche», die «anderen Deutschen» zu sprechen. Nachdem er über Luthers ambivalente Größe gesprochen hatte, beklagte er vor allem den Anteil, den dieser an der Niederlage der Bauern gehabt habe. Mann fuhr fort:

> Damals lebte in Deutschland ein Mann, dem meine ganze Sympathie gehört, Tilman Riemenschneider, ein frommer Kunstmeister, ein Bildhauer und Holzschnitzer, hochberühmt für die treue und ausdrucksvolle Gediegenheit seiner Werke, dieser figurenreichen Altarbilder und keuschen Plastiken, die, viel begehrt, über ganz Deutschland hin die Andachtsstätten schmückten. Ein hohes menschliches und bürgerliches Ansehen hatte der Meister sich in seinem engeren Lebenskreise, der Stadt Würzburg, auch erworben und gehörte ihrem Rate an. Nie hatte er gedacht, sich in die hohe Politik, die Welthändel zu mischen, – es lag das seiner natürlichen Bescheidenheit, seiner Liebe zum freien und friedfertigen Schaffen ursprünglich ganz fern. Er hatte nichts vom Demagogen. Aber sein Herz, das für die Armen und Unterdrückten schlug, zwang ihn, für die Sache der Bauern, die er für die gerechte und gottgefällige erkannte, Partei zu nehmen gegen die Herren, die Bischöfe und Fürsten, deren humanistisches Wohlwollen er sich leicht hätte bewahren können. Es

Tilman Riemenschneider, *Die Anbetung der Könige*, 1505–10.

> zwang ihn, ergriffen von den großen und grundsätzlichen Gegensätzen der Zeit, herauszutreten aus seiner Sphäre rein geistiger und ästhetischer Kunstbürgerlichkeit und zum Kämpfer zu werden für Freiheit und Recht. Seine eigene Freiheit, die würdige Ruhe seiner Existenz gab er daran für diese Sache, die ihm über Kunst und Seelenfrieden ging. Sein Einfluß war es hauptsächlich, der die Stadt Würzburg dazu bewog, der «Burg», dem Fürst-Bischof, die Heeresfolge gegen die Bauern zu verweigern und überhaupt eine revolutionäre Haltung gegen ihn einzunehmen. Er hatte furchtbar dafür zu büßen. Denn nach der Niederwerfung des Bauernaufstandes nahmen die siegreichen historischen Mächte, gegen die er sich gestellt, grausamste Rache an ihm; Gefängnis und Folter taten sie ihm an, und als gebrochener Mann, unfähig hinfort, aus Holz und Stein das Schöne zu erwecken, ging er daraus hervor.

Diesem bewegenden, gefühlvollen Tribut ist klar zu entnehmen, dass Thomas Mann meinte, einen Seelenverwandten gefunden zu haben – einen Künstler, der durch moralische Überzeugung seinen Beitrag zum großen Kampf um Freiheit leisten konnte (selbst wenn missgünstige Geister daran denken mochten, dass es weniger fordernd war, außerhalb des Dritten Reichs in Kalifornien zu sitzen, als im politischen Handgemenge des Bauernkrieges in Würzburg). Freilich wird auch dieser Blick nicht durch historische Belege gestützt; er sagt mehr über Thomas Mann denn über Tilman Riemenschneider. Noch mehr aber sagt er aus über die schmerzvolle Schwierigkeit, eine deutsche Geschichte zu formulieren, über den Drang, Erinnerungen zu bergen – zu stiften –, die stärkend sein können. Ein Problem, dem sich andere Länder mit einfacheren Geschichten und mit weniger komplizierten Haltungen dazu nur selten haben stellen müssen.

Es war nicht nur Thomas Mann, der sich den Lindenholzschnitzer zum moralischen und politischen Helden wählte. Beide deutsche Nachkriegsstaaten folgten seinem Beispiel. Die Bundesrepublik setzte sein Werk stolz auf ihre Briefmarken. Für die Deutsche Demokratische Republik – den historischen Quellen gegenüber ebenso unbesorgt wie Thomas Mann – war der Mann Riemenschneider bedeutsamer. Er verkörperte offenkundig in seinem furchtlosen Engagement für die Freiheit der Armen von Unterdrückung durch die Mächtigen alles, wofür ein Künstler stehen sollte. Also setzte man Riemenschneider auf eine Münze. In der DDR-Version des nationalen Gedächtnisses war er Künstler, Aktivist und Märtyrer zugleich,

Ostdeutsche Fünf-Mark-Münze und westdeutsche 60-Pfennig-Briefmarke aus Anlass des 450. Todestages von Tilman Riemenschneider.

ein Vorbild, dem alle folgen sollten – ein säkularer Heiliger des sozialistischen Staates.

Siebzig Jahre nach Thomas Manns Rede bleibt die Frage nach dem politischen Riemenschneider offen, in manchen Kreisen auch lebendig. Die Innerlichkeit von Riemenschneiders Kunst spricht hingegen noch immer mit der ruhigen Kraft, die jahrhundertelang kennzeichnend war für deutsche Frömmigkeit und Spiritualität, sichtbar vor allem in den pietistischen Strömungen des Luthertums, und weiterhin wahrnehmbar in der tiefverwurzelten deutschen Bewunderung für Bescheidenheit und Zurückhaltung.

13

Brüder der Ostsee

Hamburg und Bremen, die beiden letzten aus dem Mittelalter verbliebenen Stadtstaaten in Europa, sind heute autonome Bundesländer in der Bundesrepublik Deutschland, jedes mit eigener Legislative. Sie sind Welten entfernt von ehemals dynastischen Ländern wie die Ex-Königreiche Bayern oder Sachsen: Überlebende eines außerordentlich erfolgreichen deutschen Experiments in der variablen Geometrie politischer Bündnisse, eines der langlebigsten Handelsverbände, die je gegründet wurden – der Hanse.

Wer den Bahnhof Cannon Street in der Londoner City verlässt und sich nach links wendet, Dowgate Hill hinunter zum Fluss, gelangt zu einem dunklen, wenig einladenden Straßentunnel, der unter den Bahngleisen hindurchführt: Steelyard Passage. Geht man durch die Finsternis und wendet sich wieder nach rechts zum Fluss, entdeckt man an der Wand der Eisenbahnbrücke eine Tafel. 2005 enthüllt, markiert sie die Stelle, an der sich einst eine pulsierende Handelsniederlassung erstreckte, die gegen Ende des 13. Jahrhunderts gegründet wurde, heute jedoch völlig verschwunden ist, überbaut vom Bahnhof Cannon Street. Der Stalhof oder Steelyard war ein kleines Stück Deutschland in London, die englische Niederlassung des riesigen deutschsprachigen Handelsbündnisses, das sich entlang der Nord- und der Ostsee erstreckte, das Rheinland mit Russland verband, ein Zusammenschluss einer Vielzahl von Städten in ganz Nordeuropa: die Deutsche Hanse, kurz Hanse genannt. Ein Fußweg am Themseufer entlang wird bis heute «Hanseatic Walk» genannt.

Hans Holbein der Jüngere, *Georg Gisze aus Danzig*, 1532.

Boo Church
Stiliard

Der Stalhof, die ausgedehnte, von einer Mauer umgebene Niederlassung am Themseufer, war vor allem eine Speicherstadt mit Kais und einem Kran. Hier wurde deutscher Wein entladen, englisches Tuch für den Export an Bord genommen. Zudem gab es Versammlungsräume, Wohnungen und eine große Halle für die 400 deutschen Kaufleute, die hier lebten. Sie bildeten in vieler Hinsicht eine selbstständige Gemeinschaft mit eigener Verwaltung und Satzung. Der Tafel zufolge lebten die Kaufleute «vom dreizehnten bis zum neunzehnten Jahrhundert friedlich in der City of London», was die Wahrheit ziemlich strapaziert. Denn die Hanse kontrollierte im Mittelalter den englischen Wollhandel, was zu einigen gewaltsamen Auseinandersetzungen führte; andererseits hatten die Engländer gute Gründe, die deutschen Kaufleute der Hanse im Land zu halten. Hilary Mantel, die die Aktivitäten der Londoner Hanse für ihre Romane über Thomas Cromwell – dessen Verbindungen zum Kontinent über den Stalhof liefen – genau recherchiert hat, erklärt den Grund:

> Angesichts der Tatsache, dass Deutschland in jenen Tagen keine Einheit war, sondern eine Anzahl unabhängiger Staaten, kam der Stalhof dem am nächsten, was man eine offizielle Repräsentanz nennen könnte. Damals gab es keine Trennung von Handel und Diplomatie, wie man sie in späteren Zeiten findet, und so könnte man den Stalhof das Gesicht Deutschlands in England nennen. Ökonomisch war er ein absolutes Kraftwerk, denn die Waren, die über den Stalhof ins Land kamen, waren nicht nur wegen ihrer Nützlichkeit geschätzt, sondern auch wegen ihrer Qualität. Selbst damals boten Dinge *made in Germany* die Garantie, dass man sich auf sie verlassen konnte. Die deutsche Gemeinde wurde geschätzt, teils weil es, in Zeiten des Krieges, gut war, die Hanse auf seiner Seite zu wissen: Die Kaufleute verfügten über eine große Flotte, und England musste wegen seiner Insellage stets eine Blockade fürchten. Dies war in der Zeit Heinrichs VIII. Englands größte Schwachstelle: Blieb der Nachschub an Getreide aus, konnte England in Zeiten schlechter Ernten ausgehungert werden. England war ein großer Produzent und Exporteur von Wollstoffen, aber es konnte sich nicht immer selbst ernähren.

Ein Mann, der in den 1530er Jahren die Tore des Londoner Stalhofs wohl regelmäßig passierte, war der Maler Hans Holbein der Jüngere. Seit er aus Basel kommend in London eingetroffen war, hatte er sich unter Londons Gebildeten, Höflingen und Kaufleuten einen

Wenceslaus Hollar, *Long View of London*, Ausschnitt mit dem «Stalhof», 1647.

Hans Holbein der Jüngere, *Selbstbildnis*, 1542.

außergewöhnlichen Kundenkreis geschaffen. Er stand in der Gunst von Thomas Cromwell und Anne Boleyn, beide Anhänger des reformierten Glaubens. Die Kaufleute der Hanse in London wurden unter den Ausländern am meisten beneidet, eine wohlhabende und privilegierte Elite mit Zugang zu allen Luxusgütern des Kontinents. Und wenn sie es sich leisten konnten, dann konnten sie bei ihrem «Landsmann», dem ebenfalls deutschsprechenden Hans Holbein, ihr Porträt in Auftrag geben.

Wenn ich ein Objekt auszuwählen hätte, das die Hanse in ihrer Glanzzeit repräsentiert, dann wäre es Holbeins 1532 entstandenes Porträt von Georg Gisze, einem Danziger Kaufmann, der seine Geschäfte im Stalhof betrieb. Gisze ist 1532 dreiunddreißig Jahre alt, auffallend kostbar gekleidet – allein die roten Ärmel! – und sehr darauf bedacht, dass der Betrachter auch sieht, wer er ist. Zuvorkommend hält er ein Schreiben so in der Hand, dass wir lesen können, an wen es gerichtet ist. In Niederdeutsch steht da: «Dem Erszamen/Jorgen Gisze to lundene engelant mynem/broder to handen» – «Auszuhändigen meinem Bruder, dem Ehrenwerten Georg Gisze zu London in England». Auch über seinem Kopf, auf einem mit Siegelwachs an die Wand geklebten Stück Papier, lesen wir, diesmal in Latein, dass dies ein authentisches Abbild Georgii Gysenii in seinem 34. Lebensjahr ist, dass seine Wangen ganz genau so geformt und seine Augen so lebhaft sind, wie wir sie hier sehen. Und sollten wir auch diesen zweiten Hinweis übersehen haben, dann steht noch einmal, links direkt auf die Wand geschrieben «G. Gisze». Die rechts hinter die Leisten gesteckten Briefe zeigen als Absender Kaufleute aus Basel: Damit lässt Gisze, nachdem er uns bedeutet hat, mit wem wir es zu tun haben, nun auch noch wissen, wie eifrig er bei seiner Geschäftskorrespondenz ist. Er ist ein ernsthafter, gut ausgebildeter junger Mann, der in der City of London wertvolle Geschäftserfahrungen sammelt.

Die Familie der Gisze, ursprünglich aus Köln, einem Handelszentrum der Hanse, waren wohlsituierte Kaufleute in Danzig (heute Gdansk), einer deutschsprachigen Stadt, die dem König von Polen Treue schuldete. Auf dem Tisch vor Georg liegt ein Ring mit dem Wappen, das der Familie von König Sigismund verliehen worden war. Wie der Brief seines Bruders, so signalisiert auch das Wappen, wie bedeutsam in der Kaufmannsgemeinschaft der Hanse familiäre Beziehungen waren, insbesondere wenn es um Kredite ging, die über weite Entfernungen gewährt wurden. Die rechte Seite des Bildes ist allein den Geschäften gewidmet: die Briefe aus Basel, das Geschäftsbuch mit den roten Samtstreifen, das Tintenfass aus Zinn, Federkiele, rotes Siegelwachs mit Siegelring und Siegel – alles, was zur Geschäftskorrespondenz benötigt wird. Auf der linken Seite des Bildes deutet die Vase mit Blumen einen anderen Georg an: Die Nelken sind ein Symbol der Verlobung, Rosmarin symbolisiert Gedenken, der Ysop Reinheit. Da sehen wir G. Gisze als vorbildlichen Bräutigam: Drei Jahre nach diesem Porträt heiratete er Christine Krüger, die Tochter eines anderen erfolgreichen Danziger Kaufmanns – und über seinem Namen an der Wand lesen wir das recht brave Motto: «Nulla sine merore voluptas» – Kein Vergnügen ohne Trauer.

Hilary Mantel kennt dieses Porträt und den Porträtierten genau:

> Georg Gisze war Spross einer reichen Danziger Familie, der für eine Zeit in das deutsche Haus in London geschickt wurde, um internationale Erfahrungen zu sammeln.

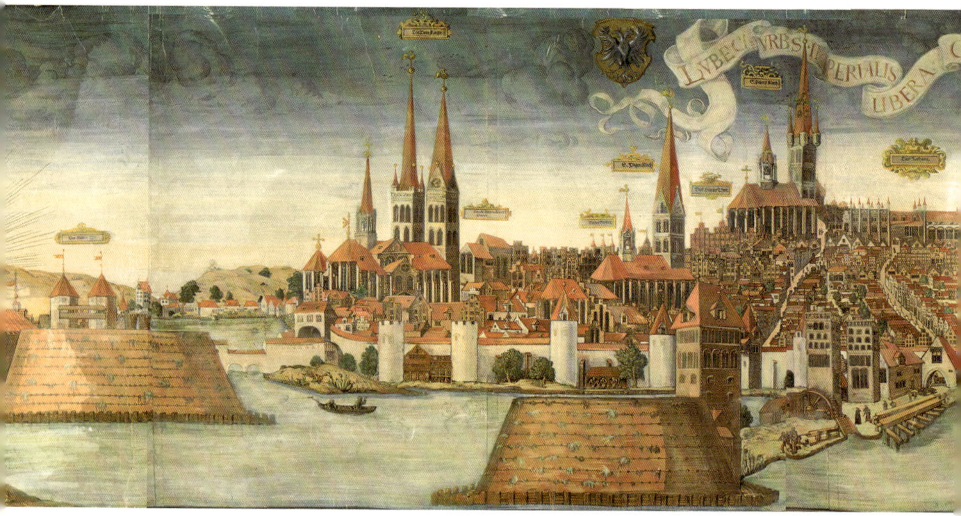

Georg schaut uns direkt an. Man kann das Bild als Liebesbrief lesen. Es wurde übermalt, sodass der Blick leicht nach rechts gerichtet ist, und die Rechte ist traditionell die Seite, an der die Frau platziert ist. Die Nelken zeigen, dass er verlobt ist; und so wirkt das Bild, als schaue er zu seiner abwesenden Verlobten, die zuhause blieb. Wer glaubt, Handel habe keine Würde, der muss nur die Stalhof-Porträts betrachten. Sie zeigen Kaufleute der Hanse, dieser weitgespannten internationalen Handelsorganisation. Das sind Menschen mit Reichtum und Status, wenn vielleicht auch ohne formelle politische Macht, und in deren Kreis ist Georg platziert als ein junger Mann von Einfluss. Holbeins andere Stalhof-Porträts sind einfacher, in sachlichem Stil gehalten. Häufig schaut uns der Porträtierte direkt an – wie auf einem Fahndungsfoto, das ein Genie gemacht hat.

Die Anfänge der Hanse reichen zurück bis ins 12. Jahrhundert. Ursprünglich bedeutet das Wort «Schar», einen Bund von Männern, mit durchaus militärischem Unterton, im 12. Jahrhundert aber wurde es zur Bezeichnung von Gilden oder Zünften verwendet. Zu ihrer Blütezeit war die Hanse mehr als nur ein Bund von Kaufleuten, sie war ein Städtebund, zu dem sich rund 90 deutschsprachige, sich selbst regierende Städte zusammengefunden hatten, eine lose Föderation unter der Führung von Lübeck und Hamburg, die in der Art einer Kooperative gemein-

Ansicht der Freien Stadt Lübeck, 1552.

sam agierten. So betrachtet war die Hanse etwas sehr deutsches. Wie große Teile Norddeutschlands operierte sie jenseits der Kontrolle des Kaisers und der Institutionen des Reichs. Einige Mitgliedsstädte, wie Danzig und Riga, Stockholm und Bergen, lagen ohnehin außerhalb des Reichsgebiets.

Cornelia Linde vom Deutschen Historischen Institut London hat sich mit der Geschichte der Hanse befasst:

> Die Hanse war insofern ein merkwürdiges Konstrukt, als sie keine Verwaltung hatte, keine Siegel, keine Statuten, keine Armee, keine Flotte, keine Schiffe. All das gehörte den einzelnen Kaufleuten. Die Hanse gründete in einer Ökonomie des Vertrauens. Das Element, das die Kaufleute am stärksten miteinander verband, war die Sprache – sie alle sprachen Niederdeutsch. Ein weiteres Element waren Familienbindungen: Viele der Familien, die man in den Städten weit im Osten findet, kamen ursprünglich aus dem Westen, und häufig hielten sie die Verbindungen mit den Städten im Westen durch Heiraten aufrecht. So wusste jemand aus Lübeck meist sehr genau, mit wem er Geschäfte machte in Riga, und vielleicht waren sie sogar miteinander verwandt.

Hans Holbein der Jüngere, *Hermann von Wedigh aus Köln*, 1532.

Hans Holbein der Jüngere, *Derick Berck aus Köln*, 1536.

Dass Kaufleute der Hanse bei einem so berühmten und teuren Künstler wie Holbein Porträts in Auftrag geben konnten, gibt uns eine Vorstellung davon, wie bedeutend und mächtig die Hanse um die Mitte des 16. Jahrhunderts geworden war. Die Organisation selbst mochte wenig besitzen, doch sie kontrollierte Vieles. Ihre Macht beruhte auf einem vielfältigen Netz von Handelswegen, das Nordsee, Ostsee, das Baltikum und die großen Flüsse Nordeuropas umspannte und so die Wolga mit der Themse verband. Die Hansestädte trieben nicht nur Handel, sie verteidigten die Handelswege auch, weshalb sie bewaffnete Flotten unterhielten: um ihre Häfen zu schützen, aber auch, um, wenn es notwendig war, Krieg zu führen gegen alle, die ihre Macht herausforderten und ihre Geschäfte störten. Zudem entwickelten sie einen eigenen Kodex von Handelsgesetzen. Etwa einmal im Jahr versammelten sich Vertreter der Städte zum Hansetag – dem obersten Leitungs- und Beschlussorgan –, um wichtige Fragen zu erörtern. Die Macht der Hanse reichte von Nowgorod in Nordwestrussland bis nach London und Ostengland. Cornelia Linde erläutert, wie dies funktionierte:

Was die Hanse durch ihren Zusammenschluss erreichte, war Sicherheit durch die zahlenmäßige Stärke. Sie war eine Gemeinschaft von Menschen mit den gleichen wirtschaftlichen Interessen. Das Erstaunliche ist, dass die Städte Lübeck und Hamburg selbst nichts produzierten, sie waren nur die Zentren, in denen Waren gehandelt wurden. Mit zunehmender Professionalisierung der Kaufleute mussten diese auch nicht mehr so viel selbst reisen. Das wiederum gab ihnen Gelegenheit, sich in ihrer Stadt politisch zu betätigen; viele Kaufleute der Hanse waren zum Beispiel Ratsmitglieder. Sie hatten spezialisierte Mannschaften, die auf Reisen gingen, und sie hatten ihre Geschäftspartner – einen Cousin vielleicht –, der am Zielpunkt der Reise die Waren entgegennahm. Auf diese Weise musste sich ein Kaufmann auch nicht auf bloß eine Handelsfahrt nach Bergen beschränken; er konnte zur gleichen Zeit Schiffe nach

Salzspeicher in Lübeck; sie gehören zu den wenigen bis heute erhaltenen Bauwerken der Hanse.

London, nach Riga und nach Bergen schicken. Die eigentliche Leistung der Hanse und ihrer Kaufleute waren also die Verbindungen, die sie zwischen Ost- und Westeuropa herstellten.

Das ist die Welt, die Holbein so wirkungsvoll darstellt mit seinem Porträt des Georg Gisze, dessen Vater Ratsherr der Stadt Danzig war und dessen Briefe Basel mit Danzig verbanden, in einem kollegialen Familiennetzwerk von Kredit und Austausch.

Das Netzwerk allerdings reichte noch weiter. Giszes Vase mit den symbolischen Blumen ist aus feinstem, dünnstem venezianischen Glas hergestellt, und es zeugt ebenso von Gizses Reichtum wie von Holbeins Geschick, die Lichtreflexe auf dem Glas darzustellen. Neben der Vase sieht man eine kleine runde Messinguhr, und beide Objekte liegen auf einem türkischen Teppich, der aus der Levante eingeführt worden war. Vom obersten Regal hinter Gisze hängt eine Erinnerung an die Heimat herab: ein kleiner runder Anhänger aus Bernstein von den baltischen Küsten. So wurden die Schätze der damaligen Welt von der Hanse im Londoner Stalhof zusammengebracht.

Doch 1532, als das Bildnis entstand, handelte die Hanse nicht nur mit Waren, sondern verbreitete auch Ideen, und diese Ideen hatten damit zu tun, dass die meisten großen Hansestädte den neuen evangelischen Glauben angenommen hatten; wie so oft in der Geschichte reiste die Religion entlang der Handelsrouten. Nochmals Hilary Mantel:

Alles auf diesem Bild erzählt von Kommunikation. In mehr als einem Sinn hat das auch mit dem Wort zu tun, denn die deutschen Kaufleute in London importierten auch die verbotenen Bibeln, Luthers Schriften. Für alle, die sich für Gottes Wort in der Volkssprache interessierten, waren sie von höchstem Interesse. Der Stalhof war eine verschworene, abgeschlossene Gemeinschaft, die damals bereits unter Verdacht geriet und bespitzelt wurde, im Stalhof hatten Durchsuchungen stattgefunden. Die Kaufleute waren eine Gemeinschaft im Belagerungszustand, den profitablen Handel mit verbotenen Büchern allerdings konnte das nicht stoppen. Man kann Ideen nicht einfach aussperren, und in den 1530er Jahren änderte sich auch der Lauf der Dinge. Thomas Cromwell, ein Sympathisant der Reformation, war der kommende Mann, und durch eine Reihe von Gesetzen und Maßnahmen bereitete er den Bruch mit Rom vor und setzte die englische Reformation in Gang. Holbein war, wie sich herausstellte, Teil dieses Plans. Zur Zeit der Krönung von Anne Boleyn [im Juni 1533] beauftragten ihn die Kaufleute der deutschen Hanse mit dem Entwurf eines Triumphbogens: Das sollte ihr Beitrag zu diesem anstößigen Ereignis sein, zur Krönung einer Frau, die viele in Europa als Heinrichs VIII. Konkubine ansahen. Die deutschen Kaufleute, zuvor häufig aus ideologischen Gründen geschnitten, standen plötzlich im Mittelpunkt des Geschehens, und nach diesem Ereignis wollte jeder, der im England der Tudors etwas auf sich hielt, und dies bis hinauf zum König selbst, von Holbein gemalt werden. Ausgerechnet dieser deutsche Maler, der identifiziert wurde mit seinen Landsleuten und ihrer großen Wirtschaftsmacht, hat uns so viele kulturelle Ikonen dieser Ära geschenkt, die wir für ausgesprochen englisch halten.

Im 15. Jahrhundert hatte die Hanse eine machtvolle Präsenz entlang der gesamten englischen Ostküste entfaltet. Wie in London, Boston und King's Lynn hatte sie auch in Hull, Ipswich und Sandwich Niederlassungen. Hamburg und Lübeck, ihre Kraftzentren in Deutschland, genossen im Heiligen Römischen Reich den Status freier Reichsstädte. In dem Maße jedoch, indem England und die Niederlande ihren Handel mit Nord- und Südamerika und dem Fernen Osten ausbauten, und damit zugleich den eigenen Schiffsbau, eigene Seemacht, eigene Finanzzentren entwickelten, gerieten die Hansestädte zunehmend ins Abseits. Mit dem Atlantik konnte die Ostsee nicht konkurrieren. Nach und nach wurden die Privilegien der Hanse gestrichen: 1594 in Russland, 1598 durch Elisabeth I. in England. 1604 war die Zahl der Mitgliedsstädte auf vierzehn geschrumpft. Dazu allerdings trugen, wie Cornelia Linde erklärt, auch noch andere, innere Faktoren bei:

> Einer der Gründe für den Niedergang war das Fehlen einer wirklichen Struktur, sodass sich im Lauf der Zeit einzelne Kaufleute von der Hanse abwandten und diese sich schlicht auflöste. Es war ein sehr langsamer Niedergang, der sich über einige Jahrhunderte hinweg vollzog. Es gibt nicht einmal ein richtiges Datum dafür, wann die Hanse aufhörte zu existieren. Häufig wird 1669 genannt, das Jahr, in dem der Hansetag zum letzten Mal zusammentrat, doch ein offizielles Ende der Hanse wurde bei dieser Tagung nicht verkündet. Es wurden überhaupt keine Beschlüsse mehr gefasst. Man dachte, man werde sich ein weiteres Mal treffen, aber dazu ist es nie gekommen.

London, genauer Holbein, mag uns das treffendste Porträt verschafft haben, das wir von einem Hanse-Kaufmann haben, doch England lag stets am Rand des hanseatischen Einflussgebiets. Ihr Zentrum war die Ostsee. Es gibt kein Gemälde, das die komplexe Funktionsweise dieser Welt norddeutscher Kaufleute so kompakt zusammenfasst wie Holbeins *Georg Gisze*. Doch vielleicht kann man ihrer so lange währenden kosmopolitischen Opulenz noch näher kommen, wenn man eine Gruppe von drei Zeremonialkrügen aus dem 17. Jahrhundert betrachtet. In der Welt der Hanse war es Sitte, einen Kaufvertrag oder einen Geschäftsabschluss zu besiegeln, indem man feierlich Bier miteinander trank – so wie heute etwa ein Handschlag «gilt» –, und in Lübeck oder Hamburg oder in Georg Giszes Heimatstadt Danzig verstand man es, Bier erstaunlich stilvoll zu trinken (vgl. Kapitel 10). Alle drei Krüge sind aus Silber und wurden zur Demonstration des Reichtums mit üppigem Dekor und Vergoldungen versehen. Doch der Danziger Krug übertrifft die beiden anderen bei weitem.

Der Danziger Goldschmied Daniel Friedrich von Mylius, der den Krug kurz vor dem Jahr 1700 schuf, hat darauf in einem Hochrelief das Fest des Babylonischen Königs Belsazar dargestellt. Dieser sitzt am Kopf der schräg gestellten Tafel, seine Miniaturgäste, individuell modelliert, feiern fröhlich, und plötzlich erscheinen über ihnen an der Wand, für sie unsichtbar, sichtbar nur dem Trinkenden, die Worte *mene mene tekel upharsin*: «Gewogen, gewogen, für zu leicht befunden». Gott verdammt das opulente Gelage, bei dem aus goldenen Bechern und Pokalen getrunken wurde, die in Jerusalem geraubt worden waren. Eine großartige Goldschmiedearbeit für die reichen Protestanten: Macht und Reichtum sind erlaubt, doch wer sich an ihnen erfreut, darf darüber die Gott geschuldete Ehrfurcht nicht vergessen. Nicht zufällig ist die göttliche Mahnung in die deutsche Umgangssprache eingegangen. Bis heute wird im Deutschen ein bedrohliches Zeichen «Menetekel» genannt.

Auch die beiden anderen zeremoniellen Trinkgefäße künden vom Geist der Hanse. Der aus Lübeck stammende Deckelkrug zeigt auf der Innenseite des Deckels das gravierte Wappen der Stadt Riga, die damals zur Polnisch-Litauischen Union gehörte; der Hamburger Becher dagegen, dessen erstaunliches Dekor man für Art Nouveau halten könnte, trägt eine kyrillische Inschrift. So zeugt dieses Ensemble von der Jahrhunderte bestehenden supranationalen Gemeinschaft der Hanse und ihrem Wohlstand. Die deutsche Kaufmannsdiaspora im Ostseeraum, die deutschsprachigen Bevölkerungen Danzigs und Rigas, Tallinns

Oben links: Silberkrug aus Lübeck, 1601–25. Oben rechts: vergoldeter Silberbecher aus Hamburg, um 1650. Unten: vergoldeter Silberkrug aus Danzig, um 1680.

und Königsbergs blühten oder überlebten doch bis 1945. Dann wurde die gesamte Bevölkerung vertrieben oder getötet – und die Hanse des Ostens war endgültig ausgelöscht (vgl. Kapitel 26).

In England sind es nur die Tafel in London nahe dem Themseufer, ein Speichergebäude in King's Lynn und einige herrliche Holbeins, die uns daran erinnern, was die Hanse einst war. In Deutschland dagegen sind deutlichere Spuren geblieben. Zehn deutsche Städte nennen sich bis heute «Hansestadt», noch die Kfz-Kennzeichen tragen stolz das «H» vor dem Städtekürzel: «HB» für Hansestadt Bremen, «HH» für Hamburg, «HL» für Lübeck und so weiter. Der Historiker Michael Stürmer meint:

> Wenn man Menschen aus Hamburg oder Bremen fragt, wo ihre Freunde und Nachbarn sind, wer ihre engsten Nachbarn sind, werden sie ausnahmslos sagen: Großbritannien und Skandinavien.

Noch in den 1880er Jahren, als die Hanse längst untergegangen war, sollen die Kinder gesungen haben: «Hamburg, Lübeck und Bremen, / die brauchen sich nicht zu schämen, / denn sie sind eine freie Stadt, / wo Bismarck nichts zu sagen hat.» Mit anderen Worten: Das neue deutsche Kaiserreich und seine Erlasse nahm man hier nicht so ernst. Gleichwohl konnte kein Zweifel daran bestehen, dass die Prosperität dieser Städte nun auf ihrer Industrie und dem transatlantischen Handel beruhte, nicht mehr auf den traditionellen Unternehmungen der Hanse. Was zur Folge hatte, dass sich um 1900 eine Kluft auftat zwischen den boomenden Städten Hamburg und Bremen, während Lübeck im Lauf des 19. Jahrhunderts immer mehr an Bedeutung verlor.

> Ich weiß, dass oft die äußeren, sichtbarlichen und greifbaren Zeichen und Symbole des Glückes und Aufstieges erst erscheinen, wenn in Wahrheit alles schon wieder abwärts geht. Die äußeren Zeichen brauchen Zeit anzukommen, wie das Licht eines solchen Sternes dort oben, von dem wir nicht wissen, ob er nicht im Erlöschen begriffen, nicht schon erloschen ist, wenn er am hellsten strahlt.

Die eindringlichste, zugleich berühmteste literarische Evokation des hanseatischen Wohlstands erschien, als dieser bereits der Vergangenheit angehörte. Thomas Manns wehmütiger Roman *Buddenbrooks. Verfall einer Familie* (1901) fängt die

Das historische Stadtzentrum von Lübeck.

Traditionen und den Reichtum einer großen hanseatischen Familie in der Dämmerung ihres Niedergangs ein.

Lübeck, Thomas Manns Heimatstadt, gehört heute zum Bundesland Schleswig-Holstein, ist also keine autonome Stadt mehr. Hamburg und Bremen, offen zum Atlantik gelegen, konnten prosperieren und sind bis heute Freie Hansestädte und eigenständige Bundesländer. (Die Hamburger halten sich viel zugute auf ihren Namenszusatz «Freie *und* Hansestadt», Bremen dagegen ist nur «Freie Hansestadt». Eine Differenzierung, die offenbar von großer Bedeutung ist, auch wenn sie sich Außenstehenden nicht wirklich erschließt.) Beide Städte haben sich selbst als Stadtrepubliken begriffen und tun das noch, und zwar ganz in der Tradition Roms, das regiert wurde von Konsuln und Senatoren und dessen

S.P.Q.H.

öffentliche Gebäude die Buchstaben SPQR zierten, *Senatus Populusque Romanus* («Senat und Volk von Rom»). Bis heute findet man die Buchstaben SPQH, *Senatus Populusque Hamburgensis*, über dem Eingang zum Großen Festsaal des Hamburger Rathauses; nicht anders in Bremen, wo man SPQB lesen kann. Die deutsche Fluggesellschaft nennt sich Lufthansa – Hanse der Lüfte –, und vielfliegende Geschäftsleute können den VIP-Status eines «Senators» erlangen.

Fünfundzwanzig Jahre nach dem Fall des Eisernen Vorhangs hat sich in der politischen Geographie Nordeuropas wieder ein älteres Muster eingestellt. Auch wenn die kulturellen und sprachlichen Grundlagen heute andere sein mögen, der Handel über Ost- und Nordsee hinweg ist wieder etwas Alltägliches. Tallinn, Riga und Gdansk betreiben problemlos Handel mit Hamburg, Bremen und London.

Die Siglen SPQH im Hamburger Rathaus.

FW
1813

14
Die Eiserne Nation

> Tausend kostbar gekleidete Damen. Keine von ihnen ohne Hutfedern, einige blau wie der Himmel, andere rot getönt, hier ein Violett oder Gelb, dort Schattierungen von Grün. Die Diamanten, die sie einfassten, fingen das durchs Fenster dringende Sonnenlicht und verbreiteten ein funkelndes Strahlen. Jede der Damen schien aufzusteigen aus einer vergoldeten Barrikade, so als habe sich der Vorhang zu einem Schauspiel aus einer fremden Sphäre gehoben.

Das war der britische Hof im 19. Jahrhundert, beschrieben von Richard Rush, dem amerikanischen Botschafter in London. Jahrtausende lang waren Edelmetalle und Juwelen in Europa die klarsten Zeichen von Macht und Wohlstand. Frauen wurden ausstaffiert mit den Symbolen des Reichtums, einer Opulenz der Macht, die mit Stolz zur Schau getragen wurde und bewundernd betrachtet werden sollte. Die Damen von London jedenfalls brillierten mit ihnen. Wäre der Botschafter hingegen in Preußen akkreditiert gewesen, er wäre zum Zeugen einer ganz anderen Szenerie geworden. Bei einem Hofball hätte er Schmuck sehr viel bescheidenerer Art gesehen, eine Halskette etwa wie die auf Seite 294 abgebildete. Sie ist nicht aus Edelmetall gefertigt (keine «vergoldete Barrikade» also), auch nicht mit funkelnden Steinen besetzt: Sie ist schlicht, schwarz und aus Eisen. In Preußen, und insbesondere im Preußen des 19. Jahrhunderts, war dieses wenig glamouröse Metall, der Stoff, aus dem Schwerter und Helme, Maschinen und Ackergeräte gemacht werden, auch zum Material erster Wahl für einen Schmuck geworden, der einem ganz anderen Zweck diente – nicht Reichtum sollte zur Schau getragen werden, sondern Patriotismus; die Halskette ist ein Symbol des Widerstands gegen die französischen Invasoren und Besatzer.

Das Eiserne Kreuz, 1813.

Diese vor allem in Berlin verbreitete Sitte, Eisen in einer völlig unerwarteten Umgebung zu verwenden, hat eine lange Geschichte. Das lässt sich an der Statuette ablesen, die Friedrich Wilhelm, den Großen Kurfürsten von Brandenburg (dem Vorläuferstaat von Preußen), zeigt, der sein Land in den 1670er Jahren heroisch gegen die einmarschierenden Schweden verteidigte und mit dem die Verwandlung Brandenburg-Preußens in eine europäische Macht ihren Anfang nahm. Gezeigt wird er als kriegerischer Held, als christlicher St. Georg-Ritter, der in römischer Rüstung über das Böse triumphiert. Auf seinem Schlachtross, mit wurfbereitem Speer, hat er den Drachen bereits überwältigt, der sich unter ihm windet. Die Rhetorik der Skulptur ist konventionell – bis auf einen Aspekt. Überall sonst in Europa wäre ein solches Standbild in Bronze gegossen worden, dem Material, das alle erhabenen Anklänge an das alte Rom in sich trägt. Diese Figur aber stammt aus Berlin, von einem Hof, der bekannt war für seinen ostentativen Verzicht auf jede Art von Luxus. Im Berlin der 1680er Jahre wird der Große Kurfürst in Eisen präsentiert. Wenn Sachsen später durch seine Porzellanmanufakturen definiert wurde (vgl. Kapitel 18), so Preußen durch Eisen: kein Firlefanz und kein Getue. Dies war die Eiserne Nation.

Fest in dieser preußischen Tradition steht das Eiserne Kreuz. Die ganze Welt kennt diesen Orden – und zu Recht – als Symbol des militärischen Könnens der Deutschen. Doch es verkörpert auch ein Ideal des preußischen Staates und seiner Bürger: Einig, betont einfach und entschlossen. Beginnen wir aber mit dem Schmuck aus Eisen. Diese Geschichte ist etwas sehr Deutsches und zeugt von einer unter Deutschen hochangesehenen Tugend – der Bescheidenheit. Die Halskette ist dezent, alles andere als protzig. Gebildet wird sie von neun ovalen Medaillons, schwarzeisernen Evokationen antik römischer Kameen, die aufgereiht sind an zierlichen, dreifach arrangierten Kettchen. Sie stammt aus der Zeit um 1805/06, den dunkelsten Momenten der Napoleonischen Kriege, als französische Soldaten fast alle deutschsprachigen Länder besiegt hatten und besetzt hielten. Nach einer Phase der Neutralität hatte Preußen unglückseligerweise – auch ziemlich töricht – auf das reagiert, was es als Provokation Napoleons betrachtete, und seine Soldaten marschieren lassen. Der König, Friedrich Wilhelm III., rief zur öffentlichen Ablehnung aller Spielarten von Extravaganz und

Der Große Kurfürst als Heiliger Georg, Statue in Eisen, 1680.

zu einer Haltung ostentativer Sparsamkeit auf. Angeführt von Prinzessin Marianne von Preußen ermahnte die königliche Familie ihre weiblichen Untertanen, als persönlichen Beitrag zu den Kriegsanstrengungen ihren Gold- und Silberschmuck zu spenden. Im Tausch dafür gab es einen Ring, auch eine Halskette aus Eisen wie die gezeigte, meist mit der Inschrift «Gold gab ich für Eisen», ein öffentliches Bekenntnis der selbstlosen Treue zum Vaterland. Preußen sollten Männer und Frauen aus Eisen sein.

1806 wurde die preußische Armee in den Schlachten von Jena und Auerstedt demütigend geschlagen, und Napoleon zog in Berlin ein (vgl. Kapitel 9). Die königliche Familie floh nach Königsberg ins ferne Ostpreußen, heute die russische Enklave Kaliningrad (vgl. Kapitel 3), einige hundert Kilometer östlich von Berlin, und dann noch weiter bis zur Memel, direkt an der damaligen russischen Grenze. Königsberg mag weit abgelegen erscheinen, in Preußens Seele aber hatte es einen bedeutenden Platz. Denn dort hatte das Königreich Preußen seinen Ursprung, dort war 1701 sein erster König gekrönt worden. So saß Friedrich Wilhelm III. in Königsberg und musste einsehen, dass Preußen, im 18. Jahrhundert einer der erfolgreichsten und aufgeklärtesten Staaten Europas, in

Halskette aus Eisen, um 1805.

Christian Daniel Rauch, *König Friedrich Wilhelm III.* und *Königin Luise von Preußen*, Eisenguss, nach 1816.

tödlicher Gefahr schwebte. Dieses Bild Preußens im Jahr 1806 – geschlagen, aber ungebrochen, allein, aber heldenmütig – ist in der öffentlichen Erinnerung bis heute lebendig, vergleichbar vielleicht mit den britischen Erinnerungen an den einsamen Heldenmut im Jahr 1940, nach der Schlacht um Dünkirchen. Der preußische Staat kämpfte um sein Überleben, geführt von seinem König und der heldenhaften Luise an seiner Seite, die in weiten Teilen Deutschlands zu einer inspirierenden und verehrten «Königin der Herzen» werden sollte.

Preußens Gegenoffensive begann in Königsberg. Der nahezu bankrotte Staat und seine Verwaltungen wurden reorganisiert, ebenso die Armee, dem Volk musste neue Energie eingeflößt werden. Nur «Eisen und Standhaftigkeit» würden die Nation retten, erklärte der König. Die Frauen Preußens, die nun Eisen trugen statt

Juwelen, waren ein Aspekt davon. Dann, 1813, als sich die militärische Lage wieder zugunsten Preußens und seiner Verbündeten wendete, setzte der König alle bestehenden militärischen Orden aus. Er stiftete einen neuen für all jene, die am Feldzug gegen Napoleon teilnahmen. Das Eiserne Kreuz sollte an Soldaten aller Rangstufen verliehen werden können und nicht nur an Offiziere – eine historische Innovation für Preußen und ein brillanter PR-Schachzug. Im Kampf um die Befreiung der Nation sollten alle Preußen gleichermaßen geehrt werden, unabhängig von Rang und Stand. (Es war das gleiche Verfahren, das Napoleon mit der 1804 gestifteten Légion d'honneur einführte. In Großbritannien wurde eine solche Auszeichnung für alle Ränge – das Victoria Cross – erst 1856 eingeführt.) Die Stiftung des Eisernen Kreuzes, so Christopher Clark, der Autor von *Preußen. Aufstieg und Niedergang*, fügte sich nahtlos in den bestehenden Preußen-Mythos:

> Friedrich Wilhelm verfügte, dass dieser Orden aus Eisen gegossen werden sollte, entsprechend jenen Zeiten der Enthaltung und Entbehrung. Das birgt wiederum einen interessanten Aspekt: die Verbindung einer bestimmten Form von Austerität mit der Identität Preußens, die Idee, dass Preußen ein Staat war, der sich zu helfen wusste. Daher auch die Vorstellung, dass sich die Gattinnen der Junker, Ehefrauen brandenburgischer Aristokraten ihre Kleider selbst nähen könnten. In dieser mythisierenden Erinnerung an das, was Preußen war, liegt ein Insistieren auf Einfachheit und Bescheidenheit als Grundlage, und zu dieser emotionalen Matrix passt eben auch die Vorliebe für Eisen.
>
> Attraktiv war Eisen, weil es kein vornehmes, kein Edelmetall ist, vielmehr ein ganz gewöhnliches Material, aus dem Dinge des Alltags gefertigt werden. Das stellte der König klar. So wie das Eiserne Kreuz entworfen und gestiftet wurde, war es eine völlig neue Form militärischer Ehrung, eine, die Wert und Tapferkeit aller Ränge anerkannte, nicht nur die von Generälen und Adligen, sondern auch die der Männer aus der Linie, eine Ehrung also, abhängig allein davon, wie sie ihre Pflichten erfüllt hatten.

Das Eiserne Kreuz war also ebenso sehr Ausdruck des preußischen Selbstverständnisses, von Nüchternheit und Zähigkeit wie von Friedrich Wilhelms eisernem Willen, sein Königreich aus der französischen Besatzung zu befreien. Es sollte, so der König, «für die Dauer des jetzigen Krieges eine eigenthümliche Auszeichnung des Verdienstes sein. Sie soll in einem schwarzen in Silber gefassten Kreuz aus Gußeisen bestehen» – eine für ein Ehrenzeichen erstaunlich einfache Ausführung, ohne Inschrift oder sonstige Ehrenbekundung, nur zuoberst Krone und Initialen des Königs, in der Mitte Eichenlaub und unten das Stiftungsdatum 1813. Eisen, kein Edelmetall. Deutsche Eiche, kein römischer Lorbeer. Das Kreuz ist unbestreitbar ein elegantes Objekt, doch die symbolische Kraft eines eben nicht bronzenen, silbernen oder goldenen, sondern eisernen Kreuzes ist noch immer wirksam. Wobei diese Symbolik noch komplexer ist, als es sich Nichtdeutsche vielleicht vorstellen. Horst Bredekamp erklärt, warum dieses preußische Militärkreuz für Deutsche eine so umfassende Bedeutung hat:

> Aus unserer Sicht, ganz intuitiv, ist Eisen das Symbol für die deutsche Standhaftigkeit, eine zentrale Tugend. Das wiederum ist eine Sichtweise, die sich sehr gut mit der deutschen Eiche verbindet, die jeder als deutsches Symbol kennt, verbunden mit der gleichen traditionellen Definition des deutschen Charakters (vgl. Kapitel 7). Dann aber ist mit dem Eisen des Kreuzes ein zweites Metall verbunden. Der silberne Rand. Er repräsentiert Königin Luise, die nun für einen weiteren Aspekt des deutschen Charakters stehen kann. Silber ist verbunden mit Empfindsamkeit und Schwäche – Schwäche aber in einem starken Sinn, der nicht etwa Kraftlosigkeit bedeutet, sondern empfindsam zu sein, mitfühlend, intuitiv, fähig, das zu entwickeln, was damals die deutsche Seele sein sollte. So haben wir im Eisernen Kreuz nicht nur Stärke, auch nicht nur das egalitäre Prinzip, sondern dazu noch das Empfindsame der so verstandenen deutschen Seele. Das hat dem Symbol eine so emotionale Aufladung gegeben – denn es verkörpert, so wie wir das sehen, mindestens drei Prinzipien, und nicht nur eines.

Nordöstlich von Königsberg liegt nicht weit entfernt die kleine Stadt Tilsit. Dort, auf einem mitten im Grenzfluss Memel schwimmenden Floß, traf sich 1807 Napoleon mit dem russischen Zaren zur Unterzeichnung des französisch-russischen Abkommens. Und ebendort, in deutlichem Kontrast zu diesem expansiven Vertragswerk, wurde Preußen gezwungen, die von Napoleon diktierten Friedensbedingungen zu akzeptieren. Auch Königin Luise, die sich in einem letzten Versuch, den Kaiser zu großzügigeren Vereinbarungen zu bewegen, mit Napoleon traf, konnte ihn nicht umstimmen. Er empfing sie, blieb aber hart. Preußen verlor die Hälfte seines Territoriums und seiner Bevölkerung – aufgeteilt unter Russland, Sachsen und Napoleons Familie. Zudem wurden immense Reparationszahlungen festgesetzt. Diese rachsüchtigen Bedingungen schockierten ganz Europa. In Preußen blieben sie unvergessen. Als sich das Kriegsglück 1871 umgekehrt hatte,

Jean-Charles Tardieu, *Napoleon empfängt Königin Luise von Preußen in Tilsit*, Gemälde, 1808.

schäumten die Franzosen vor Wut, dass Preußen sie nun auf gleiche Weise behandelte. Napoleon aber hatte sich eine formidable Feindin gemacht: Königin Luise verbrachte die ihr verbleibenden Lebensjahre damit, das preußische Volk zu ermutigen: Es sollte durchhalten, bis es seine Ehre und sein Land zurückgewonnen hätte. Das Volk liebte und verehrte sie als «Seele der nationalen Tugend». Als sie 1810 starb, bemerkte Napoleon, dass Friedrich Wilhelm seinen besten Minister verloren habe. Und obwohl bereits das Eiserne Kreuz Stärke mit Seele verbunden hatte – der feine Silberrand, der die Königin symbolisierte –, stiftete der trauernde König vier Jahre nach ihrem Tod, um ihr Andenken zu ehren, den Luisenorden, mit dem preußische Frauen gewürdigt wurden, die sich um Deutschland verdient gemacht hatten.

Der Orden wurde auf hundert Trägerinnen limitiert und konnte, wie das Eiserne Kreuz, an Frauen aller sozialen Klassen verliehen werden.

Der Luisenorden ist ein kleines, schwarz emailliertes Kreuz mit einem himmelblauen Kreis in der Mitte, der das Initial «L» zeigt, umgeben von einem Kranz aus sieben Sternen. Königin Luise hat sich als Ehefrau und Mutter, als Patriotin und Vorbild, einen wichtigen Platz in der Mythologie und der Erinnerung der Nation erobert. Bis 1918 wurde der Luisenorden kontinuierlich verliehen; das Eiserne Kreuz dagegen nur bis zum Ende der Befreiungskriege 1815. Wiederbelebt wurde dieser Orden erst 1870, zu Beginn des Deutsch-Französischen Krieges, am 19. Juli, dem Todestag von Königin Luise, der Mutter Wilhelms I. (vgl. Kapitel 21).

Ein heute im Deutschen Historischen Museum in Berlin ausgestelltes Objekt zeigt, als wie mächtig sich Erinnerung und Symbolkraft des Eisernen Kreuzes erwiesen haben: Das Objekt hat die gleiche Form wie der ursprüngliche Orden, ist aber sehr viel größer – fast einen Meter hoch und mit Eisennägeln gespickt. Wieder wurde Eisen verwendet im Dienst an der Nation, denn im Ersten Weltkrieg sollten Kreuze wie diese die Spendenbereitschaft fördern. Von 1915 an konnten Deutsche einen Nagel kaufen, der dann in das große Kreuz geschlagen wurde; der Erlös floss in die Kriegskasse. Die Nägel gab es in verschiedener Ausführung und zu verschie-

Das Kreuz des Luisenordens, gestiftet 1814.

denen Preisen, sodass jedermann die Kriegsanstrengungen seinem Einkommen gemäß fördern konnte, die Armen Seite an Seite mit den Reichen, Arbeiter Seite an Seite mit den Junkern. Wie das Tragen von Eisenschmuck hundert Jahre zuvor war auch der Kauf eines Nagels öffentlich bekundeter Patriotismus. Wieder war ein Eisernes Kreuz Symbol für das unter Waffen vereinte Volk.

Die erste Stiftung des Eisernen Kreuzes im Jahr 1813 steht, so Horst Bredekamp, für einen seltenen und machtvollen Augenblick in der Geschichte Preußens, eine Allianz von Linken und Rechten, des liberal-intellektuellen Teils der Gesellschaft und des militärisch-autoritären; einen Augenblick, in dem die Nation, Männer und Frauen gleichermaßen geehrt, Schulter an Schulter in dem Ziel zusammenstand, Napoleon zu besiegen. Diese gesellschaftliche Allianz erreichte ihr Ziel mit durchschlagendem Erfolg, in der sich anschließenden Friedenszeit jedoch konnte sie keinen Bestand mehr haben. Horst Bredekamp weiter:

> In der besten Tradition der Stiftungsidee des Eisernen Kreuzes spielte der preußische König die Karte der Autorität und auch der Bereitschaft, alle Teile der Bevölkerung zu einem neuen Bund zusammenzubringen. Man wollte eine Nation schaffen, zugleich aber auch verhindern, dass sie zu einer demokratischen Nation würde. Und darin liegt der Grund, warum die nationale Bewegung nach den Befreiungskriegen zerschlagen wurde: Zu bedrohlich erschien nun wieder der demokratische, liberale Aspekt dieser Bewegung. Das Eiserne Kreuz war *das* Symbol einer Koalition aus einer Bewegung, die man in heutigen Begriffen etwa liberal *und* national nennen würde, mit den autoritären Kräften. Weil diese liberalen Strömungen der deutschen Einheitsbewegung nach 1815 zerstört oder unterdrückt wurden, kam es zu den Revolutionen von 1848.

Nach Waterloo hofften die Liberalen, dass sich eine neue Gesellschaftsform herausbilden würde, mit Bürgerrechten und einer Verfassung, die diese garantiert, sowie einer Art Volksvertretung. Der König hatte andere Vorstellungen, und innerhalb weniger Jahre war Preußen zurückgekehrt zum alten Muster autoritärer Königsherrschaft. Daran sollte sich bis zu den Aufständen und Revolutionen von 1848 nichts ändern.

Im Kampf zwischen Reaktion und Reform gingen die vereinenden Ideale des Eisernen Kreuzes also rasch unter. Als militärischer Orden existiert es nicht mehr, aber es lebt auf bezeichnende, wenn nicht überraschende Weise im Alltag des heu-

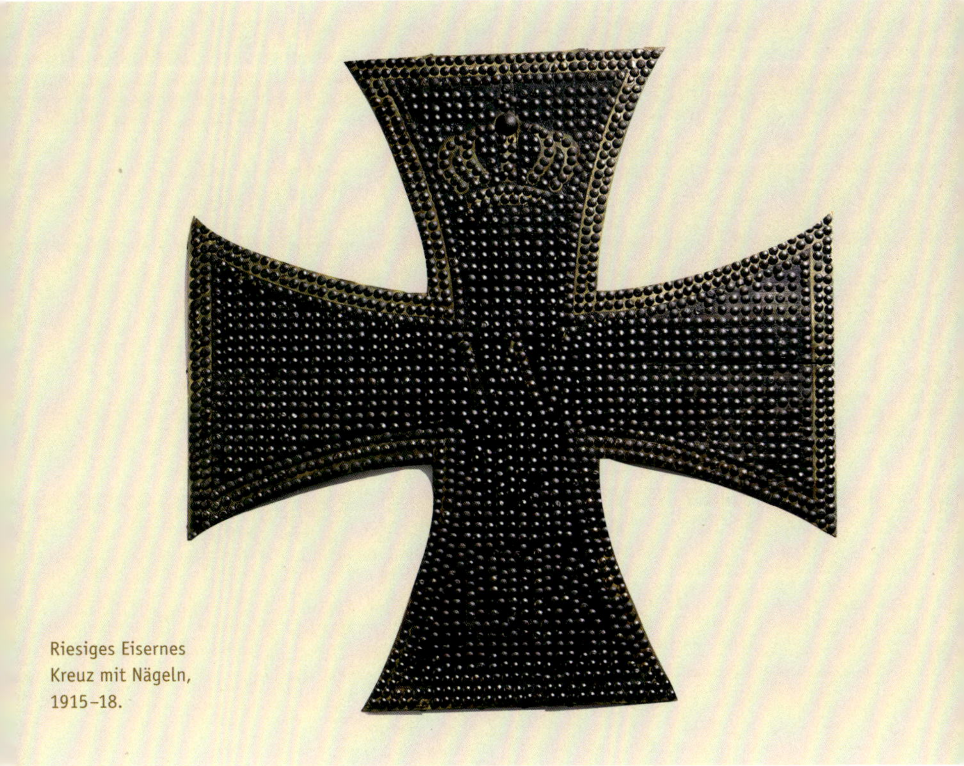

Riesiges Eisernes Kreuz mit Nägeln, 1915–18.

tigen Berlin fort. Einer seiner lebhaftesten, umtriebigsten Stadtteile trägt seinen Namen: Kreuzberg. Auf einer Erhebung südlich von Berlin Mitte, von der aus die Berliner 1813 den endgültigen Abzug von Napoleons Armee beobachteten, wurde nach einem Entwurf von Karl Friedrich Schinkel ein Nationaldenkmal errichtet, um Preußens Anteil an der Befreiung ganz Deutschlands nach Jahren der französischen Invasion und Besatzung zu würdigen. Das Denkmal in Gestalt einer gotischen Kirchturmspitze – britische Besucher erinnert es an das Albert Memorial – ist, kaum überraschend, ganz aus Gusseisen gefertigt. In zwölf hohen Nischen stellen überlebensgroße Figuren die Hauptschlachten dar, mit denen Napoleons Soldaten unaufhaltsam aus Deutschland hinausgetrieben worden waren, kul-

GROSS BEEREN
GROSS GOERSCHEN
DENNEWITZ
Der König dem Volke
das auf seinen Ruf hochherzig
Gut und Blut dem Vater
lande darbrachte den Gefal
lenen zum Gedächtniss den
Lebenden zur Anerken
nung den künftigen Geschlech
tern zur Nacheiferung.

minierend in der Völkerschlacht von Leipzig im Oktober 1813 – der größten Landschlacht in Europa vor dem Ersten Weltkrieg –, fortgesetzt mit der preußischen Besetzung von Paris 1814 und dem endgültigen Sieg von Waterloo 1815.

Die Spitze krönt natürlich das Eiserne Kreuz, die symbolische Verkörperung der historischen Allianz von Militärmacht und liberalem Egalitarismus im kriegführenden Preußen. Die militärische Seite dieser Allianz ging in Deutschlands totaler Niederlage 1945 unter, die liberalen Aspekte aber sind hier in Kreuzberg sichtbar und überraschend lebendig. Der Stadtteil ist emblematisch geworden für das neue multikulturelle, multiethnische Berlin, und an einem sonnigen Tag kann man im Viktoriapark rund um Schinkels Denkmal Deutsch genauso hören wie Türkisch, Arabisch und Russisch: Man sieht Frauen mit Kopftuch oder im Schleier, sieht Familien Eis oder Döner essen, Menschen im künstlichen Wasserfall plantschen, kann einem Freiluftkonzert zuhören – all das im Schatten des Eisernen Kreuzes.

Der gute Ausgang, den die Geschichte heute genommen hat, hätte jene Liberalen erstaunt, die am 30. März 1821 an der Einweihung des Kreuzberg-Monuments teilgenommen haben. Kaum waren die Gefahren der Besatzung gebannt, gelangten die Herrscher in ganz Europa rasch zu der Auffassung, dass sie ganz gut auch ohne Ideen wie Gleichheit und Demokratie zurechtkämen. Die Hoffnung auf Reformen wurde umgehend und erfolgreich erstickt. Die nachfolgenden fünfundzwanzig Jahre waren Jahre des vergeblichen Kampfs der Liberalen, und sie endeten mit der Veröffentlichung von Karl Marx' *Kommunistischem Manifest* und den demütigenden Niederlagen von 1848.

Johann Matthäus Mauch, *Das preußische Nationaldenkmal auf dem Kreuzberg*, Kupferstich nach Karl Friedrich Schinkel, 1823.

15

Nach 1848: Zwei Wege

Als Deutschland im Sommer 2014 Sieg und Weltmeistertitel seiner Fußballnationalmannschaft feierte, leuchteten die Bildschirme der Welt in den Farben Schwarz, Rot und Gold. Die Nationalfarben erschienen auf Klappern und Maskottchen, als Schminke auf den Gesichtern und auf Fahnen. Für die meisten Völker sind Nationalflaggen Marken oder Erkennungszeichen mit vor allem zeremonieller Bedeutung. Für Deutsche aber hat ihre Nationalfahne– *diese* Fahne und ihre drei Farben – eine ganz besondere Bedeutung und eine lange Geschichte.

Im Deutschen Historischen Museum werden viele Fahnen gezeigt – mit heraldischen Emblemen, mit Adlern, die ein oder zwei Köpfe recken, Fahnen von Herrschern, Staaten und Städten. Erst wenn wir den Saal betreten, der der 1848er Revolution gewidmet ist, kommt zum Vorschein, was wir heute als die deutsche Fahne kennen. Sie ist von ganz anderer Art als alles Tuch zuvor, denn sie ist nicht die Fahne eines einzelnen Regenten oder eines existierenden Staates, sondern sie steht für die *Idee* eines Staates, der gelenkt wird durch die Herrschaft des Gesetzes. Es ist die Fahne eines Staates, der auf sein Entstehen wartet. Und 1848 hätte das fast geklappt.

Nach 1815, nach den Niederlagen Napoleons erst in Leipzig, dann in Waterloo, musste sich Deutschland, kurz gesagt, politisch neu erfinden. Das Trauma des französischen Einmarschs – in manchen Regionen währte die Besatzung fast zwanzig Jahre lang – hatte Deutschland instabil und gespalten hinterlassen. Napoleon hatte das Heilige Römische Reich endgültig zerstört und sowohl Österreich als auch Preußen gedemütigt. Es gab kein Zentrum der Führung oder Einheit, das selbstver-

Nächste Doppelseite: Eine der dreifarbigen Fahnen des konstitutionellen Deutschland, um 1848–1852.

ständlichen Respekt hätte fordern können. 1815, auf dem Wiener Kongress, den der österreichische Staatsmann Clemens Wenzel Fürst von Metternich mit Scharfsinn und Geschick leitete, beschlossen die versammelten Regenten, so viel von der alten konservativen Ordnung zu erhalten wie möglich. Die ehemals herrschenden Fürstenhäuser gewannen ihre Regierungsgewalt zurück. Der Flickenteppich des alten Heiligen Römischen Reichs wurde vereinfacht, es gab weniger, dafür größere Staaten. Zusammen konstituierten sie den Deutschen Bund, eine lose Vereinigung souveräner Staaten, eher ein Nachhall denn ein Ersatz für das Heilige Römische Reich; das Präsidium in der Bundesversammlung lag bei Österreich.

Doch der zunehmend gebildeten Mittelschicht – dem *Bürgertum* – und insbesondere der jungen Generation erschien diese Rückkehr zu den autoritären Strukturen von Monarchien und Fürstentümern anstelle des Aufbaus irgendeiner parlamentarischen Ordnung ungerecht, ja inakzeptabel. Die Franzosen mochten Besatzer und Unterdrücker gewesen sein, doch sie hatten auch die revolutionären Ideen von Gleichheit und Freiheit mitgebracht, die viele Deutsche begierig aufnahmen und mit der Hoffnung verbanden, nach der endgültigen Niederlage Napoleons werde eine liberale, konstitutionelle Ordnung entstehen. Für diese Deutschen – und das waren nicht wenige – war die bloße Rückkehr in die Vergangenheit unerträglich. Professor Jonathan Sperber, Historiker der Revolutionen des Jahres 1848, erklärt:

> Die Umwälzungen im Zeitalter der Französischen Revolution und Napoleons hatten eine Legitimationslücke aufgerissen. Die deutschen Territorien waren neu zugeschnitten worden, aus den ehedem rund 300 Staaten hatte der Wiener Kongress zuletzt 37 gemacht. In weiten Teilen Deutschlands, die ihre angestammten Dynastien verloren hatten, herrschte das starke Gefühl, die neuen Herrscher seien nicht legitimiert. Oft waren sie anderer Konfession. Die meisten Menschen in der Pfalz beispielsweise waren Protestanten, wurden seit 1815 aber von einem katholischen König regiert, dem Bayerns. Und dazu gab es den Wunsch nach einer neuen Regierungsform mit größerer demokratischer Legitimität.

Das Jahr 1848 war in ganz Europa ein Jahr der Unruhen und Revolutionen. Der Kontinent litt nach mehreren Missernten wirtschaftliche Not, es kam zu einer hitzigen Abfolge lokaler Konflikte – Hungerrevolten, ein Aufstand von Leibeigenen in Österreich, religiös motivierte Auseinandersetzungen in der Schweiz. An der Jahreswende schließlich schlugen diese politischen Unruhen um in offene Gewalt: Überall, in Italien, in Frankreich, in den Niederlanden und Österreich sahen sich konservative Regimes Aufständen gegenüber, und viele von ihnen brachen zusammen. Frankreich wurde zur Republik, der österreichische Kaiser dankte ab, sogar Friedrich Wilhelm IV. versprach eine Verfassung. Am wichtigsten aber war, dass sich unter den Delegierten des Frankfurter Bundestags, des obersten Organs des Deutschen Bundes, die Liberalen zum ersten Mal im Aufwind befanden.

Es war die im März 1848 neu zusammengesetzte Deutsche Bundesversammlung, die zum ersten Mal Schwarz-Rot-Gold als «Bundesfarben» deklarierte – als Farben eines neuen Deutschlands, vereint, mit einer Verfassung, frei, und sie entsprach damit dem öffentlichen Ruf nach «*Einheit und Freiheit*». Die damals allgegenwärtige – später in der Nationalhymne als «*Einigkeit und Recht und Freiheit*» verewigte – Losung und die deutsche Trikolore trugen die gleiche Botschaft. Freiheit sollte garantiert werden durch eine Verfassung, die durch Grundrechte vor obrigkeitlicher Willkür schützte. Die Fahne war die Fahne des deutschen *Volkes*, das nun in einem Bundesstaat vereint sein sollte. Jonathan Sperber:

> Für gewöhnlich sagt man, dass die drei Farben der deutschen Trikolore – Schwarz, Rot, Gold – auf die Erhebungen gegen Napoleon und die französischen Besatzer von 1813 zurückgehen: Damals trug das Lützowsche Freikorps, eine Freiwilligeneinheit im preußischen Heer, schwarze Uniformen mit roten Knöpfen und goldenen Bordüren. Die drei Farben wurden auch auf Kokarden als nationales Symbol getragen und nach 1830 auch immer häufiger als Fahne; der bekannteste Anlass war das Hambacher Fest von 1832. Sie durfte aber nicht öffentlich gehisst werden. Das Zeigen dieser Farben war ein Affront gegen die fürstlichen Regierungen und damals verboten, denn es stellte die Nation und die Volkssouveränität über die jeweiligen Monarchen. Kaum hatte 1848 die Revolution begonnen, da holten Menschen diese schwarz-rot-goldenen Fahnen hervor und ließen sie überall wehen, in den Straßen, auf öffentlichen Gebäuden. Für die preußischen Behörden war das sehr demütigend. Die Fahne symbolisierte im Frühjahr 1848 die Hoffnungen der Menschen, die die Verhältnisse fundamental ändern wollten. Sie verkörperte die Idee, dass die Nation vom Volk konstituiert wird. Es gab ein deutsches Volk, und es würde, als Ergebnis der Revolution, einen eigenen Nationalstaat haben, ein einiges Deutschland, das in sich all die verschiedenen Monarchien vereinigen würde, alle siebenunddreißig.

Nächste Doppelseite: Barrikadenkämpfe zwischen Bürgern und Soldaten rings um die Frankfurter Lindenstraße, Berlin, 18./19. März 1848, aus dem *Neuruppiner Bilderbogen*.

Mithin unterschied sich das Revolutionsjahr 1848 in Deutschland vom Geschehen anderswo in Europa. Es ging nicht nur darum, das Joch unerträglicher Fürstenmacht abzuschütteln; es ging vor allem darum, ein neues nationales Staatsgebilde zu schaffen, das alle Deutschen zusammenführte. Es war, als habe die Fahne ihr Land gefunden. Beflügelnd und umstürzend zugleich war die Vorstellung, dass Deutschland nicht mehr Preußen oder Bayern, nicht Sachsen oder Hamburg sein sollte. Deutschland sollte über all diesen Staaten als eine neue, übergeordnete Entität und Identität stehen, mehr sein als die Summe seiner Teile. Nochmals Jonathan Sperber:

> Um dieses Ideal auszudrücken, hatten die Aufständischen ein neues Lied, das «Lied der Deutschen», dessen erster Vers «Deutschland, Deutschland über alles» zum Ausdruck bringen sollte, dass Deutschland wichtiger war als der lokale Regent, wichtiger als die eigene Stadt, die eigene Heimatregion. Es war kein regionales oder partikulares Lied, sondern eine Nationalhymne, zum ersten Mal. Das war der ursprüngliche Sinn. Die Geschichte hat diese Bedeutung für die ausländische Welt verzerrt. Das Problem mit dem «Deutschlandlied» ist, dass es so stark mit den Nationalsozialisten assoziiert wird. Ursprünglich war es jedoch ein demokratisches nationales Lied.

Im ‹Deutschlandlied›, das August Heinrich Hoffmann von Fallersleben geschrieben hat und nach der Melodie von Haydns Kaiserlied («Gott erhalte Franz den Kaiser») gesungen wurde, wird nicht deutsche Vorherrschaft besungen, sondern die deutsche Einheit, so wie auch die Fahne eine Fahne der deutschen Einheit war: Die unterschiedlichen Teile der deutschsprachigen Welt sollten zusammenfinden, einig und frei unter der Herrschaft des Rechts. Die Worte «Deutschland, Deutschland über alles» sind vergiftet und werden heute nicht mehr gesungen – das sie ursprünglich tragende, romantische Nationalgefühl kann nur missverstanden werden. An die Stelle der ersten ist seit Ende des Zweiten Weltkriegs die dritte Strophe getreten: «Einigkeit und Recht und Freiheit» sind die heutigen Worte der deutschen Nationalhymne.

August Heinrich Hoffmann von Fallersleben, Autor des ‹Deutschlandliedes›, 1841.

Kaum zwei Jahre lang konnte die deutsche Trikolore nach 1848 noch frei wehen. Die Frankfurter Nationalversammlung, geschwächt durch Parteienstreit und endlose Debatten, wurde im

Juni 1849 mit Waffengewalt aufgelöst. Wie überall in Europa gewannen die reaktionären Monarchen auch in Deutschland ihr Selbstvertrauen zurück, die liberale Bewegung wurde zerschlagen. Erneut machten die Herrscher in den Einzelstaaten ihre Autorität geltend, Österreich übernahm die Präsidentschaft über den Bundestag und blieb die Großmacht im Süden Deutschlands, während Preußen den Norden dominierte. Überall wurden die Verfassungen verwässert. Die Trikolore wurde einmal mehr verboten. Der Status quo ante hatte sich durchgesetzt. Zwanzig Jahre später wurde Deutschland tatsächlich geeint, nun unter Preußens und Bismarcks Führung, mit einer ganz anderen Verfassung und unter der schwarz-rot-weißen Fahne des Kaiserreichs. Die Erinnerungen aber an diese zwei Jahre von 1848/49 überlebten, und als das Kaiserreich 1918 zusammengebrochen war, kehrte die Weimarer Republik zu vielen der demokratischen Ideale von 1848 zurück; über dem Reichstag wehte die schwarz-rot-goldene Fahne – bis die Nationalsozialisten sie einholten und ersetzten.

Ein weiteres Ereignis des Jahres 1848 war, wie die Revolution, auf kurze Sicht ein Misserfolg, aber auf lange Sicht hatte es nicht weniger tiefgreifende politische Nachwirkungen in Deutschland und weit größere noch im Rest der Welt: Im Februar veröffentlichten ein reicher junger Geschäftsmann und ein dreißigjähriger, zum Philosophen gewordener Jurastudent eine dünne, nur 23 Seiten lange Broschüre, die eine gerade entstandene Splittergruppe, den Bund der Kommunisten, in Schwung bringen sollte: das *Kommunistische Manifest*. Es erschien kurz vor Beginn der Unruhen in Deutschland. Die Verfasser, Karl Marx und Friedrich Engels, hatten wegen ihrer revolutionären Ideen Preußen verlassen müssen, und so konnte das auf Deutsch verfasste Manifest zuerst nur in London erscheinen, wo es keine Zensur gab. Einige Sätze des *Kommunistischen Manifests* sind zum Mantra für linke Gruppen in aller Welt geworden, doch sie dürften selbst jenen vertraut sein, die nicht das geringste Interesse an Politik haben: «Die Geschichte aller bisherigen Gesellschaft ist die Geschichte von Klassenkämpfen»; und natürlich der berühmte letzte Satz: «Proletarier aller Länder, vereinigt euch!»

Nur wenige Exemplare der Erstausgabe sind erhalten geblieben, eines befindet sich in der British Library. Unspektakulär aufgemacht, billig und in deutscher

Die deutsche Nationalversammlung in der Paulskirche, Frankfurt am Main, 1848.

Fraktur eng gesetzt, ein verblasster grüner Pappumschlag – die Broschüre wirkt glanzlos und ephemer. Nichts deutet auf die Wirkung hin, die sie entfalten sollte. Susan Reed, als Kuratorin der British Library zuständig für gedruckte Bücher aus Deutschland, berichtet über die erste Auflage:

> Man schätzt, dass es mindestens 2000 Exemplare waren, sodass sie wohl nicht nur unter Mitgliedern zirkulierten, diese werden den Text auch weitergegeben haben. … Wir wissen, dass 1000 Exemplare nach Paris geschickt wurden, als dort die Revolution ausbrach, und dass weitere Exemplare in andere Länder des Kontinents gingen.

Doch auch Marx' *Manifest* gelang es nicht, sowenig wie der deutschen Trikolore, die umstürzende Revolution auszulösen, die er und Engels prophezeit hatten. Susan Reed:

> Erstaunlich ist das schon, doch die Ideen des Manifests haben 1848 in Deutschland offenbar keine sehr weite Verbreitung gefunden, obwohl es doch aus dem weitgehend gleichen Boden wuchs wie die Revolution und auch einige der Ereignisse voraussagte, die dann eintraten. Es wurde 1848 eher vergessen, erst viel später, in den 1870er Jahren, kam man wieder darauf zurück, und es folgten weitere Auflagen. Allmählich, um die Wende zum 20. Jahrhundert, wurde das Manifest zu einem kanonischen Text, fast ein Gebetbuch. Wenn *Das Kapital* die Bibel des marxistischen Denkens ist, dann ist das *Kommunistische Manifest* das Book of Common Prayer.
>
> Es spricht von der Enteignung des Grundeigentums, der Verwendung der Grundrente zu Staatsausgaben, starker Progressivsteuer, Abschaffung des Erbrechts, Zentralisation des Kredits in den Händen des Staats durch eine Nationalbank. Es spricht davon, dass sich Deutschland am Beginn einer großen bürgerlichen Revolution befinde. Und die Kommunisten müssten diese bürgerliche Revolution unterstützen, denn sie erst schaffe die Voraussetzungen dafür, dass sie sich erheben und die Bourgeoisie überwinden könnten.

Die Niederlagen von 1848/49 sollten die Liberalen und Kommunisten noch über Jahrzehnte verfolgen, und die Erinnerungen an dieses schicksalhafte Jahr – als zwei sehr verschiedene Deutschlands hätten entstehen können – wurden wieder und wieder befragt. Dazu noch einmal Jonathan Sperber:

> Vielleicht kennen Sie A. J. P. Taylors berühmte Bemerkung, 1848 sei das Jahr gewesen, in dem Deutschland den Wendepunkt erreicht, die Wende aber nicht geschafft habe. Da ist einiges dran. Doch ich denke, dass wir in den letzten Jahrzehnten einen etwas anderen Blick auf 1848 gewonnen haben. Nicht nur als Beispiel für politisches Scheitern, auch als eine neue Möglichkeit für alle Teile der Bevölkerung, sich politisch zu beteiligen, für die Frauen etwa. Deutschlands erste Frauenrechtlerinnen haben ihren politischen Weg alle in der 1848er-Revolution begonnen. Mehr noch: 1848 gehörte ein größerer Teil der Bevölkerung einer politischen Partei an als heute – etwa drei bis vier Mal so viele –, und daran sehen wir, dass 1848 eine Explosion der politischen Partizipation auslöste. Das hat seine Spuren in der politischen Entwicklung hinterlassen. Die Idee der nationalen Einheit ging, nachdem sie einmal in die Öffentlichkeit gelangt war, nicht mehr verloren. Am Ende waren es ironischerweise ein preußischer Konservativer, Bismarck, und

Titelseite der Erstausgabe des *Kommunistischen Manifests*, Februar 1848.

Manifest

der

Kommunistischen Partei.

Veröffentlicht im Februar 1848.

London.
Gedruckt in der Office der „Bildungs-Gesellschaft für Arbeiter"
von J. E. Burghard.
46, Liverpool Street, Bishopsgate.

Gegenüber: Ostberlin, 1989.

seine Soldaten mit der Pickelhaube, die die nationale Einheit schufen; aber es waren die Liberalen gewesen, welche sie zuerst angestrebt und propagiert hatten. Darum, denke ich, haben Historiker in der letzten Zeit eine positivere Sicht auf 1848 gewonnen, als das früher der Fall war, und nicht von ungefähr wurde ja auch der 150. Jahrestag der 48er-Revolution in Deutschland 1998 im ganzen Land gefeiert.

Nach der Abdankung des Kaisers im Jahr 1918 sahen sowohl die Kommunisten wie die Sozialdemokraten und Liberalen die Möglichkeit – und ergriffen sie –, das Werk zu vollenden, das 1848 begonnen worden war. Beide taten dies am gleichen Tag. Am 9. November 1918 rief der Sozialdemokrat Philipp Scheidemann vom Balkon des Reichstags in Berlin die deutsche Republik aus, deren Verfassung später in Weimar ausgearbeitet wurde. Zwei Stunden nach Scheidemann proklamierte Karl Liebknecht vor dem Balkon des Berliner Stadtschlosses die «Freie Sozialistische Republik». Doch der Versuch, eine Rätedemokratie zu errichten, wurde innerhalb weniger Monate niedergeschlagen, Karl Liebknecht und Rosa Luxemburg am 19. Januar 1919 ermordet (vgl. Kapitel 22). Die Anhänger der Weimarer Republik wurden 14 Jahre später wiederum von den Nationalsozialisten beiseite geräumt. Beide Wege von 1848 waren erneut gescheitert.

Auch wenn die revolutionären Ereignisse von 1848 schließlich fehlschlugen, haben sie die gleiche Wirkung für die historische Imagination der Deutschen wie das Jahr 1832 oder die Reform Bill für die Briten oder wie die Unabhängigkeitserklärung für die Vereinigten Staaten gehabt: Sie prägen die nationale Debatte bis heute und setzen die Maßstäbe für politisches Engagement. Die Feindseligkeiten zwischen den beiden konkurrierenden Traditionen von 1848 – liberal/demokratisch und marxistisch – schwächten nicht nur die Weimarer Republik, sondern prägten später auch die zwei getrennten deutschen Staaten, die 1949 entstanden. Im Westen berief sich die Bundesrepublik auf die Frankfurter Nationalversammlung und ihre liberale Verfassung; im Osten sah sich die Deutsche Demokratische Republik als Vollendung der proletarischen Revolution im Sinne von Marx, nun, da sich die Arbeiter der Welt zu guter Letzt vereinigt hatten. Die Industriestadt Chemnitz wurde stolz umbenannt in Karl-Marx-Stadt.

Nächste Doppelseite: Feier zur Wiedereröffnung des Brandenburger Tors, 22. Dezember 1989.

WIR SIND EIN VOLK
Berlin

Statuen von Marx und Engels auf dem Marx-Engels-Forum; im Hintergrund der Berliner Dom.

1949 hatten beide deutsche Staaten, der liberal-demokratische Westen und der marxistische Osten, die schwarz-rot-goldene Fahne der Revolution zu ihrer jeweiligen Nationalflagge erklärt. Für zehn Jahre wehte sie sowohl in Bonn wie in Ostberlin, bis 1959. Dann fügte das ostdeutsche Regime sein nationales Emblem hinzu, Hammer und Zirkel im Ährenkranz, um deutlich zu machen, dass die Teilung der beiden Staaten tiefgreifend und dauerhaft war. Dreißig Jahre später, nach dem Fall der Mauer, trägt ein Demonstrant in Ostberlin, die Einheit fordernd, die Farben der schwarz-rot-goldenen Fahne in Form eines vereinten Deutschland. Einmal mehr war Deutschland ein Staat, der erst zu bilden war, gemäß der Parole «Wir sind ein Volk». Ganz 1848.

Heute ist Deutschland wiedervereinigt, unter der Fahne und der Hymne der Liberalen von 1848. Karl-Marx-Stadt ist wieder zu Chemnitz geworden. Man könnte also denken, dass die bürgerlichen Liberalen zuletzt doch über die Fürsten triumphiert und zugleich die proletarischen Revolutionäre des *Kommunistischen Manifests* definitiv aus dem Feld geschlagen haben. Doch Berlin hat die Gabe, in sich aufzunehmen, was sich nicht versöhnen lässt, die Stadt weiß, wie sich mit unterschiedlichen und schwierigen Geschichten leben lässt. Das Schwarz-Rot-Gold weht nun über einem Reichstag, der die Inschrift trägt «Dem deutschen Volke». Die Karl-Marx-Allee ist noch immer eine prächtige Straße in der aufgemöbelten Osthälfte Berlins, auch der Westteil der Stadt hat seit 1947 eine repräsentative Karl-Marx-Straße; und in Berlin Mitte, an herausgehobener Stelle im Herzen der Stadt, dem politischen Zentrum der führenden kapitalistischen Volkswirtschaft Europas, stehen noch immer die imposanten Bronzestatuen der Verfasser des *Kommunistischen Manifests*, die Heroen der Deutschen Demokratischen Republik – Friedrich Engels und Karl Marx. Die Wege von 1848 setzen sich fort.

Teil Vier
Made in Germany

Metallverarbeitung, Feinmechanik, Automobile, Uhren, Bücher und erlesene Kupferstiche: Seit langem sind Deutsche dafür bekannt, mit erstaunlicher Präzision äußerst komplizierte Dinge zu fertigen. Technische Ausbildung und handwerkliches Geschick sind in Deutschland weiter verbreitet als in anderen europäischen Ländern. Von Gutenberg bis zum Bauhaus und dem VW-Käfer: «Made in Germany» war stets ein anerkanntes Gütesiegel.

16
Am Anfang war der Drucker

Tausend Jahre lang begann die Herstellung eines Buchs mit dem Töten von Tieren, um aus den Häuten Pergament zu gewinnen, und erforderte später die langwierige sorgfältige Arbeit eines Schreibers. Das alles änderte sich in Deutschland, vor fünfeinhalb Jahrhunderten, als Johannes Gutenberg eine neue Art beweglicher Lettern und die dazugehörige Druckerpresse erfand – die Geburt des Buchs, wie wir es kennen. Viele sehen darin den Zeitpunkt, mit dem die Neuzeit begann. Zweifellos war das der Moment, von dem an der Zugang zu Wissen nicht mehr das Privileg nur weniger Menschen war. Gutenbergs Erfindung prägte die Reformation, die sechzig Jahre, nachdem er mit seinen Arbeiten angefangen hatte, begann, und sie veränderte die Art, wie wir unsere Dinge regeln und tun. Noch immer und trotz der digitalen Revolution beherrscht das Buch die Art, in der wir unsere Gedanken organisieren. Selbst wenn wir einen Text auf dem Bildschirm unserer Tablets lesen, blättern wir ungeduldig zur letzten «Seite», um zu erfahren, wer ihn geschrieben hat; wir benutzen, ohne darüber nachzudenken, «Lesezeichen»; wir wählen, wenn wir eMails versenden, unsere Schrifttype. Noch in der Welt fortgeschrittener Informationstechnologie also bleiben wir ungeniert und unbeirrt Gutenbergs Kinder.

In diesem Abschnitt betrachten wir Dinge, die in Deutschland hergestellt wurden und die nicht nur Deutschland verändert haben, sondern die Welt. Unter allen diesen Dingen muss der moderne Buchdruck wohl als die größte Erfindung gesehen werden. In diesem Kapitel sehen wir uns an, wie Gutenberg seine Revolution bewerkstelligt hat und warum dies vermutlich nur

Eine Druckerpresse, 1520.

in Deutschland geschehen konnte. Am besten beginnen wir mit der Gutenberg-Bibel, die Anfang der 1450er Jahre in Mainz erschienen ist. Das hier abgebildete Exemplar ist irgendwann in der British Royal Collection gelandet und wurde, als äußerst wertvoller Besitz, prachtvoll gebunden und mit dem Wappen Georges III. geschmückt (heute befindet es sich in der British Library). Das Buch ist so groß wie die Bibeln, die man heute auf einer Kirchenkanzel sehen kann. Schlägt man die Bibel auf, wirkt sie auf den ersten Blick wie eine illuminierte Handschrift: Zwei Spalten eleganter schwarzer Text, scheinbar in einer lesbaren, regelmäßigen Handschrift geschrieben, umrankt von einem gemalten Dekor aus Blumen und Vögeln, ausgeführt in leuchtenden Farben und Blattgold. Ein wunderschönes Objekt zum Betrachten, aber auch zum Lesen meisterhaft gestaltet.

Etwa 180 Exemplare wurden in Gutenbergs Werkstatt gedruckt, von denen achtundvierzig komplett erhalten sind; zwei davon befinden sich heute in der British Library. Kristian Jensen, ein Historiker, der die Sammlungen der frühen Buchdrucke in der British Library leitet, beschreibt, woran man erkennen kann, dass es sich um ein gedrucktes Buch handelt und nicht um die Handschrift eines ungewöhnlich gleichmäßigen Schreibers:

> Die Gutenberg-Bibel ist genau das, was ein Leser um 1455 von einem Buch erwartet hat. Wer etwas verkaufen möchte, muss es so gestalten, dass Kunden es erkennen und verstehen werden. So hat Gutenberg etwas produziert, das aussah, wie ein herkömmliches Buch. Eine Möglichkeit zu sehen, ob es gedruckt ist, bietet ein Blick auf die Tinte, die eine sehr glänzende Oberfläche hat. Wird ein Buch mit der Hand geschrieben, benutzt man eine Tinte auf Wasserbasis. Man drückt die Feder auf und die Tinte läuft heraus. Will man drucken, funktioniert das so nicht, denn Tinte würde aus der Presse rinnen und das Blatt verderben. So gehörte zu Gutenbergs Erfindungen auch eine Tinte, die eben keine Tinte war. Was wir Druckerschwärze nennen, ist eine Art Firnis, und das bedeutet, dass die Farbe an der Oberfläche haftet und nicht verläuft, darum sieht das Schriftbild anders aus.

Die erste Seite des Buchs Genesis aus der Gutenberg-Bibel von 1455.

Gutenberg fand den richtigen Firnis – er übernahm ein Rezept, wie es Maler benutzten –, das aber war nur eine der Praktiken, die er bei anderen Gewerken entdeckt und seinen Zwecken angepasst hat. Kellermeister, Metallarbeiter, Lateinscholaren und Goldschmiede, sie alle hatten ihre Geheimnisse und Fertigkeiten, die er aufgriff und so zu verbinden ver-

Incipit liber bresith quez nos Gene sim vocā.

In principio creauit deus celū
et terram. Terra autem erat inanis et
uacua: ⁊ tenebre erant sup̄ faciē abissi:
et spiritus dn̄i ferebatur super aquas.
Dixitq; deus. Fiat lux. Et facta ē lux.
Et uidit deus lucem ꝙ esset bona: et
diuisit lucem a tenebris· appellauitq;
lucem diem et tenebras noctem. Factū
q; est uespere ⁊ mane dies unus. Dixit
quoq; deus. Fiat firmamentū in me-
dio aquarū: et diuidat aquas ab a-
quis. Et fecit deus firmamentū: diui-
sitq; aquas que erant sub firmamen-
to ab hiis que erant super firmamen-
tum: ⁊ factum est ita. Uocauitq; deus
firmamentū celū: ⁊ factum est uespere
et mane dies secundus. Dixit uero de-
us. Congregentur aque que sub celo
sunt in locum unū et appareat arida.
Et factum est ita. Et uocauit deus ari-
dam terram: cōgregationesq; aquaꝝ
appellauit maria. Et uidit deus ꝙ es-
set bonū· et ait. Germinet terra herbā
uirentem et facientem semen: et lignū
pomiferū faciens fructum iuxta genus
suū: cuius semen in semetipo sit super
terram. Et factum est ita. Et protulit
terra herbam uirentem et facientem se-
men iuxta genus suū: lignūq; faciens
fructū et habēs unūqdq; sementē scd̄m
speciē suā. Et uidit deus ꝙ esset bonū:
et factū ē uespere et mane dies tercius.
Dixitq; aūt deus. Fiant luminaria
in firmamēto celi· ⁊ diuidāt diem ac
noctē: ⁊ sint in signa ⁊ tēpora· ⁊ dies ⁊
annos: ut luceāt in firmamēto celi et
illuminēt terrā. Et factū est ita. Fecitq;
deus duo luminaria magna: lumiāre
maius ut p̄esset diei et lumiāre minꝰ
ut p̄esset nocti: ⁊ stellas· ⁊ posuit eas in
firmamēto celi ut lucerent sup terrā: et
p̄essent diei ac nocti: ⁊ diuiderēt lucem
ac tenebras. Et uidit deꝰ ꝙ esset bonū:
et factū ē uespere et mane dies quartꝰ.
Dixit etiam deus. Producant aque
reptile anime uiuentis et uolatile sup
terram: sub firmamēto celi. Creauitq;
deus cete grandia· et omnē animā ui-
uentem atq; motabilem quā produxe-
rant aque in species suas: ⁊ omne uo-
latile secundū genus suū. Et uidit de-
us ꝙ esset bonū: benedixitq; ei dicens.
Crescite et multiplicamini· et replete a-
quas maris: auesq; multiplicentur
super terram. Et factū ē uespere ⁊ mane
dies quītus. Dixit quoq; deus. Pro-
ducat terra animā uiuentem in gene-
re suo: iumenta ⁊ reptilia· ⁊ bestias ter-
re secundū species suas. Factū ē ita. Et
fecit deus bestias terre iuxta species su-
as: iumenta ⁊ omne reptile terre in ge-
nere suo. Et uidit deus ꝙ esset bonū:
et ait. Faciamꝰ hominē ad ymaginē ⁊
silitudinē nostrā· ⁊ p̄sit piscibꝫ maris·
⁊ uolatilibꝫ celi· ⁊ bestiis uniūseq; terre:
omiq; reptili qd̄ mouet̄ ī terra. Et crea-
uit deus hominē ad ymaginē et simi-
litudinē suam: ad ymaginem dei crea-
uit illū: masculū et feminā creauit eos.
Benedixitq; illis deus · et ait. Crescite
et multiplicamini ⁊ replete terram · et
subicite eam: ⁊ dominamini piscibus
maris· ⁊ uolatilibus celi: ⁊ uniuersis
animātibus que mouentur sup terrā.
Dixitq; deus. Ecce dedi uobis omnē
herbam afferentem semen sup terram·
et uniūsa ligna que habēt ī semetipis
sementē generis sui: ut sint uobis ī escā·
⁊ cūctis aīantibus terre· omiq; uolucri
celi ⁊ uniuersis q̄ mouētur in terra· et ī
quibus ē anima uiuēs: ut habeāt ad
uescendū. Et factū est ita. Uiditq; deus
cuncta que fecerat: et erāt ualde bona.

stand, dass daraus die erste Druckerwerkstatt entstand. Danach waren dann ein Geschäftsmodell und ein Vertriebssystem zu entwickeln. Dieser Mann war ein großer Kombinierer, ein großer Unternehmer, und es gab nur wenige Orte, an denen er sein Projekt so erfolgreich hätte voranbringen können wie im Mainz der 1450er Jahre.

Heute steht auf dem großen Platz im Zentrum der Stadt, einem Ehrenplatz, das Standbild Gutenbergs – das eindrucksvolle, wenn auch vollkommen imaginäre Bildnis eines großgewachsenen bärtigen Mannes in Bronze. Wir haben keine Vorstellung, wie Gutenberg tatsächlich aussah, sein Ruhm aber verlangte schon rasch nach einem Bildnis – und so wurde nach seinem Tod eines erfunden und mit Drucken in ganz Europa verbreitet. Es war auch die Vorlage für die Mainzer Statue. Wegen seiner strategisch bedeutsamen Lage am Rhein wurde Mainz im Lauf der Jahrhunderte übel mitgespielt. Im Zweiten Weltkrieg wurde die Stadt von einem Flächenbombardement verwüstet. Die meisten Gebäude im historischen Stadtkern stammen unübersehbar aus den 1950er, 1960er Jahren, ausgenommen der gewaltige Dom, der zwar schwer beschädigt, in der Nachkriegszeit aber fachmännisch restauriert wurde. Er blieb das beherrschende Wahrzeichen, das wohl auch Gutenberg gut gekannt hat – der Sitz des Erzbischofs von Mainz, eines der mächtigsten Männer im Reich. Nur ein paar Minuten zu Fuß entfernt lagen das Haus von Gutenbergs Familie und seine Taufkirche St. Christoph. Ihre Ruine steht noch.

Es hat in Europa frühere Verfahren des Buchdrucks gegeben, aber sie hatten nicht diese Reichweite. Verbreitet wurden hölzerne Druckstöcke benutzt, mit denen sich Einblattdrucke herstellen ließen – für gewöhnlich eine Illustration, manchmal mit kurzen Texten versehen, ein heiliges Bild etwa zusammen mit einem Gebet. Der handgeschnitzte Druckstock wurde mit dem Bild nach unten auf ein Stück Pergament oder einen Bogen Papier gelegt, Hammerschläge auf den Block erzeugten den Abdruck – eine recht primitive Methode, aber akzeptabel. Im Schnitzen eines solchen Blocks freilich steckte ein großes Hindernis, wenn es um Texte, zumal heilige Texte, ging: Nur ein Patzer, und man musste einen neuen Druckblock schnitzen, denn Fehler ließen sich nicht korrigieren. Als Verfahren, um etwas so umfangreiches und komplexes wie ein ganzes Buch zu drucken, taugte das nicht. Mit diesem Hindernis räumten Gutenbergs Presse und die Verwendung beweglicher Lettern auf.

Bertel Thorvaldsen, Gutenberg-Denkmal, 1837; im Hintergrund der Mainzer Dom.

CROZATIER FUDIT
MDCCCXXXVII

Dr. Cornelia Schneider, Kuratorin für Buchkunst des 15.–18. Jahrhunderts im Mainzer Gutenberg-Museum, beschreibt das Verfahren, das Gutenberg vermutlich verwendet hat:

> Von Gutenbergs Werkstatt blieb nichts erhalten, auch aus anderen Druckwerkstätten des 15. Jahrhunderts nichts. Doch haben wir in unserem Museum etwas rekonstruiert, das einen Eindruck davon vermittelt, wie es in den frühen Tagen des Drucks zuging. Zuerst wurde das Papier mit kleinen Nadeln in einem Rahmen, dem Pressdeckel, fixiert, sodass man, beim Drucken der Rückseite, das Blatt einfach umdrehen und die Punkturen nutzen konnte, damit sich der Satzspiegel genau mit der Vorderseite deckt. Der nächste Schritt ist das Einschwärzen der Lettern, wozu zwei Lederballen dienen, die mit Rosshaar gestopft sind. Sie werden mit Farbe bestrichen und diese dann möglichst dünn auf die Metalllettern aufgerieben. Nun werden die eingefärbten, in ihrem Rahmen, dem Setzschiff, gehaltenen Lettern in der Presse über das Papier gebracht. Die Presse, etwa 1,80 bis 2,10 Meter hoch, hat in der Mitte eine hölzerne Spindel, wie ein riesiger Korkenzieher. Die Spindel wird gedreht, und das Setzschiff mit den Lettern auf das Papier gepresst. Das ist mühevoll, aber wenn der Druck sauber gelingt, lässt er sich wunderbar lesen. Als der spätere Papst Pius II. eine dieser Seiten gesehen hatte, schrieb er: «Du konntest sie ohne deine Brille lesen.»

Dass der spätere Papst den Text so deutlich lesbar fand, lag auch daran, dass jede Letter mit dem gleichen Druck auf das Papier gepresst worden war, das Ergebnis von Gutenbergs brillantem Einfall, eine Presse zu benutzen. Mainz lag (und liegt) in einer bedeutenden Weinanbauregion, und so kam Gutenberg auf die Idee, die Technik einer Weinpresse zu nutzen. Wenn die Spindel gedreht wurde, erzeugte der Stempel einen starken, über die ganze Seite gleichmäßigen Druck, und das wiederum ermöglichte es, dass sich jede Zeile mit gleicher Klarheit und Regelmäßigkeit abdrückte.

Die eigentliche Schwierigkeit aber bestand in der Herstellung der Metalllettern, die für jede Seite gebraucht wurden. Wieder waren Geographie und Geschichte auf Gutenbergs Seite: Seit Jahrtausenden waren die nahen Regionen an Mosel und Saar Zentren der Metallgewinnung und -verarbeitung. So war auch die Erfahrung mit diffizilen Metallarbeiten zur Hand und konnte auf ein neues Gebiet umgeleitet werden, wie Kristian Jensen erläutert:

Nachbau von Gutenbergs Werkstatt und Presse, Gutenberg-Museum, Mainz.

Deutschland war eine der Regionen Europas, in denen sich die Fertigkeiten der Metallverarbeitung sehr rasch entwickelt haben, Gutenberg arbeitete also in einem günstigen technischen Umfeld. Um ein Buch zu drucken, braucht man Unmengen sehr ähnlicher und (in vielen Fällen) gleicher Exemplare eines «A», «E», «O» und so weiter. Vielleicht hunderte «E» werden für eine einzelne Seite benötigt, also musste man in der Lage sein, die Lettern sehr oft zu reproduzieren. Gutenberg erfand ein Verfahren, mit dem er viele Exemplare des gleichen Buchstaben mit der gleichen Gussform gießen konnte. So hatte man hunderte Metallstückchen, die sich unterschieden, was den Buchstaben anging, aber ansonsten der Höhe nach völlig gleich sein mussten. Denn wären sie das nicht, dann würden sie, sobald man sie zusammengesetzt hat und nach unten presst, das Papier zerreißen. Also brauchte er ein Verfahren, das nicht nur die «E» und «I» standardisierte, sondern auch den Metallkörper, der sie trug. Das zu bewerkstelligen, war alles andere als einfach.

Johannes Gutenberg, imaginäres Porträt, 1584.

Wenn man aber so viele bewegliche Einzellettern zur Hand hatte, dann war eines der größten Hindernisse des Holzblockdrucks überwunden: Fehler konnten auf einem Probedruck erkannt und durch Einsetzen des richtigen Buchstabens leicht korrigiert werden. Doch dieser Vorteil hatte, wie von Kristian Jensen erläutert, seinen Preis: Unebenheiten bei den beweglichen Lettern ruinierten den Bogen. Cornelia Schneider erklärt, warum Gutenberg keine andere Wahl hatte, als mit diesem empfindlichen Medium zu arbeiten:

> Er hätte gerne Pergament verwendet, denn er wollte die Bibel drucken, und wer das Wort Gottes druckt, muss auch das wertvollste Material verwenden, das zu bekommen ist. Das war damals Pergament. Aber es war unmöglich, genügend Pergament für die 180 Exemplare der Bibel zu bekommen, denn diese hatte, in zwei Bänden, etwa 2000 Seiten, und für jeweils acht Seiten brauchte man eine Ziege oder ein Schaf. Es gab einfach nicht genug Tiere, und so benutzte er Papier.

Auch das war nicht so einfach, wie es klingt. Papier von einer zum Drucken erforderlichen Qualität konnte man nicht einfach irgendwo kaufen. Das beste Papier wurde in Italien hergestellt, und um es zu bekommen, hätte Gutenberg lange und kostspielige Einkaufsreisen unternehmen müssen. Wieder spielte die Region um Mainz eine entscheidende Rolle. Nicht weit den Main aufwärts lag Frankfurt, die Stadt mit den zwei großen alljährlichen Messen. Dort konnte Gutenberg Papier aus Italien bestellen und davon ausgehen, dass es ein halbes Jahr später, bei der nächsten Messe, geliefert würde. Bei jedem technischen Schritt also, bei allen Materialien für die neue, gedruckte Bibel war Gutenberg in der Lage, auf lokale Quellen zurückzugreifen.

Selbst wenn Papst Pius II. Gutenbergs Bibel ohne Brille lesen konnte, man findet einfacher durch eine größere Menge Text – insbesondere wenn man laut liest –, wenn es Kapitelüberschriften gibt, und noch einfacher, wenn der Blick zusätzlich mit farbigen Markierungen geführt wird. Zunächst hat Gutenberg die Kapitelüberschriften in roter Farbe gedruckt, das aber rasch wieder aufgegeben. Kristian Jensen erklärt uns warum:

> Vermutlich erkannte er, dass es zeitaufwändiger und darum auch teurer war für ihn oder andere, farbige Überschriften zu drucken, als einen Schreiber zu bezahlen, der die Überschriften nachträglich von Hand einfügte. Also ließ er es bleiben. Das ist insofern interessant, als es uns zeigt, dass die ganze Angelegenheit auch stets eine Frage der Finanzen war; und Gutenberg hat herausgefunden, wie der Arbeitsfluss organisiert sein musste, damit sich mit dem neuen Verfahren auch Geld verdienen ließ. Zunächst hat er auch vierzig Zeilen pro Seite gedruckt, ging aber bald zu zweiundvierzig Zeilen über, um Papier zu sparen. Es war ein Lernprozess.

Gutenberg und seine erfahrenen Arbeiter brauchten eine lange Zeit, um genügend Lettern für eine Bibel herzustellen, etwa zwei Jahre. Sobald aber die beweglichen Lettern zur Verfügung standen, konnte er die 180 Bibeln in der gleichen Zeit drucken, die ein Schreiber brauchte, um ein einziges Exemplar abzuschreiben. Kristian Jensen:

> Jedes Element in diesem komplexen Prozess der Buchherstellung existierte bereits. Gutenbergs Genie lag darin, alle diese verschiedenen Prozesse zu einem stimmigen Arbeitsablauf zusammenzufügen. Pressen gab es schon seit langem, doch eine Presse zur Buchherstellung einzusetzen, war gewiss etwas Neues.
>
> Ein anderer Geniestreich war die Verwendung von Firnis. Der war im 15. Jahrhundert auch für die Maler etwas ganz Neues, und Gutenberg hat erkannt, dass es

> genau das war, was er für sein neues Verfahren brauchte. Wir können an der Bibelproduktion sehen, dass er immer mehr Leute beschäftigte, die nacheinander an verschiedenen Teilen des Buchs arbeiteten, um den Vorgang zu beschleunigen. Er brauchte jemanden mit Erfahrungen mit Gravuren, einen anderen mit Kenntnissen im Metallguss, einen geschickten Zimmermann. Dann einen Setzer, der die Metalllettern zu Wörtern, Zeilen, Spalten, Seiten zusammensetzen konnte, und der musste sich mit Latein auskennen. Es kann nicht immer leicht gewesen sein, so einen Mann zu finden, denn sich beim Zusammensetzen der Metallstücke die Finger dreckig zu machen, war sicher nicht das, was ein Mann des 15. Jahrhunderts im Sinn hatte, wenn er zum Lateinstudium an eine Universität gegangen war. Als nächster musste einer da sein, der die Lettern einschwärzte, eine ziemliche Plackerei, denn Firnis ist klebrig und zäh. Ein weiterer musste das Setzschiff in die Presse montieren, das Papier auflegen und dann die Spindel mit dem Pressbengel herunterschrauben. Zuletzt schließlich musste jemand Korrektur lesen können und sicherstellen, dass die Seiten in der richtigen Reihenfolge standen.

Niemals zuvor waren alle diese Fertigkeiten und Gewerke auf solche Weise zusammengebracht worden.

Dennoch war das Produkt, das Gutenberg verkauft hat, noch nicht das fertige Buch, sondern ein ungebundener Stapel gedruckter Seiten, mehr nicht. Es war am Käufer, sich diese Seiten binden und in Handarbeit farbig illuminieren zu lassen. Nur wenn das zusätzlich geschah, entstand ein so prächtiges Exemplar wie das in der British Library. Mit diesem Verfahren war jeder Käufer, wo immer in Europa er lebte – und der Rhein erleichterte die Distribution über große Entfernungen –, in der Lage, das Buch in dem Stil schmücken zu lassen, der zu der Gegend passte, in der er und seine Leser beheimatet waren.

Die Geschäftsidee und ihre produktionstechnische Seite mögen modernen Augen völlig einleuchtend sein, in der Gutenbergzeit waren sie eine knifflige Sache. Gutenberg war ein ziemlich wohlhabender Mann, aber er brauchte Betriebskapital, um die Materialien einzukaufen, seine Arbeiter zu bezahlen und so weiter. In Mainz konnte er Geld leihen und Geschäftspartner finden, aber das gelang nicht immer zu seinem Vorteil. Er bewegte sich in einem ökonomischen System, das uns recht fremd ist, denn es war noch immer ebensosehr von religiösen wie von finanziellen Überlegungen geleitet. Kristian Jensen:

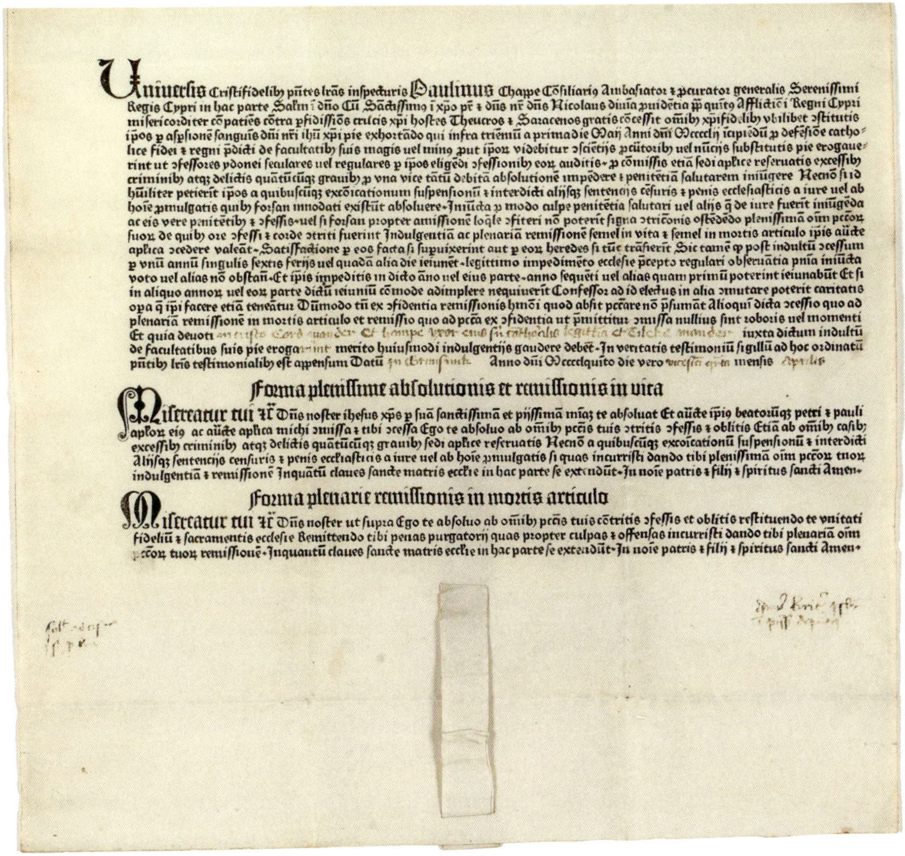
Universis Cristifidelibus presentes litteras inspecturis Paulinus Chappe Consiliarius Ambasiator et procurator generalis Serenissimi Regis Cypri in hac parte ...

Forma plenissime absolutionis et remissionis in vita

Forma plenarie remissionis in mortis articulo

Ablassbrief, gedruckt von Gutenberg: ‹Tragen Sie Ihren Namen ein!› Hier hat ein gewisser Paulinus Chappe seinen Namen, Datum und Unterschrift eingefügt.

Alle überlieferten Zeugnisse zeigen, dass die Menschen, die im 15. Jahrhundert große Bibeln kauften, diese einer religiösen Einrichtung vermachten, die als Gegenleistung für das Heil ihrer Seele Messen lesen ließ. Es war nicht so, dass Kirchen oder Klöster bis dahin keine Bibeln gehabt hätten. Natürlich hatten sie welche, sie hatten sogar viele. Doch eine gedruckte Bibel war besonders geeignet, wenn man wollte, dass Mönche oder Priester für einen beteten. So befinden wir uns am anderen Ende des Produktionsprozesses der Gutenberg-Bibel noch immer in einer Welt, in der kaum etwas Wertvolleres vorstellbar war als ein Gebet für die Toten.

Kristian Jensen skizziert, welche Schwierigkeiten der Chef der ersten Druckerei Europas zu lösen hatte (in China kannte man damals bereits seit einiger Zeit den Druck mit Holzblock und beweglichen Lettern):

> Gutenberg war ein sehr guter Geschäftsmann. Doch einer der Gründe, warum wir so viel von ihm wissen, ist, dass er häufig in Geldnöten steckte, und das wiederum brachte ihn in juristische Konflikte. Wer in solche Konflikte gerät, der taucht in Akten und Archiven auf. Gebrochene Heiratsversprechen, Inhaftierungen höherer Amtsträger aus benachbarten Städten – Gutenberg segelte hart am Wind. Er lieh sich Geld und ging Partnerschaften ein mit jemandem, der ihm Geld besorgen konnte; von einer Partnerschaft wissen wir, weil sie zerbrach und der Fall 1455 vor Gericht landete. In der Zwischenzeit, als er die Bibel bereits druckte, brauchte Gutenberg regelmäßig bares Geld. Er hat es sich verschafft, indem er zum Beispiel im Auftrag der Kirche Ablassbriefe druckte, die bestätigten, dass dem Käufer seine Sünden vergeben würden. Gutenberg druckte so etwas wie Formulare: Es blieben Leerstellen, in die die Person, die einen solchen Ablassbrief kaufte, ihren Namen und das Datum des Kaufs eintragen konnte. Für die Kirche und ihre Verwaltung war das äußerst lukrativ, denn niemand musste damit beschäftigt werden, diese Briefe per Hand zu schreiben. Ablassbriefe waren kein seltenes Gut, will heißen, Gutenberg dürfte Tausende davon gedruckt haben. Sie verschafften nicht nur dem reuigen Käufer die Vergebung seiner Sünden im Jenseits, sondern sorgten auch für einen schönen Geldfluss in Gutenbergs Kasse.

So war auf jeder Stufe des Druckverfahrens, von den Totengebeten bis zur Vergebung der Sünden, die spätmittelalterliche Frömmigkeit der wirtschaftliche Motor von Gutenbergs technischer Innovation. Und weil alle kirchlichen Schulen sich vor allem auf den Lateinunterricht konzentrierten, war die *Ars minor*, die Einführung in die lateinische Grammatik des Aelius Donatus, das erfolgreichste Lehrbuch nördlich der Alpen, ein weiterer Bestseller und eine Cash-Cow für Gutenberg.

Gutenbergs Unternehmen wuchs, hatte aber im Jahr 1460 schwer zu leiden unter Unruhen in der Stadt Mainz. Doch selbst diese beschleunigten noch die Verbreitung gedruckter Bücher in ganz Europa. Einige von Gutenbergs Handwerkern verließen die Stadt und nahmen ihre Fertigkeiten mit nach Köln oder nach Italien. William Caxton etwa kam nach Köln, um sich umzusehen, und nahm die Praktiken des Buchdrucks um 1470 mit nach England. Mainz hatte nicht nur die besten Bedingun-

Eine Seite aus der lateinischen Grammatik des Aelius Donatus, gedruckt in Gutenbergs Mainzer Werkstatt, 1456–58.

mur audiminor audiuntor Optativo modo tempore presenti et preterito im-
perfecto ut audirer audireris vel audirere audiretur plurali ut audiremur
audiremini audirentur Preterito perfecto et plusquamperfecto ut auditus essem
vel fuissem esses vel fuisses esset vel fuisset plurali ut auditi essemus vel fuisse-
mus essetis vel fuissetis essent vel fuissent Futuro ut audiar audiaris vel
audiare audiatur plurali ut
tivo modo tempore presenti cum audiar
cum audiamur audiamini audiantur Preterito imperfecto cum audirer au-
direris vel audirere audiretur plurali cum audiremur audiremini audirentur
Preterito perfecto cum auditus sim vel fuerim sis vel fueris sit vel fuerit plurali cum
auditi simus vel fuerimus sitis vel fueritis sint vel fuerint Preterito plus-
quamperfecto cum auditus essem vel fuissem esses vel fuisses esset vel fuisset plurali cum
auditi essemus vel fuissemus essetis vel fuissetis essent vel fuissent Futuro
cum auditus ero vel fuero eris vel fueris erit vel fuerit plurali cum audi-
ti erimus vel fuerimus eritis vel fueritis erunt vel fuerint Infinitivo
modo numeris et personis tempore presenti et preterito imperfecto audiri Preteri-
to perfecto et plusquamperfecto auditum esse vel fuisse Futuro auditum iri
Duo participia trahuntur a verbo passivo preteritum ut auditus Futurum
Fero fers fert plurali ferimus fertis ferunt ut audiendus
Preterito imperfecto ferebam ferebas ferebat plurali ferebamus
ferebatis ferebant Preterito perfecto tuli tulisti tulit plurali tulimus tulis-
tis tulerunt vel tulere Preterito plusquamperfecto tuleram tuleras tulerat
plurali tuleramus tuleratis tulerant Futuro feram feres feret plurali fere-
mus feretis ferent Imperativo modo tempore presenti ad secundam et terciam perso-
nam fer ferat plurali feramus ferte ferant Futuro ferto tu ferto ille et
plurali feramus fertote ferunto vel feruntote Optativo modo tempore presenti et pre-
terito imperfecto ut ferrem ferres ferret plurali ut ferremus ferretis fer-
rent Preterito perfecto et plusquamperfecto ut tulissem tulisses tulisset et
plurali ut tulissemus tulissetis tulissent Futuro ut feram feras
ferat plurali ut feramus feratis ferant Coniunctivo modo tempore

gen für die Erfindung der Buchdruckerpresse geboten, seine Lage schuf auch die besten Voraussetzungen dafür, dass sich das gedruckte Buch unaufhaltsam verbreiten konnte.

Der große Dom aus rotem Sandstein scheint von der historischen Kontinuität dieser ursprünglich römischen Stadt zu künden. Zu Gutenbergs Zeiten aber war Mainz nicht nur Domstadt, sondern eine Bischofsstadt und ein Staat mit eigener Währung und eigenen Gesetzen. Sein Regent, der Erzbischof, war der Erste unter den sieben Kurfürsten, die den Kaiser des Heiligen Römischen Reichs wählten; nach der Reichsverfassung war der Erzbischof von Mainz nach dem Kaiser auch der zweite Mann im Reich (vgl. Kapitel 5). Der Mündung des Mains in den Rhein gegenüber, lag Mainz im Mittelpunkt eines Gedränges von Fürstbistümern und freien Städten, die allesamt unabhängige Staaten im Heiligen Römischen Reich

Franz Behem, *Ansicht der Stadt Mainz*, 1565.

waren. Nicht sehr weit entfernt war Straßburg, wo Gutenberg lange gelebt und seine Ideen entwickelt hat; noch näher war das Handelszentrum Frankfurt; weiter im Norden dann Köln und die blühenden Städte Flanderns und der Niederlande. Diese Umgebung unabhängiger Höfe, reicher Städte und internationaler Messen bot eine ungewöhnlich dichte Konzentration gebildeter Kundschaft und damit einen hervorragenden Markt für gedruckte Bücher. In diesem Netzwerk kaufmännischer Aktivitäten konnten sich gut ausgebildete Handwerksgesellen ohne große Probleme von Zentrum zu Zentrum bewegen. Ein solches Netzwerk, zu dem als unvergleichliches Distributionssystem auch die großen Flüsse Rhein, Main, Mosel und Neckar gehörten, hatten nur die deutschsprachigen Länder zu bieten. Was hier hergestellt wurde, ließ sich in ganz Europa verkaufen.

1400
1900
Johann Gensfleisch
zu Gutenberg
Offizielle
Festpostkarte
Gutenbergfeier
in Mainz
Carl Goebel, fec.
ALLEINVERTRIEB L. KLEMENT FRANKFURT a/M
ALGRAPHIE DRUCK & VERLAG DER ALGRAPH. KUNSTANSTALT JOS. SCHOLZ, MAINZ

All dies trug dazu bei, dass sich sowohl für Gutenbergs Veröffentlichungen wie auch für gedruckte Bücher überhaupt ein großes, aufnahmebereites Publikum fand. Und, auch das war entscheidend, es gab keine zentrale politische Macht, die in diese Entwicklungen hätte eingreifen können. Kristian Jensen erklärt, warum das so wichtig war:

> Das bedeutete nämlich, dass Menschen nun Zugang zu Texten erhielten, denen das früher unmöglich gewesen wäre. Da gibt es beispielsweise einen Kommentar zu einem Messbuch, der bis dahin einige Jahrhunderte unbeschadet als Handschrift auf Deutsch existierte. 1485 konnte er gedruckt werden. Doch kaum lag er gedruckt vor, wurde er mit dem Bann belegt. Der Erzbischof von Mainz verbot nicht nur diesen Kommentar, sondern alle Übersetzungen aus dem Lateinischen und dem Griechischen in die Landessprache. Sein Argument: Wie kann man von Menschen, die kein ordentliches Universitätsstudium durchlaufen haben, erwarten, dass sie solche Texte auch richtig verstehen? Wer nicht gelernt habe, wie sie zu verstehen seien, werde in die Irre gehen. Dass solche Texte außerhalb seines Territoriums gedruckt wurden, konnte der Erzbischof allerdings nicht verhindern. So war es nicht nur der geringere Preis, der den Zugang zu Büchern erweiterte. Es ging auch darum, welche Menschen nun Zugang zu Schriften bekommen und sich diese für sich zurechtlegen konnten – jenseits eines kontrollierten Umfelds. Die Nachfrage nach gedruckten Büchern war so groß, dass nun die Lettern selbst zum Handelsgut wurden. Man verkaufte Lettern: Das bedeutet, dass um 1470/1475 einige hundert Leute Druckerwerkstätten gründen konnten. Das war nicht zu verhindern. Die Art, in der diese Technik funktionierte, durchkreuzte die Kontrolle der Mächtigen.

Die politische Zersplitterung des Heiligen Römischen Reichs sorgte für einen erstaunlich großen Freiheitsspielraum. Als Luther sechzig Jahre später die Angriffe auf den Verkauf der Ablassbriefe drucken ließ (die Ablassbriefe, die Geld nicht nur in die Kassen des Papstes spülten, sondern auch in die Gutenbergs), da fand er nicht nur Drucker, die seine Texte veröffentlichten, sondern – anders als in zentralisierten Staaten wie Frankreich oder England – er fand Drucker, deren Pressen nicht mehr gestoppt werden konnten.

Festpostkarte zum 500jährigen Geburtstag von Gutenberg, Mainz, 1900.

1500
AD
Albertus Durerus No
ipsum me proprijs sic
gebam coloribus aeta
anno XXVIII.

17
Ein Künstler für alle Deutschen

Volkswagen, Adidas, Puma, Mercedes, Lufthansa – berühmte deutsche Firmen mit ebenso berühmten Logos: das ineinandergreifende VW von Volkswagen, beispielsweise, die drei Streifen von Adidas, der dreistrahlige Mercedesstern. Auch Markenzeichen sind eine deutsche Erfindung: Drucker haben sich solche Zeichen als Mittel geschaffen, um Seiten zu gliedern oder zu schmücken. In diesem Kapitel werden wir uns mit dem ersten und vermutlich berühmtesten aller deutschen Logos beschäftigen. Es stammt aus der Zeit um 1500 und wird bis heute überall erkannt und begehrt. Das Kupferstichkabinett des British Museum besitzt viele Stücke, die dieses Zeichen tragen. Sie gehören zu den weltweit bekanntesten Drucken, und auf ihnen sieht man zwei elegant gestaltete Initialen – ein großes «A» mit einem flachen Dach und hochgesetztem Querbalken und einem «D» zwischen seinen Schenkeln. Es sind die Initialen und das Markenzeichen von Albrecht Dürer.

Dürer ist der prägende Künstler Deutschlands. Alle Deutschen erkennen seine Bilder – und sein Selbstporträt. Er war ein neuer Typus von Künstler, sichtlich voller Selbstbewusstsein, der erste große Künstler Europas, der derart viele Selbstbildnisse malte. Er verkörpert die Renaissanceidee des Künstlers als Held und Star, leidenschaftlich im Einsatz für eine neue Welt und eine neue Technik. Dürer war auch der erste Künstler, der seine Werke in ganz Europa verkaufte und für die Bildende Kunst die Vertriebskanäle nutzte, über die sich das gedruckte Wort auf den Märkten des Kontinents verbreitet hat (vgl. Kapitel 16). Doch Dürer war auch ein *globaler* Künstler. Wie Shakespeare für die

Selbstbildnis im Pelzrock, Albrecht Dürer, 1500.

Engländer, so war Dürer für viele Deutschen ein Filter, durch den sie die sich wandelnde Welt, das Europa der Renaissance, kennenlernten und die neuen Weltgegenden, mit denen es in Kontakt kam. Wie Shakespeare erkundete er alle Aspekte des Lebens – Politik und Naturgeschichte, Religion und Philosophie, Sexualität und Landschaft; und ebenso wie Shakespeare hatte er enge Beziehungen zum Hof und blieb doch unabhängig von diesem. Dürers Kunst entstand nicht nur für einen Mäzen – gelegentlich war dies der Kaiser selbst –, sondern für einen Markt. Er war (auch darin Shakespeare ähnlich) ein gewiefter Geschäftsmann und als solcher äußerst erfolgreich. Aus all diesen Gründen wurde Dürer zu *dem* großen deutschen Künstler. So wie englische Autoren unbewusst Shakespeare zitieren, so zitieren auch deutsche Künstler bis heute Dürer, fast ohne dies zu bemerken.

Auf Markenzeichen kann man sich nur bedingt verlassen; und es ist beunruhigend festzustellen, dass nach Meinung von Experten eine ganze Reihe der Drucke im British Museum, die das Monogramm AD tragen, in Wahrheit Fälschungen sind. Giulia Bartrum, als Kuratorin für deutsche Drucke und Zeichnungen im British Museum zuständig, erklärt, wie man das authentische AD von dessen Nachahmungen unterscheiden kann:

> Zugegeben, das ist etwas knifflig. Ein so einfacher Entwurf wie Dürers AD ist recht leicht zu kopieren. Und es wurde natürlich nach Dürers Tod, im späten 16. Jahrhundert, kopiert, um den Verkauf von Drucken in Gang zu halten, nachdem der Nachschub von Originalen versiegt war. All denen, die Drucke kauften, war das Monogramm AD derart bekannt, dass sie sich nicht viele Gedanken darüber machten, ob das, was sie kauften, tatsächlich ein Werk von ihm war oder nicht: Es genügte, etwas zu besitzen, das sich immerhin mit Dürer verbinden ließ. Dürer ist, wie wir glauben, 1506 auch darum nach Venedig gereist, weil er herausfinden wollte, wer Drucke mit seinem Monogramm vertrieben hat. Er wollte etwas dagegen unternehmen – sein Markenzeichen schützen. Auch in Nürnberg selbst war das ein Problem. Auf die Rückseite seines bekannten Apokalypse-Zyklus in der Ausgabe von 1511 setzt er die Warnung: «Wehe dir, du hinterhältiger Räuber fremder Arbeit und fremden Geistes» und droht Strafen an. Uns mag dabei überraschen, dass es ihm weniger um die Reproduktion der Bilder selbst geht als um die unerlaubte Nutzung des Monogramms AD. Wie es aussieht, hatte er nichts dagegen, wenn andere Künstler seine Bilder kopierten; was ihn wirklich ärgerte, war, dass sie vorgaben, sie stammten von ihm.

Drucke, die direkt für einen Mäzen produziert wurden, ließen sich natürlich einfacher kontrollieren. Zu den Glanzstücken der Dürer-Sammlung des British Museum gehört ein solches Werk; es ist riesengroß und allein schon darum bemerkenswert. Es handelt sich um einen der kolossalsten Drucke, die je hergestellt wurden, gedruckt von 195 einzelnen Druckstöcken (siehe nächste Seite). Zusammengesetzt ergeben die Blätter einen gigantischen Triumphbogen aus Papier, den Kaiser Maximilian I. um 1515 in Auftrag gegeben hat. Reich geschmückt mit allegorischen und historischen Darstellungen preist dieser Druck die Segnungen kaiserlicher Regierung. Als einer der ersten Herrscher hat Maximilian erkannt, wie gut sich Drucke zur politischen Propaganda einsetzen ließen. Gebaut wurde der gedruckte Triumphbogen niemals – Maximilian hätte sich einen solchen Bau gar nicht leisten können –, aber Dürers Papierbild ließ sich natürlich versenden, und tatsächlich wurden für die erste Auflage nicht weniger als 700 Abzüge hergestellt. Im ganzen Reich in Rathäusern und Fürstenpalästen aufgehängt, erinnerten sie (auf recht ökonomische Weise) daran, dass der Kaiser dort jeden Augenblick im Triumph einziehen könnte.

Dürers Geschichte beginnt in Nürnberg, der reichen Freien Reichsstadt im Süden Deutschlands. Die Kaiser des Mittelalters hatten Reichstage oft in Nürnberg abgehalten; noch heute thront die Burg, in der die Reichskrone Kaiser Karls des Großen aufbewahrt wurde (vgl. Kapitel 11), über der Nürnberger Altstadt – so wie 1471, als Dürer dort geboren wurde, das dritte von achtzehn Geschwistern. Nürnberg war berühmt für die dort gefertigten Metallarbeiten (vgl. Kapitel 19); Dürers Vater wurde dort zu einem erfolgreichen Goldschmied. Auch der junge Albrecht lernte zuerst dieses Handwerk und ging später bei einem Maler in die Lehre. Doch sein Patenonkel Anton Koberger hatte sich schon ganz der neuen Technik des Druckens verschrieben, und seine Werkstatt gehörte Anfang der 1490er Jahre zu den erfolgreichsten Unternehmen dieser Art in Deutschland. Drucke mit ihrem Verkaufspotential in den deutschen Handelsnetzen waren es, die Dürer, den lokalen Künstler, zu einer europäischen Berühmtheit machten; sie begründeten seinen Ruf und seinen Wohlstand.

Das Haus steht bis heute, in dem Dürer, Meister der geschäftlichen Logistik und Meister der Strichführung, mehr als zwanzig Jahre lang seine Werkstatt

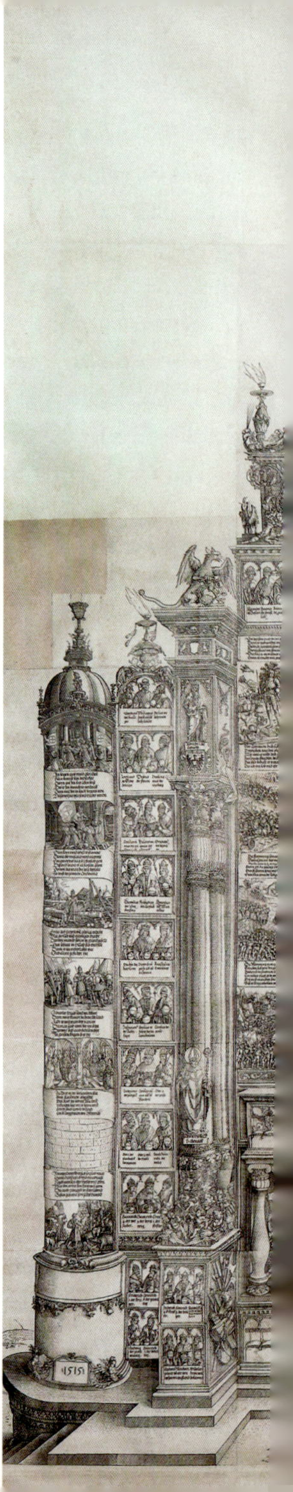

Albrecht Dürer, *Ehrenpforte Maximilians I.*, 1515–17.

Die Porten der Eren Unnd Macht.
Die Porten des Adels
1515

Die Nürnberger Altstadt, wiederaufgebaut nach 1945, links die Burg, rechts das Dürerhaus.

führte; hier entstanden auch seine Meisterwerke. Thomas Schauerte, der Leiter des Dürerhauses, erläutert einige der lokalen Gegebenheiten, die Dürers Erfolg begünstigten:

> Dürer wurde zur richtigen Zeit am richtigen Ort geboren. Um 1500 erlebte die Stadt Nürnberg ihre Blütezeit. Es gab dort erfolgreiche Kaufleute; es lebten große Renaissancehumanisten dort wie etwa Dürers Freund, der gelehrte Jurist Willibald Pirckheimer; es gab enormen Wohlstand in der Stadt, die Handelsverbindungen in die ganze Welt unterhielt – nach Venedig, nach Brüssel und Antwerpen, nach Krakau, nach Oslo, zu allen wichtigen Handelsstädten Europas. Diese Beziehungen waren sehr eng und gerade für Dürer von großem Nutzen, mehr als für einen traditionellen Maler. Denn er reproduzierte seine Kunstwerke, und so gelangten seine Holzschnitte und Stiche in kurzer Zeit nach ganz Europa.

Die Messen, Flüsse und Handelsstraßen Renaissance-Deutschlands verbreiteten Dürers Bilder ebenso effektiv wie Gutenbergs Bücher.

Dürers Drucke waren die ersten großen Kunstwerke Europas, die in Massenproduktion hergestellt wurden, und Dürer selbst war der erste große Künstler, der die neue Technik der Druckerpressen meisterhaft beherrschte, womit er Holzschnitt und Kupferstich auf ein neues Niveau hob. Damals sprach noch niemand von Informationstechnologie, aber man könnte das durchaus so bezeichnen. Sie steigerte die Zahl der verbreiteten Bilder enorm, und damit auch die der nützlichen und der erstaunlichen Dinge, die ein Mensch in seiner Lebenszeit zu sehen bekam.

Dürer und seine tatkräftige Ehefrau Agnes Frey reisten zusammen durch Deutschland und auch in Nachbarländer, verkauften die Drucke und verbreiteten damit Ruhm und Einfluss seiner Bilder. Die *Apokalypse*, das erste von einem führenden Künstler illustrierte Buch des Abendlandes, erschien 1498. Den biblischen Text begleiteten fünfzehn Holzschnitte, unter ihnen die berühmten *Vier apokalyptischen Reiter*. Auch dieses Buch erschien zur richtigen Zeit. Viele Menschen glaubten damals, im Jahr 1500, das Weltende stehe kurz bevor, und sie wollten natürlich wissen, was sie erwartete. Und selbst als sich die Befürchtungen nicht bestätigten, bewunderten Kunstkenner die ungemein ausdrucksstarken Bilder weiterhin und wollten sie erwerben. Dürer hat das Buch selbst verlegt und viel Geld investiert, um versierte Fachkräfte für Holzschnitt und Druck zu gewinnen. Damals nicht anders als heute war Apokalypse ein Kassenschlager; die Drucke verkauften sich so blendend, dass sie Dürer ein Einkommen bis an sein Lebensende verschafften.

Stets ist Dürer vor allem für seine Kupferstichtechnik bewundert worden: eine sehr schwierige, mühevolle Arbeit, die hohe Präzision erfordert und die – anders als die Holzschnitte – vom Künstler selbst ausgeführt wurde, der direkt auf der Kupferplatte arbeitete. Zwei dieser Stiche gelten ihrer Ausführung wie ihres Gedankenreichtums wegen seit langem als herausragend: die große allegorische Figur der Melancholie, die inmitten einer Reihe von bedeutungsvollen Dingen sitzt; und der Ritter, der auf seinem Pferd, von Tod und Teufel flankiert, mutig voranreitet. Giulia Bartrum erläutert, warum gerade sie so bemerkenswert sind:

> Sie zeigen den gleichen, wirklich erstaunlichen Grad technischer Vollkommenheit, und die Sujets ergänzen einander. Wir sehen den Ritter, der mit dem Tod durch eine Felsenschlucht reitet, seinen treuen Hund zur Seite. Hinter dem Pferd, rechts von

ihm, der Teufel. Aber der Ritter, entschlossen und tatkräftig, kümmert sich nicht um den Tod. Die Figur der Melancholie wiederum sitzt kauernd in ihrem in schweren Falten fallenden Gewand. Ihr Hund schläft. Umgeben ist sie von kalten geometrischen Objekten, im Hintergrund öffnet sich eine leere apokalyptische Landschaft. Man spürt, dass sie ihr Leben nicht im Griff hat, vollkommen versunken in angestrengtem Denken und Schaffen. In jeder Hinsicht ist sie das Gegenbild des Ritters, der energisch voranreitet, während sie unbeweglich dasitzt und brütet.

Technisch präsentiert Dürer sein ganzes Können. Er meistert den Gravierstichel – setzt Punkte und Striche, die Licht und dunkle Passagen hervortreiben. Dass er dies allein in Schwarz-Weiß erreicht, ist äußerst erstaunlich. Man sollte die Schwierigkeiten, den Kupferstich zu solcher Höhe und Feinheit zu treiben, nicht unterschätzen. Nie hat jemand wieder derart komplexe Kupferstiche geschaffen. Die Linien sind wundervoll abgestuft. Da sind die Schatteneffekte, die weiche Textur des Seidengewandes der Melancholia, das Fell auf dem Hunderücken, wo sich die Haare einzeln zu bewegen scheinen und man die sich abzeichnenden Knochen sieht. Um das zu erreichen, muss man ganz unterschiedliche Stichel oder Nadeln verwenden. Dürer hat dies bei all seinen Tierdarstellungen erreicht. Viele Kopisten haben später versucht, die sinnliche Präsenz dieser zwei Bilder zu erreichen, keinem ist es je gelungen, keiner zeigt diesen Grad der meisterlichen Handhabung des Stichels. Goya benutzte Aquatinta-Techniken, auch Rembrandt erreichte ähnliche Wirkungen mit Ätztechniken, aber nur Dürer gelang das allein mit der Ritznadel direkt auf der Kupferplatte.

Nicht nur wegen der höchsten Meisterschaft ihrer Ausführung sind diese beiden Drucke berühmt. Sie sind so bekannt, dass sie, wenn man so will, zu zwei komplementären Selbstporträts Deutschlands geworden sind, die zwei gegensätzliche Aspekte zeigen – der Ritter entschlossene Tatkraft, Melancholia dagegen nach innen gerichtete Kontemplation. Schwerlich ist eine andere europäische Nation vorstellbar, die sich selbst in Bildern von solcher Subtilität und Komplexität darzustellen vermochte.

Über Jahrhunderte hinweg fanden Interpretationen der Drucke und ihrer Bedeutung einen Nachhall. In der Geschichte der deutschen Identität spielten sie eine einzigartige Rolle, wie Horst Bredekamp sagt:

Ich glaube, man wird keine zwei anderen Objekte finden, die für das 19. Jahrhundert die Selbstdeutung der «deutschen Seele» derart verkörperten – mit allen Folgen, die wir kennen. Der Ritter bewegt sich in einer äußerst feindlichen Umgebung, ohne Fluchtmöglichkeit, ohne Hoffnung – umgeben

Albrecht Dürer, *Die vier apokalyptischen Reiter,* 1498.

Albrecht Dürer, *Melencolia I*, 1514.

Albrecht Dürer, *Ritter, Tod und Teufel*, 1513.

vom Teufel und einer Landschaft, in der er sich bewähren muss. Dieser Ritter versinnbildlicht die Selbstdefinition des Deutschen, der den einmal gewählten Weg unbeirrt verfolgt. In diesem Sinn wurde der Ritter zum Symbol der Standhaftigkeit: Er hält an seinen Grundsätzen fest, ungeachtet aller Feinde und Hindernisse auf seinem Weg. Melancholia markiert den Gegenpol. Sie wurde verstanden als Symbol einer deutschen Seele, die man als Gegenstück zur Aufklärung betrachten kann, wie sie Descartes repräsentiert. Melancholia ist die romantische Alternative zum französischen Rationalismus. Nicht die Maschine aus Körper und Geist ist nun bestimmend, sondern die Seele, die beide animiert, Geist und Körper. So wurde die deutsche Seele verstanden – tiefer und komplexer als in jeder anderen Nation. Und das enthält Elemente der Selbstzerstörung, der Untauglichkeit zum Handeln, der Selbstreflektion, die in den Wahnsinn führen kann. Dies ist eine, wenn man will, bipolare Definition der deutschen Seele im 19. Jahrhundert, die sich nirgends sonst – ich sage das ironisch – in solcher Klarheit zeigt wie in diesen Blättern.

Die Macht dieser beiden Drucke und der Glaube, Dürer bringe schlechthin deutsche Qualitäten zum Ausdruck, führte in den Jahren nach der napoleonischen Besatzung Deutschlands zu einem außergewöhnlichen Wiedererwachen des Interesses an ihm. 1828 wurde das Nürnberger Dürerhaus der Öffentlichkeit als Museum zugänglich gemacht. Der einzige Künstler mit einer älteren, ihm gewidmeten Gedenkstätte ist Michelangelo in Florenz. Dürer, der weltoffenste und europäischste Künstler, wurde, wie Thomas Schauerte hervorhebt, zum Element der nationalen Wiedergeburt Deutschlands:

Man muss sich die politische Situation im damaligen Deutschland vor Augen führen, nach den napoleonischen Kriegen. Deutschland war fragmentiert, und die Sehnsucht nach nationaler Einheit zieht sich durch das gesamte 19. Jahrhundert. Im Jahr 1871 gab es eine bemerkenswerte Koinzidenz: der Sieg Preußen-Deutschlands über Frankreich, die Gründung des zweiten deutschen Reichs und Albrecht Dürers 400. Geburtstag, der hier in Nürnberg gefeiert wurde. Man glaubte damals nicht, dass dies ein Zufall war. Das war der Augenblick, in dem Dürer zum nationalen Heros wurde.

Zum nationalen Helden gemacht zu werden, kann sich (wie auch Bismarck, der Architekt des Sieges von 1871, erfahren musste – vgl. Kapitel 21) als ein Giftkelch erweisen. Hätte er das ausgehende 19. Jahrhundert miterlebt, Dürer hätte seine geringelten Locken möglicherweise skeptisch geschüttelt, wenn man ihm gesagt hätte, *Ritter, Tod und Teufel* sei Richard Wagners Lieblingsdruck und Friedrich Nietzsche sehe darin ein Bild von seltener Potenz. Er hätte es vielleicht als seine ganz persönliche Apokalypse empfunden, dass sich Goebbels für seine Propagandafeldzüge ausgerechnet seinen Druck angeeignet hat. Der Kunsthistoriker Wilhelm Waetzoldt schrieb 1936: «Heroische Seelen lieben diesen Kupferstich, wie es Nietzsche tat und heute Adolf Hitler.» Wie so viele andere Leistungen und Traditionen, von denen dieses Buch handelt, bekam auch Dürers Werk einen unangenehmen, finsteren Beiklang, nachdem die Nationalsozialisten es vereinnahmt und kontaminiert hatten: Nach 1945 konnten die Menschen den Ritter nicht mehr als eine edle, tapfer strebende Natur sehen, sie erkannten statt dessen den ruchlosen Raubritter, der Tod und Teufel mit sich bringt. Nicht überraschend, dass heutige deutsche Kunsthistoriker ihre Aufmerksamkeit lieber dem anderen großen Kupferstich zuwenden – *Melencolia I.*

Doch Melancholie ist kein angemessener Schlusspunkt. Dürer, das ist auch der Reichtum, der Überfluss des Lebens, und eine neue Welt – nicht nur die Welt der Drucke und der Kommunikation, sondern die reale Neue Welt. Als er in Antwerpen die aztekischen Schätze sah, die Hernan Cortes nach der Eroberung Mexikos nach Europa sandte, machten diese Stücke aus einer bislang völlig unbekannten Kultur tiefen Eindruck auf Dürer. Sie seien, so schrieb er, für ihn noch viel kostbarer als Wunder. Aus einer anderen Weltgegend kam das Sujet von Dürers womöglich bekanntestem Druck – das *Rhinocerus.* 1515 hatten Portugiesen ein Nashorn aus Indien nach Lissabon gebracht, und es war – seit der Römerzeit – das erste Exemplar dieser Art, das in Europa zu sehen war; Dürer hat es in einem Holzschnitt dargestellt, der zum Bestseller wurde. Das ist einer seiner vielen Beiträge (zugleich der bekannteste) zur populären Welt der Einblattdrucke, deren Thema das Wunderbare und Fremde war, so wie seine Bilder von monströsen Schweinen und siamesischen Zwillingen. Für wissenschaftliche Augen hat das *Rhinocerus*, wie Giulia Bartrum erklärt, etwas von einem Ungeheuer aus *Jurassic Park:*

> Dürer hat das Tier niemals selbst gesehen. Er arbeitete nach dem Bericht eines Kaufmanns, der es einem Freund in Nürnberg ausführlich beschrieben hat, mit seiner gefleckten, schuppigen, fast schildkrötenartigen Haut. Offenbar enthielt der Bericht auch etwas, was nach einer Rüstung klang, denn Dürer hat Teilen der Haut das Aus-

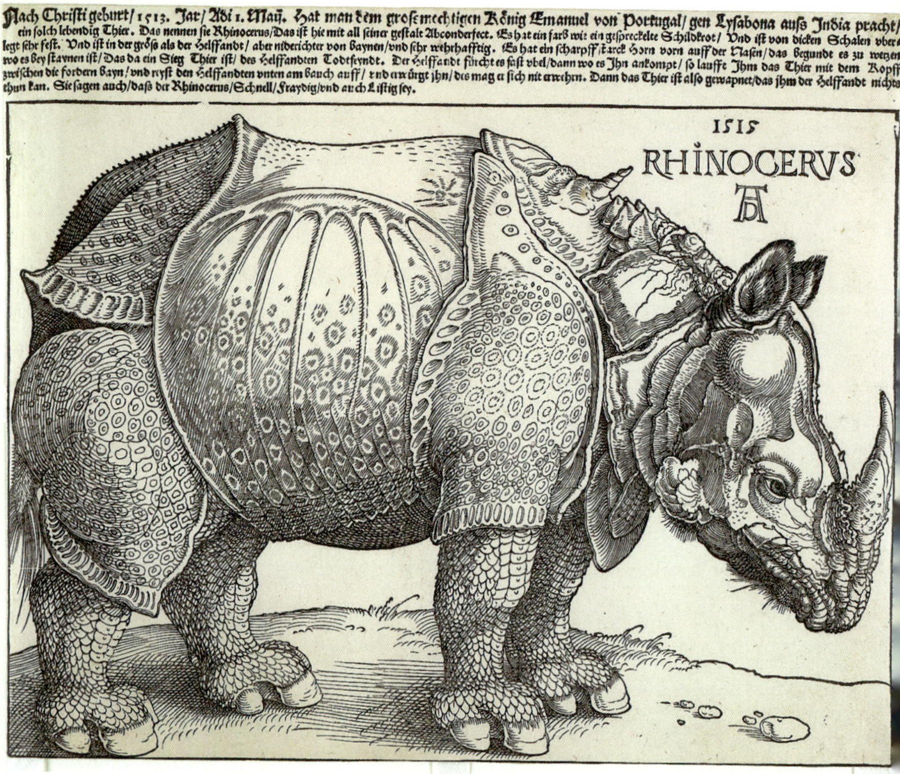

Albrecht Dürer, *Rhinocerus*, Holzschnitt, 1515.

sehen einer Panzerung gegeben. Das Tier wirkt doch ziemlich verschlagen und vermittelt den Eindruck gewaltiger Kraft. Das hat auch etwas damit zu tun, dass Dürer diese riesige Kreatur in ein kleines Rechteck gesperrt hat, was aber wohl der Art entsprach, wie man es damals sehen konnte: in einem Käfig. Glänzend, wie das Horn gegen den rechten Bildrand stößt, Schwanz und Hinterteil gegen den linken Rand drücken. Und Dürer hat ganz normale Barthaare, seine Erfindung, unter das Kinn gesetzt – ein Detail, das er von ihm bekannten Tieren übernommen hat. So, durch die Art seiner Darstellung, bekommt das Nashorn ein Aussehen, das äußerst glaubwürdig ist, und eine Kraft, die ihm furchterregende Macht gibt.

Dürer ließ zu seinen Lebzeiten vier- bis fünftausend Abzüge dieses Holzschnitts produzieren: Einer der Vorteile des Holzschnitts besteht darin, dass von einem Bildstock ziemlich lange gedruckt werden kann, selbst wenn die Details häufig gröber werden. Dürer in seinem Stolz auf seine unerreichten Fertigkeiten als Kupferstecher, etwa in den wunderbaren Feinheiten der *Melencolia*, wäre vielleicht enttäuscht, dass dieses Bild – ein Kassenschlager, wenn es je einen gab – zur auf Anhieb erkennbaren und berühmtesten aller seiner Arbeiten geworden ist.

Zweihundert Jahre später kam man in der Porzellanmanufaktur in Meißen bei Dresden auf die Idee, ein Nashorn als Schaustück aus Porzellan herzustellen. Längst hatte man echte Nashörner gesehen. Doch die Manufaktur befasste sich nicht mit einem realen Rhinozeros. Man griff lieber gleich zu Dürers Druck. Wie so viele Deutsche zuvor und seither sahen auch die Meißener die Welt durch *seine* Augen.

18
Das Weiße Gold aus Sachsen

Achtzehn blau-weiße chinesische Vasen, etwa 1,20 m hoch, standen im Jahr 1717 im Mittelpunkt einer der außergewöhnlichsten diplomatischen Abmachungen, die je zwischen europäischen Regenten getroffen wurden. Im Austausch gegen insgesamt 151 Stücke aus chinesischem Porzellan, unter ihnen die genannten Vasen, überließ der Herrscher von Sachsen dem König von Preußen 600 seiner besten Soldaten. Diese wurden in Berlin zu einem Dragonerregiment formiert, weswegen diese Vasen auch «Dragonervasen» genannt werden; bis heute werden sie in der Porzellansammlung der Staatlichen Kunstsammlungen Dresden präsentiert.

August der Starke, Kurfürst von Sachsen und König von Polen, war ein passionierter, ja besessener Sammler von Kunstobjekten aller Art. Eine Leidenschaft jedoch übertraf alle seine anderen: Er litt, wie man damals sagte, an der *Maladie de Porcelaine*. Wir wissen nicht, was seine 600 Dragoner, als sie von Dresden nach Berlin marschierten, von diesem Handel – und von ihrer Ablöse, dem Porzellan – hielten, doch nichts könnte den Status und den Wert besser demonstrieren, den man dem Porzellan aus China beimaß, damals «weißes Gold» genannt. Es war so exotisch wie teuer, denn es hatte alles, was europäisches Steingut nicht hatte: Es war hart, haltbar, durchscheinend, fein glasiert, so unzerstörbar, wie Porzellan nur sein kann, und es war wunderschön. Kurzum, niemand in Europa konnte etwas Vergleichbares schaffen.

1728, elf Jahre nach diesem bemerkenswerten Tauschgeschäft, kam es zu einer weiteren denkwürdigen sächsisch-preußischen Begegnung. Der Preußenkönig Friedrich Wilhelm I. besuchte Dresden,

Louis de Silvestre, *Friedrich August I. von Sachsen (August der Starke) und Friedrich Wilhelm I. von Preußen*, Gemälde, um 1720.

wo man ihn mit Maskenspielen und Banketten unterhielt. August der Starke reiste zu einem Gegenbesuch nach Berlin, und er brachte, wie es das Protokoll verlangte, Gastgeschenke für Königin Sophie Dorothea von Preußen mit. Das Hauptstück war ein eigens angefertigtes Porzellanservice, Schüsseln und Teller, das heute im British Museum residiert. Wir wissen, dass es für die Königin gedacht war, denn in der Mitte jedes Stücks befindet sich, umgeben von den Buchstaben ihres Namens, der preußische Adler. Das Außergewöhnliche an diesem Porzellan ist, dass es zwar aussieht, als sei es chinesisch – fein und durchscheinend, hart und glasiert –, aber es ist nicht weiß mit blauem Dekor wie die Dragonervasen von 1717. Es ist natürlich auch weiß, aber die Bemalung stammt aus einer anderen Tradition – sie ist rot und grün und blau und schwarz und vor allem überall golden, voller Goldkanten und goldener Verzierungen. Es musste also in den elf Jahren zwischen der ersten Begegnung und dem neuerlichen Austausch von Geschenken etwas Bemerkenswertes geschehen sein. August hatte herausgefunden, wie sich chinesisches Porzellan in Europa herstellen ließ, um genau zu sein: in seinem Staat Sachsen. Unter seiner Aufsicht hatte die neuzeitliche deutsche Chemie einen ihrer

Sieben der Dragonervasen, die August der Starke 1717 erhielt.

Meissener Porzellan für Königin Sophie Dorothea von Preußen, 1730.

ersten großen Triumphe erzielt: das Meissener Porzellan. Natürlich wollte August damit prunken, wenn er seinem Rivalen und Nachbarn in Berlin sein Porzellan zum Geschenk machte. Zum zweiten Mal (Gutenberg war der erste) hatte Deutschland einen der Triumphe chinesischer Technik wiederholt.

In Andrea Mantegnas *Die Anbetung der Könige*, gemalt um 1500, überreicht der Älteste der drei Weisen dem Christuskind sein Goldgeschenk in etwas, das für die meisten Europäer das kostbarste Gefäß war, welches das Morgenland zu bieten hatte: eine Schale aus chinesischem Porzellan. Anfang des 18. Jahrhunderts war Porzellan noch immer so kostbar wie zu Mantegnas Zeiten, Ende des 15. Jahrhunderts. Ein Grund dafür war, dass bislang noch kein Europäer herausgefunden hatte, wie Porzellan hergestellt wurde. Ein weiterer Grund war das lukrative Monopol, das die Niederländische Ostindien-Kompagnie auf den Import von Porzellan aus China und Japan besaß. Deren Kaufleute brachten es per Schiff nach Amsterdam, und dort gelangte das meiste sofort in den Besitz des Hauses der Oranier, das den erblichen *stadhouder* der Niederländischen Republik stellte.

In der Machtkonkurrenz der deutschen Staaten des 18. Jahrhunderts waren diplomatische Geschenke mehr als nur eine Angelegenheit von Form und gutem Ton, es ging um das eigene Prestige im Verhältnis zum benachbarten Fürsten. Vor allem wollte man etwas zu bieten haben, was kein anderer hätte schenken können, so wie heute beispielsweise nur die Chinesen Pandabären verschenken können. Cordula Bischoff, eine Expertin für die Politik des Porzellans, erläutert:

> Das diplomatische Geschenk war in der frühen Neuzeit eine Art Währung, und für jeden Fürsten war es wichtig, dass er über ein besonderes Objekt verfügte, möglicherweise ein Produkt aus eigenen Manufakturen, das er zum Geschenk machen konnte. Jeder Fürst strebte danach, etwas Einmaliges zu finden, etwas, das nur er präsentieren konnte. Das konnte ein Naturprodukt sein, wie beispielsweise die russischen Zaren Pelze schenkten, die Kurfürsten von Hannover Pferde einer besonderen Zucht, es konnten aber auch Artefakte sein, die in besonderen Manufakturen für Luxusprodukte hergestellt wurden, Dinge, die die Franzosen gerne verschenkten. Die Kurfürsten von Brandenburg hatten zwei Objekte als besonders wertvolle Geschenke zu bieten: den Bernstein von den Ostseeküsten (vgl. Kapitel 3) und, von der zweiten Hälfte des 17. Jahrhunderts an, chinesisches Porzellan, zu dem sie durch ihre Verbindungen mit dem Haus Oranien Zugang hatten.

August der Starke hatte unglücklicherweise nichts Besonderes zu bieten, nur seine Dragoner. Doch der Statuswettbewerb wurde immer schärfer. Um 1700 wurden drei der Kurfürsten des Heiligen Römischen Reichs zu Königen. Friedrich von Brandenburg erklärte sich zum König in Preußen (vgl. Kapitel 3); Georg von Hannover erbte den Thron Großbritanniens, und August wurde zum König von Polen gewählt. Noch mehr als Kurfürsten mussten Könige in der Lage sein, etwas Großartiges zu verschenken. Wirklich königlich war nur, wer auch königliche Geschenke machen konnte. August der Starke aber steckte bekanntermaßen in chronischen Geldnöten.

Eher durch Zufall flog – oder floh – ihm zu, was die Lösung seiner Probleme hätte sein können. Johann Friedrich Böttger war Alchemist, einer jener Männer, die schon seit Jahrhunderten unablässig und unablässig erfolglos versuchten, den

Stein der Weisen zu finden, die Formel, mit der sich einfaches Metall in Gold verwandeln ließ. 1701, als König Friedrich seine angeblichen alchemistischen Fertigkeiten auf die Probe stellen wollte, hatte Böttger Hals über Kopf aus Berlin fliehen müssen und Zuflucht in Sachsen gesucht. August witterte seine Chance und gewährte dem Flüchtling Asyl. Er setzte Böttger fest und verlangte von ihm zu tun, was er versprochen hatte, und nun die sächsische Schatzkammer mit Gold zu füllen. Ulrich Pietsch, Direktor der Porzellansammlung in Dresden, erzählt die Geschichte weiter:

> August ließ Böttger gefangen setzen und verlangte von ihm, dass er Gold mache. Natürlich konnte er das nicht. Sein Kollege Ehrenfried Walther von Tschirnhaus, Erfinder und Mathematiker, hatte schon eine Menge Experimente unternommen, um das Rezept zur Porzellanherstellung zu finden, war aber stets gescheitert. Nun überredete er Böttger, doch eher in Richtung Porzellan zu experimentieren, und der hatte Erfolg. 1708 entdeckte er das richtige Verfahren. Das Geheimnis war einfach. Die Chinesen hatten gar kein geheimnisvolles Rezept. Sie nahmen nur die Erde, die sie fanden, den weißen Ton Chinas, der Feldspat, Quartz und Kaolin enthält. Böttger musste diese Bestandteile ermitteln, und nach zwei Jahren des Experimentierens hatte er Erfolg und fand heraus, was in der Grundmasse stecken musste. Er nahm weißen Ton aus Sachsen und aus anderen Regionen Deutschlands und mischte sie zusammen. Aber er notierte auch jedes Mal akribisch, was er verwendet hatte, auch die genauen Mengen an Mineralien, die er zugesetzt hatte. Und nach geraumer Zeit hatte er Erfolg.

Magie war etwas gewichen, was wir als experimentelle Forschung begreifen können. Und so kam es, dass in Sachsen die Physik des unergründlichen Steins der Weisen – um diesen rankte sich die Legende vom Doktor Faustus und seinem Pakt mit dem Teufel – überwunden wurde von der Chemie des Möglichen. Am Ufer der Elbe, in Dresden, fand diese Metamorphose statt: Einfache Erde verwandelte sich schließlich in *weißes Gold*.

Kein wirkliches Gold also, doch August der Starke erkannte recht schnell, dass sich damit Gold machen ließ. Endlich verfügte auch er über das exklusive Geschenk, die diplomatische Waffe, zudem über eine möglicherweise lukrative Einkommensquelle, wie Ulrich Pietsch erklärt:

Nachfolgende Doppelseite: Bernardo Bellotto, *Dresden vom rechten Elbufer unterhalb der Augustusbrücke*, Gemälde, 1748.

Böttgers Experimente mit rotem Steinzeug: links eine chinesische Teekanne, 1662–1722, rechts Böttgers Kopie, hergestellt in Meißen, 1712.

Sobald der König überzeugt war, dass Böttger die gleiche Qualität erreichen konnte wie die Japaner und Chinesen, entschloss er sich, eine Manufaktur in Dresden zu gründen. Doch schon nach einigen Monaten zeigte sich, dass das bisherige Laboratorium zu klein war, und August der Starke entschied, die Manufaktur nach Meißen zu verlegen, in die Albrechtsburg, wo sich das Herstellungsgeheimnis bestens schützen ließ und damit auch das Monopol. Zunächst gab August Kopien seines orientalischen Porzellans in Auftrag, und schon damit wurde die Meissener Manufaktur sehr erfolgreich. Jedermann wollte diese Stücke mit chinesischen und japanischen Dekors haben. Nach einigen Jahren jedoch gewann die Leitung der Manufaktur größeres Selbstvertrauen, imitierte weniger und schuf stattdessen eigene, europäische Formen und Dekors. Zum ersten Mal wurde wirklich europäisches Porzellan hergestellt. Der gesamte Kontinent war neidisch.

All das erklärt den europäischen Stil des Meissener Porzellans, das August der Starke 1728 Königin Sophie zum Geschenk machte. Es war *sein* Porzellan, hergestellt in der Nähe *seiner* Hauptstadt Dresden. August der Starke war nun auch August der Reiche, zumindest August der weniger Arme. Gutenberg hatte die Möglichkeiten eines Massenmarkts für Bücher erkannt und genutzt, August aber mit seiner Porzellanmanufaktur ging einen anderen Weg. Porzellan sollte selten bleiben, eine Rarität, die sich nur Reiche und Privilegierte leisten konnten: Die hohen Preise sollten Sachsens Staatskasse direkten und kontinuierlichen Zufluss bescheren – und genau so kam es für die nächsten 250 Jahre. Energisch förderte er die Meissener Manufaktur als diplomatisches Werkzeug, er wollte sich nicht nur Geld verschaffen, sondern auch Einfluss. Wenn sich Porzellan herstellen ließ, das Gold und Silber auf Europas Tafeln ablösen würde, winkten stattliche Erträge. Mit Staatsbanketten stellte Sachsen eine reiche Auswahl an feinem Porzellangeschirr zur Schau. Geschenke gingen an andere Königshäuser in der Hoffnung, dass andere es ihnen gleichtun würden und sächsisches Porzellan bestellten. Doch noch weitere Faktoren trugen zur Beliebtheit des Porzellans bei, wie Cordula Bischoff erzählt:

> Kakao, Kaffee und Tee, die im 17. Jahrhundert nach Europa importiert und als Getränk Mode wurden, verlangten neue Trinkgefäße. Denn diese Getränke wurden, was bislang nicht üblich war, heiß serviert, und dafür waren Gold, Silber oder Glas nicht sonderlich geeignet. Man hätte Tassen aus China oder anderen fernöstlichen Ländern benutzen können, aber die entsprachen nicht dem europäischen Geschmack und waren zudem sehr klein – und nicht zuletzt viel zu teuer für den Alltagsgebrauch. Die Beliebtheit von Kaffee und Tee wuchs, und sehr bald konnten es sich auch Menschen, die keine Beziehungen zu einem Hof unterhielten, leisten, in eins der neuen Kaffeehäuser zu gehen. Anfangs wurde Tongeschirr benutzt, aber das platzte leicht ab, und von da war es nurmehr ein kleiner Schritt, an das gerade entwickelte sächsische Porzellan zu denken.

So wie Tafelgeschirr aus Porzellan kamen auch Tee- und Kaffeeservices in Mode.

Eine der Freuden beim Erfinden eines neuen Werkstoffs liegt in der Entdeckung dessen, was sich damit alles anfangen lässt; mit der Zeit wurde August immer ehrgeiziger und erfinderischer, er wollte einfach zeigen, welch unvergleichliche Dinge sich aus sächsischem Porzellan herstellen ließen. Es war so fest, dass es nicht nur

Gold und Silber als Tafelgeschirr ersetzen konnte, sondern auch Bronze bei der Herstellung von Skulpturen. Die Manufaktur in Meißen begann zunächst mit kleineren Figuren und stellte dann auch größere her, bis August der Starke schließlich auf die Idee kam, alle fürstlichen Extravaganzen in einer zu verbinden.

Alle großen Herrscher unterhielten damals mit hohem finanziellen Aufwand Volieren und Menagerien, außerordentliche Sammlungen exotischer Vögel und anderer Tiere, die aus aller Welt herbeigeschafft wurden – eine ideale Möglichkeit, auswärtige Besucher nicht nur zu unterhalten, sondern ihnen auch zu imponieren. August wollte nun seine Voliere und seine Menagerie unbedingt aus Porzellan nachmodelliert haben. Nichts dergleichen war bis dahin hergestellt worden, beide kann man heute im Dresdner Zwinger besichtigen. Die kleineren Vögel, leuchtend bemalt, schießen und stoßen von ihren Konsolen hoch oben an der Wand herab, in allen möglichen Posituren und prächtigen Farbtönen. Auf dem Boden stehen die größeren Vögel und die Tiere aus weißem Porzellan. Eine imposante Versammlung. Ein Pfau lässt seine Schwanzfedern von einem Baum herabhängen. Ein anderer – in Lebensgröße – präsentiert sich in seinem ganzen Stolz. Das hieß, das Material an seine physischen Grenzen zu treiben – wie durch die große ungestützte Porzellanscheibe, die die bebend aufgerichteten Schwanzfedern bildet. Eine technische Meisterleistung. Dabei ist das Ganze beileibe kein statisches Schauspiel. Vögel und Tiere werden in Aktion gezeigt – sie tun, was sie auch in der Natur tun würden, sie spielen, fressen, töten. Zwei Hunde purzeln übereinander, während sich ein Fuchs mit einer Henne in den Fängen davonstiehlt. Am unheimlichsten sind die Geier, von denen einer mit dem Schnabel das Herz eines Kakadus geschnappt hat, den er noch in den Klauen hält. Das ist keine bloße Menagerie, das ist das Schauspiel der Natur selbst, rot mit Zähnen und Klauen, hier jedoch dargestellt in weißem – blendend weißem – Porzellan.

Star dieser Versammlung, daran besteht kein Zweifel, ist das Nashorn. Genauer ein Nashornpaar, das eine braun, das andere weiß. Modelliert sind sie nach Dürers berühmten Holzschnitt (vgl. Kapitel 17), dessen Rhinozeros so berühmt ist, dass sich der Meissener Modelleur gar nicht erst die Mühe macht, ein wirkliches Tier zu studieren, sondern gleich dieses eindrucksvolle zweidimensionale Bild in drei

Dimensionen überträgt. Das Meissener Rhinozeros ist eine verblüffende Fusion deutscher Errungenschaften – die Druckerpresse, Dürers Genie, die Erfindung des Porzellans zusammengeschmolzen und präsentiert in einer der schönsten Städte im Europa des 18. Jahrhunderts. Dazu Ulrich Pietsch:

Die Porzellanmenagerie im Zwinger.

> Ich denke, August wollte der ganzen Welt demonstrieren, dass er in der Lage ist, wunderbares Porzellan zu machen. Und er wollte, dass die Menschen Meissener Porzellan aus seiner Manufaktur bestellten. Es war eine Übung in Public Relations für die Manufaktur. Darum hat sein Sohn anderen Fürsten immer wieder Geschenke gemacht, er wollte in ihnen das Verlangen wecken, auch an ihren Höfen Meissener Porzellan zu haben. Und es hat funktioniert. Viele italienische Adlige etwa bestellten Meissener Kaffeeservices mit ihrem Wappen, und noch vieles andere mehr.

Nächste Doppelseite:
Johann Gottlieb Kirchner, *Das Rhinozeros*, Porzellanskulptur, 1730.

Meissener Porzellan wird mit dem Konterfei Wilhelm Piecks, des ersten Präsidenten der DDR, bemalt, 1955.

Der Erfolg hielt an. Ab der Mitte des 18. Jahrhunderts gehörte Porzellan rasch auch zur Ausstattung eines bürgerlichen Haushalts, und das nicht nur in Deutschland. Der Erfolg von Dresden wurde von Porzellanmanufakturen in ganz Europa nachgeahmt – in Wien und Paris, in Berlin und London. Die Meissener Manufaktur gehörte zu den renommiertesten deutschen Fabriken, bis sie nach dem Ende des Zweiten Weltkriegs Stalins Reparationsforderungen zum Opfer fiel, mit denen die Zerstörung der sowjetischen Industrie durch die Nazis kompensiert werden sollten. Große Teile der Fabrikationsanlagen wurden demontiert und rollten nach Osten, die Sammlung gleich mit. Ulrich Pietsch erklärt, wie es weiterging:

> 1945 wurde die Porzellansammlung, wie all die anderen Kunstwerke aus Dresden auch, in die Sowjetunion verbracht und kam erst 1954 wieder zurück, oder 90 Prozent davon. 1962 wurde die Porzellansammlung im Dresdner Zwinger installiert, und die Manufaktur nahm die Produktion wieder auf, allerdings nur für den Markt im Westen. Hier in der DDR konnte man kein Meissener Porzellan kaufen, einfach unmöglich. Nur auf geheimen Wegen konnte man daran gelangen. Es war streng verboten, Porzellan zu exportieren oder es mitzunehmen, wenn man die DDR verließ, und so konnte sich der Staat mit dem Export reichlich Devisen verschaffen. Nach der

> Einigung von 1990 war die Manufaktur wirklich sehr erfolgreich, denn noch wurde Meissener Porzellan als Statussymbol betrachtet. Inzwischen hat sich das allerdings geändert, es ist kein Statussymbol mehr, auch dass es als Luxus galt, ist so gut wie vergessen.

Die alte Tradition, Porzellan als Vorrecht der Herrschenden zu betrachten, nahm eine zum 20. Jahrhundert passende Wendung: Die Meissener Manufaktur erhielt den Auftrag, das offizielle Porzellan für Erich Honecker herzustellen, den Generalsekretär des Zentralkomitees der SED von 1971 bis 1989, vor der Wiedervereinigung der mächtigste Mann im kommunistischen Ostdeutschland. Kein Herrscher in Sachsen kann dem Porzellan widerstehen.

Mit Gutenberg hat Deutschland bewiesen, dass es chinesische Druckverfahren nicht nur nachahmen, sondern sogar übertreffen konnte, und das Gleiche gilt für Meißen. Heute ist Porzellan kein Vorrecht der Fürsten mehr, und leicht, womöglich zu leicht hält man das für selbstverständlich. Inzwischen kann man in jedem Laden einer Einkaufsstraße gutes Porzellan kaufen, aus dem wir heißen Kaffee trinken können, ohne uns Finger und Lippen zu verbrennen. Wie viele Soldaten wären vor drei Jahrhunderten wohl der Gegenwert gewesen für eine solche Tasse, die heute ein paar Euro kostet?

19
Meister des Metalls

Was sind die Klänge Deutschlands? Die Listen der meisten Menschen würden wahrscheinlich, nach zunehmender Lautstärke sortiert, eine Bach-Kantate enthalten, eine Beethoven-Symphonie, eine Wagner-Oper und – als lautestes von allen – den Jubel der Massen, wenn Deutschland Weltmeister wird. Das alles sind Klänge, die rund um die Welt bekannt sind, alle haben mit dem zu tun, was es heißt, deutsch zu sein. Doch zu dem, was deutsch ist, gehört meiner Meinung nach noch ein anderer Klang – das Schlagen von Metall auf Metall, das Brummen und Surren, die Musik von Maschinenbau und Präzisionstechnik.

Für eine Sammlung solcher Klänge könnte man vorschlagen: den verlässlich laufenden Motor eines VW-Käfers, dieser Ikone deutscher Nachkriegstechnik, weltweit 21 Millionen Mal verkauft (häufiger als das T-Modell von Ford); das Klingen eines astronomischen Kompendiums, eines aus Messing gefertigten Präzisionsinstruments aus dem 16. Jahrhundert, das die Zeit anzeigt, die Mondphasen und noch vieles, vieles mehr; eine Kuckucksuhr aus der Mitte des 19. Jahrhunderts (die trotz Harry Limes abfälligen Bemerkungen in *Der dritte Mann* vermutlich doch von den Deutschen erfunden wurde und nicht von Schweizern); das Ticken einer Taschenuhr aus dem 16. Jahrhundert, die so hochgeschätzt wurde, dass der Name ihres mutmaßlichen Erfinders Peter Henlein auf einer Tafel in König Ludwigs Walhalla verewigt wurde (vgl. Kapitel 10); und, noch früher, das knarrende Holz von Gutenbergs Druckerpresse, dieser ersten Synthese technischer Präzisionsleistungen, die in Deutschland hervorgebracht wurden und die Welt verändert haben (vgl. Kapitel 16). Und

Ein Meisterstück: Silberpokal, Nürnberg, Ende des 16. Jahrhunderts.

damit sind längst nicht alle Kandidaten genannt, die in diese Symphonie handwerklicher Fertigkeiten aufzunehmen wären.

Nirgends sind deutsches Können in Entwurf, Konstruktion und Handwerk, Kunstfertigkeit und Innovation so evident wie im Bereich von Metallverarbeitung, Maschinenbau und Feinmechanik. Deutsche Ingenieurskunst wird in aller Welt bewundert, und auch die Deutschen selbst wissen, dass dies ein Gebiet ist, in dem sie stets gut waren – in der Herstellung von Qualitätsprodukten, die ihr Fundament in einem Jahrhunderte alten System von Lehre und Ausbildung hat, das dem Land nach dem Zweiten Weltkrieg wieder zum Aufschwung verhalf und bis heute intakt ist.

Viele Menschen, auch solche, die keine Opernfans sind, wissen, dass es in Nürnberg *Meistersinger* gab, eine Zunft von Amateurdichtern und -musikern, die nach strengen Regeln darum wetteiferten, das schönste aller möglichen Lieder darzubieten. Doch wie jede deutsche Stadt brachte Nürnberg auch in anderen Künsten und Handwerken Meister hervor, Meister ihres Fachs, die sich in jahrelanger Übung bemühten, ihre Fertigkeiten zu vervollkommnen. In Nürnberg waren die angesehensten die Metallhandwerker. Ihre Ausbildung basierte, wie überall in Europa, auf dem Zunftsystem. Jede Stadt hatte ihre Zünfte, die alle Arten des Handwerks organisierten, ob Kerzenzieher und Kürschner, Zimmerleute und Glasbläser oder nicht zuletzt die vielen Schmiede: Eisenschmiede und Kupferschmiede, Silber- und Goldschmiede. Goldschmiede bildeten, versteht sich, die Spitze des Ganzen.

Diese Zünfte waren beinahe so etwas wie Geheimgesellschaften. Die Mitgliedschaft war begrenzt, um Qualität, Standards und, nicht weniger wichtig, die Preise zu schützen. Die Zunftmeister nahmen die nachfolgende Generation in die Lehre und bildeten sie aus. Jeder musste zunächst eine Zeit zwischen vier und sechs Jahren als Lehrling in einer Werkstatt zubringen; danach wurde er freigesprochen und ging als Geselle einige Jahre auf Wanderschaft, zog von Stadt zu Stadt und arbeitete für andere Meister, bis er sich darum bewerben konnte, selbst als Meister in eine Zunft aufgenommen zu werden. Dass er das Zeug dazu hatte, musste ein Anwärter beweisen, indem er drei «Meisterstücke» vorwies. Dieses Wort hat seinen Wert eingebüßt, es bezeichnet heute alle möglichen Dinge von hoher Qualität. Den

Beiklang von Anstrengung und Wetteifer hat es verloren. Damals zeigten solche Stücke, ob einer ein Meister seines Fachs war oder nicht. Um zum Goldschmiedemeister zu werden, musste man ein Siegel, einen Ring mit einem gefassten Stein, und einen Pokal vorweisen können. In Nürnberg war der Pokal das entscheidende Stück, er musste die Form einer Akeleiblüte haben. Im British Museum haben wir ein solches Prachtexemplar vom Ende des 16. Jahrhunderts, einen silbernen Pokal, der einem Martin Rehlein zugeschrieben wird (siehe Seite 376). Für den Alltagsgebrauch eignet sich dieser Pokal nicht. Eine Akeleiblüte hat nicht die Form, aus der sich gut trinken lässt. Der Pokal hat sechs ausschwingende Buckel oder Wölbungen, die es, um das mindeste zu sagen, knifflig machen, daraus zu trinken, ohne etwas zu verschütten. Auf jedem der Buckel aber sehen wir Gravuren nach Szenen der antiken Mythologie, Symbole von Tugenden und Lastern, und eine lateinische Inschrift. Jede verfügbare Fläche ist verziert, belebt von einer Eidechse oder einem Käfer oder zumindest von einer kunstvoll geschwungenen Lineatur. Der Sinn dieses Pokals ist offenkundig nicht das Trinken, er sollte vielmehr seinen Schöpfer als Meister seines Handwerks zeigen, als einen, der dessen Finessen beherrscht, zudem als einen Mann von Bildung und Stand. Das Stück setzt voraus, dass Sie, der Betrachter, der Käufer und, wenn Sie darauf bestehen, auch der Trinkende, solche Fertigkeiten zu schätzen wissen und bereit sind, sie gut zu bezahlen. Insofern fasst dieser Akeleipokal, das Nürnberger Meisterstück, auf vollkommene Weise alles zusammen, worauf sich der Status der deutschen Meister des Metallhandwerks durch Jahrhunderte hindurch gründete.

Wir wissen nicht, wo genau sich Taschenuhren aus kleinen tragbaren Uhren entwickelten – Norditalien und Süddeutschland bewerben sich um diesen Ruhm. Deutsche im 19. Jahrhunderts hatten da keine Zweifel – der zweifellos bedeutende Schlossschmied und Uhrmacher Peter Henlein aus Nürnberg (1485–1542) wurde ausdrücklich und fraglos als Erfinder der Taschenuhr benannt und als einer der großen Deutschen in die Walhalla aufgenommen (vgl. Kapitel 10). Doch so klar liegen die Dinge nicht. Die ersten Taschenuhren waren kleine tragbare Uhren, die, rar und kostspielig wie sie waren, als Anhänger oder eine Art Brosche an der Kleidung getragen wurden. Zu wirklichen Taschenuhren wurden sie erst gegen

Nächste Doppelseite: Stadtansicht von Nürnberg, Holzschnitt aus der *Schedelschen Weltchronik*, Nürnberg, 1493.

NVREMBERGA
S. Lorencius.
S. Sebaldus.

Ende des 16. Jahrhunderts entwickelt. Typisch für diese Zeit ist ein Exemplar, das der Uhrmacher Hans Schniep aus Speyer, nachweislich ein Mitglied der dortigen Schmiedezunft, gefertigt hat. Deckel und Gehäuse sind feinst durchbrochen, der Boden zeigt ein konventionelles Dekor aus Vasen und Blüten, das Zifferblatt ist aus Silber und Email, wobei die Ziffern durch die Öffnungen im Deckel zu sehen sind. Die Ziffern erscheinen zweifach, in römischer und arabischer Schreibweise, mit der «2» in Gestalt eines «Z», was typisch ist für deutsche Wand- und Taschenuhren. Die Uhr schlägt zudem die Stunden und verfügt über einen Wecker, der sich stellen lässt.

Nicht zuletzt wegen Deutschlands geographischer Lage konnte die deutsche Handwerkskunst solche Bedeutung erlangen: Viele der europäischen Handelsstraßen verliefen durch die großen deutschen Städte wie Leipzig und Frankfurt – die bedeutenden Messestädte – oder Augsburg und Nürnberg, die bis ins 18. Jahrhundert beide führend waren in der Verarbeitung von Metall und die besten Goldschmiede aus ganz Deutschland anzogen. Dazu Silke Ackermann, Direktorin des Museum of the History of Science in Oxford:

> Das Heilige Römische Reich Deutscher Nation umfasste im 16. Jahrhundert eine riesige Fläche mit zahllosen Fürstenhöfen, die alle um die besten Handwerker miteinander konkurrierten. Insofern war die Situation in Deutschland völlig anders als in England, wo London stets das Zentrum bildete. In Deutschland war es Nürnberg, wo sich die Handelsstraßen kreuzten, darum auch «Quasi Centrum Europae» genannt – mehr oder weniger der Mittelpunkt Europas. Handelsgüter aller Art passierten die Stadt, alles, was man sich nur vorstellen kann, sogar Elfenbein.

Die vielen kleinen Staaten des Heiligen Römischen Reichs machten es möglich, auf lokaler Ebene hohe Qualitätsmaßstäbe durchzusetzen, unter anderem durch restriktive Regeln, die Größe der Werkstätten betreffend. In London oder Paris konnte eine erfolgreiche Werkstatt wachsen und alle Aufträge annehmen, die ihr der Erfolg eintrug. In freien Reichsstädten wie Nürnberg oder Augsburg musste ein größerer Auftrag zwischen mehreren Werkstätten geteilt werden, infolgedessen konkurrierten sie zunächst miteinander, arbeiteten dann aber zusammen, um die gleichen hohen Standards zu erreichen.

Dieses kollegiale Vorgehen zahlte sich aus. Es half den deutschen Gold- und

Hans Schniep, *Taschenuhr mit Schlagwerk und Wecker,* um 1590.

Silberschmieden, sich als die besten der damaligen Welt zu etablieren. Ganz besonderes Ansehen genossen die Handwerker, die wissenschaftliche Instrumente herstellten. Sie arbeiteten auf den verschiedensten Gebieten auf höchstem Niveau und verbanden dabei wissenschaftliche und praktische Fähigkeiten mit Mathematik und handwerklicher Kreativität. Ein hochkompliziertes Produkt solcher Kunstfertigkeit befindet sich im Besitz des British Museum: ein rechteckiges Kästchen in der Größe eines kleinen Taschenbuchs, bekannt als astronomisches Kompendium. In seinem Metallgehäuse befindet sich eine Sammlung kleiner Instrumente, mit denen der Besitzer erstaunlich viele Dinge tun konnte. Gleich auf mehrere Weisen lässt sich die Zeit bestimmen; es enthält verschiedene kleine raffinierte Sonnenskalen, in der Mitte befindet sich ein sehr komplexes Miniaturastrolabium, ein Computer der damaligen Zeit, das man nutzen konnte, um die Stellung von Planeten und Sternen zu bestimmen, die Mondzeit zu messen, und so weiter. Es erlaubt zudem, die eigene geographische Position und Richtung zu bestimmen, ein wenig wie mit der modernen Satellitennavigation, und zudem lassen sich die verschiedenen Zeitsysteme, wie sie in den verschiedenen Städten üblich waren, ineinander umrechnen. Nicht zuletzt ist es auch ein Instrument, mit dem man Horoskope erstellen kann. Dazu nochmals Silke Ackermann:

> Dieses astronomische Kompendium wurde im Jahr 1596 von Johann Anton Linden aus Heilbronn geschaffen. Ein solches Kompendium war quasi so etwas wie das Smartphone jener Zeit. Es enthält das Universum in einem Gehäuse und damit alles, was man braucht, um die Zeit zu messen, den eigenen Standort zu bestimmen und auch das jeweilige Datum. Daneben gibt es ein kleines Fach, in dem sich das eigene Zeichenzeug verwahren ließ. Astronomische Kompendien gibt es in verschiedenen Formen und Größen. Oft sind sie rund und sehen ein wenig aus wie eine Taschenuhr, die man am Gürtel trug. Alle möglichen Formen können sie aufweisen, dieses Exemplar jedoch ist besonders ungewöhnlich, weil es in der Gestalt eines Buches daherkommt. Man stelle sich drei Smartphones vor, die aufeinander gepackt sind wie Sandwiches; das entspricht der Größe und Dicke des Gehäuses. Auch die Vielfalt der Instrumente ist einmalig. Sie kündet vom Reichtum des Auftraggebers: Er konnte sich den besten Handwerker leisten. Aber es zeigt auch, dass er sich mit den neuesten wissenschaftlichen Diskussionen befasst hat. Dieses Exemplar stammt aus einer wirklich aufregenden Zeit: 1543 war das umstürzende Buch des Nikolaus Kopernikus erschienen, in dem er den Nachweis erbrachte, dass sich die Erde um die Sonne dreht, nicht umgekehrt – verstörend für die Menschen, die sich an ein völlig neues Weltbild gewöhnen mussten. Zudem hatte der Papst 1582, kurz bevor das Kompendium entstand, einen neuen Kalender mit neuen Regeln für die Schaltjahre verkündet, also mussten auch alle dem Instrument beigegebenen astronomischen und mathematischen Tafeln neu graviert werden. Wer ein solches Instrument besaß, zeigte, dass er alle diese Debatten und Umwälzungen verfolgte. Wir mögen uns fragen, ob der Besitzer dieser Instrumentensammlung wirklich alle seine Funktionen zu nutzen verstand. Doch wie die Menschen heute, die zwar das allerneueste Smartphone besitzen, aber nur einen kleinen Teil seiner Möglichkeiten verwenden, wird auch er nicht alle Funktionen tagtäglich gebraucht haben. Das Instrument diente wohl vor allem als Repräsentationsstück.

Johann Anton Linden, *Astronomisches Kompendium*, 1596.

Ob Repräsentationsstück oder nicht, das Kompendium zeigt, dass die süddeutschen Feinmechaniker und Instrumentenbauer um 1600 technisch wie intellektuell in einer eigenen Liga spielten.

Das Zunftwesen, das der deutschen Handwerkskunst so förderlich war, blieb bis zum Beginn des 19. Jahrhunderts nahezu unverändert bestehen. Von da an machten, wie in anderen Ländern Europas auch, die Industrielle Revolu-

Schwarzwälder Kuckucksuhr, 1860–80.

tion und die damit einsetzende Massenfabrikation den alten Handwerkstraditionen schwer zu schaffen. Die Zünfte versuchten mit aller Macht, die Öffnung neuer Fabriken zu verhindern, denn die billigen Waren, die sie produzierten, zerstörten ihre Absatzmärkte. Doch die Flut war nicht aufzuhalten. Der Historiker Bernhard Rieger hat sich mit der deutschen Wirtschaftsgeschichte dieser Epoche intensiv beschäftigt:

> Das Zunftwesen hatte seit Mitte des 19. Jahrhunderts keine wirkliche Bedeutung mehr; als die Industrielle Revolution Fahrt aufnahm, raubte sie den Zünften ihre traditionelle Bedeutung. Am ausgeprägtesten geschah das in Preußen, als der Staat um 1810 auf die vernichtende Niederlage gegen Napoleon mit einer großen Zahl von Reformen reagierte. Dazu gehörte auch, dass Preußen, um die wirtschaftliche Ent-

wicklung anzukurbeln, die Gewerbefreiheit einführte, was den Zünften ihre Macht nahm – eine der wesentlichen Bedingungen für den Beginn der Industrialisierung. Die Marginalisierung der Zünfte hatte zur Folge, dass nun so gut wie jeder eine Werkstatt oder einen Betrieb aufmachen konnte. Es entstand mehr unternehmerische Freiheit, und das setzte sich über weite Strecken des 19. Jahrhunderts fort.

Für die Verbraucher brachte die Industrialisierung eine Revolution, die so gut wie alle Dinge betraf, von Präzisionsinstrumenten aus Metall bis hin zur Kuckucksuhr. Eine dieser Uhren aus der Sammlung des British Museum und hier abgebildet, vermag etwas aus der faszinierenden Geschichte deutscher Industrieproduktion zu erzählen. Im Schwarzwald gefertigt, sieht sie aus, wie man dies von einer traditionellen Kuckucksuhr erwartet, mit einem Gehäuse im neugotischen Stil und einem wunderbar geschnitzten, kreisrunden Pendel. Auch Kuckuckstür und Giebel sind mit schönem Schnitzwerk verziert. Die Grundkonstruktion ist einfach, alle Einzelheiten der Gestaltung und Fertigung aber sind von bemerkenswert hoher Qualität. Diese Uhr ist ein gutes Beispiel für das Gebiet, auf dem einige deutsche Industriebranchen im 19. Jahrhundert führend waren: in der Herstellung einfacher Konsumgüter, die dennoch von so hoher technischer Qualität waren, dass deutsche Produkte den Ruf der Zuverlässigkeit nicht verloren. (Einige amerikanische Kuckucksuhren beispielweise kamen mit dem falschen Etikett «Made in Germany» auf den Markt, das galt damals wie heute als verlässlicher Hinweis auf die Qualität der Mechanik.) An die Stelle des reichen Förderers von Präzisionsmetallarbeiten trat der Alltagskonsument, der ein zuverlässiges Produkt zu mäßigen Preisen verlangte. Verlässlichkeit zu einem niedrigen Preis: Von 1945 bis 2003 lief der VW-Käfer vom Band, und er wurde für große Teile der Welt zu *dem* deutschen Produkt, zum Inbegriff deutscher Ingenieurskunst.

Es waren deutsche Ingenieure, die in den 1880er Jahren die ersten Verbrennungsmotoren konstruierten, und wiederum Deutsche, vor allem Gottlieb Daimler und Carl Benz, die die ersten verlässlichen Motorwagen bauten. Allerdings kamen nicht die einfachen Deutschen damals in den Genuss dieser neuen technischen Errungenschaft. Daimler-Benz produzierte erstklassige Automobile, aber es waren Limousinen für die Reichen. Die Idee eines Automobils für alle, eines «Volkswagens» im Wortsinn, dem amerikanischen Ford T-Modell vergleichbar,

Adolf Hitler in einem der ersten Volkswagen, neben ihm Ferdinand Porsche, Mai 1938.

nahm in Deutschland nur sehr langsam Gestalt an. Der Grund dafür lag, wie für vieles andere auch, in den wirtschaftlichen Folgen des Ersten Weltkriegs, wie Bernhard Rieger erläutert:

In den 1920er Jahren konnten es sich rund 85 Prozent der Deutschen gerade leisten, ein, zwei Mal die Woche ins Kino zu gehen. Der Erste Weltkrieg hat die Mittelschicht als Träger des Konsums geradezu ausgelöscht. Sie hatte viel Geld in Kriegsanleihen gesteckt, das spätestens in der Hyperinflation 1923 verloren ging. Die große Mehrheit der Bevölkerung hatte wirklich nicht viel Geld. Daher gab es kaum eine Grundlage für Massenkonsum; in dieser Hinsicht war Deutschland in Europa nach dem Ersten Weltkrieg schon eine Besonderheit. In Großbritannien und Frankreich gab es eine breitere Mittelschicht als in Deutschland. Man erkennt das leicht, wenn man die Zahlen der Autobesitzer vergleicht. Es gab in Großbritannien und in Frankreich einen weitaus zahlreicheren und auch weiter entwickelten Autobesitz als in Deutschland. Bis nach dem Zweiten Weltkrieg war die Produktion von Automobilen keine Stärke der Deutschen. Natürlich gab es auch in Deutschland eine Autoindustrie, aber sie produzierte zuerst und überwiegend Fahrzeuge der Luxusklasse.

Als er 1933 an die Macht kam, war Hitler entsetzt, dass so wenige Deutsche ein Auto besaßen, obwohl die Regierungen der Weimarer Republik dies hatten ändern wollen und sogar mit der Planung des Autobahnnetzes begonnen hatten. Die Nationalsozialisten ernannten die Motorisierung Deutschlands zu einer Hauptaufgabe. Sie wollten damit nicht nur die Stärke des Regimes zeigen und natürlich auch das Volk bei Laune halten, sondern zugleich auch demonstrieren, dass das neue Reich es mit den Vereinigten Staaten aufnehmen konnte. Hitler gab Ferdinand Porsche den Auftrag, einen robusten, leicht zu wartenden, zuverlässigen Personenwagen zu bauen, geeignet zur Massenproduktion für eine Nation, die nicht besonders flüssig war. Das

Produktionsstraße für den VW-Käfer, Wolfsburg, Anfang der 1950er Jahre.

Projekt lief zunächst unter der Bezeichnung «Volkswagen». Bernhard Rieger hat seine Geschichte geschrieben:

> Porsche, dem nahezu unbegrenzte Mittel für seinen Entwurf zur Verfügung standen, machte sich an die Arbeit, und es entstand ein Prototyp, der in etwa dem «Käfer», wie wir ihn kennen, entsprach. Die Konstruktion war perfekt. Der Motor war luftgekühlt und unverwüstlich, man konnte den Wagen unbesorgt im Freien abstellen, brauchte also keine Garage, was für Käufer sehr wichtig war, die über wenig Geld verfügten. Auch Unverwüstlichkeit war wichtig, denn wenn der Wagen nur wenig Wartung brauchte, hielt das auch die Betriebskosten niedrig. In vielerlei Hinsicht also trug dieses Auto den Stempel der 1930er Jahre mit ihren knappen Mitteln. Im Grunde glich der Auftrag einer Quadratur des Kreises – Motorisierung der Massen in einem armen Land. Allerdings lief der Wagen vor dem Zweiten Weltkrieg nicht mehr vom Band. Die Nationalsozialisten errichteten eine riesige Fabrik in Wolfsburg. Zur Fertigung von Privatwagen aber kam es nicht, das verhinderte der Beginn des Krieges. Wäre die Produktion jedoch angelaufen, dann hätte das ein wirtschaftliches Desaster zur Folge gehabt, denn Hitler hatte kurzerhand erklärt: «Wir werden diesen Wagen für weniger als 1000 Reichsmark anbieten.» Das war letztlich ein symbolischer Preis, niemand hatte das jemals durchkalkuliert, und als man sich im Dritten Reich daranmachte, das endlich zu tun, waren alle Manager einem Nervenzusammenbruch nahe, denn ihnen wurde klar, dass die Produktion wirtschaftlich ruinös sein würde.

So wurden die ersten Käfer nach dem Ende des Zweiten Weltkriegs gebaut, zunächst unter Leitung der Briten für ihre Besatzungstruppen. Aber kein britisches Unternehmen war bereit, die Produktion zu übernehmen: «Das Fahrzeug erfüllt die Grundanforderungen an ein Automobil nicht und ist für den Durchschnittskäufer völlig unattraktiv» – so eine der Einschätzungen britischer Autohersteller 1945/46. Doch als das Werk den Deutschen zurückgegeben wurde, kamen alle Elemente zusammen, die die Erfolgsgeschichte deutscher Ingenieurskunst ausmachen. Aus dem wirtschaftlichen, gesellschaftlichen und politischen Zusammenbruch des NS-Staats heraus gelang es der neuen westdeutschen Demokratie mit ihrer neuen Währung, der D-Mark (vgl. Kapitel 27), die alte Reputation deutscher Qualitätsarbeit und Innovationskraft wiederherzustellen, und das nirgends eindrucksvoller als in der Automobilindustrie. Diese Entwicklung ist in hohem Maß der Entschlossenheit der westdeutschen Regierung zu verdanken, das System beruflicher Lehre und Ausbildung – für nicht weniger als 342 Gewerbe – wieder-

Lehrlinge bei Zeiss in Jena, Ostdeutschland, 1949.

herzustellen, um den höchstmöglichen Standard industrieller Fertigung zu sichern, für welches Produkt auch immer. Noch einmal Bernhard Rieger:

> Der Käfer war nie ein Luxusprodukt, aber in einem Punkt stand er für den traditionellen Ruf deutscher Wertarbeit, und das war seine Qualität. Selbst in den 1950er Jahren, als das Unternehmen seine Wagen schneller verkaufen als herstellen konnte, ließ es in Sachen Qualität niemals locker. Selbst der Vorstand las Mitte der 1950er Jahre die Berichte der technischen Inspektion und bombardierte die Belegschaft mit Memos, damit ein klopfendes Geräusch, das irgendwer irgendwo entdeckt hatte, kein zweites Mal zu hören war. Die Marschlinie war klar: Unsere Zukunft hängt an der sehr hohen Qualität; wir können uns keinerlei Nachlässigkeit erlauben. Da spielt wohl auch etwas Psychologisches mit hinein, wenn die Deutschen den Erfolg so sehr mit der Sorge um hohe Qualität verbanden. Das hat auch mit der Erfahrung zweier militäri-

scher Niederlagen zu tun, mit der Erfahrung, in der ersten Hälfte des 20. Jahrhunderts alles verloren zu haben: Ja, es ist eine Kompensation dieser Niederlagen.

Diese Qualitätsarbeit sicherte einen enormen, weltweiten Erfolg. Für uns heute ist der Käfer der Archetyp eines deutschen Automobils, und in vieler Hinsicht war er das auch. Aber er war mehr als das: Er war ein Teil des wirtschaftlichen Wiederaufschwungs, des deutschen *Wirtschaftswunders*, und er war das neue *Gesicht* des neuen Deutschland – demokratisch, friedlich, eingebunden in die neue Gemeinschaft westlicher Nationen. Das galt, so Bernhard Rieger, nirgends mehr als in dem Land, das so viel dazu beigetragen hatte, das alte Deutschland zu zerstören – für die Vereinigten Staaten von Amerika:

> Mehrere Entwicklungen haben Deutschland zu der Autonation gemacht, die wir kennen. Die erste ist das Wirtschaftswunder. In den 1950er, 1960er Jahren vervierfachte sich das Realeinkommen, und das verschaffte den meisten Leuten völlig neue Möglichkeiten frei verfügbarer Kaufkraft. Eines der ersten Dinge, die sich die Menschen wirklich kaufen wollten, war ein Auto. Zum Zweiten erholte sich auch die internationale Wirtschaft und viele deutsche Automobilhersteller – und Volkswagen war der führende unter ihnen – verwandelten sich in Exportkonzerne. Bereits 1955 verkaufte Volkswagen mehr Autos im Ausland als in Deutschland. Eine unglaubliche Erfolgsgeschichte, und der größte und prestigeträchtigste Auslandsmarkt war der in den Vereinigten Staaten – der größte Automobilmarkt weltweit. Das wiederum sorgte dafür, dass Amerikaner schon seit den frühen 1950er Jahren, wenn sie an Westdeutschland dachten, nicht mehr zuerst und vor allem an den früheren Gegner dachten, sondern an den Verbündeten im Kalten Krieg. So unterstrich die Präsenz des VW-Käfers den Erfolg der amerikanischen Besatzungspolitik und auch ihrer Initiativen zu Beginn des Kalten Kriegs. Das war sehr entscheidend, denn es verlieh Deutschland Sichtbarkeit auf dem wichtigsten Markt und trug vor allem dazu bei, «Made in Germany» als entscheidendes Markenzeichen zu rehabilitieren.

Zur Volkswagen AG, die als Produzent des bescheidenen, technisch einfachen Käfers begonnen hat, gehört heute auch das Hightech-Unternehmen Audi, das für seine Produkte mit *Vorsprung durch Technik* wirbt – ein Slogan, der heute im Ausland ebenso bekannt ist wie in Deutschland selbst. Doch die Werbebotschaft hält etwas Entscheidendes fest. Sie bindet die deutsche Automobilindustrie des 21. Jahrhunderts zurück

VW-Käfer werden im Hamburger Hafen zum Export in die USA verladen, August 1950.

Familienpicknick neben dem eigenen Käfer, 1950er Jahre.

an die Ursprünge der deutschen Metallindustrie im 16. Jahrhundert, eine Tradition, die sie direkt verknüpft mit dem meisterlichen Akeleipokal aus dem Nürnberg der Renaissancezeit und der virtuosen technischen Kunstfertigkeit des astronomischen Kompendiums. Die Meister des Metalls sind deutsch.

Der VW Beetle, Wolfsburg, 2011.

AUTOSTADT
www.autostadt.de

20
Wiege der Moderne

Im politischen Chaos des Nachkriegsjahrs 1919, als Berlin fest im Griff der gewaltsamen Kämpfe zwischen Linken und Rechten war, tagte die gerade gewählte Nationalversammlung nicht im Berliner Reichstag, wie man meinen könnte, sondern im Nationaltheater in Weimar. Man hatte sich für den sichereren Ort entschieden, vielleicht mehr noch für eine sicherere Tradition. Statt im militaristischen, autoritären, kaiserlichen Berlin, das Deutschland in den Krieg geführt hatte, wollte die neue Republik über ihre Verfassung in der Stadt Goethes und Schillers, der beiden größten deutschen Dichter, debattieren, in eben dem Theater, in dem deren Stücke häufig gespielt worden waren. Der kosmopolitische Humanismus der Weimarer Klassik, womöglich Deutschlands höchste kulturelle Leistung, sollte die neue Weimarer Republik formen und mit ihrer geistigen und moralischen Autorität erfüllen. Die Grundlegung einer besseren Zukunft für Deutschland begann mit der Wahl einer besseren Vergangenheit: nicht Preußen, sondern Weimar.

Eine Bronzeplatte an der Fassade des Deutschen Nationaltheaters Weimar hält fest: «In diesem Haus gab sich das deutsche Volk durch seine Nationalversammlung die Weimarer Verfassung vom 11. August 1919.» Die Tafel mit ihrer kraftvollen klaren Schrift hatte der Architekt Walter Gropius entworfen. Und er gründete im selben Jahr 1919 ebenfalls in Weimar eine weitere neue Institution, inspiriert durch historische deutsche Werte, eine Schule für Architektur, Kunst und Design – heute weltweit bekannt als das Bauhaus.

Die jungen Bauhäusler, Weimar, um 1922.

Diese allermodernste Bewegung war tief verankert in der Tradi-

Bronzetafel am Deutschen Nationaltheater Weimar, mit der von Walter Gropius entworfenen Schrift.

tion. Schon der Name «Bauhaus» bezog sich auf die «Bauhütten» der Baumeister und Steinmetze, die zu den permanenten Einrichtungen der gotischen Dome Deutschlands gehört hatten. Mit dem neuen Bauhaus hoffte Gropius, die Zunft-Tradition der gemeinschaftlichen Arbeit mit den rigorosen Prinzipen des modernen Designs und dem enormen Potential industrieller Produktion zu verbinden. Alte Werte sollten neue Produkte hoher Qualität für ein bis dahin beispiellos breites Publikum hervorbringen. Wie die Weimarer Republik sollte auch das Weimarer Bauhaus sich auf Werte der deutschen Vergangenheit beziehen, um eine neue Gesellschaft zu formen. Tatsächlich hat das Bauhaus die Welt verändert. Unsere heutigen Städte und Häuser, unsere Möbel und Typographie sind undenkbar ohne die funktionale Eleganz, deren Vorreiter Gropius und das Bauhaus waren.

Der gerade gewählte Reichspräsident, Friedrich Ebert, spricht vom Balkon des Deutschen Nationaltheaters Weimar herab, 11. Februar 1919; im Vordergrund das Goethe-Schiller-Denkmal.

Ein Objekt, das die Ästhetik der Bewegung vollendet resümiert, ist die Wiege im Bauhaus-Museum, die der vierundzwanzigjährige Peter Keler 1922 entworfen hat. Wie viele andere Objekte des Bauhauses ist es aus einfachen Materialien – in diesem Fall Holz – gefertigt, greift auf reine geometrische Formen zurück und ist in Primärfarben bemalt. Die Wiege bildet ein Dreieck, ist etwa einen Meter lang, die beiden schrägen Seitenwände sind fast quadra-

Wiege, 1922 entworfen von Peter Keler, bis heute in Produktion.

tisch. Die Spitze zeigt nach unten, und die drei Ecken des Dreiecks werden in einem großen Kreis gehalten. Bewegt man diese hölzernen Reifen, schaukelt die Wiege. Da aber der Schwerpunkt tief liegt, insbesondere wenn Bettzeug und Baby in der Wiege liegen, kann sie nicht kippen. Ein schönes, elegantes, praktisches Objekt, Kreise, Dreiecke und Quadrate in fröhlichem Rot, Gelb und Blau – Bauhaus in Perfektion. Jedes Baby, das das Glück hat, in dieser Wiege zu schlafen, wird die Welt als geordnet, ausgewogen und hell wahrnehmen. Dr. Ulrike Bestgen, Kuratorin des Bauhaus-Museums in Weimar, sieht diese Wiege als Inbegriff der Lehren des Bauhauses:

> Die Prinzipien des Bauhauses sind daran zu erkennen, dass Peter Keler die Farbtheorie Wassily Kandinskys praktisch umgesetzt hat. Bei ihm lernten die Bauhausstudenten, dass geometrische Formen korrespondierende Farben haben, das Dreieck etwa

korrespondiert dem Gelb, das Rechteck dem Rot, der Kreis dem Blau – all das lässt sich hier sehen. Man sieht auch, dass sich Keler sehr genau mit den Funktionen einer Wiege auseinandergesetzt hat. In beide Seiten ist der Lüftung wegen ein Weidengeflecht eingesetzt, damit sich das Baby wohl fühlt. Es gelingt ihm, Form und Funktion in Einklang zu bringen, zugleich hat er die Natur der Materialien genau beachtet, in diesem Fall Sperrholz. Das entspricht den Grundprinzipien der Gestaltung, die das Bauhaus in Weimar lehrte. In vieler Hinsicht stehen die Bauhäusler den Regeln mittelalterlicher Zünfte sehr nahe. Das Bauhaus-Manifest liest sich, als hätte sein Verfasser eine Art Kathedrale bauen wollen, in der Studenten und Lehrer und Handwerker eng zusammenleben und in einer Art Gemeinschaft zusammenarbeiten.

Im Manifest von 1919 schrieb Gropius:

> Architekten, Bildhauer, Maler, wir alle müssen zum Handwerk zurück! Denn es gibt keine «Kunst von Beruf». Es gibt keinen Wesensunterschied zwischen dem Künstler und dem Handwerker. Der Künstler ist eine Steigerung des Handwerkers. Gnade des Himmels läßt in seltenen Lichtmomenten, die jenseits seines Wollens stehen, unbewußt Kunst aus dem Werk seiner Hand erblühen, die Grundlage des Werkmäßigen aber ist unerläßlich für jeden Künstler. Dort ist der Urquell des schöpferischen Gestaltens.
>
> Bilden wir also eine neue Zunft der Handwerker ohne die klassentrennende Anmaßung, die eine hochmütige Mauer zwischen Handwerkern und Künstlern errichten wollte! Wollen, erdenken, erschaffen wir gemeinsam den neuen Bau der Zukunft, der alles in einer Gestalt sein wird: Architektur und Plastik und Malerei, der aus Millionen Händen der Handwerker einst gen Himmel steigen wird als kristallenes Sinnbild eines neuen kommenden Glaubens.

Wenn das Bauhaus auch vom Geist des Mittelalters inspiriert war, so war es doch entschlossen, in der Welt moderner Fabriken zu wirken. Eines stand für Gropius von Anfang an fest: Die schönen und die angewandten Künste waren zwei Seiten einer Medaille und mussten kombiniert werden. So lud Gropius neben Kunsthandwerkern auch die Künstler Johannes Itten, Paul Klee, Lyonel Feininger und Wassily Kandinsky ein, an der neuen Schule zu lehren. Der russische Maler Kandinsky, der vor dem Krieg in München als einer der ersten die Möglichkeiten abstrakter Malerei erkundet hatte, beeinflusste verschiedene Lehrgebiete der Schule in besonderer Weise. Das Geistige und das Praktische sollten zusammengehen; Nützlichkeit galt in keiner Weise als Feind des Schönen; und Massenproduktion sollte die

Bauhausmeister auf dem Dach des Bauhausgebäudes, Weimar, 1926. Von links nach rechts: Josef Albers, Hinnerk Scheper, Georg Muche, László Moholy-Nagy, Herbert Bayer, Joost Schmidt, Walter Gropius, Marcel Breuer, Wassily Kandinsky, Paul Klee, Lyonel Feininger, Gunta Stölzl und Oskar Schlemmer.

Kreativität von Kunsthandwerkern und Künstlern einem neuen riesigen Publikum zu erschwinglichen Preisen zugänglich machen. Peter Kelers Wiege war von vornherein für die industrielle Produktion entworfen. Sie wird auch heute noch produziert und kann in aller Welt online bestellt werden. Gropius hätte das bestimmt gefallen.

Wie nicht anders zu erwarten von einer Schule, an der die «schönen» und die «angewandten» Künste koexistieren, gelangten die Charakteristika der Wiege natürlich auch beim typischen Bauhaus-Graphikdesign zur Anwendung. Wirklich faszinierend ist die Zahl älterer deutscher Traditionen, in denen sich das innovativ-revolutionäre Bauhaus zuhause fühlte und zuversichtlich seinen Platz eroberte. Die Einladungskarten zur Bauhaus-Ausstellung von 1923, mit der die Schule ihre Arbeit präsentierte, gehören, von Lehrern und Schülern entworfen, zu den bemerkenswertesten Schöpfungen des Bauhauses (vgl. S. 406). Bis heute wirken sie auf der Höhe kultiviert gestylter

Die Metallwerkstatt im Weimarer Bauhaus, 1923.

Tee-Extraktkännchen, Entwurf Marianne Brandt, 1924–29.

Abstraktion, Kandinskys Theorien spielerisch lustvoll ausreizend. Zugleich aber erinnern sie in ihrer Größe, den Mustern und ihrer Wirkung stark an die Serie kleiner Karten, die 200 Jahre zuvor, ebenfalls in Weimar, Goethe geschaffen hatte, um seine Farbenlehre zu erläutern (vgl. S. 189). Natürlich hat Kandinsky sie gekannt. Das Bauhaus-Baby, in Kelers Wiege schlummernd, ist die unbewusste Erbin nicht nur deutscher Zunfttraditionen, mittelalterlicher Baupraxis und der Einsichten Kandinskys zur Farbe und dem Geistigen in der Kunst, sondern auch der wissenschaftlichen Erkundungen der Aufklärung und jener Forschungen, die Goethe über hundert Jahre zuvor in der gleichen Stadt angestellt hatte. Keine revolutionäre Bewegung war jemals so fest in der Vergangenheit verwurzelt.

Walter Gropius achtete sehr darauf, dass sich das Bauhaus, trotz seiner radikalen Prinzipien, politisch neutral verhielt, doch in der fiebrigen Atmosphäre der Weimarer Republik war dies aussichtslos, ein utopischer Traum. 1924 verloren die Sozialdemokraten die Wahlen in Thüringen. Ihre Regierung hatte das Bauhaus von Anfang an finanziert, die Nachfolger aber, konservative Nationalisten, strichen die Mittel auf die Hälfte zusammen. 1925 musste das Bauhaus in Weimar schließen und siedelte ins anhaltinische Dessau über. Dort wurden die politischen

Postkarten zur Bauhaus-Ausstellung, Weimar, 1923: Wassily Kandinsky (oben links), Paul Klee (oben rechts), László Moholy-Nagy (unten links), Herbert Bayer (unten rechts).

Das Gebäude der Kunstschule in Weimar, erbaut 1904–11, der erste Sitz des Bauhauses (oben).
Das Bauhaus-Gebäude in Dessau, Entwurf: Walter Gropius 1926, schwer beschädigt 1945, wiederaufgebaut 1976.

Debatten schärfer. 1928 trat Gropius zurück; sein Nachfolger, der Architekt Hannes Meyer, der die Schule weiter nach links steuerte, wurde 1930 entlassen; für kurze Zeit noch amtierte Mies van der Rohe, der große Architekt der Moderne, als Direktor. Zur endgültigen Krise kam es, als die NSDAP die Gemeinderatswahlen in Dessau gewann und das Bauhaus erneut zur Umsiedlung zwang; die Schule zog nach Berlin, wo sie 1933 geschlossen wurde, von den Nationalsozialisten als «Zentrum des Kulturbolschewismus» schikaniert. Auch wenn den Nationalsozialisten verhasst war, wofür das Bauhaus politisch stand – was es tat, beurteilten sie sehr viel ambivalenter. Ulrike Bestgen erzählt weiter:

> Die Nationalsozialisten wussten stets, dass Modernität wichtig war für sie. Sie brauchten neue industrielle Designs, um ihre Macht zu erhalten. Sie hassten die Menschen, die mit dem Bauhaus verbunden waren, brauchten aber deren Objekte und deren technisches Können. Es gibt ein be-

Hitler, in einem Stahlrohrsessel im Bauhaus-Stil, 1928.

> rühmtes Photo von Hitler, das ihn in einem Stahlrohrsessel sitzend zeigt, der ein Bauhaus-Entwurf sein könnte. Wilhelm Wagenfeld beispielsweise, einer der berühmtesten unter den Produktdesignern des Bauhauses, konnte noch bis zum Einzug zum Kriegsdienst als Gestalter arbeiten. Schwierigkeiten hatten die Nationalsozialisten nicht mit dem, was im Bauhaus entworfen wurde, sondern mit den Ideen, für die es stand – Freiheit und Liberalität.

Manche konnten, wie Wagenfeld, nach 1933 weiter arbeiten, doch viele Lehrer und Studenten verließen Deutschland und verbreiteten die Bauhaus-Ideen rund um den Erdball. Besonders stark war das «Bauhaus im Exil» an der Yale University, wo der Konzeptkünstler Michael Craig-Martin dessen Ideen kennengelernt hat:

> Sie haben einen Weg gesucht, alle Aspekte der visuellen Kultur miteinander zu verbinden, die Lehre des Malens mit Design, Möbeldesign mit Graphikdesign, Graphikdesign mit Typographie und diese wiederum mit Architektur – alle diese Dinge wurden miteinander verzahnt. Und dazu gibt es den Wunsch, ehrlich und puristisch mit den Materialien umzugehen. Das Material selbst wird dir sagen, was du mit ihm tun kannst, wenn du die Natur des Materials nur sorgfältig studierst. Das ist kein exklusives Ding für reiche Leute. Es ist die Suche nach einem Weg, einfachen Menschen schöne Dinge in die Hand zu geben.

Visuell kommen alle diese Ideen in einer der ersten Publikationen des Bauhauses sehr schön zum Ausdruck: einem Portfolio mit vierzehn Lithographien der Bauhaus-Meister, das 1921 unter dem Titel *Neue Europäische Graphik* erschien. Ein Blick auf das Titelblatt (siehe S. 410) genügt, um zu sehen, worum es geht. Michael Craig-Martin:

> Eine Umwertung der Welt ist im Gange. Die Typographie wird auf ganz neue Weise behandelt. Jeder Buchstabe ist eindeutig handgeschnitten, handgemacht. Jeder hat eine andere Größe, sie überschneiden sich, es gibt Wechsel der Größe, Wechsel im Gewicht der Linien. Das Blatt ist reich, wirkt handgemacht, graphisch, dynamisch.

Die so bedacht wie verspielt gemachten Buchstaben auf der von Lyonel Feininger entworfenen Titelseite geben den Ton vor für die ganze Mappe. Durchgehend auffällig ist das ebenso belebende wie verblüffende Fehlen jedes doktrinären Zugriffs auf die Welt. In dieser Sammlung können Oskar Schlemmers schematisierte Abs-

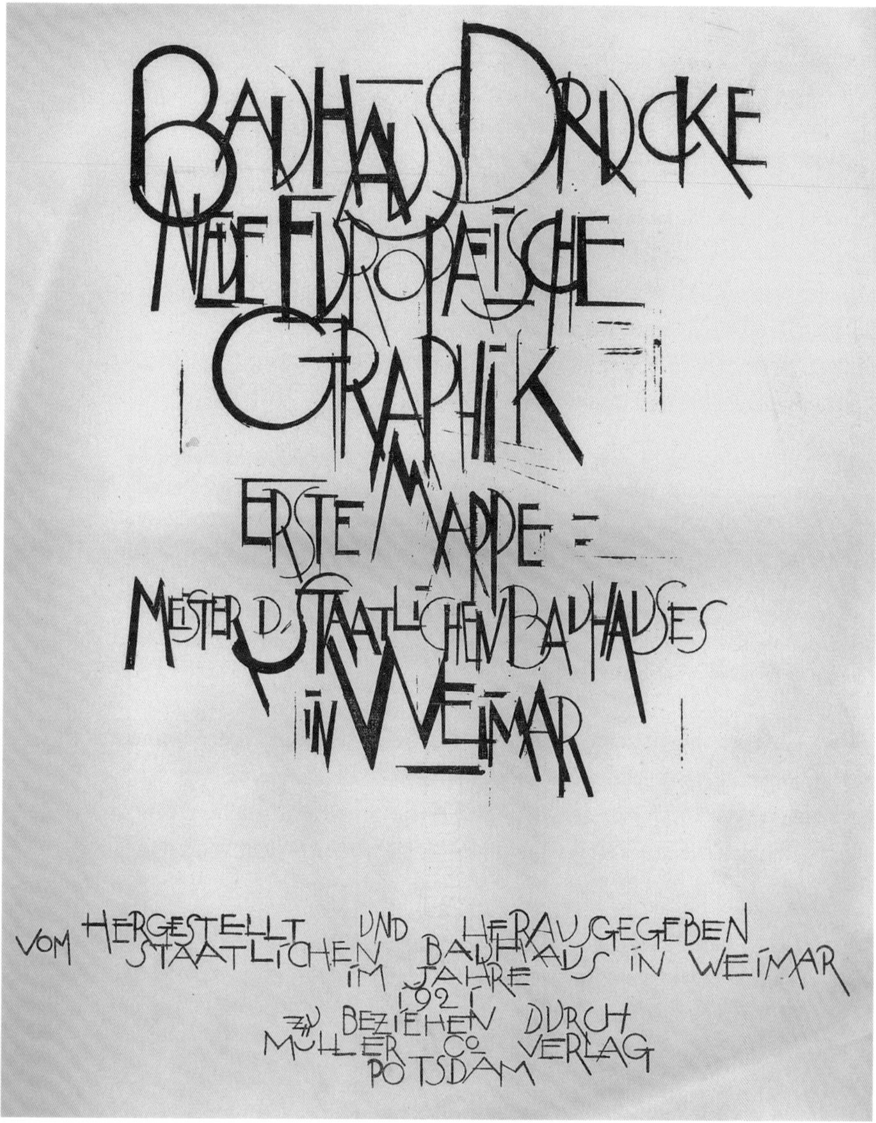

Lyonel Feininger,
Neue Europäische Graphik,
Titelblatt der ersten
Bauhaus-Mappe, 1921.

Rechts:
Oskar Schlemmer,
Figurenplan KI, 1921, aus:
Neue europäische Graphik.

1921/122 Klee

traktionen vieler menschlicher Figuren – *Figurenplan KI* (vgl. S. 411) – gelungen neben Paul Klees *Die Heilige vom innern Licht* stehen, einer intensiven und sehr persönlichen, religiös fundierten Arbeit. Ein Blatt jedoch gibt es, das die Designideale des Bauhauses mehr als alle anderen zu verkörpern scheint: Johannes Ittens Lithographie *Das Haus des Weißen Mannes*, ebenso sehr eine typographische Phantasie wie ein Architekturentwurf (vgl. S. 414). Michael Craig-Martin:

> Es ist wie ein Bild, das du einem Kunden vorlegst, um zu zeigen, wie ein Haus aussehen könnte. Es ist ein geometrisches Haus, ein Würfel auf einem Würfel auf einem Würfel. Alle Fenster sind streng rechtwinklig, ohne Rahmung, ohne Ausdruck, nicht ein dekoratives Element, nur der Wechsel von Schwarz und Weiß. Interessant ist das vor allem, weil Itten gar kein Architekt war. Berühmt war er wegen seiner Farbentheorie, doch dieser Druck ist eine Architekturzeichnung in Schwarz und Weiß. Und das Verblüffendste: Wir betrachten es und können uns vorstellen, dass dieses Haus heute gebaut würde. Es nutzt alle Mittel, die wir mit modernem Design verbinden. Das Bauhaus hat das Aussehen der modernen Welt tatsächlich geschaffen. An der Geometrie des Hauses fällt zudem auf, dass jegliche Symmetrie fehlt. Die NS-Architektur dagegen ist fast immer symmetrisch, ein Ausdruck von Macht. Hier haben wir das Gegenteil. Das Bauhaus galt den Nationalsozialisten als linkes Projekt. Und es war in der Tat eine sozialistische Vision dessen, was eine Utopie für einfache Menschen sein könnte.

Nach 1933 war in Deutschland nur noch eine Utopie erlaubt, und in dieser NS-Welt war kein Platz für viele, die Ideen und Ideale des Bauhauses unterstützten. Der Textilfabrikant Erich Goeritz, der eines der Bauhaus-Portfolios gekauft hatte, kam 1934 als jüdischer Flüchtling nach Großbritannien. Zusammen mit anderen wertvollen Drucken stiftete er seine Mappe 1942 dem British Museum, als Zeichen der Dankbarkeit, vor allem aber, um sicherzugehen, dass diese Erzeugnisse eines früheren, anderen, nobleren Deutschland überlebten. Das Bauhaus, davon ist Michael Craig-Martin überzeugt, hat nicht bloß überlebt. Es hat gesiegt, und das auf eine Weise, die in den 1920er Jahren nicht vorherzusehen war:

> Der wahre Erbe des Bauhauses ist Ikea. Ikea ist alles, wovon das Bauhaus geträumt hat, Massenproduktion einfacher Dinge in gutem Design, preiswert hergestellt für ein großes Publikum. Alle großen Möbelentwürfe aus dem Bauhaus sind zudem bis heute zu kaufen, und sie wirken heute nicht

Paul Klee, *Die Heilige vom innern Licht*, aus: *Neue Europäische Graphik*, 1921.

weniger modern als in den Zwanzigern. Eine Menge der Entwürfe, die das Bauhaus gerne hätte produzieren lassen, waren damals noch gar nicht herzustellen. Man konnte Metall noch nicht auf diese Weise biegen, schon gar nicht in industrieller Massenfertigung. Erst heute haben wir die Techniken entwickelt, die uns erlauben, die Bauhausvisionen zu realisieren.

In Deutschland selbst ist die Erinnerung an das Bauhaus noch immer stark. In welchem Sinn jedoch, hängt weitgehend davon ab, in welchem Teil Deutschlands man bis 1989 gelebt hat. Ulrike Bestgen erklärt:

Es gibt zwei unterschiedliche Bauhaustraditionen in Ost- und in Westdeutschland. In Westdeutschland war das Bauhaus stets ein Symbol wirklicher Demokratie. Studenten des Bauhauses und Lehrer wie Gropius etwa waren in die Vereinigten Staaten und nach Großbritannien gegangen, und sie kamen zu Beginn der 1960er Jahre oder 1968 zurück. Sie repräsentierten Demokratie. Die junge Bundesrepublik wollte ein demokratischer Staat sein, also nahm sie das Bauhaus an. Es war keine Frage: Das Bauhaus stand für das, was sie sein wollte.

In Ostdeutschland wurde die Tradition von Hannes Meyer vorgezogen, der am Bauhaus in Dessau gelehrt hat und Kommunist war. Sein Motto lautete: «Volksbedarf statt Luxusbedarf».

Es ist unschwer zu erkennen, warum in der DDR gerade Meyers Auffassung von den zentralen Anliegen und Leistungen des Bauhauses übernommen wurde. Einer der Nutznießer war der Designer unserer Wiege. Nach Abschluss seines Studiums am Bauhaus gründete Peter Keler sein eigenes Studio. Die Nationalsozialisten untersagten ihm zwar, seine Gemälde und Entwürfe öffentlich auszustellen, doch er konnte, wie einige andere Bauhausabsolventen, bis 1945 als freiberuflicher Architekt und Filmsetdesigner arbeiten. Nach Gründung der Deutschen Demokratischen Republik kehrte er, von Hannes Meyer unterstützt, nach Weimar zurück und lehrte an der neugegründeten staatlichen Hochschule für Baukunst und Bildende Künste, der heutigen Bauhaus-Universität. Nach seiner Emeritierung 1963 wandte er sich der Malerei zu. Er starb 1982, nach einem kontinuierlichen Berufsleben: Selbst, wie die meisten Deutschen, weder Exilant noch Opfer, kannte Keler doch viele, denen es anders ergangen war. Heute, via Internet, sind er und seine Wiege globale Berühmtheiten.

Johannes Itten, *Das Haus des Weißen Mannes*, aus: *Neue Europäische Graphik*, 1921.

Im wiedervereinigten Deutschland hat die für das Bauhaus typische Verbindung von philosophischen, technischen, praktischen, geistigen, sozialen und ästhetischen Fragen große Attraktivität. Ulrike Bestgen:

> Es ist unmöglich, das Bauhaus auf einen Stil zu reduzieren oder auf bestimmte Objekte, wie beispielsweise Fertighäuser oder die wunderbaren Alltagsgegenstände. Bauhaus, das ist ein gesellschaftsbezogener Ansatz in Entwurf und Gestaltung, und darüber gibt es in Deutschland weiterhin eine große Diskussion, viele junge Designer bei uns beziehen sich auf das Bauhaus und seine Ideen. Bauhaus ist, wie uns Mies van der Rohe klar gemacht hat, eine Haltung oder eine Art Philosophie, und diese Vorstellung ist in Deutschland sehr lebendig.

Das Büro von Walter Gropius im Bauhaus Weimar, 1924/25.

Teil Fünf

Der Abstieg

1871, als in Versailles das Deutsche Reich proklamiert wurde, übernahm Deutschland die traditionelle Rolle Frankreichs als Europas schwieriger Nachbar, der zu groß ist für seine Grenzen. In den nächsten 75 Jahren erlebte man ein Deutschland, das Katastrophen von bislang unbekanntem Ausmaß auslöste und selbst erfuhr. Desaster von solchen Dimensionen sind schwer zu begreifen. Teil Fünf konzentriert sich auf die Erfahrungen einiger Menschen und auf einige Alltagsobjekte; Prismen, durch die wir auf diese dunklen Jahre blicken, deren Erinnerung schwer auf allen Deutschen lastet.

21

Bismarck der Schmied

Der Spiegelsaal von Versailles in den 1680er Jahren: eine frappierende Präsentation der neuen Technik des Glasverspiegelns. Spiegelbilder schier unermesslicher Gärten, glitzernde Kandelaber und an der Decke eine Folge großspuriger Gemälde: Ludwig XIV. – oder vielleicht doch Mars, der Gott des Krieges? – beim triumphalen Überqueren des Rheins, um Leopold I., den Kaiser des Heiligen Römischen Reichs, anzugreifen, ihn zu besiegen und zu demütigen. Eine bombastische Deklaration an die Welt: Frankreich, das siegreiche, das allgewaltige.

Am 18. Januar 1871 nahm König Wilhelm I. von Preußen die Krone des neuen Deutschen Reichs an und wurde zu Kaiser Wilhelm I.:

> Wir Wilhelm, von Gottes Gnaden König von Preußen, nachdem die deutschen Fürsten und freien Städte den einmütigen Ruf an Uns gerichtet haben, mit Herstellung des Deutschen Reichs die seit mehr denn sechzig Jahren ruhende deutsche Kaiserwürde zu erneuern und zu übernehmen ... bekunden hiermit, dass Wir es als eine Pflicht gegen das gemeinsame Vaterland betrachtet haben, diesem Ruf der verbündeten deutschen Fürsten und Städte Folge zu leisten und die deutsche Kaiserwürde anzunehmen, die seit mehr als sechzig Jahren nicht mehr beansprucht worden ist.

Es war kein Zufall, dass diese hochtönende Erklärung nicht in Berlin abgegeben wurde, sondern im Spiegelsaal von Versailles, noch bevor der Krieg mit Frankreich formell beendet war. Einige Monate zuvor hatten die Preußen Napoleon III. bei Metz und Sedan besiegt, und dies war nun der ultimative psychologische Sieg: die Antwort auf zwei Jahrhunderte französischer Aggressionen, auf den Verlust des Elsass, das Lud-

Bismarck überreicht Germania das Schwert Unitas, Stich, um 1895.

18 Januar

1871.

UNITAS

wig XIV. erobert hatte und das nun ans Deutsche Reich zurückfiel; auf Preußens Demütigung in der Schlacht von Jena und Auerstedt und die Besatzung durch Napoleon I.; und, vielleicht mehr als alles andere, auf die Auflösung des Heiligen Römischen Reichs im Jahr 1806. Das hatte der neue Kaiser im Sinn, als er von der seit sechzig Jahren ruhenden Kaiserwürde sprach. Nach zwei Jahrhunderten hatte sich das Rad der Fortuna und der Geschichte gedreht. Europas führende Macht, so lautete die Botschaft im Spiegelsaal, war nun nicht mehr Frankreich, sondern Deutschland. Das Zweite Kaiserreich in Frankreich war zu Ende. In Deutschland nahm ein Zweites Reich seinen Anfang.

Vorhergehende Doppelseite: Anton von Werner, *Die Proklamierung des deutschen Kaiserreichs im Spiegelsaal in Versailles*, 1885. Bismarck wird in weißer Uniform gezeigt, um seine Bedeutung hervorzuheben (tatsächlich trug er Blau). Das Gemälde war ein Geschenk der kaiserlichen Familie an Bismarck.

Der Mann, der all dies ermöglicht hatte, Architekt dieses erstaunlichen diplomatischen und politischen Triumphs, war Otto von Bismarck. Mochte er im Ausland unbeliebt sein und gefürchtet, bei den Liberalen im Inland wegen seiner autoritären Politik verhasst, großen Teilen der deutschen Bevölkerung galt er nun als Held. Nach seinem Tod wurden ihm überall im Land aus Bürgerspenden Monumente errichtet. Wer wollte, konnte sich Bismarck auch ins eigene Heim holen. Bismarckstatuetten gab es Ende des 19. Jahrhunderts in vielerlei Ausführungen, kaum eine war jedoch sprechender als jene etwa 30 Zentimeter hohe Figur aus Bronze und Terrakotta, die Bismarck den Schmied zeigt. Kahlköpfig, mit aufgerollten Hemdsärmeln, die Lederschürze umgebunden, den Hammer schwingend – so steht Bismarck in mittlerem Alter an seinem Amboss, der verlässliche Dorfschmied.

Ein Hufeisen hängt am Sockel des Ambosses, doch Bismarck beschlägt keine Pferdehufe. Er schmiedet Waffen, bearbeitet das Eisen, das, so sein berühmter Ausspruch, zusammen mit Blut die deutsche Frage entscheiden werde. Auf dem Amboss liegt ein Schwert, daneben, bereits fertig, ein Schild, der den deutschen Reichsadler zeigt. So stand er nun im Heim des Bürgers, auf Schreibtisch oder Kaminsims, eine Erinnerung an den Kampf, der es Deutschland ermöglicht hatte, den ihm gebührenden Platz unter Europas Nationen einzunehmen, stark und endlich sicher vor französischer Aggression. Solche Bismarckstatuetten wurden in riesiger Auflage gefertigt und waren weit verbreitet. Sie

Bismarck als Schmied.

transportierten und perpetuierten die Legende von Bismarck, dem Verfechter deutscher Ehre, dem nimmermüden Verteidiger der nationalen Sicherheit.

Eisen, das sahen wir bereits im Kapitel 14, war seit den Befreiungskriegen gegen Napoleon ein Schlüsselsymbol preußischer Identität. Die Verbindung von Bismarck und Eisen, die dazu führte, dass er in Gemälden und Skulpturen als Schmied porträtiert wurde und man ihn den «Eisernen Kanzler» nannte, geht zurück auf eine Rede, die er fast zehn Jahre vor der Zeremonie in Versailles gehalten hatte, damals noch als Ministerpräsident und Außenminister des Königreichs Preußen. In dieser Rede hatte er Spott ausgegossen über jene, die die Revolution von 1848 (vgl. Kapitel 15) als Deutschlands große verpasste Chance betrachteten. Unsinn sei das, 1848 ein Irrtum, über die Zukunft Deutschlands werde auf ganz anderer Ebene entschieden:

> Nicht auf Preußens Liberalismus sieht Deutschland, sondern auf seine Macht; ... Preußens Grenzen nach den Wiener Verträgen sind zu einem gesunden Staatsleben nicht günstig; nicht durch Reden oder Majoritätsbeschlüsse werden die großen Fragen der Zeit entschieden – das ist der große Fehler von 1848 und 1849 gewesen – sondern durch Eisen und Blut.

Umgangssprachlich hört man diese Bismarckphrase häufig als «Blut und Eisen», in umgekehrter Reihenfolge also. Er aber, daran sollte man sich erinnern, hatte Eisen an die erste Stelle gesetzt – ein erheblicher Unterschied, wie Christopher Clark erläutert:

> Eisen, dieses vielfach genutzte Element, steht für Krieg und militärischen Konflikt, denn aus Eisen werden Waffen geschmiedet. Das hatte Bismarck im Sinn, als er davon sprach, dass über Deutschlands Zukunft nicht durch Parlamentsreden, Rhetorik und Zeitungsartikel entschieden werde, sondern durch Eisen und Blut. In der Zeit, als Bismarck diese Rede hielt, war mit Eisen sehr viel mehr als Waffen gemeint. Es meinte auch die Macht industrieller Stärke. Davon war, als Bismarck diese Rede hielt, noch nicht viel zu sehen, zu Beginn der Industriellen Revolution, die in Deutschland erst in den 1850er, 1860er Jahren einsetzte, dann aber ein ungeheures Tempo entwickelte. Der schnelle Ausbau deutscher Militärmacht war absolut bemerkenswert. Die Deutschen überholten fast alle anderen, und das hatte eine Menge mit Eisen zu tun. Es besteht kein Zweifel: Bismarcks Kriege gegen Österreich und Frankreich,

> 1866 und 1870, hätten ohne die industrielle Leistungsfähigkeit Preußens nicht so geführt werden können, wie sie geführt wurden. Daher bezeichnet Eisen nicht nur Waffen, sondern auch Trägerbrücken, Bahngleise und die Art von industrieller Macht, die erforderlich ist, um in einem Krieg standzuhalten, der mit modernen Waffen geführt wird.

Der Miniaturamboss unseres Dorfschmieds repräsentiert die größte industrielle Volkswirtschaft auf dem Kontinent.

Otto von Bismarck war ein typischer Vertreter des grundbesitzenden preußischen Adels, der Junker, die höchst verwundert, wenn nicht indigniert gewesen wären, hätte man sie als Handarbeiter dargestellt. Er wurde 1815 geboren, kurz vor der Schlacht bei Waterloo und dem Wiener Kongress, der den Deutschen Bund schuf, den Zusammenschluss von Städten und Fürstentümern, der das Heilige Römische Reich ablöste (vgl. Kapitel 15). Als Liberale und Radikale zum ersten Mal ernsthaft die Einigung Deutschlands forderten, in den 1830er Jahren, studierte Bismarck an den Universitäten Göttingen und Berlin Jura; sein Referendariat brach er ab. Er leistete dann als Einjährig-Freiwilliger seinen Militärdienst und führte anschließend die Güter der Familie in Pommern und Brandenburg. Damit hätte die Geschichte enden können. Doch Bismarck rückte mit Unterstützung konservativer Freunde 1847 in den Preußischen Landtag ein, wo er sich rasch einen Namen als reaktionärer Royalist machte. Sein Biograph Jonathan Steinberg erklärt Bismarcks Sicht auf die revolutionären Ereignisse von 1848:

> Erleichtert sah er, dass die Revolution an ihr Ende gekommen war, zum Teil natürlich, weil er sie politisch ablehnte, aber auch, weil er die Chancen sah, die ihm diese Niederlage eröffnete. Er war extrem ehrgeizig und 1854, im Alter von 39 Jahren und ohne jede diplomatische Erfahrung, gelang es ihm, einen der begehrtesten Posten des diplomatischen Dienstes zu ergattern – er wurde preußischer Gesandter beim Deutschen Bund in Frankfurt, ein Amt, in dem er sein Handwerk lernte und seine Theorien entwickelte. Wäre die Revolution erfolgreich gewesen, niemals hätte Bismarck eine solche Stellung erlangt.

In Frankfurt lernte Bismarck die politische Dynamik des deutschen Bürgertums kennen und verstehen, und auch, wie er dessen Energien lenken konnte. Den größten Teil des nächsten Jahrzehnts bekleidete er eine Reihe Botschafterposten, zog von Frankfurt nach St. Petersburg und Paris. Er lernte, wie seine berühmte Formulierung lautet, die Kunst des Möglichen. Je mehr sein Pragmatismus und seine Einsicht in politische Mechanismen wuchsen, desto klarer erkannte er die fundamentalen Schwächen und Widersprüche der europäischen Mächte, die dazu genutzt werden konnten, Deutschlands Einigung zu ermöglichen, ohne Preußens Macht und Status preiszugeben. Im August 1862, bei einem Besuch in London, eröffnete er seinem Gastgeber Benjamin Disraeli seine Pläne. Jonathan Steinberg beschreibt, was Bismarck sagte:

> «Ich werde binnen kurzem genöthigt sein, die Leitung der preußischen Regierung zu übernehmen. Meine erste Sorge wird sein, mit oder ohne Hilfe des Landtages die Armee zu reorganisieren. ... Ist die Armee erst auf einen Achtung gebietenden Stand gebracht, dann werde ich den ersten besten Vorwand ergreifen, um Österreich den Krieg zu erklären, den deutschen Bund zu sprengen, die Mittel- und Kleinstaaten zu unterwerfen und Deutschland unter Preußens Führung eine nationale Einheit zu geben. Ich bin hierher gekommen, um dies den Ministern der Königin zu sagen.» Man war verblüfft. Auf dem Heimweg begleitete Disraeli den österreichischen Botschafter zu dessen Residenz und bemerkte beim Abschied: «Nehmen sie sich vor diesem Mann in Acht, er meint, was er sagt.» Disraeli hatte recht, Bismarck ernst zu nehmen: Er hat genau das getan, was er angekündigt hatte.

Bismarck hatte seinen Plan, und schon im nächsten Jahr machte er sich an dessen Ausführung. Als der dänische König im November 1863 starb, schloss er ein Bündnis mit Österreich und verwickelte Dänemark in zwei heftige – wenn auch kurze – Kriege, um Preußens Anspruch auf das Herzogtum Schleswig durchzusetzen; für Österreich blieb nur der zweite Preis, das Herzogtum Holstein.

Drei Jahre später, 1866, wandte sich Bismarck dann, nicht ohne sich zuvor der Neutralität Frankreichs und der Unterstützung Italiens zu versichern, gegen Österreich und manövrierte es erneut aus. Österreich zog in einem Bündnis mit den katholischen Staaten Süddeutschlands, darunter Bayern und Württemberg, gegen Preußen ins Feld, um seine Vormachtstellung in Deutschland zurückzugewinnen. Der Krieg wurde für Österreich zum Fiasko, nach nur sieben Wochen war alles vorbei – das erste Mal war das Wort Blitzkrieg zu hören. Bismarck schuf nun unter Ausschluss Österreichs den Norddeutschen Bund und sicherte Preußen damit die Vorherrschaft in Deutschland und sich selbst das Amt des Bundeskanzlers – der Eiserne Kanzler.

Europa staunte, was dieser ‹Künstler› der Politik des Möglichen fertigbrachte. Nachdem er Österreich, traditionell die Führungsmacht unter den deutschsprachigen Ländern, ausgeschaltet hatte, konnte er sich um Frankreich kümmern, den historischen Erzfeind. Ein katholischer Hohenzollernprinz war zum Kandidaten für den vakant gewordenen spanischen Thron erkoren worden, und prompt kam es zwischen Frankreich und Preußen darüber zu scharfen Auseinandersetzungen. Bismarck führte die Krise, die er brauchte, herbei, indem er eine diplomatische Note – die berüchtigte Emser Depesche – so umformulierte, dass nach deren Veröffentlichung der Eindruck entstand, der preußische König habe Frankreich brüskiert. Seine Rechnung ging auf. Binnen Tagen erklärte Frankreich Preußen den Krieg. In seinen Erinnerungen schreibt Bismarck:

> Ich nahm als sicher an, daß der Krieg mit Frankreich auf dem Wege zu unsrer weiteren nationalen Entwicklung, sowohl der intensiven als der über den Main hinaus extensiven, nothwendig werde geführt werden müssen ...

Der überaus rasche und vollständige militärische Sieg über das desorganisierte Frankreich brachte den «Schmied» und seinen König nach Versailles. So wie Bismarck es 1862 vorhergesagt hatte: Das neue Deutsche Reich war geschmiedet worden, mit Eisen und Blut.

Trotz aller diplomatischen und militärischen Erfolge, völlig harmonisch verliefen Bismarcks Beziehungen zu seinem König, nun seinem Kaiser, nie. Es gab Streit zwischen ihnen, manchmal kindischen Streit, durchsetzt von Wutanfällen auf beiden Seiten. Eine ihrer vielen bitteren Auseinandersetzungen ereignete sich kurz vor der «Kaiserproklamation» im Spiegelsaal. 1701 hatte sich der Kurfürst von Brandenburg mit dem Titel König *in* Preußen zufrieden geben müssen, nicht König *von* Preußen; nun aber bestand Wilhelm auf dem Titel Kaiser von Deutschland. Bismarck wiederum war klar, dass dies die Fürsten des Bundes aufbringen würde, und bestand deshalb auf Deutscher Kaiser, womit Wilhelm im geeinten, aber föderalen Deutschen Reich der Erste unter Gleichen bleiben würde. Bebend vor Zorn erklärte Wilhelm, damit verliere er alles; seinen Sohn fauchte er an, er müsse «die glänzende preußische Krone gegen eine Schmutzkrone vertauschen». Mit Bismarck sprach er drei Wochen kein Wort. Aber er gab nach:

> Wir nehmen (die kaiserliche Würde) an in der Hoffnung, daß dem deutschen Volk vergönnt sein wird, den Lohn seiner heißen und opfermutigen Kämpfe in dauerndem Frieden und innerhalb der Grenzen zu genießen, welche dem Vaterlande die seit Jahrhunderten entbehrte Sicherung gegen erneute Angriffe Frankreichs gewähren.

Viele Porträts zeigen Wilhelm I. in seiner neuen Rolle als Deutscher Kaiser (vgl. S. 247), keines aber bringt die Komplexität seiner neuen Position, der Intrigen und politischen Machenschaften, seiner Beziehungen zu seinem Reichskanzler und zu seiner Familie so wirkungsvoll und hintersinnig zum Ausdruck wie das lebensgroße Kopf- und Schulterbild, das heute im Deutschen Historischen Museum in Berlin hängt. Auf einem kolorierten Öldruck schaut der Kaiser, eindrucksvoll mit mächtigem Bart und die Brust voller militärischer Orden, dem Betrachter mit dem geraden Blick seiner blauen Augen ernst und gütig entgegen. Schaut man genauer hin, wirkt das Porträt jedoch merkwürdig unruhig, etwas stört: In regelmäßigen Abständen ragen etwa sechs Zentimeter hohe vertikale, beiderseits bemalte Streifen aus der Bildoberfläche empor. Schaut der Betrachter frontal auf das Bild, sieht er nur den Kaiser. Bewegt er sich nach links, erscheint Bismarck; ein Schritt nach rechts, und sein Sohn, Kronprinz Friedrich, kommt ins Bild.

Das Tripelporträt war als Novität entstanden, als Feier der Dynastie wie auch Bismarcks und seiner Verdienste. Doch lässt es sich auch auf andere Art lesen. Bewegt sich der Betrachter nach links, gibt es viele Positionen, von denen aus er beide, Kaiser und Reichskanzler, zugleich sieht. Bismarck geht über in den Kaiser, der Kaiser wird zu einer weiteren Manifestation Bismarcks. Angesichts der Spannungen zwischen ihnen ist dies eine bewegende und wirkungsvolle Evokation der Tatsache, dass diese beiden Männer trotz allem stets zusammenarbeiteten. Kaiser Wilhelm hat es pointiert gesagt: «Preußen haben nur Gott und Bismarck zu fürchten.»

Nicht weniger wechselhaft oder vielschichtig ist die Beziehung zwischen Kaiser Wilhelm und seinem Sohn Kronprinz Friedrich, und das zeigt sich, wenn man rechts vom Bild steht. Friedrich war verheiratet mit Victoria, der Tochter von Königin Victoria von England und Prinz Albert, und in Fragen der Innenpolitik ein Liberaler. Er wollte Deutschland aus den zentralisierten autoritären Strukturen Bismarcks heraus und näher an britische parlamentarische Traditionen heranführen.

1888, das Tripelporträt war gerade entstanden, bestieg er den Thron, und die Liberalen hofften, nun werde ein neues Deutschland entstehen. Doch das Dreifachporträt birgt noch eine weitere Finesse. Hat man nämlich Bismarck und den Kaiser zugleich im Blick, ist Kronprinz Friedrich vollkommen unsichtbar, und das wäre Bismarck gerade recht gewesen. Denn dieser hatte zwischen den militärischen Siegen von 1871 und Kaiser Wilhelms Tod im Jahr 1888 mit aller Durchtriebenheit, Beharrlichkeit und Härte, deren er fähig war, dafür gesorgt, dass Kronprinz Friedrich tatsächlich wie aus dieser Perspektive des Porträts außer Sicht blieb. Die Manipulationen des Künstlers spiegeln exakt die Manöver dieses Maestros der Politik.

1871 ist Bismarck zum Reichskanzler geworden und politisch wie wirtschaftlich der mächtigste Mann im neuen Reich. In den folgenden zwanzig Jahren formte er das moderne Deutschland. Kaum im Amt zog er gegen die katholische Kirche zu Felde, die seiner Meinung nach zu mächtig und zu einflussreich war in der deutschen Politik. Mit dem von ihm angezettelten «Kulturkampf» wollte er ihr die Flügel stutzen – ein Schachzug, der die politische Atmosphäre vergiftete, sich als destruktiv erwies und schließlich scheiterte. Bismarck führte im Interesse der deutschen Industrie Schutzzölle ein und legte den Grundstein für den deutschen Sozialstaat, indem er Gesetze zur Kranken-, Unfall- und Rentenversicherung auf den Weg brachte. Auch diese Maßnahmen waren politisch durchaus zweischneidig, denn es ging ihm auch darum, den Liberalen wie den Linken den Wind aus den Segeln zu nehmen. Vielen Deutschen bleibt Bismarck bis heute, was er auch zu Lebzeiten war: eine gewaltsame, polarisierende Gestalt, die alles daransetzte, die Entwicklung einer einheitlichen sozialdemokratischen Bewegung zu verhindern – mit schwerwiegenden Konsequenzen für das 20. Jahrhundert. Nicht zu erschüttern jedoch war sein Status als Einiger Deutschlands. Die kleine Statue des Schmieds ist nur ein Beispiel für das Ansehen, das er genoss. Schon 1871, zu seinen Ehren, hat ein Stralsunder Fischhändler den «Bismarckhering» kreiert, eingelegte Heringe als Massenware für arme Haushalte; der Name ist bis heute ein Begriff.

Bismarck hat aber auch erkannt, dass das neue Deutschland das heikle Mächtegleichgewicht in Europa durcheinander gebracht hatte. Er verwandte viel Zeit darauf, ein Geflecht von Verträgen und Abkommen auszuhandeln, um diese Balance

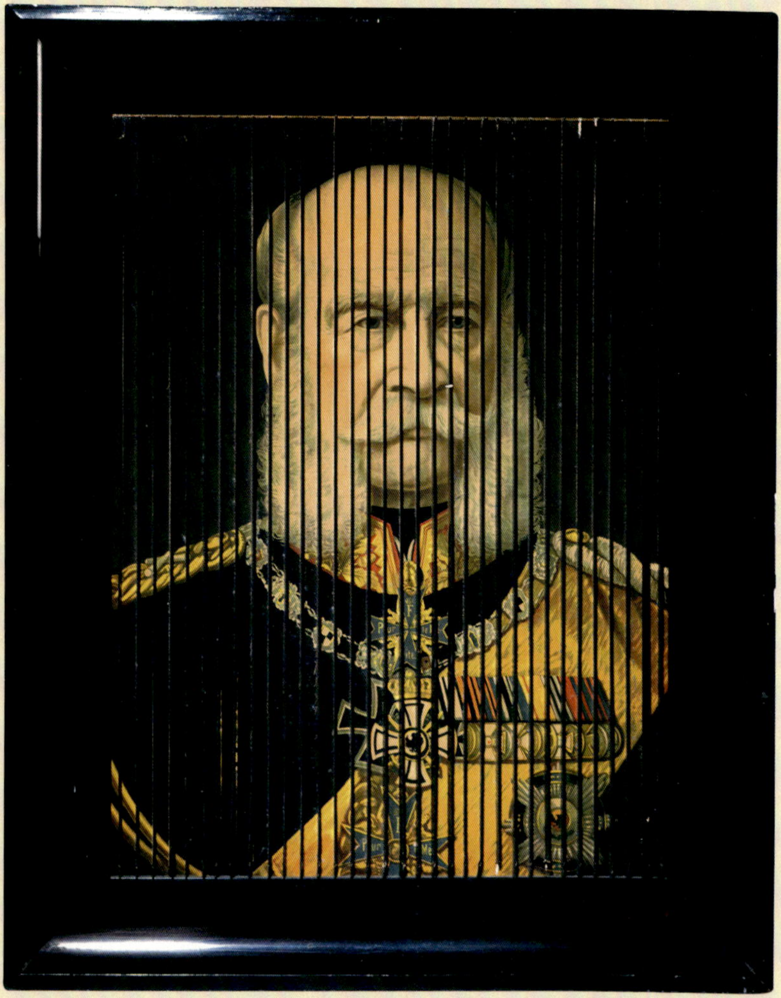

Tripelporträt, um 1888.
Von links betrachtet: Ansicht Bismarcks;
von rechts: Ansicht Kronprinz Friedrichs;
von der Mitte: Ansicht Kaiser Wilhelms I. (oben).

wiederherzustellen und einen neuerlichen Krieg in Europa zu verhindern. Als beispielsweise 1876 eine Krise auf dem Balkan ausbrach, erklärte er im Reichstag, jede Einmischung Deutschlands werde sinnlos sein: «Am Ende des Konflikts würden wir wohl kaum noch wissen, warum wir gekämpft haben.» Deutschland bewahrte den Frieden und prosperierte. Bismarck schützte das Reich vor der Schwäche seiner geographischen Lage inmitten von feindlichen Nationen, indem er 1887 ein Abkommen mit Russland schloss, das Frankreich, Russlands Verbündeten, isolierte. All das

Nächste Doppelseite: Bismarck-Denkmal vor dem Reichstag, um 1900 (heute im Berliner Tiergarten).

BISMA

konnte er bewerkstelligen, nicht nur weil er ein ausgekochter Politiker war, sondern weil Kaiser Wilhelm 91 Jahre alt wurde, wie Jonathan Steinberg erläutert:

> Wilhelm I. wurde 1797 geboren. Hätte er die biblischen sechzig und zehn weitere Jahre gelebt, er wäre 1867 gestorben, noch vor der deutschen Einigung. Friedrich III. hätte den Thron als junger Mann bestiegen und Bismarck entlassen. Tatsächlich aber gelangte er nicht 1867 auf den Thron, nicht 1877, nicht 1887, der alte Mann starb einfach nicht. Und solange Wilhelm I. nicht abtrat – er starb, einundneunzigjährig, im März 1888 –, solange blieb auch Bismarck im Amt. So beruht Bismarcks Karriere letzten Endes auf der Langlebigkeit des alten Mannes.

Das Tripelporträt, das Bismarck mit seinem Herrn verschmilzt, spiegelt eine tiefe historische Wahrheit.

Für die Liberalen in Deutschland war das Jahr 1888 das Jahr der Hoffnung; nun, unter dem neuen Kaiser Friedrich III., dachten sie, würde sich alles ändern. Doch nur 99 Tage, nachdem er seinem Vater auf den Thron gefolgt war, starb Friedrich III. an Kehlkopfkrebs. Bis heute sprechen die Deutschen von 1888 als dem Dreikaiserjahr. Friedrichs Nachfolger wurde dessen eigensinniger Sohn Wilhelm II., ein Kaiser, den nicht einmal Bismarck steuern konnte. Schon bald wurde klar, dass er und sein Kanzler nur wenig gemeinsam hatten. Wilhelm lehnte Bismarcks behutsame Außenpolitik ab, denn er war der Ansicht, Deutschland brauche, mit dem berühmten Wort eines späteren Kanzlers, «einen Platz an der Sonne». Zum endgültigen Bruch kam es über Bismarcks Versuch, ein neues und verschärftes «Sozialistengesetz» durchzubringen. Der Eiserne Kanzler trat zurück und wartete auf seinem Gut Friedrichsruh bei Hamburg, dass er erneut gerufen würde. Das aber geschah nicht. Auf seinem Grabstein steht: «Ein treuer deutscher Diener des Kaisers Wilhelm I.» Sein erzwungener Abgang wurde von vielen als törichter Schritt eines unreifen Kaisers betrachtet. Die klassische Karikatur des *Punch* ist unterschrieben mit «Der Lotse geht von Bord» («Dropping the Pilot»). Der neue Kaiser glaubte, er brauche keinen Lotsen mehr, er könne das Schiff auch ganz gut selbst steuern, und er tat es – auf einen Kurs, der in die Katastrophe führte. Bismarck hätte dem niemals zugestimmt.

1919 führte dieser Kurs denn auch zurück in den Spiegelsaal von Versailles: Dort wurde Deutschland ein Friedensvertrag aufgezwungen, der darauf angelegt war,

Frankreich wieder als die beherrschende Macht in Kontinentaleuropa zu etablieren. Die europäischen Friedensregelungen von 1815 sollten den expansiven Ambitionen Frankreichs Grenzen setzen; die Verträge von 1919 verfolgten den gleichen Zweck, diesmal gegen Deutschland gerichtet. Frankreich allerdings wurde nach dem Wiener Kongress wieder in den Kreis der europäischen Mächte aufgenommen; 1919 dagegen beharrten die Siegermächte auf Deutschlands Kriegsschuld, und das hatte Folgen für die nächsten dreißig Jahre.

«Der Lotse geht von Bord», Karikatur des *Punch,* März 1890.

22
Die leidende Zeugin

Kann eine Mutter, die ihr totes Kind im Arm hält, allein für das Leiden eines ganzen Kontinents, eines ganzen Jahrhunderts stehen? Über diese Frage entspann sich eine so heftige wie schmerzliche Debatte. Ausgelöst hatte sie Helmut Kohl, der als Bundeskanzler des gerade wiedervereinigten Deutschland 1993 entschied, den Opfern von Krieg und Gewaltherrschaft in der Neuen Wache, einem strengen klassizistischen Gebäude im Herzen Berlins, ein Mahnmal zu widmen. Deren Innenraum, ein schlichtes, schmuckloses Rechteck, enthält nur ein Objekt. In der Mitte, unter einem zum Himmel offenen Rundfenster, befindet sich die Skulptur einer Mutter, die ihren toten Sohn schützend im Arm hält. Sie, die vergrößerte Version eines Werks von Käthe Kollwitz, spricht wortlos zu allen Besuchern der Neuen Wache von den abermillionen Toten, die Krieg und Gewaltherrschaft im 20. Jahrhundert zum Opfer fielen.

Leben und Tod der Grafikerin und Bildhauerin Käthe Kollwitz waren geprägt von der preußischen Geschichte. Ihre Lebenszeit fällt ziemlich genau zusammen mit der Zeit von Preußens Erfolgen unter Bismarck in den 1860er Jahren, als es Deutschland unter seiner Führung vereinigte, und der physischen Zerstörung Preußens, seiner Auslöschung als Staat, seinem Verschwinden von der Landkarte Europas nach 1945. Kollwitz wurde 1867 an der damals östlichsten Grenze Deutschlands geboren, im ostpreußischen Königsberg, jener historischen Stadt, in der sich der Kurfürst von Brandenburg 1701 zum König gekrönt und in der Immanuel Kant der europäischen Philosophie eine neue Gestalt gegeben hatte (vgl. Kapitel 3). Sie war die Tochter eines wohl-

Käthe Kollwitz, *Selbstbildnis*, 1904.

Käthe Kollwitz, *Mutter mit totem Sohn*, Bronzeguss von Harald Haacke in der Neuen Wache, 1993.

KRIEG UND GEWALTHERRSCHAFT

habenden und politisch radikalen Kaufmanns, die Enkelin eines gleichfalls radikalen lutheranischen Pfarrers, und seit ihrer Kindheit beschäftigten sie Fragen der sozialen Gerechtigkeit. Richtiger wäre wohl zu sagen: Sie verzehrten sie.

Beide Seiten ihres radikalen und religiös fundierten Erbes zeigen sich in ihrem Werk. Ihre Kunst – und sie ist, wie ich finde, eine der größten Künstlerinnen Deutschlands – erkundet die Folgen einer von Grund auf ungerechten Gesellschaft, wozu sie die traditionelle christliche Symbolik des Leidens nutzt. Doch sie gibt dieser eine ihren besonderen Zwecken entsprechende neue Form. In der Kunst der Kollwitz mag es das Opfer geben; offen aber bleibt, ob es je Erlösung gibt.

Ihr Ehemann praktizierte in den 1890er Jahren als Armenarzt in Berlin; sie lehrte an der Damenakademie des Vereins Berliner Künstlerinnen. Die Wohnung des Ehepaars Kollwitz am Prenzlauer Berg, damals ein Berliner Arbeiterviertel, war so klein, dass sie nicht mit großen Leinwänden und Ölfarben arbeiten konnte. Sie verlegte sich auf Druckgraphik. Während ihres ganzen Lebens schuf sie immer wieder Selbstbildnisse – eines, abgebildet auf Seite 438, zeigt sie 1904 als Siebenunddreißigjährige. Das Bildnis ist eines ihrer großartigsten, nur wenige Originaldrucke sind erhalten. Der Kopf wird in Braunschattierungen gezeigt, die von fleischfarben bis zu tiefem Dunkel reichen – eine attraktive Frau in tiefen Gedanken, ihr Blick, ruhig und bestimmt, richtet sich auf etwas, das sich rechts vom Betrachter befindet. Zu dieser Zeit war sie bereits tief eingedrungen in die Schicksale der Arbeiterinnen und Arbeiter, unter denen sie lebte, vor allem aber beschäftigten sie Rolle und Verantwortung der Frauen. So schrieb sie 1941:

> Als ich Frauen kennenlernte, die Beistand suchend zu meinem Mann und nebenbei auch zu mir kamen, erfaßte mich mit seiner ganzen Stärke das Schicksal des Proletariats und aller seiner Nebenerscheinungen. ... Dies will ich noch einmal betonen, daß anfänglich in sehr geringem Maße Mitleid, Mitempfinden mich zur Darstellung des proletarischen Lebens zog, sondern daß ich es einfach als schön empfand.

Die Wirkung dieser Begegnungen mit Arbeiterfrauen zeigt sich besonders deutlich im Zyklus *Ein Weberaufstand* aus der Mitte der Neunziger Jahre, ihr erster großer Publikumserfolg. Angeregt dazu hatte sie ein Stück ihres Freundes Gerhart Hauptmann über den Weberaufstand in der preußischen Provinz Schlesien im Jahr 1844, der blutig niedergeschlagen worden war. Kollwitz hat das verbotene Stück 1893 in einer geschlossenen Vorstellung gesehen und war tief bewegt.

Der Schriftsteller Daniel Kehlmann bewundert das Werk der Kollwitz seit langem:

> Sie hatte diese große Fähigkeit des Mitleidens, und ich denke, das ist kein sentimentales Mitleiden, sondern wahres, tief empfundenes Mitleiden. Um dies in etwas Visuelles umzusetzen, schöpfte sie aus dem alten Bildervorrat im deutschen Unbewussten. Der Dreißigjährige Krieg und die Bauernkriege, lange Perioden unglaublicher Gewalt und Zerstörung; sie sind, wie ich denke, tief eingeprägt in das kollektive Gedächtnis der Deutschen, und das noch viel mehr vor dem Hintergrund der großen Katastrophen des 20. Jahrhunderts. Schon bevor sie sich mit diesen realen Katastrophen auseinandersetzen musste, drehte sich bei ihr bereits alles um das Mitleiden, um die armen Menschen, denen übel mitgespielt wurde und die viel zu leiden hatten.

Mit ihrer Folge von Radierungen begleitet Kollwitz Hauptmanns Drama eher, als dass sie es illustriert. Das ausdrucksvollste Blatt zeigt eine Szene, die im Drama gar nicht vorkommt (vgl. S. 445). Es handelt von den Auswirkungen, die die Kämpfe der Männer für das Leben von Frauen und Kindern haben. Im Schatten sitzt der Weber, untätig, ohne Bewegung auch der Webstuhl. Im Vordergrund jedoch, unsere Aufmerksamkeit fordernd, sitzt die Frau des Webers, den Kopf in die Hände gestützt. Alles Licht dieser Radierung fällt auf das Bett ihres kranken, verhungernden Kindes. Eine Mutter, die auf ihr kleines Kind schaut, das im Sterben liegt, in einer Krippe voller Licht, während der Vater schattenhaft im dunklen Hintergrund bleibt – alles an dieser Komposition erinnert den Betrachter an die Geburt Christi. Nicht zuletzt aus ihrer Fähigkeit, eine derart vertraute Bildsprache zu benutzen, gewinnt Kollwitz ihre Kraft und Wirkung. Sie zeigt nicht die Freude der Jungfrau Maria über das neugeborene Kind, das als Erlöser gekommen ist, sondern die Verzweiflung einer Mutter, die verantwortlich ist für ein Leben, das zu retten nicht in ihrer Macht steht. Das Soziale kristallisiert sich im Persönlichen, und Kollwitz hat die Metapher gefunden, die ihre Kunst und ihre politische Haltung bestimmt: Unsere Pflicht, einander zu nähren und zu schützen, entspricht der beschützenden Liebe einer Mutter zu ihrem Kind. Scheitern sie, dann ist die Konsequenz hier wie dort der Tod.

Kollwitz' Radierungen zum *Weberaufstand* wurden 1898 in Berlin ausgestellt. Als Gerhart Hauptmann den Zyklus sah, sagte er: «Ihre stillen Linien treffen ins Mark wie ein Schrei der Verzweiflung; ein solcher Schrei wurde niemals gehört bei den Griechen oder den Römern.» Die Organisatoren der Ausstellung waren so von ihrer Arbeit überzeugt, dass sie Kollwitz für eine Goldmedaille empfahlen, um ihre Leistung offiziell anzuerkennen, doch die Ratgeber des Kaisers lehnten das ab – der Staat könne sie angesichts des Themas ihrer Werke und deren naturalistischer Darstellung nicht ehren. Es fehle jedes «mildernde und versöhnliche Element». In anderen Worten: Dies war politische Kunst, inakzeptabel, weil sie das Leben zeigte, wie es ist.

Die britische Dichterin Ruth Padel, die eindrucksvoll über Konflikt und Kreativität geschrieben hat, hält Käthe Kollwitz für eine der seltenen Künstlerinnen, die aus Schmerz und Leiden etwas Schönes schaffen können:

> Sie war aufmerksam dem Leiden gegenüber, sodass ihr ästhetisches Empfinden fast vollständig mit ihrem sozialen und emotionalen Empfinden verschmolz. Sie erinnert nicht, sie sieht dem Schmerz ins Gesicht. Sie ästhetisiert den Schmerz nicht, sie sieht genau hin, und das gibt es nur sehr selten. Sie spürt ihn auf, im einzelnen Menschen, wo sonst. Denn wer ein wirklich gutes Werk schaffen will, ein Werk, das lebt, der kann nicht einfach ein abstraktes Thema wählen wie Krieg oder Revolution. Man muss den Weg dorthin über den Einzelfall, das Besondere nehmen. Das waren die Patienten, die in die Praxis ihres Mannes kamen, die Armen, die kein Geld für Medikamente hatten, deren Kinder hungerten und starben, aber sie erkannte auch darin Schönheit. Und ich glaube, da ist so etwas wie heiliger Zorn. Die Bilder sagen: Es ist hier, das Leiden ist in dieser Welt, du kannst ihm nicht entkommen. Du weißt, dass du nicht wegschauen kannst. Das ist eine Kunst, von der du dich nicht abwenden kannst.

Es liegt auf der Hand, dass dieser Druck nicht nur von den Ereignissen in Schlesien fünfzig Jahre zuvor Zeugnis ablegt, sondern ebenso sehr von dem, was um 1890 in Berlin vor sich ging. Trotz Bismarcks Sozialreformen, die die Grundlagen für den modernen deutschen Wohlfahrtsstaat legten, trotz umfangreicher Programme zur Verbesserung von öffentlicher Hygiene und Volksgesundheit, lebten Hunderttausende Menschen in Berlin unter schrecklichen Bedingungen in überbelegten, unwirtlichen Wohnungen, mit den unausweichlichen gesundheitlichen Folgen. Die Gewerkschaften und ihre Forderungen wurden von der Regierung und den Unter-

Käthe Kollwitz, *Not,* aus dem Zyklus *Ein Weberaufstand,* 1897.

nehmern abgelehnt, in ganz Deutschland wurden Streiks so wie zuvor der Weberaufstand in Schlesien gewaltsam niedergeschlagen. Ein zweites Mal, mit einem neuen großen Zyklus, wandte sich Kollwitz der Geschichte zu, um die Gegenwart zu erforschen. Diesmal illustrierte sie die Versuche der Armen, ihr Schicksal selbst in die Hand zu nehmen, und wählte dazu den Bauernkrieg der 1520er Jahre (vgl. Kapitel 12), ein Ereignis, das in der deutschen Erinnerung einen besonderen Platz einnimmt. Dieser Aufstand, der große Teile Süddeutschlands erfasste, fühlte sich von Luthers Schriften gestützt; der wendete sich allerdings mit größter Schärfe gegen die Bauern. Die Rebellion wurde mit großer Brutalität niedergeworfen. Was Käthe Kollwitz interessierte, waren die Auswirkungen der sozialen Unruhen auf die einzelnen Familien und vor allem auf die Frauen. Für die Radierung *Frau mit totem Kind* fertigte sie zuvor eine Skizze von sich und ihrem Sohn Peter an. Es wurde zu einer grauenvollen Prophetie.

Yvonne Schymura, Kollwitz' Biographin, erklärt uns, warum:

> 1914, als der Krieg begann, lebte Kollwitz in Berlin. Ihr älterer Sohn Hans war damals zweiundzwanzig, und sie half ihm, einen Platz in der Armee zu finden. Der jüngere Sohn Peter kam am 6. August von einer Wanderung in Norwegen zurück, mit dem Wunsch, sich als Freiwilliger zu melden. Er war noch nicht volljährig – das wurde man damals mit einundzwanzig –, also brauchte er die Einwilligung seines Vaters, und der gab sie ihm nicht. Käthe Kollwitz drängte ihren Mann, doch zuzustimmen. Als der Sohn starb, nur zehn Tage, nachdem er Berlin verlassen hatte, da war da nicht nur Trauer, sondern, verständlicherweise, auch Schuld.

Peters Tod in Belgien im Oktober 1914 veränderte und bestimmte den Rest ihres Lebens. «Es ist eine Wunde in unserem Leben», schreibt sie, «die niemals heilen wird, und auch nicht soll.»

Sie fiel in eine tiefe Depression und machte sich schließlich daran, eine Skulptur zum Gedenken an ihren Sohn und seine Kameraden zu schaffen. Sie brachte es nicht über sich, das Werk zu vollenden, und zerstörte es 1919. Aus ihrer Ablehnung des wuchernden Militarismus war inzwischen heiße Gegnerschaft zum Krieg geworden und glühender Pazifismus. Als die Regierung noch in den letzten Tagen des Krieges an alte Männer und die Jungen appellierte, sich einschreiben zu lassen, verfasste sie ihren eigenen öffentlichen Gegenappell: «Es ist genug gestorben! Keiner darf mehr fallen!»

1924 veröffentlichte sie einen neuen Zyklus mit dem lapidaren Titel *Krieg*. Im Unterschied zu Zyklen anderer Künstler wie Otto Dix etwa zeigten ihre Blätter nicht Schlachten und Zerstörung, sondern nur Szenen von der Heimatfront – Mütter und Kinder, Kummer und Not während der, wie sie es nannte, «unsagbar schwierigen Jahre». Man hält es kaum aus, diese Blätter zu betrachten, das scho-

Käthe Kollwitz, *Das Opfer,* aus dem Zyklus *Krieg,* 1922/23.

nungslos gegeneinander gesetzte Schwarz und Weiß, die von Leid und Angst und Schrecken zerrissenen Gesichter. Als Zeugnis einer Frau gegen den Krieg sind sie unübertroffen. Das erste Blatt des Zyklus – *Das Opfer* – reflektiert ihre eigenen Schuldgefühle und die Trauer angesichts des Schicksals ihres Sohnes: Eine nackte junge Frau, vermutlich ein Selbstporträt, die Augen geschlossen, der Mund nur eine schmerzliche Linie, hält ihren schlafenden Säugling vor sich hin, noch ist er sicher in ihren Armen, doch jeden Augenblick kann er ihr entrissen werden: Wie willig, wie blind ziehen wir in den Krieg.

Käthe Kollwitz, *Die Mütter,* aus dem Zyklus *Krieg,* 1922/23.

Ein weiteres Blatt – *Die Mütter* – zeigt einen Kreis von Frauen, die sich dicht aneinanderklammern im Versuch, ihre Kinder zu schützen, und deren Gesichter voller Entsetzen nach außen schauen.

Es gab in Deutschland nach 1919, trotz der hohen Zahl der Verluste – ca. 1,8 Millionen Menschen –, nur wenige Monumente der gemeinsamen Trauer um die Kriegstoten. Der Krieg war demütigend verloren worden, es folgte ein bitterer, auferlegter Frieden. Wie sollte man die ehren, die vergeblich starben? Wie kein anderer Künstler jener Zeit hat Käthe Kollwitz mit ihren *Krieg*-Drucken den Empfindungen der einfachen Deutschen eine Stimme verliehen, ihrem ganz persönlichen Verlust – dem Verlust von Söhnen, Vätern, Brüdern, Geliebten, dem Verlust einer ganzen Generation, dem Verlust von politischer Stabilität, Territorien, individueller Würde. Die Antwort einer Frau auf den Krieg der Männer. Ihre persönliche Antwort auf einen Tod, dem sie entschiedener hätte entgegentreten sollen und können.

Es war eine Antwort, so sieht es Ruth Padel, die ihr schließlich doch ermöglichte, das Mahnmal für ihren toten Sohn Peter zu vollenden. Ihre erste Idee war es, eine Mutter und einen Vater zu zeigen, die jeweils an Kopf und Füßen ihres toten Sohnes knien. Das hat sie verworfen und im Juni 1919 in ihr Tagebuch geschrieben: «Ich komm zurück, ich mache dir die Arbeit, dir und den anderen.» Ruth Padel:

> Sie brauchte dafür insgesamt 18 Jahre. Das Mahnmal wurde 1932 vollendet, und es zeigte nicht Peter, sondern die Eltern in ihrer Trauer. Die Skulptur steht heute auf einem Soldatenfriedhof in Belgien, ein öffentliches Monument, genannt *Trauerndes Ehepaar.* Sie gab den Figuren die Gesichtszüge ihres Mannes und die eigenen. Später jedoch spürte sie, dass sie mit ihrer Trauer noch nicht zu Ende war. Vielleicht, so denke ich, war der Akt des Trauerns für sie sehr eng mit ihrem Schaffensprozess verbunden, denn beide enthalten so etwas wie Wiedergutmachung, auch die Anerkenntnis des Verlustes. Und beides lag, so wie auch ihr ästhetisches und ihr soziales Empfinden, für sie eng beieinander.

Käthe Kollwitz, *Trauerndes Elternpaar,* 1925–32. Zunächst auf dem Friedhof von Roggevelde, Belgien, 1956 überführt auf den Deutschen Soldatenfriedhof im belgischen Vladslo.

Verglichen mit den anderen großen Mahnmalen der Westfront haben die knienden Eltern eine einzigartige Würde. Jeder für sich, isoliert durch ihren Schmerz, sind Ehemann und Ehefrau außerstande, einander zu trösten. Er ist erstarrt im Schmerz, sie überwältigt.

Unmittelbar nach dem Ersten Weltkrieg befand sich Deutschland in politischem und sozialem Aufruhr. Der Kaiser war gegangen, es gab keine zentrale Befehlsgewalt mehr, in vielen Städten und Staaten des Reichs stürzten sozialistische Revolutionen die alte Ordnung, Fürsten und Herzöge flohen oder dankten ab. Das Heer befand sich in Auflösung, rechte paramilitärische Verbände, Freikorps genannt, zogen durch die Straßen und sorgten mit allen Mitteln, die ihnen angemessen schienen, für «Ordnung». Die Gewalt regierte. Vor allem Berlin war Kampfplatz der verfeindeten Gruppen von Linken und Rechten. Die Hauptstadt war zu gefährlich, als dass sich Politiker dort hätten versammeln und über eine Verfassung debattieren können; darum trat die neugewählte Nationalversammlung in

Karl Liebknecht spricht vom Balkon des Berliner Abgeordnetenhauses aus zu Anhängern des Spartakusbundes, November 1918.

Käthe Kollwitz, Gedenkblatt für Karl Liebknecht, 15. Januar 1919.

Weimar zusammen und entwarf die Verfassung für die neue Republik, die den Namen dieser Stadt trägt (vgl. Kapitel 20).

Im November 1918 versuchte der Spartakusbund in Berlin, eine kommunistische Regierung zu installieren. Seine Führer Karl Liebknecht und Rosa Luxemburg wurden am 15. Januar verhaftet und kurz darauf in einer kombinierten Aktion von Sozialdemokraten und den Freikorps ermordet. Liebknecht wurde von hinten erschossen, damit es so aussah, als habe er versucht zu fliehen. Rosa Luxemburg wurde rasch zur Märtyrerikone linker Gruppen weltweit. Bis heute ist der 15. Januar ein besonderer Gedenktag im Kalender der Linken. Im Leben von Käthe Kollwitz war dies ein weiterer Wendepunkt: Sie stellte sich mit großem Ernst die Frage, welcher Art ihre linken Überzeugungen waren, und welchen Sozialismus sie wirklich wollte, den sozialdemokratischen oder den kommunistischen, den pazifistischen oder den aktivistischen.

Sie machte sich auf, den aufgebahrten Liebknecht zu sehen, und schuf einen bewegenden Holzschnitt der um ihn Trauernden: «*Die Lebenden den Toten. Erinnerung an den 15. Januar 1919*». Das Blatt zeigt den in ein weißes Leintuch gehüllten Leichnam Karl Liebknechts, umgeben von seinen Anhängern, deren Gesichter leer sind vor Kummer und Fassungslosigkeit. Die Bildsprache ist direkter als in den früheren Radierungen. Inspiriert von ihrem Freund Ernst Barlach, auch er Bildhauer und Druckgraphiker (wir werden ihm in Kapitel 29 noch einmal begegnen), entschied sie sich hier für den Holzschnitt mit seinen härteren Schwarz-Weiß-Kontrasten und kräftigeren, vereinfachten Formen. Sowie Schwarz und leuchtendes Weiß gegeneinander gesetzt sind, erscheint einem Liebknechts Kopf wie in einem Glorienschein. Im Vordergrund beugen sich vier Männer über den Körper, wie die den toten Christus beweinenden Jünger. Zwischen ihnen sieht man die Ikone, die bei der Kollwitz für alles Gesellschaftliche steht: eine Mutter mit ihrem Baby; die den Kopf in Verehrung des Toten beugt. Auch auf diesem Blatt wird eine traditionell christliche Ikonographie in den Dienst einer ganz weltlichen Absicht gestellt.

Yvonne Schymura zufolge hat Kollwitz in dieser Zeit betont, dass ihre Sympathie für Liebknecht etwas Persönliches sei, nichts Politisches:

> In den ersten Jahren der Weimarer Republik arbeitete Käthe Kollwitz häufig für die Internationale Arbeiterhilfe, schuf zahlreiche Plakate, durch deren Verkauf die KP-nahe Organisation Hilfskampagnen finanzieren konnte. Sie schuf den Liebknecht-Holzschnitt, obwohl sie dessen Politik nicht mochte, weder zu seinen Lebzeiten noch nach seinem Tod. Doch seine Familie hatte sie um dieses Blatt gebeten, und sie erfüllte diesen Wunsch. Als sie sich an die Arbeit machte, begann sie, ihn nicht als politischen Gegner zu sehen, sondern als einen Mann, der bedeutsam war für Sozialdemokratie oder Kommunismus. Sie hat lange an diesem Bild gearbeitet, und es ist bis heute sehr berühmt.

Sie habe, notierte sie im Jahr darauf in ihr Tagebuch, als Künstlerin das Recht, Liebknecht auf diese ihm zugetane Weise zu porträtieren und den Holzschnitt den Arbeitern zu widmen, die ihn unterstützt hatten, auch wenn sie nicht seine Anhängerin gewesen sei. Wie das Tagebuch zeigt, war sie sich nun über ihr Verhältnis zum aktivistischen revolutionären Kommunismus klar geworden:

Wäre ich jetzt jung, so wäre ich sicher Kommunistin, es reißt mich auch jetzt noch was nach der Seite, aber ich bin in den 50er Jahren, ich hab den Krieg durchlebt und Peter und die anderen tausend Jungen hinsterben sehn, ich bin entsetzt und erschüttert von all dem Haß, der in der Welt ist, ich sehne mich nach einem Sozialismus, der die Menschen *leben* läßt und finde, vom Morden, Lügen, Verderben, Entstellen, kurzum allem Teuflischen hat die Erde jetzt *genug* gesehn. Das Kommunistenreich, das darauf aufbaut, kann nicht Gottes Werk sein.

Käthe Kollwitz, *Der Ruf des Todes*, aus dem Zyklus *Tod*, 1934–37.

Während der 1920er und 1930er Jahre war ein großer Teil von Käthe Kollwitz' Arbeiten ein fortwährendes Nachdenken über den Krieg und seine Folgen, die in den unlösbaren Konflikten der Weimarer Republik zum Ausdruck kamen. Öffentlich warnte sie vor Hitlers Aufstieg, und mit Albert Einstein und anderen Intellektuellen und Künstlern gehörte sie zu den Unterzeichnern des Aufrufs *Dringender Appell für die Einheit*, der die Wähler drängte, bei der Wahl 1932 gegen die Nationalsozialisten zu stimmen. So ist nicht überraschend, dass diese sie mit einem Ausstellungsverbot belegten und ihr Ausscheiden aus der Akademie der Künste erzwangen, nachdem sie an die Macht gelangt waren. Ihr Werk wurde allerdings nie als «entartete Kunst» klassifiziert (vgl. Kapitel 24); ohne Nennung ihres Namens tauchte es sogar in der NS-Propaganda auf. Sie war angewidert, wagte es aber nicht zu protestieren, weil sie Schwierigkeiten befürchtete, oder, schlimmer, dass sich die Nationalsozialisten rächen könnten, indem sie in Zukunft ihren Namen nennen und damit den Anschein erwecken würden, sie teile deren Ansichten.

Ihren letzten Druck-Zyklus schuf sie 1935, acht Lithographien mit dem einfachen Titel *Tod*. Das auf Seite 453 abgebildete letzte Blatt der Folge, *Ruf des Todes*, zeigt sie als Sterbende, ein Selbstbildnis als alte Frau, die sich nach vorn lehnt und den linken Arm hebt, während sich ihr rechter Arm einer schemenhaften Hand entgegenreckt, die von oben her nach ihr greift. Das Gesicht ist erkennbar das gleiche wie im Selbstbildnis, das dreißig Jahre zuvor entstanden war, aber gezeichnet und eingefallen durch die Erfahrungen jener dunklen drei Jahrzehnte. Man könnte darin fast ein Selbstporträt Deutschlands in diesen Jahren sehen.

Das wiederum konnte dem NS-Regime kaum willkommen sein, das sich als Wiedergeburt einer gesäuberten und reinen Nation verstand. Käthe Kollwitz bekam Besuch von der Gestapo, ihr drohte das Konzentrationslager. Ihr internationales Ansehen jedoch verschaffte ihr ein relativ unbehelligtes Leben. Der Zweite Weltkrieg brachte den letzten Schlag: den Tod ihres Enkels an der Ostfront im Jahr 1942. Ein Jahr später folgte ihre Evakuierung aus Berlin. Als sie in den letzten Wochen des Krieges starb, am 22. April 1945, war ihre Geburtsstadt Königsberg weitgehend zerstört und in russischer Hand. In den nächsten Monaten wurde die gesamte deutsche Bevölkerung Königsbergs, soweit sie noch nicht geflohen war, vertrieben oder getötet. Die Stadt wurde Territo-

Käthe Kollwitz, *Pietà*, 1937–38/39.

rium der Sowjetunion, woran sich bis heute nichts geändert hat (vgl. Kapitel 26). 700 Jahre preußischer Geschichte waren zu Ende.

Doch in den 1930er Jahren arbeitete sie noch, immer noch erfüllt von der Trauer des Jahres 1914. Am Jahrestag von Peters Tod, 22. Oktober 1937, notierte sie in ihrem Tagebuch:

> Ich arbeite an einer kleinen Plastik, die hervorgegangen ist aus dem plastischen Versuch, den alten Menschen zu machen. Es ist nun so etwas wie eine Pietà geworden. Die Mutter sitzt und hat den toten Sohn zwischen ihren Knien im Schoß liegen. Es ist nicht mehr Schmerz, sondern Nachsinnen.

In das Mahnmal von 1932 hatte sie den Sohn Peter nicht miteingeschlossen und sich ganz auf Vater und Mutter und deren isolierten Schmerz konzentriert. Nun aber schuf sie ein persönliches Mahnmal für ihren Sohn und sich.

Auch wenn die Bildsprache der christlichen Ikonographie entnommen ist, hat diese Skulptur nichts Christliches. Der Sohn wird dem Betrachter nicht wie Jesus zur Andacht oder zur Anbetung präsentiert. Er ruht nicht, wie in Michelangelos *Pietà*, auf den Knien der Mutter, sondern kauert sich zwischen ihren Beinen zusammen. Ihre Knie sind so weit hochgezogen, dass er vom Körper der Mutter fast vollständig umschlossen ist. Sie zeigt uns ihren Sohn nicht, sondern versucht, ihn, der schon tot ist, vor weiterem Unheil zu beschützen. Das Pathos dieser sinnlosen Geste ist ungeheuer. Nichts an diesem Bildwerk erinnert mehr an ein Opfer zu einem höheren Zweck. Nichts deutet auf Erlösung hin; es bleibt nur der Versuch einer Antwort auf das Gemetzel. Noch einmal Ruth Padel:

> Ich stieß auf das Werk von Käthe Kollwitz, weil ich ein Buch über Konflikt und Kreativität schrieb, darüber, wie Kreativität vielleicht einem Trauma entspringt. Einige Künstler können sich derart mit einem Trauma identifizieren, dass sie wirklich außergewöhnliche Kunstwerke hervorbringen, die auch andere Menschen ansprechen. Die Dichterin Emily Dickinson sagt es so: «After great pain, a formal feeling comes.»

Bundespräsident Richard von Weizsäcker, 14. November 1993.

Am 14. November 1993, in strömendem Regen, kam der damalige Bundespräsident Richard von Weizsäcker zur Neuen Wache, um diese zur «Zentralen Gedenkstätte für die Opfer von Krieg und Ge-

waltherrschaft» umzuwidmen. Es war eine zurückhaltende Zeremonie ohne formelle Reden, auch wenn dieser Ort jahrelang als Gedenkstätte für drei unterschiedliche Kriege gedient hatte – zunächst als preußische Stätte des Gedenkens an die Befreiungskriege, in der Weimarer Republik für den Ersten Weltkrieg und in der DDR für die Opfer von Faschismus und Militarismus. Nun sollte das Bauwerk an die Opfer von Krieg und Gewaltherrschaft erinnern – aller Kriege und Diktaturen –, und dort in der Mitte einer nackten Grundfläche aus Schieferplatten unter dem Rundfenster, das Wind, Regen und Schnee ebenso offen steht wie der Sonne, befindet sich eine vergrößerte Version der Skulptur, die Käthe Kollwitz, die selbst beides war, Zeugin und Opfer, 1937 geschaffen hat.

Bundespräsident Richard von Weizsäcker verlas eine Erklärung, mit der Bundeskanzler Helmut Kohl seine Wahl dieser Skulptur begründete: «Die Bundesregierung hat für diese staatliche Gedenkstätte die Skulptur *Mutter mit totem Sohn* von Käthe Kollwitz auch deshalb ausgewählt, weil Werk und Schaffen dieser großen Künstlerin untrennbar mit einem Staatswesen verbunden sind, das sich diesen Grundlagen verpflichtet weiß.» Es war, denke ich, eine große Einsicht Helmut Kohls, die Analogie wahrzunehmen zwischen Kollwitz' Bild einer Mutter, die ihr Kind schützt, und der Anerkenntnis der Pflicht des Staates, alle diejenigen zu beschützen, über die er Macht hat.

Doch Kohls Wahl dieser Kollwitz-Plastik stieß nicht auf ungeteilte Zustimmung. Ruth Padel:

> Helmut Kohl wählte diese Skulptur, als Mahnmal für die Opfer von Krieg und Gewaltherrschaft, und zwar in Berlin, der Hauptstadt des wiedervereinigten Deutschland. Er erntete eine Menge Kritik. Eine Mutter, die ihren Sohn betrauert, hieß es, wird den Opfern des Holocaust nicht gerecht, der Masse der Toten im Zweiten Weltkrieg, nur denen des Ersten Weltkriegs. Doch ich finde, es war brillant von Kohl, an seiner Entscheidung festzuhalten, denn Menschen können sich nur mit dem Einzelschicksal identifizieren. So steht die Skulptur nun dort, Licht gegen Dunkel. Sie steht im Offenen, das Licht kommt von oben, und um sie herum sind nur leere Wände. Sie fasst die Leiden zusammen, die Leiden aller in allen Kriegen. Hätte man die Skulptur in einem Grab der Jungsteinzeit gefunden, sie wäre auch dann aktuell, denn sie zeigt eine Erwachsene, die ein Kind betrauert. Es zeugt von Kohls politischem Genius, dass er erkannte, dass dies Bestand haben würde, auch wenn anderes wegfiele. Es gibt keinen Kontext, nicht in der Kleidung, nicht in Requisiten. Da ist nur das Gesicht

des toten Kindes, das der Mutter zugewendet ist, die Hand der Mutter darüber, die Augen, die auf das Kind schauen, hilflos. Es ist die Verkörperung von Schmerz und Verlust.

Die beiden deutschen Staaten, die Erben der Zerstörungen des Zweiten Weltkriegs waren, offenbaren ihre unterschiedliche Haltung zu dieser bitteren Hinterlassenschaft in der Art und Weise, wie sie sich dem Werk und der Person von Käthe Kollwitz zuwandten, sagt Yvonne Schymura:

Sie ist die bedeutendste deutsche Künstlerin des 20. Jahrhunderts. Sie stellt dessen Geschichte mit all seinem Leiden dar. Drei Museen gibt es, die allein Käthe Kollwitz gewidmet sind, hunderte von Schulen, Straßen und Plätze sind nach ihr benannt. Doch die Neubewertung ihres Werks setzte ein mit der Wiedervereinigung. Zuvor gab es zwischen Ost- und Westdeutschland so etwas wie einen Wettstreit um die richtige Interpretation ihres Lebens und ihrer Kunst: Ist sie eine sozialistische Künstlerin (was der Osten so sah) oder ist sie (wie der Westen argumentierte) eine Künstlerin der ganzen Menschheit? Jahrelang ging dieser Streit. Natürlich war sie beides.

Fünftausend Mark
5000
Hunderttausend Mark
R·01207990
Reichsbanknote
ZWANZIG MILLIARDEN MARK
20 MILLIARDEN MARK
1000
Reichsbanknote
Tausend Mark
Deutsche Reichsbahn
08280
Einhundert Milliarden Mark
Deutsche Reichsbahn
№ 006697
Eine Billion Mark
(Eintausend Milliarden)
Dieser Schein wird an allen öffentlichen Kassen wie gesetzliche Zahlmittel angenommen; er kann vom 1. Dezember 1923 ab zur Einlösung aufgerufen werden.
27. Oktober 1923.
Der Reichsverkehrsminister
REICHSBANKNOTE
EINHUNDERT MILLIARDEN MARK
100
REICHSBANKNOTE
FÜNFZIG MILLIARDEN MARK
50
2000
Reichsbanknote
100000
10000

23
Geld in Krisenzeiten

«Ersatz» ist ein Wort, das im Ersten Weltkrieg in Deutschland Konjunktur hatte; es nahm rasch die Bedeutung «künstlich» an. Denn in Deutschland wurden lange vor Kriegsende viele Dinge knapp oder fehlten ganz, auch Dinge des Grundbedarfs. Die alliierte Seeblockade hatte zur Folge, dass viele Güter einfach nicht mehr zu bekommen waren. Es gab Ersatzkautschuk aus Erdöl, Ersatztee aus Himbeerblättern, Ersatzkaffee aus Gerste. Auch Ersatzunterwäsche gab es und Ersatzkleider: aus Papier. Das mag, im 21. Jahrhundert, innovativ klingen, vielleicht sogar erotisch, die Berliner damals erschreckte es. Unersetzbar aber fehlten vor allem Metalle – alle Arten von Metall. Früh und rasch wurden die kleinen Reichsmarkmünzen selten, weil das Metall für andere Zwecke gebraucht wurde. 1919 dann waren alle Scheidemünzen verschwunden, dafür kamen «Ersatzmark» und «Ersatzpfennig» in Umlauf, die in der Regel nicht aus Metall, sondern aus Papier hergestellt wurden.

Diesem Notgeld gilt eine der großen Sammlungen des British Museum. Es war in großen Mengen im Umlauf, und weil es keine nationalen Zahlungsmittel für kleinere Werte mehr gab, mussten Städte und Gemeinden ersatzweise eigenes Geld ausgeben. Die hohen Noten der Reichsbank freilich kursierten weiter. Dieses lokale Notgeld war das Wechselgeld des Alltagslebens, das macht es interessant. In dem Maße, in dem der Zentralstaat Schwächen zeigte, belebten sich regionale Erinnerungen und Loyalitäten, und die Vielfalt der Währungen, die das Münzwesen im Reich des 18. Jahrhunderts geprägt hatte (vgl. Kapitel 5), fand im 20. Jahrhundert eine lebendige Parallele mit bunten, einfallsreichen Erkundungen lokaler Identitäten und darauf gründen-

Banknoten aus der Zeit der Hyperinflation, 1922/23.

50 Pfennig,
Notgeld aus Mainz,
mit dem Gutenbergdenkmal
rechts, 1921.

75 Pfennig,
Notgeld aus Bremen,
mit Überseehafen, 1923.

50 Pfennig,
Notgeld aus Müritz, 1922.

dem Bürgerstolz. Ersatznoten aus Mainz etwa präsentieren die Attraktionen der Stadt, auch das Gutenbergdenkmal; Bremen ist stolz auf seinen internationalen Hafen; das Ostseebad Müritz zeigt mondänes Strandvergnügen; Eutin wiederum ehrt seinen berühmten Sohn, den Komponisten Carl Maria von Weber, unter anderem mit Noten aus einer seiner Opern. Andere Orte setzen auf ihre Geschichte, Bordesholm zeigt seine Abtei, ein einst bedeutsames Zentrum mönchischen Lebens, Eisenach setzt auf seine protestantische Tradition und bildet Martin Luther ab beim Übersetzen des Neuen Testaments.

Diese Noten anzuschauen ist fast, als blättere man in einem Reisebericht aus Deutschland, jede Stadt präsentiert sich mit der Sehenswürdigkeit, die den Stolz der Einwohner ausmacht und die Neugier von Besuchern am ehesten wecken könnte. Doch diese Banknoten befriedigen nicht nur topographische Interessen. Sie geben auch einen bemerkenswerten Einblick in die öffentliche Stimmung, die in den Jahren 1919–23 in Deutschland herrschte, als die Weimarer Republik sich ins Leben kämpfte; sie zeigen, was die Menschen ängstigte, faszinierte und beschäftigte. Auch der Wunsch, die zu ehren, die im Krieg gefallen waren, wird sichtbar. Geldscheine aus Hamburg und Bremen zeigen nostalgisch Bismarckbildnisse und die in Afrika verlorenen deutschen Kolonien; eine Note ist aus der Gemeinde Gramby, die fürchten musste, durch ein Plebiszit in den dänischsprechenden Regionen Schleswig-Holsteins aus Deutschland ausgegliedert zu werden; Dänemark hatte das verlangt, Großbritannien und Frankreich überwachten die

50 Pfennig, Notgeld aus Eutin mit Kriegerdenkmal und dem Komponisten Carl Maria von Weber mit Noten aus der Oper *Oberon*, 1921.

50 Pfennig,
Notgeld aus Bordesholm,
mit Mönchen, 1921.

50 Pfennig,
Notgeld aus Eisenach,
mit Lutherbildnis, 1921.

75 Pfennig, Notgeld aus Bremen mit den verlorenen afrikanischen Kolonien und Bismarck, 1921.

1 Mark,
Notgeld aus Gramby, mit der Darstellung der Volksabstimmung über die deutsche oder dänische Zugehörigkeit der Stadt, 1920.

1000 Mark,
Notgeld aus Bielefeld, auf Leinen gedruckt, 1922.

75 Pfennig,
Notgeld aus Beverungen, mit antijüdischer Karikatur, 1921.

Abstimmung. Auch hässliche antijüdische Karikaturen findet man, verstörende Hinweise auf verbreitete Vorurteile, und noch vieles andere. Kurz, diese Geldscheine sind ein Kompendium deutscher Erinnerungen, Hoffnungen und Ängste zu Beginn der 1920er Jahre.

Noch eine weitere, interessante Demonstration regionaler Verschiedenheiten gibt es: Nicht alles Notgeld ist aus Papier. Notgeld aus Meißen und Dresden wurde aus Porzellan gemacht (kein Wunder, dass es rasch zum Sammlerobjekt wurde); in Bielefeld, der großen Textilstadt, bedruckte man Leinen oder Seide, und in manchen Städten kam man auch auf die Idee, Wurststücke zu Notgeld zu machen. Deutscher Regionalismus in Zeiten der Krise kräftig wiederbelebt – in gewisser Weise war das eine, wie Mervyn King, ein ehemaliger Gouverneur der Bank of England, bemerkt, hoffnungsvolle Botschaft. Die Menschen vertrauten ihrer *lokalen* Währung mehr als der nationalen:

> Das deutsche Notgeld ist insofern faszinierend, als es zu der Frage führt, warum wir die Menschen nicht ihre eigenen Banknoten produzieren lassen. Als Antwort darauf ist normalerweise von der Angst die Rede, die Leute könnten plötzlich die Erfahrung machen, dass ihr Geld nichts wert ist. Wenn Banken eigene Noten ausgaben, tat man gut daran, möglichst nahe beim Hauptsitz der Bank zu wohnen: Sobald schlechte Nachrichten über die Bank auftauchten, konnte man schnell hinlaufen und sein Geld in Gestalt von Goldmünzen aus der Bank holen; es kam entscheidend darauf an, dass man die eigenen Forderungen an das Bankvermögen rasch geltend machte. Beim Notgeld dagegen liegt die Sache so, dass die Gemeinden einsprangen, wenn der Staat nicht genügend Geld zur Verfügung stellen oder dessen Wert nicht garantieren konnte; die Gemeinden gaben etwas aus, was praktisch einem Schuldschein entsprach. Der große Ökonom Friedrich August von Hayek war der Meinung, dass man jedermann erlauben solle, Geld zu drucken, also ganz auf das Währungsmonopol des Staates zu verzichten. Diesem Vorschlag steht entgegen, dass die Leute das Gefühl haben wollen, dass die Einheit, die sie benutzen, um Dinge zu bepreisen, einen festen und einheitlichen Wert hat. Allerdings spricht dies nicht grundsätzlich gegen Hayeks Vorschlag, schließlich funktioniert die Weltwirtschaft als Ganzes, in der die verschiedenen Länder rund um den Globus ihre eigenen Währungen haben, doch recht gut.

Einige der markantesten Notgeldscheine kamen aus Weimar, dem Geburtsort der Bauhaus-Bewegung, wo zu Beginn der 1920er Jahre die Welt der Ästhetik und Funktionalität ganz neu erfunden wurde (vgl. Kapitel 20). Das Notgeld aus Weimar

50 Millionen Mark, Notgeld aus Weimar, Entwurf Herbert Bayer, ausgegeben am 25. Juli 1923.

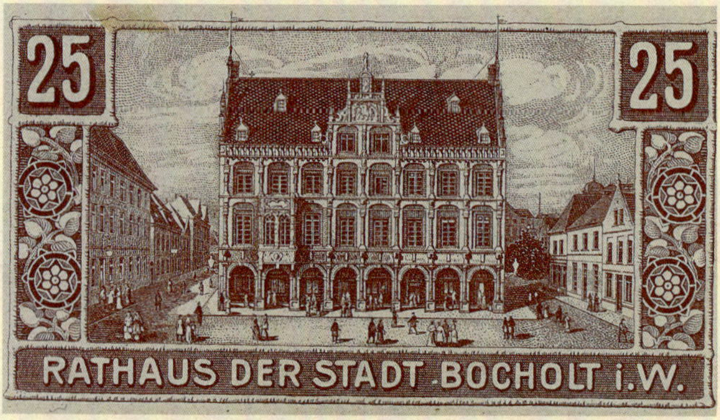

25 Pfennig, Notgeld aus Bocholt, mit dem Rathaus der Stadt, 1918.

25 Pfennig, Notgeld aus Tiefurt, Zitat angelehnt an Goethes *Faust*, 1921.

wurde entworfen von Herbert Bayer, der am Bauhaus wirkte. Auf diesen Scheinen gibt es keine historischen oder touristischen Hinweise. Alles ist Funktion, Kommunikation, Design pur. Bayer nutzte starke Farben sowie einfache Worte und Zahlen in charakteristischer Typographie. Ohne Kompromisse folgt die Form der Funktion. Dieses Notgeld ist ein ästhetisches Bekenntnis zur Moderne. Bayer hatte 1923 nur zwei Tage Zeit, diese Geldscheine zu entwerfen, doch er erkannte die seltene Gelegenheit, die Bauhaus-Typographie einem Massenpublikum bekannt zu machen, das gar keine andere Wahl hatte, als sie zu benutzen. So erreichte avanciertes Design innerhalb weniger Stunden jeden Haushalt. Das Notgeld verschaffte dem Bauhaus eine bis dahin unerreichte öffentliche Sichtbarkeit.

Clarissa von Spee, Kuratorin am British Museum, die aus Nordrhein-Westfalen stammt, hat einige besonders interessante Beispiele von Notgeldscheinen in der Sammlung untersucht:

> Ganz klar, man kann das Notgeld nutzen, um lokale Ansichten, die Bauwerke oder Landschaften zu zeigen, auf die man stolz ist. Das British Museum hat auch Notgeld aus meiner Heimatstadt Bocholt in Westfalen in seinem Besitz. Deren Wahrzeichen ist das Renaissance-Rathaus, ein für die Region typisches Gebäude, und deshalb wählte man es auch für die Geldscheine aus. Doch gibt es auch eine Note aus Tiefurt bei Weimar, wo Herzogin Anna Amalia von Sachsen-Weimar eine Sommerresidenz hatte und Goethe zu langen Gesprächen und Spaziergängen empfing. Ihren Wert zeigt diese Note mit einem Zitat aus Goethes *Faust* an: «Zu wissen sei es jedem der's begehrt, der Zettel hier ist 25 Pfennig wert»; bei Goethe sind es 100 Kronen, hier eben nur 25 Pfennig.

Hier treibt das Notgeld einen literarischen Scherz und zitiert Goethe, um eben den Wert in Frage zu stellen, der auf dem Geldschein genannt wird. Die Graphiker haben also ihr Spiel getrieben, mit Goethe, mit der finanziellen Instabilität, mit lokalen Erinnerungen: eine souveräne, stilvolle, heiter-kultivierte Art, auf die aktuelle Not zu reagieren. Die Hamelner wiederum brauchten dazu keinen Goethe, sie wählten natürlich das Märchen vom Rattenfänger. Clarissa von Spee erläutert:

> Die Ratten erscheinen immer wieder auf den Noten aus Hameln. Auf einem 50-Pfennig-Schein von 1918 sieht man sie auf den Zahlen hocken. Und auf der Rückseite erkennt man den Rattenfänger, der die Kinder aus der Stadt lockt. Literatur mit lokalem

50 Pfennig,
Notgeld aus Hameln,
mit dem Rattenfänger-
motiv, 1918.

10 Pfennig,
Notgeld aus Bielefeld,
mit einer Kohlrübe, 1919.

> Bezug ist ein wiederkehrendes Thema auf den Notgeldscheinen, ob man an Weimar und Goethe denkt oder an Hameln und das Märchen vom Rattenfänger. Die Sprache ist oft sehr derb, es gibt unterschwelligen Humor, mit Ironie nimmt man die schweren Zeiten leichter. Doch nicht immer. Die Sammlung des British Museum enthält auch eine kleine Note aus Bielefeld, eine sehr frühe Note aus dem Jahr 1917, dem sogenannten Kohlrübenwinter, als die Lebensmittel so knapp waren, dass die Menschen nichts anderes zu essen hatten als Kohlrüben. In den Blättern einer weinenden Rübe liest man den Spruch: «Durchhalten in Not ist Kriegsgebot».

Das ist ganz und gar nicht lustig. Es ist bereits ein dunklerer Ton auszumachen, der überleitet in eines der Hauptprobleme im Deutschland der frühen 1920er Jahre – den Reparationen und Forderungen der Siegermächte. Auch davon ist auf den Notgeldscheinen die Rede. Clarissa von Spee:

> Wir haben Noten aus Bitterfeld, einem Braunkohlengebiet nicht weit von Berlin. Auf der Rückseite der Scheine sieht man Kohlezüge, die nach Köln fahren – man sieht den Dom im Hintergrund und links davon den Eiffelturm. Das ist Kohle, die von Deutschland nach Frankreich gebracht wird, man kann sogar genau nachlesen wieviel: von April 1920 bis März 1921 wurden 28,1 Millionen Tonnen exportiert. Davon waren 67,1 Prozent Reparationsleistungen. Nur 11,5 Prozent wurden auf dem Weltmarkt verkauft.

Dieser Notgeldschein lässt die Wut erkennen, die viele darüber verspürten, dass die in Deutschland geförderte Kohle nicht genutzt werden konnte, um Devisen zu erwirtschaften. Über zwei Drittel der Kohle verschlangen die Reparationszahlungen, das meiste davon ging an die Franzosen.

Insgesamt gab es mehr als 160 000 Emissionen von Notgeld. Sie zeigen die sozialen und politischen Spannungen, auch die Ängste der Weimarer Zeit – von Militaristen, Pazifisten, Hedonisten, Rassisten. Was sie allerdings nicht erkennen lassen, ist die große Finanzkrise, die noch bevorstand. Das so aufschlussreiche Notgeld wurde bald darauf von einer der katastrophalsten und destruktivsten Inflationen in der Geschichte weggeschwemmt. Ausgelöst wurde diese große Hyperinflation von der wirtschaftlichen Schwäche Nachkriegsdeutschlands und den Schwierigkeiten, die sich aus den Reparationszahlungen ergaben, die von den siegreichen Alliierten gefordert wurden. Auf die kolossale Summe von 132 Milliarden Gold-

50 Pfennig, Notgeld aus Bitterfeld, mit Zügen, die Kohle nach Frankreich transportieren, 1921.

mark setzte die Reparationskommission im April 1921 die von den Deutschen zu leistenden Zahlungen fest. Im Mai darauf wurde der Industrielle Walther Rathenau zum Minister für Wiederaufbau berufen, und zu seinen Aufgaben gehörten auch die Reparationszahlungen. Er sah, dass sie das Ende jeder Stabilität der Mark bedeuteten.

Rathenau schrieb:

> Die Mehrheit der Staatsmänner und Finanziers denkt nur papierbezogen. Sie sitzen in ihren Büros und starren auf die Papiere, die vor ihnen liegen. Und auf diesen Papieren stehen Zahlen, die wiederum Papiere repräsentieren ... Sie schreiben Nullen auf, wobei neun Nullstellen eine Milliarde bedeuten. Eine Milliarde kommt einem leicht über die Lippen und ist so leicht gesagt, aber niemand kann sich eine Milliarde vorstellen.
>
> Was ist eine Milliarde? Hat ein Wald eine Milliarde Blätter? Hat der Rasen eine Milliarde Grashalme? Wer weiß das? Würde der Tiergarten abgeholzt und Weizen ausgesät, wie viele Weizenstengel würden dann wachsen? Zwei Milliarden?

Eine Milliarde, tausend Millionen – die Zahlen sind erschreckend. Die Lage insgesamt wurde erschreckend. Das Inflationsfieber stieg, und ganz Deutschland litt an kollektivem Irrsinn. Im Juni 1922 wurde Rathenau ermordet. Das ließ den Wechselkurs der Mark gegen den Dollar abstürzen auf 300:1. Einen Monat später, als die ersten Reparationszahlungen fällig wurden, fiel er auf 500 für den Dollar, Ende Oktober, am zweiten Zahlungstermin, brach sie zusammen: 4500 für den Dollar. Im April 1923 explodierte die Hyperinflation. Es ist noch heute eine schaurige Erfahrung, sich die Noten durch die Hände gleiten zu lassen, die daraufhin gedruckt wurden (vgl. S. 460) – 1000 Mark, 10 000 Mark, 100 000 Mark, 1 000 000 Mark, und dann, in Worten, eine Milliarde, einhundert Milliarden. Im November 1923 entsprachen einem Dollar 4,21 Billionen Reichsmark! Ein Witzbold in der Britischen Botschaft notierte, dass dem Pfund Sterling so viele Mark entsprächen, wie es Yards seien bis zur Sonne. Ende 1923 kostete ein Ei 500 000 Millionen mal mehr als 1918. Bekanntlich transportierten die Leute ihre Banknoten in Schubkarren umher, aber nicht um damit einkaufen zu gehen, sondern um diese wertlos gewordenen Scheine bei der Bank in ebenso wertlose größere einzuwechseln. 1921 waren 120 Milliarden Mark im Umlauf gewesen, zwei Jahre später waren es im November 1923 400,3 Trillionen – eine unvorstellbare Zahl. Mit einem Fünfhundertmillionen-Mark-Schein konnte man vielleicht einen Laib Brot kaufen.

In vielen deutschen Familien wird es noch Erinnerungen an die Schrecken der Hyperinflation geben, vielleicht an den Beamten, der mit seinem Monatseinkommen nach Hause rannte, damit seine Frau wenigstens etwas Butter kaufen konnte, bevor alles wieder nur wertloses Papier war. Mervyn King erklärt, wie es zu einer solchen Katastrophe kommen kann:

> Das passiert, wenn sich die Regierung in einer Position befindet, in der sie, aus diesem oder jenem Grund, nur einem Weg sieht, ihre Schulden zu bezahlen: indem sie Geld druckt. Und damit wächst bei den Leuten die Erwartung, dass die Regierung mehr und mehr Geld drucken wird. Sie glauben, mit der Inflation werde es immer so weitergehen. Also versuchen sie, ihr Geld loszuwerden, und kaufen Dinge, sobald sie Geld in der Hand haben. Das Tempo, in dem Geld umläuft, beschleunigt sich. Das wiederum lässt die Preise noch schneller steigen. Die Regierung druckt noch mehr Geld, und so entsteht ein Teufelskreis, in dem die Preise mit nahezu unvorstellbarer Geschwindigkeit nach oben schießen. Heute sprechen wir von einer Inflationsrate von um die zwei Prozent im Jahr. Das heißt, die Preise verdoppeln sich im Laufe von etwa vierzig Jahren. Während der deutschen Hyperinflation verdoppelten sich die

> Preise alle dreieinhalb Tage. Diese Fotografien von Menschen, die ihr Geld in Schubkarren herumfuhren – das alles geht zurück auf die Bereitschaft der Regierung, Haushaltsdefizite nicht mit konventionellen Mitteln zu finanzieren – durch Steuererhöhungen etwa oder durch Anleihen mit verbindlichem Rückzahlungsziel –, sondern durch schlichtes Drucken von Geld. Und genau das taten sie.

Die deutsche Hyperinflation war nicht die schlimmste der Geschichte: Diese Ehre gebührt der Krise in Zimbabwe 2008/09, als sich die Preise täglich verdoppelten. Das Merkwürdige mit Hyperinflationen aber ist, dass sie so schnell enden können, wie sie beginnen. Im November 1923 ernannte die Regierung Hjalmar Schacht zum Reichswährungskommissar. Er hatte einen einfachen Plan: Er führte eine neue Währung ein, die Rentenmark, und stützte die Reform auf den Wert des Besitzes der deutschen Regierung. Der Wechselkurs war eine Billion Mark zu einer

Eine Frau feuert den Kachelofen mit Banknoten der Hyperinflation, um 1923.

Eine Karikatur aus dem *Simplicissimus*, Juni 1923.

Papiergeld! Papiergeld!

(Karl Arnold)

„Brot! Brot!"

Letzte Zuflucht

Immer höher gehn die Wogen.
Und die Herren Theologen
wissen auch und künden's gern,
daß, warum und inwiefern:

Statt der sittlichen Begriffe
gibt's nur noch der Selbstsucht Kniffe.
Ach, kein Mensch glaubt mehr an Gott...
So erklärt sich der Bankrott.

— Diese Ansicht, meine Lieben,
scheint mir etwas übertrieben.
Bloß sein Bild, wie man ihn faßt,
ward dem Zeitgeist angepaßt.

Sehn wir doch, wie die Maschinen
uns beherrschen und bedienen;
und das färbt denn prompt wie Krapp
auf die Metaphysik ab.

Alle glauben heiß und brünstig
einen Gott, der ihnen günstig
und im letzten Notfall da:
Deus ist's ex machina.

Ratatöskr

Rentenmark. Schachts Maßnahmen griffen mit erstaunlichem Tempo. Binnen Monaten gelang es ihm, die neue Währung zu stabilisieren; laut Mervyn King ein Ergebnis, das zu erwarten stand:

> Was Schacht versprach, schuf Vertrauen: Er wollte den Haushalt in Ordnung bringen, die Steuern so weit wie nötig erhöhen und die Staatsausgaben reduzieren, und er war entschlossen, kein Geld mehr zu drucken, um das Haushaltsdefizit auszugleichen. Gegen den Teufelskreis unkontrollierbar steigender Preise setzte er eine heilsame Gegenbewegung. Weil die Menschen nun glaubten, das Haushaltsdefizit könne beherrscht werden, waren sie auch wieder bereit, ihr Geld zu behalten. Denn was geschieht in einer Hyperinflation? Die Menschen wollen ihr Geld dann nicht behalten – völlig klar, wenn es in der Zeit wertlos wird, die man braucht, um einen Kaffee zu trinken. Allen Hyperinflationen ist gemeinsam, dass sie beginnen, wenn die Regierung die Kontrolle über den Haushalt verliert, und dass sie enden, sobald eine Regierung an die Macht kommt, die entschlossen ist, ihren Haushalt in Ordnung zu halten. Und sofort, noch bevor die Regierung in der Lage ist, das Geldmengenwachstum zu senken, sinkt die Inflationsrate rapide. Innerhalb von Monaten.

Genau das geschah in Deutschland. Die Rentenmark brachte Stabilität und Vertrauen, die Wirtschaft begann sich zu erholen. Doch die Erinnerung an die Hyperinflation, an diese Banknoten, die wieder und wieder mit neuen Nullen überdruckt wurden, ist noch immer schmerzhaft und lebendig. Sie wurde über Jahrzehnte zu einer Leitlinie für die Deutsche Bundesbank und heute, wie Mervyn King erklärt, für die Europäische Zentralbank:

> Diese Erinnerung spielt hinein in das enorme Gewicht, das Deutschland auf das Wort «Stabilität» legt. Stabilität ist die Parole für die Wirtschaftspolitik, für Finanz- wie Geldpolitik. Und zu Recht ist den Deutschen sehr bewusst, dass man auf eigene Gefahr damit spielt. Stabilität muss sehr sorgsam bewahrt werden. Sie ist der Kern erfolgreicher Wirtschaftspolitik.

Noch eine andere unmittelbare Folge hatte dieses katastrophale finanzpolitische Kapitel. Die Hyperinflation lieferte den idealen Nährboden für das Wachstum rechter Gruppen, insbesondere der Nationalsozialisten. Sie konnten die xenophoben Gefühle und die Unzufriedenheit ausbeuten, die viele Deutsche nach der Demütigung des Versailler Vertrags und dem Desaster, das die Reparationszahlungen heraufbeschworen hatten, empfanden. Das parlamentarische System, das mit der Weimarer Republik eingeführt worden war, wurde beschuldigt, den deutschen Truppen in den Rücken gefallen zu sein – die berüchtigte «Dolchstoßlegende»; die Regierung habe die Kapitulation erzwungen, obwohl das Heer noch unbesiegt im Feld gestanden habe. Ressentiments und das Gefühl, schlecht behandelt zu werden, wurden von der Hyperinflation noch verstärkt, das gärte lange in der kollektiven Erinnerung. Ängste, Unsicherheit, Fremdenfeindlichkeit und Vorurteile waren ein Einfallstor für die Nationalsozialisten, ihre Pseudolösungen und rassistischen Erklärungen. Und natürlich nutzten die Nationalsozialisten die Erfahrungen der Hyperinflation aus, um ihre Rassenideologie zu propagieren, nach der an allem nur die Juden schuld seien. Der unglückliche Rathenau, der versuchte, Deutschlands Reparationsverpflichtungen zu erfüllen, war Jude; die Weimarer Regierung galt als «Judenregierung»; hunderte Anhänger der Republik, Linke zumal, wurden, ob sie Juden waren oder nicht, angegriffen, zusammengeschlagen und, wie Rathenau, ermordet.

Zunächst sah es so aus, als könnten Währungsreform und Rentenmark in dieser erschreckenden Spirale von Desinformation und Gewalt eine Atempause bewirken: Die neue Stabilität hätte tatsächlich die Rückkehr zur politischen Normalität einleiten können. Ein britischer Diplomat, der den Prozess beobachtete, der Hitler nach dem gescheiterten Münchner Putsch von 1923 gemacht wurde, berichtete: «Hitlers größter Gegner ist die Rentenmark. Es ist unmöglich, den heilsamen Effekt zu überschätzen, den die Stabilisierung der Währung auf die Perspektiven der Bayern und, so nehme ich an, auch auf Deutschland insgesamt hat.»

Doch das Übel der Hyperinflation war noch nicht überwunden. Kaum war die Währung stabilisiert, stellte sich die Frage: Was tun mit den alten wertlosen Banknoten der Inflationszeit? Man konnte natürlich den Ofen damit heizen (vgl. S. 474), die Nationalsozialisten hatten eine bessere Idee: Sie nutzten sie zur Propaganda. Einhundert-Millionen-Scheine wurden aufbewahrt und 1927 im Wahlkampf verteilt – mit einer auf die Rückseite gedruckten antisemitischen Karikatur. Ein riesiges Hakenkreuz im Strahlenkranz schwebt am Himmel, darunter erschauert ein erschrockener jüdischer Finanzier mit Hakennase und riesigen Greifhänden. Sein Hut ist zu Boden gefallen, während er rückwärts wankt. Dazu der Text: «Godd

Hundert Millionen Mark,
Banknote von 1923.
Die Rückseite ist mit
NS-Propaganda bedruckt,
nach 1924.

der Gerachte! Scho wieder ä naier Gometh. Deutsche! Mit diesem Fetzen hat Euch der Jude um Euer ehrliches Geld betrogen! Gebt die Antwort: Wählt Völkisch-Sozial!», eine Partei, die mit der NSDAP eng verbunden war.

Dieses verlogen demagogische Objekt, ein einfaches Stück Papier mit zwei simplen Botschaften, ist eine mächtige politische Waffe: auf der Banknotenseite eine bleibende Erinnerung an die Nöte der Weimarer Republik und ihrer Regierung, Deutschlands Interessen und Prosperität zu verteidigen; auf der Rückseite der Sündenbock, dessen Beseitigung die Lösung bringen wird. 1927, als dieses Flugblatt ersonnen wurde, erholte sich die Wirtschaft, und die Gefahr, die von der extremen Rechten drohte, schien nachzulassen. Die nächste Wirtschaftskrise, die Große Depression der beginnenden 1930er Jahre, sollte Objekten wie diesen und den mörderischen Ideen, die sie verkörperten, neue Wucht verleihen – zu stark, als dass die Rentenmark sie hätte aufhalten können.

24

Ausmerzung der Entarteten

Sie wurde vor allen anderen rausgeworfen. Und sie kam hier an mit 250 Töpfen und 250 Gemälden, und bevor sie hier ankam, hatte sie sehr schlimme Dinge erlebt. Das hat mein Leben bestimmt. Es wurde nicht drüber gesprochen, aber darum drehte sich alles bei ihr.

Das sagt Frances Marks über ihre Mutter, die Keramikerin Grete Marks, die Deutschland 1936 verließ und nach England emigrierte; gezwungenermaßen, wie viele andere auch, denn sie war Jüdin. In ihrem Fall jedoch kam noch ein ganz besonderer Grund hinzu – ihre Keramik war politisch gefährlich. Dieses Kapitel handelt von den unbelebten Opfern des Nationalsozialismus, von den Kunstwerken, die im neuen Deutschland des Dritten Reiches keinen Platz mehr hatten, und vom Schicksal der Grete Marks.

Am 10. Mai 1933, etwas mehr als drei Monate nach Hitlers Einzug in die Reichskanzlei, organisierte eine Gruppe Berliner Studenten – aufgestachelt von Joseph Goebbels, dem Reichsminister für Volksaufklärung und Propaganda – einen Scheiterhaufen für Bücher, die als «undeutsch» galten, unvereinbar mit den Idealen der nationalsozialistischen Bewegung. Ähnliche Scheiterhaufen wurden in diesen Tagen überall in Deutschland entzündet, vor allem in Universitätsstädten. Es brannten Bücher von Erich Maria Remarque, dem Autor des Antikriegsromans *Im Westen nichts Neues*, von linken Schriftstellern wie H. G. Wells und Bertolt Brecht, von jüdischen Dichtern und Gelehrten wie Heinrich Heine, Karl Marx und Albert Einstein; auch Bücher von Erich Kästner waren dabei, der den Kinderkrimi *Emil und die Detektive* geschrieben hatte, dessen

Keramik von Grete Marks, um 1930.

pazifistische Ansichten dem Regime aber missfielen. Er war der einzige Autor, der in der Menge stand, als seine Bücher brannten. Dies geschah auf dem heutigen Bebelplatz mitten in Berlin, ein Denkmal erinnert dort an die brennenden Bücher: Durch eine Glasplatte mitten auf dem Platz sieht man, tief unterhalb des Straßenniveaus, Regale aus Beton, nackt, weiß und leer, auf denen die rund 20 000 Bücher Platz hätten, die an jenem Tag verbrannt wurden. Die Bücherverbrennung in Berlin und anderswo war der beklemmende, unvergessene Auftakt einer Nazi-Kampagne zur Neudefinition dessen, was von nun an deutsch war und was nicht, der Beginn eines Prozesses, in dem Deutschland gereinigt, der NS-Staat von allem befreit werden sollte, was als bedrohlich galt oder, um das berüchtigte Wort zu verwenden, «entartet» war. Dieses Ereignis lebt in der deutschen Erinnerung als ein Augenblick besonderer Schande fort. Neben dem Denkmal findet man die berühmte prophetische Bemerkung Heinrich Heines aus dem Jahr 1821: «Dort wo man Bücher verbrennt, verbrennt man auch am Ende Menschen».

Nationalsozialisten verbrennen Bücher, Berlin, 10. Mai 1933.

Grete Loebenstein,
spätere Marks, um 1925.

Den Büchern folgten bald andere künstlerische Werke: Musik und Gemälde, Plastiken und Keramik. Das erklärt, warum sich eine von Grete Marks' Vasen heute im British Museum befindet (vgl. S. 480). Es ist ein schönes Gefühl, dieses Objekt in der Hand zu halten, zu ertasten: Etwa 30 Zentimeter hoch, hat es die Form zweier schwellender Kalebassen, die aufeinander stehen und mit einem aufgesetzten, geschwungenen Griff verbunden werden. Die beiden gerundeten Formen fließen heiter ineinander und erinnern an afrikanische Keramik, das kühle Grün der Glasur mit kräftigen rotbraunen Farbtupfern wiederum ist eindeutig orientalisch. Die Vase ist die Arbeit einer Künstlerin, die sich Keramiktraditionen aus aller Welt genau angeschaut und daraus so einfache wie raffinierte Artefakte geschaffen hat, die sich – und das überrascht – in Ton realisieren lassen, der geeignet ist für die Massenfertigung in einer Fabrik.

Grete Marks (der Name ihres zweiten Ehemannes, ein Engländer, in Deutschland war sie bekannt als Grete Loebenstein) hatte sich 1920 in der Keramikwerkstatt des Bauhauses eingeschrieben (vgl. Kapitel 20), verließ die Schule aber bald wieder und gründete 1923, aufbauend auf deren Ideen – gutes Design, das sich industriell fertigen lässt und darum erschwinglich ist für die breite Bevölkerung –, ihre eigene Werkstatt in Marwitz nördlich von Berlin. Sie wurde rasch zu einer führenden Produzentin moderner Keramik, beschäftigte Ende der 1920er Jahre über hundert Mitarbeiter und exportierte in alle Welt. 1932 hieß es in einer damaligen Zeitschrift über die Werkstätten, «sie entwerfen ihre Produkte so, dass man für sein Geld wirklich guten Geschmack erhält». Zwei Jahre später geriet dieser «gute Geschmack» unter öffentlichen Beschuss und wurde als «entartet» diffamiert. 1934 musste Grete Marks ihre Fabrik an einen den Nationalsozialisten genehmen Unternehmer verkaufen. 1936 verließ sie, wie viele Juden, die dazu in der Lage waren, Deutschland.

Das Ideal der Nationalsozialisten war der arische oder nordische Typus. Er sollte einen neuen Menschentypus, den reinblütigen Deutschen verkörpern. In seiner Rede zur Eröffnung der Ausstellung «Entartete Kunst» in München 1937 erklärte Hitler:

> Die heutige neue Zeit arbeitet an einem neuen Menschentyp. … Niemals war die Menschheit im Aussehen und in ihrer Empfindung der Antike näher als heute. … Dieser Menschentyp, den wir erst im vergangenen Jahr in den Olympischen Spielen in seiner strahlenden, stolzen, körperlichen Kraft und Gesundheit vor der ganzen Welt in Erscheinung treten sahen, dieser Menschentyp … ist der Typ der neuen Zeit …

Wie mit den Menschen, so mit der Kunst: Die wahrhaft «deutschen» Charakteristika beider wurden gleichgesetzt, bewundert, sie waren das Ziel. Die politischen Führer machten es sich zur schaurigen Aufgabe, in der Menschenwelt wie in der Welt der Kunst das Reine vom Unreinen zu trennen, die Tradition zu säubern und so ein neues, besseres Deutschland zu erschaffen.

In beiden Welten erwies sich das als schwierig. So wie die meisten Nazigrößen nicht gerade besonders arisch aussahen, erst recht nicht in «stolzer, körperlicher Kraft» erstrahlten, so erwies es sich auch im Pantheon der deutschen Kultur als schwierig, die ersehnte «deutsche» Tradition mit Bestimmtheit auszumachen. So kümmerte man sich auch weniger um die Frage, was an der Tradition denn wahrhaft deutsch sei, wie dies in der Zeit der Befreiungskriege der Fall war (vgl. Kapitel 7), als – alles Fremde ausgrenzend – um das, was es nicht war. Mendelssohn und Mahler – Juden – waren leicht zu identifizieren, also wurden sie abgelehnt. Luther und Dürer erwiesen sich als ungefährliche Vorbilder. Goethe war da schon problematischer. Auch wenn er ein Gigant war, war er doch beunruhigend kosmopolitisch, interessiert an asiatischen Kulturen, zu viele seiner Helden waren so empfindsam und zögerlich, unfähig zur entschlossenen Tat. Mochte Hitler den *Faust* bewundern, über den größten Teil des Goetheschen Werks herrschte damals höfliches Schweigen. Die Hauptfiguren der Dramen Schillers wiederum ließen sich als deutsche Helden verstehen, mutig und aufopferungsbereit; davon hatte Heines Dichtung nun so gar nichts – mit Ironie und beißendem Spott hatte er deutsche Anmaßungen und Fehler aufgespießt, und außerdem war er Jude. Also wurde Heine, der Schöpfer des berühmten Gedichts und Liedes «Loreley», aus der deutschen Kulturgeschichte gelöscht. Die «Loreley» selbst war zu beliebt, um sie verschwinden zu lassen, ihr Autor war von nun an «unbekannt».

In dieser schönen neuen NS-Welt sollte ideale Kunst ideale Schönheit feiern. So nahmen die offiziellen Kunstwächter die heroischen Bildwerke des antiken Griechenland und Rom zum Maß. Alles dagegen, was die menschliche Gestalt verzerrte, kleiner machte, sie zerlegte und neu zusammensetzte – Abstraktion, Kubismus –, galt als verdächtig. Und wenn sich die Neugestaltung auch noch an afrikanischen oder anderen fremden Vorbildern orientierte, dann war dies völlig inakzeptabel. Doch ein Werk galt auch dann als «entartet», wenn sich in ihm – oder am Künstler – irgendetwas finden ließ, das auf Bolschewismus oder Judentum deutete; so etwas eignete sich nicht, um öffentlich gezeigt zu werden. Die Frontlinie war abgesteckt, und so unwahrscheinlich es klingen mag, auch unsere Vase befand sich plötzlich in diesem Frontgebiet.

Die Weltwirtschaftskrise der frühen 1930er Jahre ließ auch die deutschen und ausländischen Märkte für moderne Keramik zusammenbrechen. Das, der wachsende Antisemitismus, politische Denunziation und die Hexenjagd gegen «Entartung» in der Kunst nötigten Grete Loebenstein 1934 dazu, ihre Werkstätten zu einem Spottpreis zu verkaufen; Nutznießer war der Gleichschaltungsbeauftragte des Reichstandes des deutschen Handwerks. Nun hatten die Nationalsozialisten freie Hand, die Künstlerin und ihre Arbeiten anzugreifen. Keramik wie diese – mit offensichtlichen Anleihen bei chinesischem Porzellan, seinen afrikanischen Formen, der mit Pinselspritzern aufgetragenen Glasur, die an modernistische Malerei erinnerte (ein Hinweis auf Kandinsky?), dazu die Verbindungen der Künstlerin zum Bauhaus und dessen linken Ideen – das konnte einfach keine Vase sein, in die ein treuer Nazi seine Blumen stellen würde. Die neuen Eigentümer organisierten in den Werkstätten eine Ausstellung, die sie «Schreckenskammer» nannten und in der sie «entartete» Keramik zeigten.

In einem Artikel des Propagandablattes *Der Angriff* ließ Goebbels eine Abbildung der Vase und anderer Stücke von Grete Marks zeigen – Keramik, die, wie zu lesen war, die «schlichte, bodenständige Schönheit verloren hat, die zur deutschen Landschaft und zum deutschen Volk gehört». Die neuen Entwürfe von Hedwig Bollhagen, die den Nazis genehm war, hingegen zeigten durch «edle Formen, wie weit wir schon vorangekommen sind». Beide Künstlerinnen vergleichend fragt der Artikel: «Zwei Rassen fanden für den gleichen Zweck verschiedene Formen: Welche ist schöner?» Unter den damals herrschenden Verhältnissen war die Antwort klar.

Was der Verfasser offensichtlich nicht wusste: Viele dieser «schöne-

Zwei Rassen fanden für denselben Zweck verschiedene Formen. Welche ist schöner?

Artikel in *Der Angriff*, links: Keramik von Grete Loebenstein, rechts: von Hedwig Bollhagen, 1935.

ren», «wirklich deutschen» Formen waren gar keine Entwürfe von Hedwig Bollhagen, sondern stammten von Grete Loebenstein, der Jüdin und Bauhausschülerin; die Entwürfe waren in der Zeit entstanden, in der sie die Werkstätten geleitet hatte. Die absurde Idee einer «entarteten Vase» entspricht dem konfus-unredlichen Versuch, jene «schlichte, bodenständige Schönheit» auszumachen, die «zum deutschen Volk gehört».

Der rassistische, xenophobische Ton des Artikels im *Angriff* und die Ausstellung in der «Schreckenskammer», die Konfrontation zwischen der «entarteten» Keramik der Jüdin Grete Loebenstein und den «gesunden» Arbeiten von Hedwig Bollhagen lieferten einen Vorgeschmack dessen, was noch kommen sollte. Drei Jahre später wurde in München in eigens dafür entworfenen Ausstellungsräumen eine riesige Doppelausstellung veranstaltet. Chris Dercon, Direktor der Tate Modern, leitete früher das «Haus der Kunst», das speziell gebaut worden war, um gesunde deutsche Kunst zu zeigen, und heute ein Ausstellungshaus ist. Er berichtet:

> Das Haus der Deutschen Kunst war eine Idee Hitlers, es sollte das Arische und die Ideale der deutschen Kultur zeigen. Es wurde im Juli 1937 mit der «Großen Deutschen Kunstausstellung» eröffnet. Einen Tag später begann die Propagandaausstellung «Entartete Kunst», einige hundert Meter vom Haus der Deutschen Kunst entfernt, im Hofgarten. Sie wurde von sehr, sehr viel mehr Menschen besucht als die große Ausstellung deutscher Kunst.

Die Propagandaschau «Entartete Kunst» wurde bestückt mit Werken, zum größten Teil aus öffentlichen Sammlungen, die ausgesucht worden waren, um die verdorbene, verzerrte Anarchie zu zeigen, der die wahre Schönheit zum Opfer gefallen sei. Die NS-Behörden organisierten Gruppenbesichtigungen und warben um Teilnahme, damit so viele Deutsche wie möglich die Perversionen der modernen Kunst sahen – und entsprechenden «Ekel» entwickelten.

In den Ausstellungsräumen wurden, bewusst dicht an dicht, 650 Bilder gezeigt, teilweise thematisch gruppiert: «Verhöhnung der Religion»; «Verrückt um jeden Preis» etc. Das Ganze war garniert mit abfälligen Slogans und Bildlegenden: «Natur, gesehen von kranken Geistern»; «Verhöhnung der deutschen Frau: Ideal und Kretin»; «Offenbarung der jüdischen Rassenseele». Unter den 112 ausgestellten Künstlern waren nur wenige Juden. Als Beispiele der Entartung wurden einige von

So „sahen" sie die Welt,
Das waren die „Meisterwerke"
die „Meister" der von Juden und hysterischen Schwätzern in den Himmel gerühmten Verfallskunst!
die mit den Steuergroschen des schaffenden deutschen Volkes bezahlt wurden !!!

Gegenüber:
«Entartete Kunst», eine Ausstellungswand, 1937/38 (oben).
Joseph Goebbels besucht die Ausstellung «Entartete Kunst», nachdem sie in das Haus der Kunst Berlin gewechselt war, Februar 1938 (unten).

«Entartete Kunst», Ausstellungsführer 1937, auf dem Umschlag eine Skulptur von Otto Freundlich (um 1912).

Ernst Ludwig Kirchner,
Fünf Frauen auf der Straße (1913),
ein Exponat der Ausstellung
«Entartete Kunst», 1937.

Umzug am Eröffnungstag
der Ausstellung «Große
Deutsche Kunst»,
München, 18. Juli 1937.

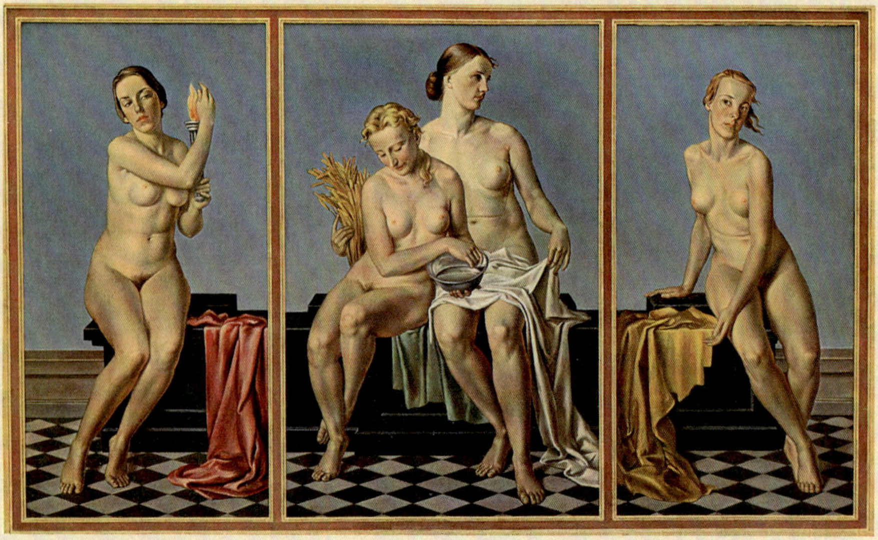

Deutschlands, ja Europas größten Künstlern an den Pranger gestellt: Chagall, Kandinsky, Klee, Otto Dix, Max Ernst, Kirchner; Künstler, die heute als Wegbereiter der europäischen Kunst des 20. Jahrhunderts gelten.

Aber die Deutschen sollten ja auch erkennen lernen, was edel und wahrhaft deutsch ist. Das war der Sinn der Parallelausstellung offiziell anerkannter Künstler wie Oskar Graf, Adolf Ziegler, Adolf Wissel und anderer, deren Werke heute nur noch als historische Kuriositäten gelten. Hitler hat diese Doppelschau mit den Worten eröffnet: «Wir werden von jetzt ab einen unerbittlichen Säuberungskrieg führen gegen die letzten Elemente unserer Kulturzersetzung.» Dieser Purifikationsfeldzug wurde verschärft, sobald die Ausstellung der entarteten Kunst vorüber war. Nun ergab sich die Frage, was mit all den Gemälden, Zeichnungen und Drucken geschehen sollte, die sich noch in öffentlichen Sammlungen befanden. Chris Dercon erläutert:

> Die Liste der Objekte entarteter Kunst wurde länger und länger. 1937, vor der Ausstellungseröffnung, verzeichnete sie etwa 6000 Werke. Schon kurz darauf gab es eine Liste mit 16 000 Objekten, zuletzt zählte sie 20 000–21 000 Posten. 1938 verabschiedeten die Nationalsozialisten ein Gesetz, das den Diebstahl entarteter Kunstwerke aus öffentlichen Einrichtungen legalisierte.

Die NS-Elite brachte die Werke beiseite, die den Herren gefielen – Hermann Göring etwa suchte sich einen van Gogh und einen Cézanne aus. Der Rest wurde als Devisenbringer verkauft oder vernichtet. Allein in der Berliner Hauptfeuerwache gingen etwa 4000 Werke in Flammen auf – ein ungeheurer Verlust für Deutschland und die Welt. Bis heute besitzen deutsche Museen erstaunlich wenige große Werke des frühen 20. Jahrhunderts, sie wurden beschlagnahmt, verkauft, verbrannt. Dazu nur ein Beispiel: Das Folkwang Museum in Essen verlor 15 Bilder von Egon Schiele, zwölf des Bauhauskünstlers Oskar Schlemmer und nicht weniger als 518 Werke des deutsch-dänischen Expressionisten Emil Nolde. Im Zuge der von den Nationalsozialisten veranlassten Auktionen rechtmäßig erworben, wanderten viele der «entarteten» und aus Deutschlands Museen

Approbierte Kunst: Adolf Wissel, *Kalenberger Bauernfamilie*, 1939 (oben); Hitler erwarb das Bild für die Reichskanzlei. Adolf Ziegler, *Die vier Elemente. Feuer, Erde, Wasser, Luft*, 1937 (unten); dieses Bild wurde in der *Großen Deutschen Kunstausstellung* gezeigt, und hing später über Hitlers Kamin.

entfernten Werke in öffentliche Sammlungen des Auslands. Das Kunstmuseum Basel verfügt über einen reichen Bestand, dem British Museum gehört ein Druck von Nolde, der auf der Rückseite den Stempel der Lübecker Kunstgalerie aufweist, aus der er entfernt worden war. Dieser Stempel ist ein schmerzliches Zeugnis eines erzwungenen Exils – wie ein ungültig gestempelter Pass eines Bürgers, dem seine Staatsangehörigkeit genommen wurde.

Manche der Künstler, die in der Ausstellung von 1937 angeprangert wurden, erwartete ein schlimmeres Schicksal als das Exil, nicht anders als manche der Ausstellungsbesucher. Die Lektüre des Ausstellungskatalogs *Entartete Kunst* ist noch heute verstörend. Es ist nur ein kurzer Führer, doch in durchgehend gewalttätiger, schriller Sprache nennt er Kategorien künstlerischer Degeneration, die auszurotten seien: kulturelle Anarchie; künstlerischer Bolschewismus; marxistische Propaganda; formale Abstraktion, die aus nichts als einigen Linien bestehe; pazifistische Darstellungen der Schrecken des Krieges; jüdisch-bolschewistische Entstellungen; Neger und Südsee-Insulaner als ideale Menschengestalten; die Wahl von Schwachsinnigen, Kretins und Paralytikern als Modelle. Liest man das, wird erschreckend klar, dass hier nicht nur Kunst*objekte* kategorisiert werden, sondern auch *Menschen*, die das Dritte Reich seit Eröffnung seines ersten Konzentrationslagers 1933 in Dachau verhaftete, einsperrte und deren Eliminierung es vorbereitete – Juden, Kommunisten, Pazifisten, geistig und körperlich Behinderte, die sogenannten rassisch Minderwertigen. Nur ein kurzer Schritt war es von den Kunstwerken zu den Menschen.

Noch deutlicher tritt diese Verbindung in einer Ausstellung hervor, die ein Jahr später im Deutschen Museum in München gezeigt wurde: *Der ewige Jude*. Sie präsentierte, von Goebbels eröffnet, Geschichte und Glauben der Juden als uralte weltweite Verschwörung, in der sich die Extreme des Wuchers mit den Schrecken des Bolschewismus verbunden hätten. Das Ausstellungsplakat fasst perfekt zusammen, wie der nächste Schritt auf dem Weg zur Identifizierung entarteter Kunst aussah. Es zeigt einen großgewachsenen Juden mit grotesk karikierten Gesichtszügen. In der einen Hand hält er Goldmünzen, in der anderen eine Peitsche. Sein Gewand könnte der konventionellen Kleidung eines assimilierten deutschen Juden nicht ferner sein. Die-

Emil Nolde, *Wikinger*, 1922; auf der Rückseite der Stempel «Museen der Hansestadt Lübeck».

«Der ewige Jude», Ausstellung in München, 1937.

ser Mann ist aus Osteuropa, vermutlich aus Polen oder Russland, ein Fremder. Der Ausstellungstitel ist in einer pseudo-hebräischen Schrift gesetzt – ein weiteres fremdes und undeutsches Element. Unter dem Arm trägt er wie ein großes Puzzleteil die Landkarte Russlands, mit Hammer und Sichel gestempelt. Der Jude – so die Botschaft des Plakats und der Ausstellung – ist ein Außenseiter, auf Wucher aus und Bolschewist. Um die Botschaft noch zu unterstreichen, fand die Ausstellung nicht in einem Kunstmuseum statt, sondern im Deutschen Museum, einem Museum der Wissenschaft. Rassistische Vorurteile wurden präsentiert als objektive, wissenschaftliche Wahrheit.

Ausstellungsplakat, 1937.

Wo es um Massenverbrechen geht, übersieht man leicht, dass sie die Summe individuellen Leidens sind, endlos vervielfacht und wie-

Der ewige Jude
GROSSE POLITISCHE SCHAU IM BIBLIOTHEKSBAU DES DEUTSCHEN MUSEUMS
ZU MÜNCHEN · AB 8. NOVEMBER 1937 · TÄGLICH GEÖFFNET VON 10-21 UHR

derholt, aber stets das Leiden Einzelner. Was wurde aus der Frau, die die eingangs beschriebene Vase geschaffen hat – aus Grete Loebenstein? Sie emigrierte nach England, heiratete noch einmal und wurde zu Grete Marks. Sie arbeitete in Stoke-on-Trent für das berühmte Keramikwerk Minton's, wo sie ein eigenes Atelier hatte. Doch die Zusammenarbeit funktionierte nicht. Nach sechs Monaten trennte sie sich von Minton's. Frances Marks erzählt, wie es weiterging:

> Sie war eine gestandene Frau, und sie wollte als Künstlerin anerkannt werden. Und das ist ihr in England niemals richtig gelungen.

Sie hatte einige hundert ihrer Keramiken aus Deutschland mitgebracht, doch ausgestellt wurden sie nie:

> Wir lebten in einem großen viktorianischen Haus mit bunten Glasfenstern, und ihre Keramik blieb in Kisten, die meterhoch gestapelt waren. Ich habe ihre Keramik erst nach ihrem Tod gesehen, da hat mein Vater einige Stücke ausgepackt.

Nach Gretes Tod vermachten der Ehemann und die Familie dem British Museum eine Auswahl aus ihrem Werk, und so gelangte die Vase, die Goebbels so hasste, nach Bloomsbury. Aber es war nicht nur die Keramik, die Grete Marks verstaute und verbarg:

> Sie lebte, um Künstlerin zu sein. Und ja, seit ich elf war, hatten wir permanent Streit miteinander, obwohl das zu nichts führte. Es ist furchtbar schwer zu beurteilen, was an ihrem Verhalten daher kam, dass sie Flüchtling war und mit den Geschehnissen in Deutschland zu tun hatte, und was mit ihrem Charakter zusammenhing. Am schmerzlichsten ist, dass ich nicht weiß, wie sie wirklich war, dass ich nichts aus ihrer Vergangenheit weiß. Ich wagte nicht daran zu rühren. Das war Sprengstoff; ich hatte gelernt, nicht daran zu rühren. Es war zu schmerzvoll für sie. Ich habe sie nie, niemals nach Deutschland gefragt. Es war tabu, eine verbotene Zone.

Grete Marks gehörte – das hätte sie wohl selbst gesagt – zu denen, die Glück gehabt hatten. Sie hat überlebt, ein Leben anderswo gefunden. Doch die Erinnerungen an die Ereignisse, niemals ausgesprochen, niemals gebannt, die Verletzungen blieben – sie suchen auch die Tochter heim, bis heute.

In Deutschland ist die Erinnerung daran, wie die Nationalsozialisten Kultur und Geschichte, Ausstellungen und Museen manipulierten, bis heute stark. Diese Erfahrungen hinterließen eine ausgeprägte Abneigung gegen jede regierungsamtliche Zensur, und sie brachten ein leidenschaftliches Engagement für die Freiheit der Kunst hervor, das sich mit einer Energie artikuliert, die in anderen Ländern Europas kaum zu finden ist. «Dort wo man Bücher verbrennt, verbrennt man auch am Ende Menschen».

JEDEM DAS SEINE

25
Am Tor von Buchenwald

Weimar ist heute eine wunderschöne Stadt und bei Touristen sehr beliebt. Sorgfältig wurden die Kriegsschäden an den Gebäuden behoben. Die Besucher kommen in großer Zahl, um Goethe und Schiller in ihren jeweiligen Wohnhäusern die Ehre zu erweisen, den Geist der Aufklärung, wie er in der Weimarer Klassik zum Ausdruck kommt, in sich aufzunehmen oder die bedeutende Sammlung des Bauhaus-Museums zu bewundern (vgl. Kapitel 8 und 20).

Rund 10 Kilometer von Weimar entfernt liegt die freundliche Landschaft des Ettersbergs. Dort, in den ruhigen Wäldern und sanften Hügeln, ist Goethe gerne spazieren gegangen – seine geliebte Freundin Charlotte von Stein lebte in der Nähe –, und so war diese Landschaft auch für deutsche Wanderer stets von literarischen Bezügen belebt, ähnlich wie Wordsworths Lake District für die Engländer. Wer heute dorthin kommt, sucht zumeist nicht nach literarischen Orten und Erinnerungen, sondern hat ein anderes Ziel. Auf einer Seite der Straße sieht man zwischen den Buchen die Reste eines Zauns, und was wie der Torbau eines großen Guts wirkt, ist der Eingang zu dem Ort, den die Welt als Buchenwald kennt.

Es ist, geradezu idyllisch in den Wäldern gelegen, ein Ort nationaler Scham und internationaler Betrachtung. Denn dort wurden die edelsten humanistischen Traditionen der deutschen Kultur – der Literatur und des Rechts, der Ethik und der Musik – zunichte gemacht. Die Grausamkeit, das Unrecht, die hier verübt wurden, gehörten zu einem Geschehen, das vom Atlantik bis zum Ural in der Zerstörung ganzer Städte und Gesellschaften endete, in Vernichtungslagern wie Auschwitz, in der systematischen Ermordung der europäischen Juden, im gewaltsamen Tod von Millionen Menschen.

Das Tor des Lagers Buchenwald von außen gesehen.

Zufahrt zu Torgebäude
und Wachturm
des Lagers Buchenwald.

Buchenwald war kein Vernichtungslager, dennoch starben hier 56 000 Gefangene, und es war ein wichtiger Schritt auf dem Weg zu Hitlers «Endlösung» und den Vernichtungslagern. Das Eingangstor zu Buchenwald verdient nähere Betrachtung: Es erzählt von einer besonderen Art der Perversion und Brutalität, von geistigem Sadismus, ist zugleich aber auch eine stille Behauptung der Würde. Die beiden Seiten dieses Tors sind zwei Aspekte Deutschlands in den 1930er Jahren.

Es reicht nicht aus, nur in das Lager zu schauen. Man muss eintreten, durch dieses Tor hindurch, dann zurückblicken und das in schweren Eisenbuchstaben geschriebene Motto lesen, das alle Gefangenen, die in Buchenwald ankamen, nicht

übersehen konnten, wenn sie zurückblickten in die Welt, aus der sie nun weggeschafft worden waren: *Jedem das Seine*. Unter denen, die zurückblickten und diese Worte lasen, waren die Schriftsteller und späteren Nobelpreisträger Elie Wiesel und Imre Kertész; Ernst Thälmann, der Vorsitzende der Kommunistischen Partei Deutschlands, Jorge Semprún, der spanische kommunistische Widerstandskämpfer und Schriftsteller, zwei Premierminister Frankreichs, Léon Blum und Paul Reynaud; Bruno Bettelheim, der Kinderpsychologe; und Dietrich Bonhoeffer, ein führender protestantischer Theologe und ein wichtiges Mitglied des Widerstands gegen Hitler. Sie alle lasen die Worte im eisernen Tor: *Jedem das Seine*.

Tür im Tor von Buchenwald, vom Lagerinnern aus gesehen.

Die Worte verkünden ein Ideal der Gerechtigkeit: Sie sind die deutsche Übersetzung der römischen Rechtsmaxime *Suum Cuique*, die nicht nur Eingang fand in das deutsche Recht, sondern in Rechtssysteme in ganz Europa. Das Studium des Römischen Rechts war eines der vielen Gebiete, auf denen deutsche Universitäten seit der Mitte des 19. Jahrhunderts weltweit führend waren. Die Worte fanden Nachhall auch anderswo. 1701, am Tag vor seiner Krönung, hat sie der erste König in Preußen (vgl. Kapitel 3) als Motto des Schwarzen Adlerordens übernommen, den er noch als Kurfürst von Preußen als Ritterorden seiner neuen Monarchie gestiftet hatte. Er ließ *Suum Cuique* als Motto auf seine Münzen setzen, um die Norm eines ehrenhaften aristokratischen Verhaltens festzuhalten, dem der preußische Staat nachstrebte. Johann Sebastian Bach vertonte diese Worte, in ihrer deutschen Form, in seiner Kantate für den 23. Sonntag nach Trinitatis (BWV 163): *Jedem das Seine* wurde zum ersten Mal aufgeführt im November 1715, wenige Kilometer von Buchenwald entfernt, in der Schlosskirche zu Weimar.

Sind drei deutsche Worte vorstellbar, die eine ehrenwertere Abkunft haben? Worte, die ein höheres künstlerisches, politisches und geistiges Streben und Vollbringen ausdrücken? Doch stehen eben diese Worte an einem solchen Ort. Am Tor von Buchenwald, nur wenige Kilometer von Weimar, stellt sich in besonders bedrängender Weise die zentrale Frage der deutschen Zeitgeschichte: Wie lassen sich diese unterschiedlichen Komponenten der deutschen Geschichte zusammenbringen? Wie konnten alle humanen Traditionen derart zusammenbrechen?

«Jedem das Seine» ist ein Satz, der viele Interpretationen ermöglicht. Klassischerweise war es eine Bejahung des Prinzips der Gerechtigkeit. Für die Lagerinsassen kann es nur Hohn gewesen sein, ein böser Scherz, der demütigen sollte. Jeden Tag, an dem sie das Lager auf dem Weg zu den Rüstungsfabriken verließen, bewacht von SS-Leuten, lasen sie auf diesem Tor *Jedem das Seine*. Und wie immer sie das verstanden, die SS wollte, dass keiner von ihnen diese Worte vergaß. Die Historikerin Mary Fulbrook ist Mitglied im Kuratorium der Stiftung Gedenkstätten Buchenwald und Dora-Mittelbau, das diesem Sachverhalt nachgegangen ist:

> Die den Insassen zugewandte Seite, die man tatsächlich lesen konnte, wurde alljährlich neu gestrichen – acht Mal in den acht Jahren, die das Lager bestand, jedes Mal wieder rot gestrichen, um sicherzugehen, dass es auch von allen Gefangenen gesehen wurde; die Außenseite dagegen, die

Golddukat König Friedrichs I. von Preußen mit der Inschrift *Suum cuique*, 1707.

Concerto – à 2 Violini 1 Viola. 2 Violoncello – S.A.T.B. e Continuo

Aria

Seite, die man sieht, wenn man das Lager betritt, wurde nur einmal gestrichen, als das Tor angebracht wurde, und dann nie wieder. Das zeigt, wie wichtig es der SS war, dass die Gefangenen die roten Buchstaben deutlich lesen konnten, wenn sie auf dem Appellplatz davor standen. Das ist, soweit ich weiß, einmalig. Den Schriftzug *Arbeit macht frei* in Auschwitz, Dachau oder Sachsenhausen bekommt man nur zu sehen, wenn man ins Lager kommt. Er galt den Ankommenden. Hier aber waren die Gefangenen gemeint, jeden Tag sollten sie das lesen.

Heute ist Buchenwald eine Gedenkstätte für seine Opfer und für alle Opfer NS-Deutschlands in dessen Lagern. Buchenwald war nicht das erste und keinesfalls das schlimmste dieser Lager, doch durch sein Tor kamen Opfer aller Kategorien, die im Laufe der Zeit inhaftiert und im Lagersystem umgebracht wurden: deutsche Dissidenten aus dem Reich (in seinen Grenzen von 1939), Deutsche von außerhalb des Reichs, Sinti und Roma, Slawen, Homosexuelle, Obdachlose, psychisch Kranke, Zeugen Jehovas und Juden, die nach Zahlen weitaus größte Gruppe. *Jedem das Seine* hieß hier Sklavenarbeit, Folter, Mord, unsägliche medizinische Experimente und Judenvernichtung. Daniel Gaede ist einer der Führer durch die Gedenkstätte. Er erklärt, wer nach Buchenwald gebracht wurde und warum:

Zu Beginn war es, könnte man sagen, ein Konflikt zwischen unterschiedlichen Deutschen, zwischen denen, die SS-Uniform trugen, und denen, die Kommunisten waren oder Zeugen Jehovas oder als Juden designiert. Am Schluss kamen Menschen aus ganz Europa, und so lässt sich die Geschichte Buchenwalds vergleichen mit der allgemeinen Geschichte des Kontinents. Sobald ein Land besetzt war, wurden Menschen von dort nach Buchenwald verbracht. Am Anfang aus Österreich, dann aus Polen, später aus Frankreich, Belgien, den Niederlanden. Auch Engländer oder amerikanische Piloten, die in Frankreich in Gefangenschaft gerieten, kamen nach Buchenwald, als die Alliierten in Frankreich vordrangen. Polen und Menschen aus anderen besetzten Ländern, der Tschechoslowakei etwa oder aus Gebieten der UdSSR. Sie wurden noch schlechter behandelt als die übrigen, denn sie hatten, aus NS-Perspektive, nicht das gleiche Recht zu leben. Es war auch ein Ort, um viele Menschen aus anderen Gruppen zu vernichten, jüdische Gefangene etwa und Homosexuelle. Die Hauptfunktion des Lagers war Arbeit, um die Industrie am Laufen zu halten, die Rüstungsindustrie vor allem; aber auch in Dörfern, in Fabriken rings um das Lager wurde gearbeitet, sodass es eine Menge Kontakte zur lokalen Bevölkerung gab, und das war völlig anders als in den Vernichtungslagern im besetzten Polen.

J. S. Bach, Auszug aus der Kantate BWV 163, 1715. Die Worte «Jedem das Seine», nach denen die Kantate benannt ist, erscheinen in der 10. Notenzeile.

Häftlinge des Lagers Buchenwald nach der Befreiung, 1945.

Ein Gang durch das Tor von Buchenwald ist irritierend: Es ist eigentlich kein Tor, fast eine Tür, ein häuslicher Eingang mit Türgriff, viel zu alltäglich, wenn man bedenkt, was dahinter liegt. Es schlägt nicht dramatisch rasselnd zu wie eine Gefängnistür, das Schloss schnappt einfach ein. Auch die kräftige, klare und, man kann es nicht anders sagen, elegante Typographie des Mottos *Jedem das Seine* hat etwas Verwirrendes. Der Schriftzug steht auf Augenhöhe und ist ein ohne Zweifel ästhetischer Entwurf, jeder Buchstabe sorgfältig ausgearbeitet und im richtigen Abstand gesetzt – ein gutes Beispiel für die Bauhaus-Typographie (vgl. Kapitel 20). Das Motto behauptet bewusst das Recht der SS, jeden nach eigenem Gutdünken zu quälen und zu ermorden. Doch die Typographie, vom Bauhaus inspiriert, das die Nationalsozialisten als links und kosmopolitisch verfolgten, war ein subtiler, kodierter Protest

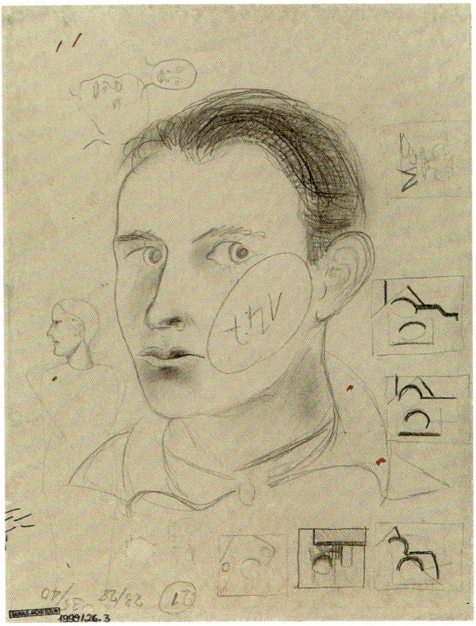

gegen diese monströse Anmaßung. Man kann es auch lesen als eine Bekräftigung der Würde, als eloquenten und eindrucksvollen Einspruch gegen alles, was dieses – und alle anderen – Lager ausmachte.

links: Franz Ehrlich, *Selbstbildnis*, gezeichnet in der Haft, zwischen 1934 und 1937.

rechts: Franz Ehrlich, *Plakat für die Bauhaus-Ausstellung in Basel*, 1929.

Entworfen hat den Schriftzug der überzeugte Kommunist Franz Ehrlich, der am Bauhaus bei Klee, Kandinsky und Gropius studiert hatte. Er wurde schon 1934 wegen Verschwörung zum Hochverrat verhaftet und nach Buchenwald geschickt, kurz nachdem das Lager eröffnet worden war. Ein Jahr später gab ihm die SS, der das Lager unterstand, den Befehl, die Inschrift zu entwerfen. Er liebte sein Handwerk, und vielleicht deshalb wollte er selbst unter diesen Umständen etwas schaffen, auf das er stolz sein konnte; vielleicht war es auch ein Akt subtilen Widerstands, wenn er sich entschloss, seine Buchstaben in charakteristischer Bauhausschrift zu gestalten. Der SS fiel das offensichtlich weder auf, noch begriff sie die Implikationen. Viele Insassen freilich werden das gesehen haben – und verstanden. Mary Fulbrook erläutert:

> Franz Ehrlich kam vom Bauhaus, und er wählte für seinen Entwurf diese wirklich künstlerische, schöne, fast schwebende Schrift, mit deutlichem Bauhaus-Anklang. Aus der Sicht der Nationalsozialisten war das *entartete Kunst*, genau das Zeug, das sie gerade verboten hatten. In gewisser Weise brachte Ehrlich, indem er diese Type wählte, zum Ausdruck: Es gibt ein anderes Deutschland, eine andere Tradition. Wir werden durchhalten. Unser Geist lebt trotz alledem. Man kann das als subtile Subversion der Intention des Tors begreifen. Jedenfalls ist es ein einzigartiges künstlerisches Zeichen. Betrachtet man andere Inschriften in anderen Lagern, sieht man nur ganz einfache Großbuchstaben oder schlecht gemachte Arbeit – der Buchstabenabstand stimmt nicht. Die *Arbeit macht frei* Schriftzüge sind keine künstlerischen Produktionen. Der hier schon.
>
> Nicht nur die Form, auch der Sinn der Worte konnte unterminiert werden. So, wie sie einige Häftlinge lasen, wurde der Sinn ins Gegenteil verkehrt. Es gibt ein Gedicht mit dem Titel «Jedem das Seine», das Karl Schnog, einer der Häftlinge, 1943 geschrieben hat und das die Bedeutung umkehrt: Wenn es soweit ist, werdet ihr auch kriegen, was euch gebührt, eines Tages werden wir frei sein, und dann ist das Recht auf unserer Seite, und wir werden Rache nehmen an euch, der SS. Die Gefangenen konnten die Inschrift also auch andersherum lesen, dass auf lange Sicht die SS bekommen werde, was sie verdiente, dass noch Gerechtigkeit an ihnen geübt werde.

Amerikanische Soldaten befreiten das Lager Buchenwald im April 1945, und sie brachten über 1000 Einwohner des benachbarten Weimar auf den Ettersberg: Mit eigenen Augen sollten sie sehen, was in ihrem Namen geschehen war, und mit den Tatsachen konfrontiert werden: mit den aufgestapelten Leichen und den ausgemergelten Überlebenden. Der amerikanische Oberbefehlshaber, General Eisenhower, wollte, dass die Deutschen genau das sahen, was seine Soldaten gesehen hatten. Als er Ohrdruf, ein Nebenlager von Buchenwald, besichtigt hatte, bemerkte er:

> Die Dinge, die ich sah, spotten jeder Beschreibung. Die sichtbaren Beweise und die Zeugenaussagen über Hunger, Grausamkeit und Bestialität waren überwältigend. Ich habe diesen Besuch in der Absicht unternommen, um als Augenzeuge dienen zu können, wenn es den Versuch geben sollte, diese Dinge als Propaganda abzutun.

Deutsche Bürger, von der US-Militärpolizei ins Lager Buchenwald gebracht, im Angesicht eines gehenkten Gefangenen, April 1945.

Man sollte denken, dass die Befreiung das Ende Buchenwalds als Ort des Leidens bedeutete, doch nur fünf Monate später, im August 1945, wurde das Lager erneut in Betrieb genommen, diesmal unter Leitung der Russen, als eines von zehn Lagern in ihrer Besatzungszone. 1948 wurde es offiziell in das sowjetische Gulagsystem eingegliedert. 28 000 Personen wurden dort interniert, ein Viertel von ihnen starb und wurde in Massengräbern rund um das Lager beerdigt. Die Gefangenen galten als Gegner des Stalinismus, viele von ihnen waren Mitglieder der NSDAP, andere waren offenbar Opfer von Personenverwechslungen oder willkürlichen Verhaftungen. Die Gedenkstätte Buchenwald ist auch ihr Mahnmal, nicht anders als das der Opfer des Nationalsozialismus.

Die Komplexität des Geschehens in Buchenwald im Sommer 1945 und später spiegelt sich auch in der Komplexität der Antworten auf dieses und alle anderen

Lager, die nach dem Zweiten Weltkrieg in den beiden deutschen Staaten gegeben wurden. Welche Arten von Erinnerungen wurden gepflegt, oder zugelassen in den Besatzungszonen der Amerikaner, Engländer und Franzosen – der späteren Bundesrepublik – im Gegensatz zu jenen in der Sowjetischen Besatzungszone der späteren DDR? Daniel Gaede hatte über lange Jahre hinweg die Möglichkeit, die Reaktionen von Besuchern aus beiden Teilen Deutschlands zu studieren:

> Ich habe Erwachsene getroffen, die im Osten aufgewachsen sind und die in der Schule Aufsätze über die Befreiung des Lagers schreiben mussten. Sie fragten zuhause, was damals geschehen sei und bekamen als Antwort, dass die Armee von General Patton am 11. April hier ankam und das Lager befreit hat. Das präsentierten sie stolz in der Schule und bekamen sehr schlechte Noten – denn das war die falsche Version. Dem offiziellen Narrativ zufolge hatten sich die Kommunisten im Lager selbst befreit, zwei Tage, bevor die Amerikaner anrückten – und überrascht waren, das Lager bereits in der Hand der Gefangenen vorzufinden. Es war die Zeit des Kalten Krieges und ein bisschen schwierig, von imperialistischen Truppen als Befreiern von Kommunisten zu sprechen.
>
> Aber wir dürfen nicht vergessen, dass es auch in Westdeutschland sehr schwierig war, von Kommunisten als Widerstandskämpfern gegen die Nationalsozialisten zu reden. Die KPD war in Westdeutschland verboten, und eine nicht geringe Zahl ihrer Mitglieder, die etwa in Buchenwald gefangen waren, wurde nun wieder in der Bundesrepublik zu Haftstrafen verurteilt, weil sie weiterhin als Kommunisten aktiv waren.

Die Unterschiede reichen noch tiefer. Buchenwald war eines von mehreren Konzentrationslagern, die von der DDR-Regierung in den 1950er Jahren zu Mahnmalen für die NS-Opfer und Widerstandskämpfer gemacht wurden. Ganz anders war, wie Daniel Gaede bemerkt, die Reaktion auf die Lager in Westdeutschland. Dachau etwa, das Lager nahe München, wurde in den 1950er Jahren weiterhin als Lager benutzt – für deutsche Flüchtlinge, die aus dem Osten vertrieben worden waren (vgl. Kapitel 26): Sie mussten in denselben Holzbaracken leben wie die KZ-Insassen zehn Jahre zuvor. Und obwohl das berüchtigte Lager Bergen-Belsen formell zur Grabstätte für die vielen tausend Menschen erklärt wurde, die dort gestorben sind, gab es keinen Hinweis darauf, *wer* da begraben lag, auch keinen Hinweis darauf, dass sie Nazi-Opfer waren. Westdeutschland brauchte sehr lange, bis es die

Implikationen seiner NS-Vergangenheit anerkannte und an die Opfer des Dritten Reichs erinnerte. Doch warum entschied sich die DDR-Führung so früh, Buchenwald zur Gedenkstätte zu machen? Daniel Gaede hat eine Erklärung:

> In Buchenwald ist Ernst Thälmann, der Vorsitzende der KPD, ermordet und eingeäschert worden: Es war die Grabstätte eines Märtyrers, sozusagen. Der kleinen kommunistischen Gruppe an der Spitze des Staates war aber klar, dass sie nicht über siebzehn Millionen Antifaschisten regierten. Sie wusste, dass die Mehrheit der Bevölkerung ihres Landes den nationalsozialistischen Umbau der Gesellschaft entweder aktiv unterstützt oder zumindest daran mitgewirkt hatte; und darum war eine offene Debatte über die jüngste Geschichte nicht möglich. Um jedoch zu demonstrieren, dass sich die neue Regierung als Erbin des Kampfs gegen den Faschismus verstand, war es wichtig, dass es Gedenkstätten wie Buchenwald gab, denn dort hatten Kommunisten tatsächlich eine wichtige Rolle in der Lagergeschichte gespielt. Darum wurde es zur nationalen Gedenkstätte erklärt, die jede Generation besuchen sollte, um ihren Auftrag zu begreifen, weiter für eine bessere Welt nach den Maßgaben von Sozialismus und Antikapitalismus u.s.w. zu kämpfen. In Westdeutschland hieß es daraufhin: Seht nur, wie die Leute im Osten Geschichte missbrauchen. In Westdeutschland versuchten zu dieser Zeit viele zu vergessen. Es sollte nicht erkennbar sein, wie sich ihre Karrieren in der Regierung, im Militär, bei der Polizei nach dem Krieg bruchlos fortgesetzt hatten. Sie hatten gute Gründe, den Eindruck zu erwecken, dass es nicht nötig sei, weiter über die Vergangenheit zu reden – sie wollten einfach nicht über ihre Biographien sprechen.

Diese Frage nach individuellen Biographien und individueller Verantwortung führt uns zurück zum Tor und zu Franz Ehrlichs Inschrift *Jedem das Seine*. Wieviel aber kann man *von jedem* erwarten, wenn er oder sie einem Terrorregime ausgesetzt ist? Die Lebensgeschichte des Mannes, der das Buchenwald-Motto entworfen hat, zeigt vielsagend, mit welchen unauflöslichen Widersprüchen sich jeder Erwachsene in Deutschland auseinandersetzen musste, der die Jahre zwischen 1930 und 1950 überlebt hatte. Ehrlich, der diese Torinschrift als ein Zeichen des Widerstands entworfen haben mag, von dem zumindest viele glauben wollen, er habe mit seiner Arbeit eine andere deutsche Tradition behaupten wollen, wurde 1939 aus Buchenwald entlassen. Wir wissen nicht, warum (in diesem Jahr wurden aus Anlass von Hitlers 50. Geburtstag viele Gefangene amnestiert). Aber wir wissen, dass Ehrlich danach zunächst weiter unter den Nationalsozialisten als Architekt gearbeitet hat.

Welche Kompromisse musste er dafür eingehen? Nach 1945 arbeitete er weiter in der DDR, für einen ehemaligen aktiven Kommunisten nicht weiter erstaunlich. Doch als nach 1990 die Stasi-Archive zugänglich gemacht wurden (vgl. Kapitel 2), stellte sich heraus, dass Franz Ehrlich aktiver Informant gewesen ist und seine Mitbürger bespitzelt hat. Jeder, der kein Deutscher ist, kann eigentlich nur froh sein, dass er nicht unter solchen Umständen leben musste und nicht vor solchen Entscheidungen stand.

Wer heute das Lager Buchenwald betritt, ist als erstes mit einem riesigen leeren Platz konfrontiert, der an ein leicht ansteigendes Exerziergelände erinnert. Weit drüben, auf der anderen Seite, sieht man Bäume, dahinter sanft ansteigende Hügel, auf denen sich über wachsendem Getreide die Turbinen eines Windparks drehen. Auf den ersten Blick also gibt es hier gar nichts zu sehen. Da ist einfach nur dieses Gelände und die Erinnerung. Zweck der Gedenkstätte Buchenwald ist es nicht nur, diese Erinnerung wachzuhalten, sondern sie zu erforschen und ihre Bedeutung für Deutschland und für die übrige Welt zu erfassen.

Mehr als jedes andere Objekt in dieser Geschichte Deutschlands führt uns das Tor von Buchenwald, das praktisch in Sichtweite von Weimar und von allem, wofür diese Stadt steht, errichtet wurde, auf die unbeantwortete, vielleicht unbeantwortbare Frage zurück, wie das alles hat geschehen können. Wieso haben die großen, humanisierenden Traditionen der deutschen Geschichte – Dürer, Lutherbibel, Bach, die Aufklärung, Goethes *Faust*, das Bauhaus und sehr, sehr viele mehr – nicht diesen totalen moralischen Zusammenbruch verhindern können, der zu millionenfachem Morden führte und in eine nationale Katastrophe? Das sind die Fragen, mit denen sich heute jeder Deutsche auseinandersetzen muss. Das Tor und der Mann, der es entworfen hat, entlassen uns mit einer weiteren Frage: Was hätten wir getan?

Das Lager Buchenwald, Luftbild, 2010; die langen Rechtecke markieren die Lage der Baracken.

Teil Sechs

Mit Geschichte leben

«In Deutschland hatte die Geschichte lange Zeit die Aufgabe, dafür zu sorgen, dass so etwas nie wieder geschehen kann.»

Michael Stürmer

Wie erholt sich eine Nation von einem schweren Trauma? Wie stellen sich Täter – und die Erben von Tätern – ihrer Verantwortung? Wie werden Leben zusammengeflickt, wenn alles verloren ist? Der letzte Teil des Buches untersucht die Jahre von der Stunde Null, wie 1945 in Deutschland genannt wurde, bis heute: die Zeit also, in der Deutschland einen Neuanfang versucht hat, physisch, wirtschaftlich und moralisch.

26
Vertriebene Deutsche

1945, als der Krieg zu Ende ging, und während der ersten Friedensjahre erlebte Europa seine bis dahin schlimmste Flüchtlingskrise. Es war die wohl größte gewaltsame Bevölkerungsverschiebung in der Geschichte – größer noch als alles, was in Stalins Russland geschah, in den Dimensionen eigentlich nur zu vergleichen mit der fast gleichzeitigen Teilung von Indien und Pakistan. Insgesamt zwölf bis vierzehn Millionen Deutsche flohen zwischen 1945 und 1950 aus ihrer Heimat in Ost- und Mitteleuropa oder wurden von dort vertrieben. Die meisten hatten keinen Ort, an den sie gehen konnten. Außerhalb Deutschlands ist über diese Vorgänge nur wenig bekannt. In Deutschland gehören sie zur Geschichte beinahe jeder Familie.

Im Deutschen Historischen Museum in Berlin gibt es einen kleinen Leiterwagen, den einer dieser Flüchtlinge aus Hinterpommern, das heute zu Polen gehört, Ende 1945 nach Deutschland gezogen hat. Der Wagen hat etwa die Größe und Form eines Kinderbetts auf vier Rädern. Gefertigt aus grob gehobeltem Holz, mit Deichsel und einem Griff zum Ziehen: Jahrhundertelang wurden solche Karren auf den Höfen verwendet, um Kohl und Kartoffeln vom Feld in die Scheune und von der Scheune zum Markt zu schaffen.

Wie viele solcher alten landwirtschaftlichen Geräte lässt sich auch dieser Leiterwagen nur schwer datieren; ein solches Gefährt hätte für genau die gleichen Zwecke – zum Transport von Feldfrüchten oder zur Flucht vor einer heranrückenden Armee – in genau der gleichen Gegend Deutschlands auch schon 300 Jahre früher verwendet werden

Leiterwagen von Flüchtlingen aus Hinterpommern, vermutlich Anfang 20. Jahrhundert.

Flüchtlinge, die sich erschöpft gegen ihren Leiterwagen lehnen, Berlin-Tempelhof 1945.

können, während des Dreißigjährigen Kriegs. Hoch beladen mit Bettzeug, Kleidung und Lebensmitteln, ließ er meist kaum Platz für weitere Besitztümer aus den Höfen und Städten, in denen die Flüchtlinge und ihre Familien seit Jahrhunderten gelebt hatten.

Vor Januar 1945 konnten Menschen, die in Ostpreußen oder Pommern mit einem solchen Wagen gestellt wurden, von NS-Leuten auf der Stelle erschossen werden. Die Flucht aus den Ostgebieten des Reichs nach Westen galt als Defätismus, Kapitulation war strikt verboten. Doch sobald sich die Wehrmacht angesichts der vorrückenden Roten Armee zurückzog und die Menschen erfuhren, was ihnen bevorstand – Plünderung, Mord, Massenvergewaltigung, die wenig überraschende Rache für die schrecklichen Dinge, die deutsche Truppen in der Sowjetunion getan hatten –, floh auch die Zivilbevölkerung. Überstürzt brachen die Menschen auf und ließen alles zurück, was sie nicht tragen oder auf solche Karren laden konnten. Schon bald herrschten auf den Straßen unbeschreibliche Verhältnisse, in kilometerlangen Schlangen versuchten die Flüchtlinge mit ihren Karren durch den Schnee voranzukommen. Weil die meisten Männer an der Front oder gefallen waren, wurden die Karren meist von Frauen gezogen, die verzweifelt hofften, den anrückenden, rachelüsternen Soldaten aus dem Osten zu entkommen. Zu hohen Verlusten kam es besonders, wenn die Rote Armee diese Trecks einholte und mit Tieffliegern angriff, manchmal sogar mit Panzern über sie hinwegrollte.

Dies aber war erst der Beginn einer gewaltigen Bevölkerungsverschiebung. Auf der Potsdamer Konferenz im Sommer 1945 zeichneten die UdSSR, die USA und Großbritannien die Karte Europas neu. Die Grenzen Polens wurden einige hundert Kilometer nach Westen verschoben, bis zur Oder-Neiße-Linie. Das Sudetenland wurde der Tschechoslowakei zurückgegeben. Königsberg, die Stadt Kants und 1807 Zuflucht der preußischen Königsfamilie, wurde Teil der Sowjetunion (vgl. Kapitel 3). Auch wenn sie seit Jahrhunderten dort gelebt hatten, überall wurden Deutsch sprechende Menschen zur Zielscheibe von Hass und Verfolgung. Um eine Explosion ethnischer Mordtaten zu verhindern, sahen die Besatzungsmächte nur eine Lösung. Im Potsdamer Abkommen heißt es:

Flüchtlinge mit Leiterwagen, Ostpreußen, Frühjahr 1945.

Georg Kastner

> Die drei Regierungen haben die Frage unter allen Gesichtspunkten beraten und erkennen an, daß die Überführung der deutschen Bevölkerung oder Bestandteile derselben, die in Polen, Tschechoslowakei und Ungarn zurückgeblieben sind, nach Deutschland durchgeführt werden muß. Sie stimmen darin überein, daß jede derartige Überführung, die stattfinden wird, in ordnungsgemäßer und humaner Weise erfolgen soll.

Blasse Worte, hinter denen sich eine gewaltsame Wirklichkeit verbirgt: Menschen, die Deutsch sprachen, sollten, wenn nötig, gegen ihren Willen in die Gebiete verbracht werden, die ab jetzt das deutsche Territorium bilden sollten. Dies werde, so Churchill, die in den genannten Gebieten bestehenden Probleme am «zufriedenstellendsten und dauerhaftesten» lösen. Es werde kein «Bevölkerungsgemisch» mehr geben, das nur «endlose Probleme» mache. Es müsse einen «sauberen Schnitt» geben. Dieser «saubere Schnitt» war nicht sehr sauber: Die Vertreibung kostete, wie geschätzt wird, über zwei Millionen Tote. Es gab so gut wie keine Lastwagen oder Pferdewagen und auch kaum Pferde. Fast alle Flüchtlinge konnten von ihrer Habe nur mitnehmen, was auf solche Handkarren passte.

Andreas Kossert, der als Historiker der Nachkriegsvertreibungen mit dem Deutschen Historischen Museum zusammenarbeitet, beschreibt, was ein Objekt wie der Leiterwagen repräsentiert:

> Er ist ein universeller, materieller Ausdruck des Zwangs, die eigene Heimat verlassen zu müssen. Der Wagen kann durchaus im 19. Jahrhundert gefertigt worden sein, und er ist typisch für eine Phase der Vertreibungen. Vor allem im Frühjahr und Sommer 1945 wurden diese Leiterwagen genutzt, als Tschechen und Polen die Vertreibung deutscher Bürger per Gesetz verfügten. Schon vor dem Potsdamer Abkommen versuchten die polnischen Behörden, so viele Deutsche wie möglich loszuwerden, um in eine bessere Verhandlungsposition zu kommen. Vierzehn Millionen Deutsche wurden vertrieben und verloren ihre Heimat, und das bedeutete, dass am Ende des Krieges ein Viertel aller überlebenden Deutschen Opfer der Vertreibung wurden. Insgesamt verlor Deutschland ein Viertel der Territorien, die für Jahrhunderte zu Deutschland gehört hatten. Nicht alle der Flüchtlinge kamen vom Land. Sie gelangten zunächst in die Gebiete, die ihrer ehemaligen Heimat am nächsten lagen: Flüchtlinge aus Pommern und Ostpreußen nach Norddeutschland, die Sudetendeutschen aus der Tschechoslowakei nach Bayern und Sachsen. Später wurden sie von den Alliierten in ganz Deutschland ver-

Flüchtlingstreck nahe Königsberg, Januar 1945.

teilt. Zuletzt lebten bis zu zehn Millionen Flüchtlinge in Westdeutschland, etwa vier Millionen in der sowjetisch besetzten Zone, der späteren DDR.

Viele Flüchtlinge wurden gewaltsam in Gegenden Deutschlands eingewiesen, die sie nie zuvor gesehen, von denen sie vielleicht noch nicht einmal gehört hatten. Viele dieser Orte lagen in Trümmern und waren kaum in der Lage, auch nur die eigene zurückkehrende Bevölkerung unterzubringen, geschweige denn die Millionen, die aus dem Osten und Süden hereinströmten und Deutsch in seltsamen Dialekten sprachen. Das war ungefähr so – ein etwas grober Vergleich –, als ob Ende 1945 die gesamte Bevölkerung Kanadas zwangsweise nach England repatriiert worden wäre.

Wie sollten diese Neuankömmlinge ernährt oder untergebracht werden? Auch unter den neuen Umständen waren die Leiterwagen nützlich. Andreas Kossert:

> Die meisten dieser Handwagen wurden auch nach dem Krieg weiter benutzt, denn die Menschen, die als Flüchtlinge und Vertriebene in Westdeutschland angekommen waren, mussten ja irgendwie überleben, mussten eine Bleibe finden, irgendwann Gemüse pflanzen, in Westdeutschland nochmals umziehen. So waren die Wagen ein Beförderungsmittel, das viele, viele Jahre in Gebrauch blieb und oft Jahrzehnte zum Besitz der Familie gehörte.

Es überrascht nicht, dass die Einwanderer alles andere als willkommen waren. Selbst wenn sie alle deutscher Abstammung sein mochten, sie hatten anderswo gelebt, in ihrer Heimat eigene Sitten und Gebräuche entwickelt, die nun fremd wirkten und oft ungehobelt; sie konkurrierten mit den Einheimischen um die knappen Ressourcen, und die meisten hofften darauf, bald in ihre Heimat zurückkehren zu können. Doch da war noch ein weiterer Punkt, an dem sich die Spannungen verschärften. Andreas Kossert:

> Die Ankunft der Deutschen aus dem Osten erinnerte alle Deutschen daran, dass sie den Krieg gemeinsam verloren hatten. Das führte zu ernsten Konflikten zwischen den Westdeutschen und den Flüchtlingen. Die Westdeutschen wollten so rasch wie möglich vergessen, dass sie für den Krieg mitverantwortlich waren. Die Flüchtlinge hatten keine Rückfahrkarten – sie blieben, endgültig, und sie stellten unwillkommene Fragen: Warum sind wir es, die vertrieben wurden, während ihr noch immer

auf euren Höfen sitzt und in dem sozialen Umfeld lebt, an das ihr gewohnt seid? Warum eigentlich haben wir – und nicht ihr – die Rechnung für Hitler zu bezahlen?

Nicht wenige glaubten noch lange Zeit, dass diese erzwungene Migration nur vorübergehend sein werde. Eine bedeutsame Rolle in der westdeutschen Politik spielte der Bund der Vertriebenen. Während der 1950er, 1960er Jahre drängte er die westdeutsche Regierung fortwährend, die Rückgabe von Land und Eigentum zu verlangen, die nach dem Krieg enteignet worden waren, insbesondere in Polen und in der heutigen Tschechischen Republik. Parolen der Vertriebenenverbände wie «Wroclaw ist Breslau und Breslau ist deutsch» vergällten die Beziehungen zu beiden Ländern und beschworen das Schreckgespenst langer bitterer Kämpfe herauf – und sei es nur vor internationalen Gerichtshöfen. 1970 versuchte Bundeskanzler Willy Brandt die Angelegenheit zu bereinigen, indem er die von den Alliierten in Potsdam festgelegten Grenzen entlang von Oder und Neiße als «westliche Staatsgrenze» Polens akzeptierte und für die Bundesrepublik erklärte, dass sie auch künftig keine Gebietsansprüche gegenüber Polen mehr erheben werde. Ansprüche und Gegenansprüche gab es auch weiterhin, doch Brandts Position setzte sich durch, verkörpert in den Ostverträgen – eine große diplomatische Leistung, die diese Frage entschied. Endgültig festgeschrieben wurde diese friedliche Lösung mit der Wiedervereinigung Deutschlands im Jahr 1990. Die Generation derjenigen, die ihre Handkarren in den Westen gezogen hatten, stirbt langsam aus, und damit verlieren Kampagnen an Kraft, die Rückgabe von Eigentum oder Land fordern. Vertriebenenverbände und Landsmannschaften konzentrieren sich zunehmend darauf, die Volkskultur der Deutschen aus dem Sudetenland, Schlesien oder Pommern zu bewahren. Deutschlands Ostgrenzen sind heute friedliche Grenzen innerhalb der Europäischen Union.

Man könnte sagen, der Potsdamer Beschluss, ganze Bevölkerungen zu verschieben, habe die jahrhundertealte Frage, «wo Deutschland liegt», gelöst. In der längsten Zeit des 19. Jahrhunderts wäre die Antwort ein Widerhall von Ernst Moritz Arndts Lied «Was ist des Deutschen Vaterland?» gewesen: «So weit die deutsche Zunge klingt ... das soll es sein!», ob Hamburg oder Breslau, Köln oder Danzig. Aus derselben Haltung heraus wurde auch darüber entschieden, wer Aufnahme fand in

Ludwig von Bayerns Walhalla (vgl. Kapitel 9). Doch angesichts der geographisch weiten Verbreitung deutschsprechender Menschen war dies eine Antwort, mit der der Nationalismus des 20. Jahrhunderts nicht auf friedlichem Wege umzugehen vermochte. Für Osteuropa wurden Arndts Vorstellungen so einfach wie brutal auf den Kopf gestellt: Jetzt sollten Deutsch sprechende Menschen innerhalb der auf internationaler Ebene festgelegten Grenzen Deutschlands leben – und nur dort. Deutschlands Grenzen sollten nicht länger fließend sein.

Wenn der Leiterwagen das Ende einer alten Debatte verkörpert, so steht er gleichwohl auch im Zentrum einer neuen. Abigail Green, die verfolgt hat, wie sich der Fokus der deutschen Geschichtswissenschaft im letzten Jahrzehnt verschoben hat, bemerkt dazu:

> Ich denke, die bedeutsamste Debatte der letzten Jahre kreiste um die Frage, wie man mit den Erfahrungen der Deutschen umgeht, die in der Zeit des Zweiten Weltkriegs ebenso Opfer waren wie Täter, und wie sich das in das nationale Narrativ bringen lässt.

Nicht nur der großen Zahl der Menschen, die in den Luftangriffen auf deutsche Städte ums Leben kamen, auch der Millionen Flüchtlinge wurde bis vor kurzem zu wenig gedacht, zu selten waren sie Gegenstand wissenschaftlicher Forschung. Hat das damit zu tun, dass die Deutschen diese Ereignisse als Strafe für böse Taten betrachteten? Die Leiden der Vertriebenen sind aber nicht zu bestreiten. Das Pathos des Leiterwagens ist mächtig und real. Die Vertriebenen erzwingen die unangenehme Frage: Wenn ein Staat so viele Untaten begangen hat, wie sollen wir dann auf das Leid reagieren, das seine Bürger aus diesem Grund erfahren haben? Wenn wir von einer gemeinsamen Schuld ausgehen, können wir dann noch für ein Mitgefühl mit den Einzelnen plädieren? Fragen dieser Art beschäftigen Andreas Kossert:

> Heute, siebzig Jahre nach Kriegsende, betrifft das nahezu alle Familien in Deutschland. Doch erst allmählich wird dies hierzulande zum Topos der kollektiven Erinnerung, denn bis vor kurzem wurden solche Fragen mit Positionen der revanchistischen Rechten assoziiert, so jedenfalls wurde das allgemein wahrgenommen. In vielen Familien herrschte Schweigen darüber, kein Wort über den Verlust, zur Trauer von

Eltern und Großeltern. Doch ganz plötzlich rückt das ins Zentrum der Gesellschaft. Hier im Deutschen Historischen Museum haben wir nur diesen Leiterwagen, um die Geschichte von bis zu vierzehn Millionen Deutschen zu erzählen, die Geschichte immerhin eines Viertels der Deutschen Bevölkerung. Ich denke, wir müssen uns noch viel mehr mit der Frage beschäftigen, was dies für die kollektive Erinnerung der Deutschen bedeutet.

Bertolt Brecht, *Mutter Courage*, Modell des Bühnenbildes für die erste Aufführung in Deutschland, 1949.

Über die Einrichtung einer Gedenkstätte für die Vertriebenen in Berlin Mitte wird bereits diskutiert.

Nur ein Flüchtlingswagen erzählt im Deutschen Historischen Museum von der großen Flucht und Vertreibung, darauf verweist Andreas Kossert zu Recht. Allerdings gibt es nur ein paar Meter weiter einen weiteren Wagen, und auch er ist so gebaut, dass er von Hand gezogen werden kann. Er ist ebenfalls umgeben von

Szenen des Krieges und der Vertreibung – doch dieser Karren ist sehr viel kleiner als der Leiterwagen. Er steht in einem Bühnenmodell für die erste deutsche Aufführung eines der berühmtesten Schauspiele des 20. Jahrhunderts – Bertolt Brechts *Mutter Courage und ihre Kinder* in Berlin 1949.

Brecht floh 1933 aus NS-Deutschland; 1939, als Hitlers Wehrmacht Polen über-

fiel, lebte er in Stockholm. Seine Antwort auf den Ausbruch des Krieges war dieses Stück, das vielleicht berühmteste, sicher aber das meistgespielte seiner Theaterstücke. Die Handlung verlegte er in den Dreißigjährigen Krieg, der zwischen 1618 und 1648 Deutschland verwüstete, seine Menschen traumatisierte und seither die

Jacques Callot, *Plünderung und Verbrennung eines Dorfs*, aus der Serie *Die kleinen Nöte des Krieges*, 1636.

Pestmaske, Deutschland, Mitte 17. Jahrhundert.

nationale Imagination heimsucht (vgl. die Einleitung). In nur wenigen Wochen hat Brecht das Stück geschrieben, zur gleichen Zeit schossen und bombten sich Hitlers Armeen und seine Luftwaffe den Weg durch Polen. Brecht wollte ein Stück gegen alle Kriege schreiben, und er wählte den Dreißigjährigen Krieg genau deshalb zum Schauplatz, weil es bereits damals, 300 Jahre zuvor, so aussah, als ob von Deutschland nicht einmal mehr die Idee bleiben würde. In einigen Regionen hatten Krieg, Hungersnot, Pest und andere Seuchen über die Hälfte der dort lebenden Menschen dahingerafft. Brecht reagierte auf das, was er 1939 erlebte, doch mit beklemmender Voraussicht schrieb er das Drama, das in den nächsten fünf Jahren im wirklichen Leben von Millionen Menschen aufgeführt wurde.

Mutter Courage ist eine archetypische Figur, eine Marketenderin, die dem Tross folgt und den Soldaten Lebensmittel verkauft und was sie sonst brauchen; sie ist eine Kriegsgewinnlerin. Ihr Wagen, der von Schauplatz zu Schauplatz rollt, steht im Mittelpunkt des Stücks. Er überlebt das Geschehen, ihre Kinder nicht.

Am Ende betrachtet Mutter Courage, vom Krieg entmenschlicht, den Tod ihrer Kinder als bedauerliche, aber unvermeidliche Geschäftskosten. Sie ist eins geworden mit ihrem Wagen: Beide, sie und ihr Wagen, sind Maschinen des Überlebens, des Immer-weiter-Machens. Brecht wollte sie als bewusste Teilnehmerin am bösen Geschäft des Krieges zeigen, kaum besser als die Kriegshetzer und Plünderer selbst. Aber mit dieser Absicht scheiterte er beim Publikum der Berliner Erstaufführung 1949. Irritiert musste Brecht erleben, dass das Publikum vor allem Leiden und Scheitern der Courage sah. Das Stück weckte Mitleid bei den Zuschauern. Den meisten Theaterbesuchern geht es bis heute nicht anders.

Die Schauspielerin Fiona Shaw, eine der eindrucksvollsten Interpretinnen dieser Rolle, überlegt, wie leid uns Mutter Courage tun sollte, die an ihrem Untergang doch selbst mitgewirkt hat:

Helene Weigel zieht ihren Wagen in der Berliner Inszenierung der «Mutter Courage» von 1949.

Anselm Kiefer, *Dein goldenes Haar, Margarethe*, 1981.

Brecht will das klassische Verständnis einer Heldin als einer Figur erschüttern, deren moralischem Kompass wir eigentlich folgen wollen. Darum schuf er eine Frauenfigur, der es – oberflächlich gesehen – um nichts anderes geht als um ihr Überleben. Emotional freilich überlebt sie nicht.

Mutter Courage wird sehr reich, und in gewisser Weise gefällt es uns, dass sie das schafft; doch die Mittel, die sie einsetzt, sind fürchterlich. Und dieser permanente Sog lässt uns danach fragen, was wir selbst davon halten. Ganz am Ende des Stücks ist sie in irgendeinem kleinen Geschäft unterwegs, und als sie zurückkommt, findet sie ihre Tochter Kattrin erschossen am Wagen. Nun ist auch ihr letztes Kind tot, sie bleibt allein zurück und könnte verzweifeln – dann vielleicht hätten wir Mitleid mit ihr. Doch hat sie kein Mitleid mit sich selbst. Sie spannt sich vor ihren Wagen und zieht mit den Soldaten weiter.

Ihr Tun aber ist ohne Sinn, und da rührt das Stück ans Existentielle. Es gibt keinen Gott, keine Zukunft, weder religiös noch emotional, und doch macht sie weiter, zieht ihren Karren. Es fällt mir schwer zu glauben, dass Brecht dafür kein Mitgefühl hatte.

Wir wissen, dass es für viele Flüchtlinge auf dieses existenzielle Dilemma nur eine einfache Antwort gab: Arbeit. Dazu Andreas Kossert:

> Die Flüchtlinge und Vertriebenen haben beachtlich zum Wirtschaftswunder der 1950er, 1960er Jahre beigetragen. Sie brachten zum Beispiel technische Fertigkeiten mit, besondere Technologien und dergleichen. Und man darf auch nicht vergessen, dass die großen Städte in Trümmern lagen und die Flüchtlinge mit ihrer Arbeitskraft dazu beitrugen, Deutschland wieder aufzubauen, insbesondere die westdeutschen Städte.

Im riesigen VW-Werk in Wolfsburg (vgl. Kapitel 14), dem alles überragenden Symbol des Wirtschaftswunders der 1950er Jahre, stellten Flüchtlinge einen großen Teil der Belegschaft.

Die mörderische Gewalt der deutschen Besatzung in Osteuropa wurde in den Jahrzehnten nach 1945 Gegenstand von Literatur, Dichtung und Malerei. Anselm Kiefers Illustrationen zu und Meditationen über Paul Celans *Todesfuge* mit dem berühmten Vers «Der Tod ist ein Meister aus Deutschland» sind Inbegriff dieser tiefen Auseinandersetzung mit Schmerz, Verlust und Scham. Celan war ein deutschsprachiger rumänischer Jude, dessen Familie dem Holocaust zum Opfer fiel. Seine Verwendung des Wortes «Meister» lässt all die sorgsam erworbenen Fertigkeiten anklingen, von denen in Kapitel 14 die Rede war.

Eine wirklich abgewogene Erinnerung an die Vertreibungen war erst möglich nach der Wiedervereinigung und der endgültigen Regelung der deutschen Ostgrenzen. Das führte, so Andreas Kossert, zu einer neuen – grundsätzlich veränderten – deutschen Außenpolitik und zu einem neuen Verhältnis Deutschlands zu seinen europäischen Nachbarn:

> Ich denke, es waren die Konflikte im ehemaligen Jugoslawien in den 1990er Jahren, die die Deutschen wirklich dazu brachten, ihre eigene Geschichte genauer zu betrachten. Wir haben die Vertreibungen an unseren Fernsehern in Deutschland verfolgt, und plötzlich wurde uns klar, plötzlich erinnerten wir uns, dass dies ein Teil auch unserer eigenen Erfahrungen war. Das, so denke ich, hat den Menschen, auch den Politikern, klar gemacht, dass wir handeln müssen, denn ethnische Säuberungen sind nicht gerechtfertigt und können zu keinem Zeitpunkt gerechtfertigt werden.

27
Wiederbeginn

1945 waren nahezu acht Millionen Deutsche tot oder vermisst, über zehn Prozent der Bevölkerung; zwei Drittel davon hatten der Wehrmacht angehört. Deutschlands bedeutendste Städte lagen in Trümmern, nicht nur die Industriezentren, auch viele der mittelalterlichen und barocken Schatzkammern wie Nürnberg oder Dresden. Was die Bomben nicht vernichtet hatten, fiel den Feuerstürmen zum Opfer.

In Deutschland waren acht Millionen Wohnungen zerstört oder beschädigt, nahezu die Hälfte der Straßen, Bahngleise, der Wasser-, Gas-, und Stromversorgung nicht mehr zu gebrauchen. Auch die Wirtschaft war völlig zusammengebrochen. Zerstörung und Leid in diesem Ausmaß hatte Deutschland nur einmal zuvor erlebt, am Ende des Dreißigjährigen Krieges 1648 (vgl. Kapitel 26). Diese Katastrophe würde, so schien es, das deutsche Wirtschaftsleben für Jahrhunderte zurückwerfen. Und doch, schon innerhalb einer Generation nach 1945 waren Westdeutschlands Städte fast vollständig wieder aufgebaut und die deutsche Wirtschaft zur viertgrößten der Welt geworden. Westdeutschland wurde gefeiert als Vorbild ökonomischen Wiederaufbaus. Und zum ersten Mal seit Jahrzehnten lernte die Welt wieder ein positives deutsches Wort: *Wirtschaftswunder*. Wie war das möglich? Die Antwort lautet: durch Menschenhände. Es waren Menschen, vor allem die Frauen, die dieses Wunder zustande brachten.

Im Zentrum von Dresden beispielsweise war die Zerstörung nahezu vollständig: Sechseinhalb Quadratkilometer der Stadt, die zu den schönsten Europas gehört hatte, waren schlichtweg verschwunden. Die Einwohner, die Bomben und Feuersturm überlebt hatten,

Eine «Trümmerfrau» beim Stapeln abgeklopfter Ziegel, Hamburg, 1946/47.

hatten noch viel mehr durchzumachen: Es gab keine oder nur wenige Lebensmittel, keinen Brennstoff, keine Transportmittel und oft weder Häuser noch Straßen. Und überall Trümmer und Schutt. Wie aber ließ sich dieses Land wieder aufbauen, wie konnten Zuversicht und Vertrauen in irgendeine Art von Zukunft geweckt werden? Nicht einfach, wenn ein Viertel der deutschen Territorien verloren war und die Menschen, die dort gelebt hatten, nach Westen vertrieben, wo sie mit ihrem Zustrom das Durcheinander noch größer machten, den Druck auf die zusammengebrochene Infrastruktur noch erhöhten. Auch das ursprüngliche Ziel der Alliierten, Deutschlands Industrie zu demontieren und es in ein Agrarland zu verwandeln, erleichterte die Lage nicht; ein Ziel, das in einigen Regionen der sowjetischen Besatzungszone erreicht wurde.

Für die einfachen Deutschen stand ganz vorn das Räumen der Straßen und die Instandsetzung von Häusern, wo es möglich war, der Bau von neuen, wo nicht, dazu die Reparatur der Versorgungseinrichtungen. Aber wie? Jeder fünfte deutsche Mann war im Krieg geblieben, viele Heimkehrer waren verwundet, traumatisiert, unfähig zu arbeiten: Wer also sollte die Herkulesarbeit anpacken oder wenigstens zunächst nur die Trümmer der unzähligen Ruinen beseitigen? Etwas von diesem Bauschutt kann man heute im Deutschen Historischen Museum betrachten: Bauschutt, den der Bildhauer Max Lachnit in ein berührendes Kopf- und Schulterbildnis einer jungen Frau verwandelt hat (vgl. S. 538). Ein plastisches, etwas mehr als lebensgroßes Mosaik aus hunderten polierten Steinen. Ein rotes, unter dem Kinn geknüpftes Kopftuch, ein gefasster, fast teilnahmsloser und abwesender Blick. Eine Trümmerfrau: Die Skulptur ist gemacht aus den Schuttfragmenten, die sie und Millionen Frauen wie sie von den Straßen fast jeder deutschen Stadt geräumt haben. Ohne ihren Einsatz wäre das Leben in Deutschland damals unerträglich gewesen. Die emotionale und physische Kraft dieser Trümmerfrauen hat das Land wieder auf die Beine gebracht.

Deutschland wieder aufzubauen war eine doppelte Aufgabe, eine seelische so sehr wie eine körperliche. In England entstand der *Spirit of the Blitz*, der die Menschen in der Überzeugung zusammenstehen ließ, Opfer eines Krieges zu sein, den sie nicht verursacht hatten. Doch obwohl auch viele Deutsche sich im Jahr 1945 als Opfer fühlten,

Die Ruinen von Dresden mit dem beschädigten Rathaus. Bellotto hatte 200 Jahre zuvor eine ähnliche Szene der Zerstörung gemalt. (Vgl. Einleitung, Seite 30–31.)

Max Lachnit, *Trümmerfrau*, Skulptur aus Keramikfragmenten, Dresden, um 1945/46.

wurde über diese Frage öffentlich nicht diskutiert. Schweigen herrschte unter den Deutschen, vielleicht aus Scham darüber, was sie in ihrem Namen hatten geschehen lassen. Es gab keinen öffentlichen Wutausbruch über die Zerstörung von Hamburg oder Dresden, der mit dem über die Zerstörung der Städte in anderen Ländern Europas vergleichbar wäre. In seinem Essay *Luftkrieg und Literatur* stellt

W. G. Sebald fest, dass die doch traumatische Zerstörung so vieler gewöhnlicher Häuser in der deutschen Nachkriegsliteratur kaum vorkommt. Sebald erklärt sich dieses Schweigen als eine Art gewollter Amnesie: Viele Deutsche müssen die furchtbare Zerstörung ihrer Städte wohl als gerechte Strafe für die Verbrechen ihres Staates empfunden haben.

Aus welchen Gründen auch immer, lange Zeit wurde darüber kaum gesprochen. Die Trümmerfrauen machten sich einfach an die Arbeit. Zwischen 1945 und 1946 verpflichteten die Alliierten im Westen wie im Osten Frauen zwischen fünfzehn und fünfzig, sich an den Aufräumarbeiten der Nachkriegszeit zu beteiligen. Sie wurden in kleinen Gruppen organisiert, und wenn sie überhaupt Werkzeug hatten, dann waren es Spitzhacken und kleine Winden. Sie rissen die Ruinen mit der Hand nieder, mühselig Stein um Stein, klopften den Mörtel ab, stapelten Ziegel und Steine und luden sie auf Loren und Trümmerwagen. Sie retteten, was wiederverwendbar war, von Waschbecken bis zu Elektrokabeln; sie bauten ihr Zuhause wieder auf, sie bauten ihre Städte wieder auf. So gut wie alle körperlich gesunden Frauen wurden für diese Aufgabe rekrutiert.

Im Schatten von Lachnits Bildnis einer Dresdner Trümmerfrau, im Deutschen Historischen Museum, habe ich mit einer ihrer Schwestern ein Gespräch geführt. Helga Cent-Velden war achtzehn, als die russische Armee Berlin erreichte und sie zur Arbeit verpflichtet wurde:

> Wir wurden in zwei Gruppen aufgeteilt und wir gingen dann die Tiergartenstraße entlang bis zur Hofjägerallee. Es war alles sehr schlimm verwüstet. Überall lag Material herum ... Waffen und Munition, alles was die Soldaten zurückgelassen hatten. Wir gingen also über die Straße, und da sagte der Mann, der uns führte, ein Deutscher, kein Russe: «So jetzt werden wir hier aufräumen», direkt neben einem riesengroßen Bombentrichter. Alles, was nicht gefährlich war, sollte in den Trichter; alles andere – da lagen ja auch noch Patronen und Panzerfäuste und Handgranaten herum – ins Wasser. Da war ja dieser Ausläufer des Sees vom Tiergarten. So haben wir dann alles entsorgt.
>
> Dann hat man mich zum Enttrümmern vermittelt. Ich musste mich in der Potsdamer Straße melden, Potsdamer Straße 70. Da war alles zerstört und runter, nur ein Teil war noch da, der andere Teil zerstört, wahrscheinlich durch eine Sprengbombe. Jedenfalls alles hoch voll Trümmern. Dann kam mir eine Dame entgegen und sagte: «So, Sie sind mir zugewiesen, und wir müssen jetzt hier enttrümmern. Das war hier

BER
EIGER

> mal meine Arbeitsstätte, ein Geschäft. Wir müssen sehen, dass wir da die Trümmer rauskriegen, damit das Geschäft wieder aufgemacht werden kann.» Aber da war ja nichts mehr, kein Dach, nichts drüber.
>
> Wir waren erstmal zu zweit. Hatten dann auch öfter mal männliche Hilfe, Männer, die mit Loren kamen, um die Trümmer, die wir rausgeholt haben, wegzuschaffen. Jedenfalls haben wir dann innerhalb von, naja, einem halben, dreiviertel Jahr dieses ganze Haus von Trümmern geräumt, mit großen Brocken, die man dann auch wegtragen musste. Ich weiß gar nicht, ob ich überhaupt einen Hammer und einen Meißel hatte, oder ob ich das bekommen habe. ... Wir waren schon zufrieden, wenn wir Handschuhe hatten, die einen vor dem Gröbsten schützen konnten.

Sie erinnert sich, mit hörbarem Stolz in der Stimme, dass sie diese schwere körperliche Arbeit zu einer größeren Lebensmittelzuteilung berechtigte, die auch ihrer Familie zugutekam. Es gibt in Deutschland wenig öffentliche Denkmale für die Leistungen von Frauen wie Helga Cent-Velden. Lachnits *Trümmerfrau* muss für das Gedächtnis von ihnen allen stehen.

Erstaunlich vor allem ist die Geschwindigkeit, mit der die Trümmerfrauen Deutschland wieder bewohnbar machten. In England gab es bis in die 1960er Jahre überall ungenutzte Trümmergrundstücke; das Fernsehen nutzte sie noch bis in die 1970er Jahre zu Filmaufnahmen. In Deutschland wurden einige Ruinen bewusst als Denkmale erhalten, so die Kaiser-Wilhelm-Gedächtniskirche in Westberlin, Mahnmale an die Verbrechen des Dritten Reiches und an den Preis, den die Menschen mehr noch als die Bauwerke zahlen mussten. Ende der 1950er Jahre waren große Teile Deutschlands (vor allem Westdeutschlands) bereits wieder aufgebaut. Vielleicht hatten die Deutschen erkannt, dass beständige Arbeit hilfreich ist, wenn man nicht fortwährend mit unbequemen Wahrheiten konfrontiert sein will.

Unbequeme Wahrheiten gab es eine Menge, nicht zuletzt in Industrie und Wirtschaft, die 1945 ebenfalls am Boden lagen, zum zweiten Mal in 25 Jahren: Wieder galoppierte die Inflation, blühten Tausch- und Schwarzhandel, und niemand traute der Währung. Die Reichsmark, die 1924 nach der Hyperinflation so mühsam eingeführt worden war, brach erneut zusammen. In der Theorie blieb sie die Währung des besetzten Deutschland, doch die Alliierten konnten nicht zulassen, dass die alten Banknoten und Münzen, auf denen das Hakenkreuz prunkte, weiter kursierten. In aller Eile wurden von den

Junge Trümmerfrauen beim Aufräumen vor dem Verlagshaus Scherl, Berlin.

Besatzungsmächten neue Scheine gedruckt und neue Münzen geprägt, dazu Bezugsscheine für Dinge des Grundbedarfs wie Brot und Kartoffeln. Im Alltagsleben erwiesen sich diese neuen Zahlungsmittel als wenig praktikabel. Alle vier Besatzungsmächte erkannten zwar, dass eine neue Währung erforderlich war, konnten sich aber nicht einigen, auf welcher Basis das geschehen sollte. Und so entschlossen sich die drei Westmächte, die USA, Großbritannien und Frankreich, die Währungsfrage alleine zu lösen. 1948, am 20. Juni, einem Sonntag, gab die gerade errichtete Bank Deutscher Länder in Frankfurt, die Vorgängerin der Bundesbank, die neue Währung aus, keine Reichsmark mehr, sondern die Deutsche Mark – die D-Mark (vgl. S. 544).

Helmut Schlesinger ist ein deutscher Ökonom und ehemaliger Präsident der Bundesbank. 1948, im Jahr der Währungsreform, saß er in München an seiner Doktorarbeit, und er erinnert sich noch gut an das Alltagsleben vor Einführung der D-Mark:

> Wir hatten eine doppelte Wirtschaft. Die offizielle mit fixierten Preisen, in der man Brot und Kartoffeln mit Lebensmittelmarken und zu Preisen von 1936 kaufen konnte. Die Studiengebühren konnten in Reichsmark bezahlt werden, sogar die Steuern; das war die eine Wirtschaft. Die andere war eine Tauschwirtschaft. Als Student hatte man natürlich nichts zum Tauschen. Es gab auch den Schwarzmarkt. Die meisten Leute hatten nicht viel, mit dem sie hätten handeln können. Kaffee, Tee, amerikanische Medikamente, das mussten die Deutschen mit Zigaretten bezahlen oder mit dem, was sie sonst übrig hatten.

Das ist etwas, woran sich auch Helga Cent-Velden gut erinnert – daran, wie wenig es gab und wie wichtig es war, die richtige Arbeitserlaubnis und Lebensmittelkarte zu haben:

> Das Trümmerräumen war richtig schwere Arbeit. Soweit ich mich erinnern kann, haben wir damals für die Stunde 48 Pfennig bekommen. Das war nicht sehr viel Geld, aber viel wichtiger für uns war ja, dass wir für diese Arbeit eine sogenannte Schwerarbeiter-Lebensmittelkarte bekamen. Es wurde nach Kalorien gerechnet. 1200 Kalorien am Tag, das bekamen die Hausfrauen. Davon konnte kaum jemand leben. Dann gab es die Angestelltenkarte – das war für Menschen, die im Büro arbeiteten. Dann die Arbeiterkarte, die Schwerarbeiter- und die Schwerstarbeiterkarte ...

Karte der Besatzungszonen; das geteilte Berlin erscheint im Ausschnitt unten links, 1945.

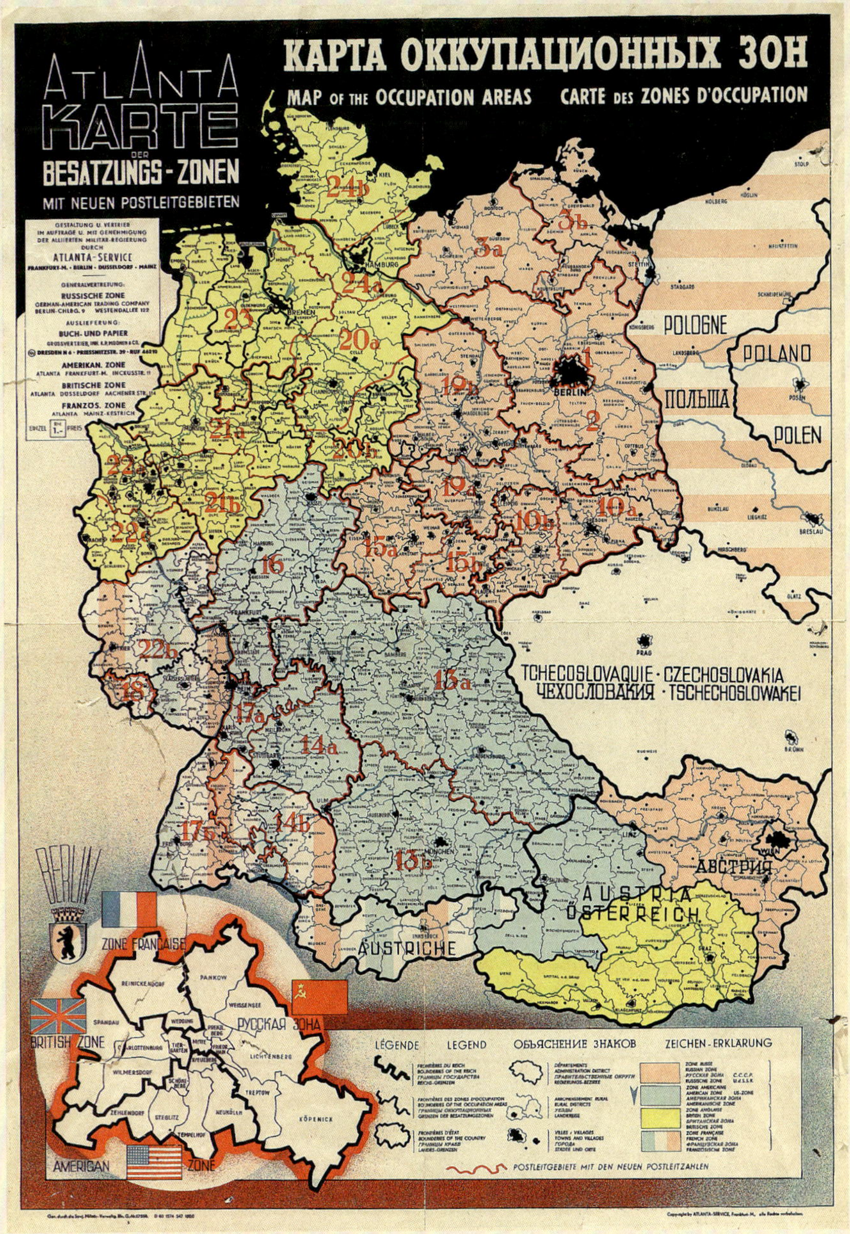
КАРТА ОККУПАЦИОННЫХ ЗОН
MAP OF THE OCCUPATION AREAS
CARTE DES ZONES D'OCCUPATION
ATLANTA KARTE DER BESATZUNGS-ZONEN
MIT NEUEN POSTLEITGEBIETEN
GESTALTUNG U. VERTRIEB
IM AUFTRAGE U. MIT GENEHMIGUNG
DER ALLIIERTEN MILITÄR-REGIERUNG
DURCH
ATLANTA-SERVICE
FRANKFURT-M. · BERLIN · DÜSSELDORF · MAINZ
GENERALVERTRETUNG:
RUSSISCHE ZONE
GERMAN-AMERICAN TRADING COMPANY
BERLIN-CHLBG. 9 WESTENDALLEE 122
AUSLIEFERUNG:
BUCH- UND PAPIER
DRESDEN N 6 · PRIESSNITZSTR. 39 · RUF 46210
AMERIKAN. ZONE
ATLANTA FRANKFURT-M. INCKUSSTR. 11
BRITISCHE ZONE
ATLANTA DÜSSELDORF AACHENER STR. 114
FRANZÖS. ZONE
ATLANTA MAINZ-KESTRICH
EINZEL RM 1.- PREIS
POLOGNE
POLAND
ПОЛЬША
POLEN
BERLIN
TCHECOSLOVAQUIE · CZECHOSLOVAKIA
ЧЕХОСЛОВАКИЯ · TSCHECHOSLOWAKEI
AUSTRIA
ÖSTERREICH
АВСТРИЯ
AUSTRICHE
ZONE FRANÇAISE
BRITISH ZONE
РУССКАЯ ЗОНА
AMERICAN ZONE
LÉGENDE LEGEND ОБЪЯСНЕНИЕ ЗНАКОВ ZEICHEN-ERKLÄRUNG
FRONTIÈRES DU REICH
BOUNDERIES OF THE REICH
ГРАНИЦЫ ГОСУДАРСТВА
REICHS-GRENZEN
FRONTIÈRES DES ZONES D'OCCUPATION
BOUNDERIES OF THE OCCUPATION AREAS
ГРАНИЦЫ ОККУПАЦИОННЫХ
GRENZEN DER BESATZUNGSZONEN
FRONTIÈRES D'ÉTAT
BOUNDERIES OF THE COUNTRY
ГРАНИЦЫ КРАЕВ
LANDES-GRENZEN
DÉPARTEMENTS
ADMINISTRATION DISTRICT
ПРАВИТЕЛЬСТВЕННЫЕ ОКРУГИ
REGIERUNGS-BEZIRKE
ARRONDISSEMENT RURAL
RURAL DISTRICTS
УЕЗДЫ
LANDKREISE
VILLES / VILLAGES
TOWNS AND VILLAGES
ГОРОДА
STÄDTE UND ORTE
ZONE RUSSE
RUSSIAN ZONE
РУССКАЯ ЗОНА C.C.C.P.
RUSSISCHE ZONE U.d.S.S.R.
ZONE AMERICAINE
AMERICAN ZONE US-ZONE
АМЕРИКАНСКАЯ ЗОНА
AMERIKANISCHE ZONE
ZONE ANGLAISE
BRITISH ZONE
БРИТАНСКАЯ ЗОНА
BRITISCHE ZONE
ZONE FRANÇAISE
FRENCH ZONE
ФРАНЦУЗСКАЯ ЗОНА
FRANZÖSISCHE ZONE
POSTLEITGEBIETE MIT DEN NEUEN POSTLEITZAHLEN
Copyright by ATLANTA-SERVICE, Frankfurt-M., alle Rechte vorbehalten.

BANKNOTE
EINE DEUTSCHE MARK
SERIE 1948
DEUTSCHE MARK

BANKNOTE
1 EINE 1
1 EINE 1
DEUTSCHE MARK

CF3799250S
Banknote
ZEHN DEUTSCHE MARK
10
DEUTSCHE BUNDESBANK
ZEHN DEUTSCHE MARK

ZEHN DEUTSCHE MARK
10

BD 3171037
STAATSBANK DER DDR
HUNDERT
MARK
DER
DEUTSCHEN
DEMOKRATISCHEN
REPUBLIK
1975
BD 3171037
100

100 HUNDERT MARK 100
DER DEUTSCHEN DEMOKRATISCHEN REPUBLIK

AA 000000
STAATSBANK DER DDR
FÜNF
MARK
DER
DEUTSCHEN
DEMOKRATISCHEN
REPUBLIK
1975
AA 000000
5

5 FÜNF MARK 5
DER DEUTSCHEN DEMOKRATISCHEN REPUBLIK

DC 1334566
STAATSBANK DER DDR
FÜNFZIG
MARK
DER
DEUTSCHEN
DEMOKRATISCHEN
REPUBLIK
1971
DC 1334566
50

50 FÜNFZIG MARK 50
DER DEUTSCHEN DEMOKRATISCHEN REPUBLIK

Ich glaube, es waren 2000 oder 2200, also schon 'ne ganze Menge. Und damit hat man dann auch die anderen in der Familie mit-, praktisch am Leben erhalten.

So also gab sich Deutschland zum dritten Mal in seiner Geschichte eine nationale Währung, die Mark genannt wurde. Die erste war nach der Reichseinigung von 1871 eingeführt worden. Diese Mark brach zusammen in der Hyperinflation von 1921–23. Die zweite, die Reichsmark der Weimarer Republik, hielt sich durch die Katastrophen von 1945. Angesichts dieser Geschichte mag es merkwürdig erscheinen, dass man sich 1948 noch einmal für den Namen Mark entschied. Aber der Name war vertraut, und trotz aller historischen Einbrüche hatte die Mark seit der Reichseinigung von 1871 dazu beigetragen, die Nation zu definieren. Bedenkt man die seltene Fähigkeitdes heutigen Deutschlands, seine Geschichte konstruktiv zu nutzen, dann transportiert dieser Name vielleicht auch eine Warnung, eine Lehre, die aus der Geschichte zu ziehen ist: eine Lehre, die sich die Wirtschafts- und Finanzmanager der Deutschen Bundesbank zu eigen machten, als sie mit der Deutschen Mark eine der erfolgreichsten Währungen der Wirtschaftsgeschichte schufen.

Die Einführung der D-Mark war umstritten, nicht nur beim Mann auf der Straße. Zu den ökonomischen Zweifeln kam handfester politischer Streit. Der Plan, die Reichsmark zu ersetzen, wurde insgeheim ausgearbeitet und die D-Mark hielt in den drei Westzonen schließlich ohne Vorankündigung Einzug. Die aufgebrachten Sowjets weigerten sich, die neue Währung auch in ihrer Besatzungszone und in Ostberlin zuzulassen. Als die D-Mark auch in Westberlin eingeführt wurde, löste das die Berliner Blockade aus. Innerhalb von einem Monat wurde in der sowjetischen Zone eine Konkurrenzwährung eingeführt, der Kürze halber meist Ost-Mark genannt. Diese bemerkenswerte Abfolge von Ereignissen war historisch nahezu beispiellos: Zwei neue Währungen, D-Mark und Ost-Mark, führten zu zwei neuen Staaten. Die D-Mark war zweifellos die Initialzündung für das Wirtschaftswunder in den Westzonen, trug für die Dauer des Kalten Krieges aber auch zur Teilung Deutschlands in zwei Staaten bei.

Von oben nach unten:

Die erste Deutsche Mark, 1948.

10 Deutsche Mark, mit einer von Dürer inspirierten Vorderseite, 1977.

100 Mark (DDR), mit Karl Marx (Vorderseite) und einer Straßenszene in Ostberlin (Rückseite), 1975.

5 Mark (DDR), mit Thomas Müntzer (Vorderseite) und einem Mähdrescher (Rückseite), 1975.

50 Mark (DDR), mit Friedrich Engels (Vorderseite) und einer Ölraffinerie (Rückseite), 1971.

Von Beginn an waren die beiden Währungen das Produkt zweier völlig unterschiedlicher Staaten und Weltanschauungen, zweier unterschiedlicher Geschichtsauffassungen. Im Osten wie im Westen zeigten die Münzen die deutsche Eiche, die Westmünzen außerdem den deutschen Adler und später Bildnisse der Nachkriegspolitiker, die Deutschland wieder aufgebaut und geprägt haben: Konrad Adenauer, Ludwig Erhard und Willy Brandt. Das waren unproblematische Heldenfiguren. Die Münzen im Osten waren leichter und trugen, ganz im Sowjetstil, Symbole der körperlichen Arbeit: Weizengarben, Werkzeuge und so weiter. Richtig deutlich sehen wir den Unterschied jedoch auf den Banknoten, abgebildet auf Seite 544. Man könnte meinen, Westdeutschland hätte keine Form, kein akzeptables Bild der Vergangenheit finden können. Es überging die jüngste Geschichte vollständig, die Illustrationen auf den Banknoten führen zurück in die Renaissance und zum Werk Albrecht Dürers: Deutsche Menschen porträtiert von einem großen deutschen Künstler. Im Osten dagegen gab es einen ideologischen Imperativ, die Kämpfe darzustellen, die zum Sieg des Proletariats geführt hatten. Auf diesen Geldscheinen sehen wir zeitgenössische Illustrationen zur Bildung, zum Wohnungsbau und zur Industrie auf der einen Seite und auf der anderen die Helden des Sozialismus wie Thomas Müntzer, einer der geistigen Führer in den deutschen Bauernkriegen, Clara Zetkin, eine frühe Kommunistin, und Marx und Engels. Und so standen sich über den eisernen Vorhang hinweg auf den Banknoten fast vierzig Jahre lang zwei Visionen Deutschlands gegenüber: Dürer, eine Ikone der europäischen Kultur, mit einem historischen Segelschiff, versus Engels mit einer modernen Ölraffinerie.

Nachdem die D-Mark die westdeutsche Wirtschaft bis in die 1980er Jahre befeuert hatte, war sie zum eigentlichen Symbol Westdeutschlands und seines ökonomischen Erfolgs geworden, zugleich auch ein Objekt der Begierde für viele Ostdeutsche – die D-Mark war sogar stabiler als der US-Dollar, praktisch unangefochten bis 1989. Als die Berliner Mauer fiel und die Wiedervereinigung plötzlich kein Traum mehr war, sondern eine Realität, die vor der Tür stand, war es die Währungsunion beider Staaten, die die deutsche Wirtschaft zum ersten Mal seit 1948 schrumpfen ließ. Nach dem Mauerfall bekamen alle Ostdeutschen bei ihrem ersten Besuch im Westen 100 D-Mark Begrüßungsgeld geschenkt. Das alleine kostete fast vier

Wegweiser zu einer Ausgabestelle des Begrüßungsgeldes für Ost-Besucher in Westdeutschland, Plakat, Dezember 1989.

S-BAHN
Begrüßungsgeld
Sa, 2.12.89
8.00-12.00 h
Finanzamt
für Körperschaften
Schöneberger Str. 2-4
AUSGANG
DORT

Milliarden Mark, obwohl es, wie Helmut Schlesinger bemerkt, unbedeutend war verglichen mit den Kosten der Währungsvereinigung. Banker und Ökonomen plädierten für einen Umtauschkurs von 2:1; und selbst diese Rate galt ihnen, angesichts des Kräfteverhältnisses zwischen beiden Volkswirtschaften, als durchaus großzügig. Bundeskanzler Helmut Kohl hatte andere Vorstellungen: Er traf die nicht wirtschaftlich, sondern vor allem politisch motivierte Entscheidung, die Ost-Mark zu einer Rate zu tauschen, die ihren realen Wert noch weiter überstieg. Alles andere hätte die ostdeutsche Bevölkerung finanziell ruiniert und die Wiedervereinigung womöglich in Frage gestellt. In einem politisch äußerst mutigen Akt verkündete er eine Umtauschrate von 1:1 für Löhne, Zinsen und Renten.

Kohl erkannte, dass er vor allem schnell handeln musste. Helmut Schlesinger, damals Vizepräsident der Bundesbank (die er anschließend als Präsident von 1991 bis 1993 führte), sagt zu den Konsequenzen der Währungsumstellung, mit denen er umzugehen hatte:

> Für uns in der Bundesbank war klar, dass der Umtauschkurs zu großzügig war. Aber diese Entscheidung war gefallen, und wir mussten nun zusehen, wie wir eine Inflationsspirale in unserem Land verhindern konnten, also mussten wir die Zinsen anheben, und so weiter. Das war eine finanzpolitisch prekäre Lage, die, zusammen mit der Einführung eines Bankensystems, unter westlichen Bedingungen funktionieren sollte. All das wurde in Verhandlungen in einem Zeitraum von nur sechs Wochen aufgebaut. Nach sechs Wochen mussten wir den Vertragsentwurf unterzeichnen. Wir alle wussten, dass politisch nur ein sehr enges Zeitfenster offenstand, in dem wir die Russen und die Amerikaner zusammenbringen konnten. Es war uns klar, dass wir schnell handeln mussten und dabei auch einige Fehler riskieren.

Es gab wechselseitige Vorwürfe, und die unmittelbare Folge war die erste nennenswerte Inflation in der deutschen Nachkriegswirtschaft. Die Stärke dieser Wirtschaft aber hat sich bewährt: Ende der 1990er Jahre drängte sie wieder voran. Genau da, an diesem historischen Punkt kam es zum bemerkenswertesten Ereignis: Am 1. Januar 2002 verabschiedeten sich die Deutschen von der D-Mark, von *dem* Symbol des demokratischen, friedlichen, erfolgreichen Nachkriegsdeutschland. Mit viel Bedauern, aber ohne größeres Murren wurde sie zugunsten des Euro aufgegeben, im Interesse einer dauerhaften politischen Sicherheit. Die neue Währung, so dachte man, werde Deutschland für immer einbinden in ein wirtschaftliches und politisches System, das darauf angelegt war, den Frieden auf einem Kontinent zu sichern, der zwei Mal in einem Jahrhundert durch Kriege mit Deutschland verwüstet worden war. Im Grunde war der Euro der Preis, den Frankreich für seine Zustimmung zur deutschen Wiedervereinigung verlangte. Es sieht so aus, als ob die meisten Deutschen verstanden hätten, dass der Verzicht auf die D-Mark zugunsten des Euro die Ängste beschwichtigen würde, die die Nachbarstaaten vor der Dominanz eines vergrößerten Deutschland hegten – und zu diesem großen Zugeständnis an die Europäische Union waren sie bereit.

Wie, so fragte ich mich, sieht Helga Cent-Velden, die Berliner Trümmerfrau, diese Entwicklungen? Sie befürwortet das Geschäft, zu dem Bundeskanzler Kohl bereit war:

> Wir wissen ja auch, nach dem Mauerfall sind viele Dinge anders gelaufen, als man es, als es viele erhofft hätten. Es gibt in solchen Dingen eben immer Verlierer und Gewinner. Aber im Großen und Ganzen ist es doch eigentlich ein erstaunlich stabiles Deutschland geworden. Und jetzt meine ich, dass wir diesem Europa zu verdanken haben, dass wir seitdem keinen Krieg mehr in Mitteleuropa erlebt haben. Und das ist doch das eigentlich Wichtigste von allem – sodass ich Europa nur bejahen kann.

Das vielleicht Beeindruckendste an seiner Entwicklung nach 1945 ist, dass sich Deutschland eine neue Identität nicht durch große Politik auf der Weltbühne gesucht hat – international wird es oft als politischer Pygmäe beschrieben –, sondern durch seine Wirtschaft und seine Stellung in einem neuen Europa. Damit half es, aus den Ruinen des alten Europa, zu dessen Zerstörung es so viel beigetragen hat, ein neues hervorzubringen.

Seit der Zeit Karls des Großen, über fast ein Jahrtausend hinweg, hat sich Deutschlands Identität in einem weiteren europäischen Kontext, durch das Heilige Römische Reich und seine Stellung darin definiert; im Lauf der Zeit wurde das eine immer dominierendere Stellung. Das Reich wirkte wie ein Sicherheitsnetzwerk, sowohl für Europa als Ganzes wie auch für Deutschland innerhalb dieses Ganzen (vgl. Kapitel 5). Im 18. Jahrhundert waren die Könige von Schweden, Dänemark, Polen, Preußen, Ungarn und England im Reichstag in Regensburg vertreten, und somit in gewissem Maße auch Garanten der Stabilität in Europa. Es war ein Gleichgewicht, das die Erschütterungen durch Napoleons Angriffskriege, dann durch den militarisierten preußischen Staat, nicht überstehen konnte.

So hatte es seine historische Richtigkeit, wenn sich gerade Frankreich und Deutschland ab 1952 an die Aufgabe machten, dieses Sicherheitsnetz neu zu schaffen, aus dem schließlich die Europäische Union wurde. Der Kreis hat sich geschlossen, denn die EU ist in gewisser Weise eine Neuauflage des Heiligen Römischen Reichs: wirtschaftlich und säkular, nicht religiös; pan-europäisch, nicht römisch; den größten Teil des Kontinents in ein Rahmenwerk von Sicherheiten und gegenseitigen Konsultationen einbindend, in dem Frankreich und Deutschland um die Führung rangeln. Das ist ein altes Muster. Ist diese lange Vorgeschichte mit ein Grund dafür, dass Deutschland so wenige Probleme mit der Vorstellung einer konföderierten, supranationalen EU hat und Großbritannien mit seiner ganz anderen Geschichte so große?

28
Die neuen deutschen Juden

Von 1933 bis 1945 hat Deutschland über elf Millionen Menschen in Europa ermordet: politische Gefangene, Roma und Sinti, Homosexuelle, Behinderte und – mit ca. sechs Millionen die weitaus größte Gruppe – Juden. Von allen deutschen Erinnerungen ist die Judenvernichtung, der Holocaust, die präsenteste und die am schwersten zu bewältigende. Jahrhunderte jüdischen Lebens und jüdischer Kultur in Deutschland wurden ausgelöscht. Nach den Konzentrationslagern wie Buchenwald (vgl. Kapitel 25) und den Vernichtungslagern wie Auschwitz sah es so aus, als sei mit dem Kriegsende auch die Geschichte der Juden in Deutschland an einen Schlusspunkt gekommen. Warum sollte ein Jude 1945 oder auch 1965 in Deutschland irgendeine Zukunft für sich sehen? Doch etwas Bemerkenswertes ist geschehen: Das heutige Deutschland hat die am schnellsten wachsende jüdische Bevölkerung in Westeuropa, sie zählt inzwischen einige hunderttausend Menschen. Die meisten sind Einwanderer. Rabbi Mendel Gurewitz, der Ende der 1990er Jahre aus den Vereinigten Staaten in die Nähe von Frankfurt am Main zog, ist einer von ihnen:

> Wissen Sie, bevor ich hierher kam, sagte ich, wie können wir in so einem Land leben? Und als ich kam, habe ich mich entschlossen, möglichst wenig daran zu denken, denn wenn man hier auf der Straße ältere Menschen sieht, kommt man gleich ins Nachdenken. Es gab eine jüdische Geschichte, eine sehr jüdische Geschichte, hier in Deutschland, und es ist schlimm, wegen Hitler zu denken, die wollen hier keine Juden mehr haben, dass man das Land sperren sollte, sperren für Juden. Würden wir das tun, wir täten genau das, was Hitler tun wollte. Ich denke, wir sollten das Gegenteil tun. Ich komme aus einer religiösen, chassidischen Bewegung, die Menschen in

alle Welt schickt, und wir suchen uns die schwierigsten Orte, um dort zu leben. Darum kam ich hierher, mit meiner Frau. Inzwischen lebe ich, Gott sei Dank, seit sechzehn Jahren hier, meine Kinder sind hier aufgewachsen, und wir sind wirklich glücklich hier.

Über viele Jahrhunderte hat Deutschland seine jüdische Bevölkerung mit mehr Toleranz behandelt als die meisten anderen Länder Westeuropas. England beispielsweise, Frankreich und Spanien haben zu unterschiedlichen Zeiten jeweils ihre gesamte jüdische Bevölkerung vertrieben. Auch die deutschsprachigen Länder waren nicht immun dagegen. Kam es irgendwo zu einer Krise, mussten häufig Juden als Sündenböcke herhalten und wurden dann auch vertrieben, so geschehen in Nürnberg in den 1350er Jahren und in Regensburg 1513. Doch die starke politische Zersplitterung hatte zur Folge, dass es in irgendeinem Teil Deutschlands immer eine jüdische Bevölkerung gab, und häufig zogen jene, die aus bestimmten Territorien vertrieben worden waren, später wieder dorthin zurück, wenn sich die Lage verändert hatte. In deutschen Ländern gelangten Juden im 18. und 19. Jahrhundert in Vertrauensstellungen und exponierte Positionen, wie in Großbritannien und Frankreich auch. Das wird, wie Joachim Whaley sagt, heute häufig vergessen:

Die Geschichte der Juden im vormodernen Deutschland wird ziemlich oft im Licht der tragischen Geschichte der Juden im 20. Jahrhundert geschrieben, und das hat einen, wie ich denke, verzerrenden Effekt. In der Regel findet man drei Dinge, die als charakteristisch für diese frühe Zeit betrachtet werden. Erstens die Vertreibung der Juden aus vielen deutschen Städten Ende des 15. Jahrhunderts; zweitens Luthers berühmtes antisemitisches Pamphlet von 1543 über die Juden und ihre Lebensweise; drittens der Bericht über die Ankunft des jungen Moses Mendelssohn in Berlin im Oktober 1743, als der Wachposten am Rosenthaler Tor in sein Wachbuch schrieb: Angekommen sind sechs Ochsen, sieben Schweine und ein Jude.

Diese drei Dinge werden oft als emblematisch betrachtet, als Vorgeschichte, die angesichts dessen, was sich später in Deutschland im 20. Jahrhundert ereignete, logisch erscheint. Dabei ist die tatsächliche Geschichte eine ganz andere. Die meisten Fürsten ignorierten Luthers Ansichten, und wir können von der Mitte des 16. Jahrhunderts an überall im Heiligen Römischen Reich ein stetiges Wachstum der kleinen jüdischen Gemeinden beobachten, eine Entwicklung, die von vielen Landesherren gefördert wurde. Sie sahen gern, wenn

Einzug der Thora-Rollen in die neue Münchner Synagoge, 2006.

Anton Graff,
Moses Mendelssohn, 1771.

sich Juden als Gewerbetreibende, Händler und Kaufleute bei ihnen niederließen, auch als Geldverleiher waren sie willkommen, ein Beruf, den es sonst nicht gab, denn Christen war das Geldverleihen verboten. Im Großen und Ganzen standen die Juden unter landesherrlichem Schutz, denn man betrachtete sie als förderlich für Gewerbe und Handel.

Noch immer schreiben viele Luthers Antisemitismus einen über die Jahrhunderte hinweg prägenden Einfluss auf seine Landsleute zu. Doch gab es auch Juden, die durchaus integriert waren im Heiligen Römischen Reich; das zeigt uns ein wunderschöner Beutel, der sich heute im British Museum befindet. Darin wurden die Tefillin aufbewahrt, die Gebetsriemen, in deren Kapseln sich kleine handgeschriebene Schriftrollen mit Texten aus der Thora befinden; sie wurden bei den Morgengebeten in der Synagoge angelegt. Dieser Beutel ist ein Luxusgegenstand, er zeugt von Reichtum und vornehmem Stil – und ist gleichzeitig eine Loyalitätserklärung an den Kaiser. Der Beutel ist aus grünen Samt, auf einer Seite bestickt mit Gold- und Silberfäden, und in der Mitte prangt der doppelköpfige Adler des Heiligen Römischen Reichs. Wir

Tefillin-Beutel mit dem Wappen des Heiligen Römischen Reichs, 18. Jahrhundert.

Jüdische Kaufleute beim Handel mit Christen, Nürnberg, 1731.

wissen nicht, wer der Besitzer dieses Beutels war, und auch nicht, aus welcher Stadt er stammt, sicher ist aber, dass er im 18. Jahrhundert gefertigt wurde. Mit dem Adler gibt sich der Besitzer als Untertan des Kaisers zu erkennen, des formellen Schutzherrn aller jüdischen Gemeinden. Dieser Tefillin-Beutel ist eine öffentliche Bekundung politischer Inklusion.

Gewiss wurden Juden im 18. Jahrhundert in Deutschland diskriminiert, doch ließ dieser Druck allmählich nach. Eine Reihe von Landesherren förderte die Ansiedlung von Juden – in Mannheim etwa und in Berlin. Friedrich der Große genehmigte den Bau der ersten Synagoge in Potsdam (einen Steinwurf von Schloss Sanssouci entfernt) und erklärte: «Die Unterdrückung von Juden hat noch keiner Regierung Wohlstand gebracht.» Überall verfügten Juden, zumindest in der Theorie, nicht selten aber auch in der Praxis über gesetzlich fixierte Rechte, die ihnen in vielen anderen Teilen Europas nicht gewährt wurden. Sie konnten lokale und kaiserliche Gerichte anrufen, mussten Eide nicht auf die Bibel, sondern durften sie auf die

Thora schwören. Viele Juden waren ebenso arm wie ihre christlichen Nachbarn, doch die sogenannten Schutzjuden, die als Finanziers vieler Höfe im Reich tätig waren, verfügten über eine wirtschaftliche Macht, wie Juden sie seit den Vertreibungen und Restriktionen des Mittelalters nicht ausgeübt hatten. Auch am geistigen Leben nahmen sie teil, es gab eine jüdische Aufklärung, die sich gegen die orthodoxen Rabbiner und ihre traditionellen Einstellungen wandte. Eine führende Gestalt war Moses Mendelssohn (der Großvater des Komponisten Felix), der den Pentateuch ins Deutsche übertrug. Mochte er bei seinem Einzug nach Berlin mit sechs Ochsen und sieben Schweinen aufgezählt worden sein, so wurde er doch bekannt als der deutsche Sokrates und weit über jüdische Gemeinden hinaus respektiert und verehrt.

Es gab weiterhin Gesetze, die jüdisches Leben einschränkten, und die verbreitete Erwartung, dass Juden zum Christentum konvertierten, war eine stetig sprudelnde Quelle von Ressentiments. In vielen Städten und Staaten mussten Juden eine besondere Steuer zahlen. Selbst Friedrich der Große zwang Juden, die heiraten wollten, Porzellan aus der neuen königlichen Manufaktur zu kaufen.

Und es gab Ghettos wie das in Frankfurt, das bedeutendste in Deutschland, wo die «Judengasse» von Mauern umgeben war. Nachts, an Sonntagen und an christlichen Feiertagen bestand Ausgangsverbot. Es war für einige hundert Bewohner eingerichtet worden, doch Mitte des 18. Jahrhunderts lebten dort um die 3000 Menschen. Goethe, der nicht weit von der Judengasse aufwuchs, kannte sie gut und hat sie beschrieben:

> Die Enge, der Schmutz, das Gewimmel, der Akzent einer unerfreulichen Sprache, alles zusammen machte den unangenehmsten Eindruck, wenn man auch nur am Tore vorbeigehend hineinsah. ... Indessen blieben sie doch das auserwählte Volk Gottes ... Außerdem waren sie ja auch Menschen, tätig, gefällig, und selbst dem Eigensinn, womit sie an ihren Gebräuchen hingen, konnte man seine Achtung nicht versagen. Überdies waren die Mädchen hübsch ...

Dennoch wurden Deutschlands Juden manchmal auch deutlich besser behandelt als andere Minderheiten, wie Joachim Whaley hervorhebt:

> In Hamburg beispielsweise gab es Spannungen, aber keine Ausschreitungen. Die aber gab es dort gegen die Katholiken, Anfang des 18. Jahrhunderts. Zu Ausschreitungen gegen Juden ist es in dieser ganzen Zeit nie gekommen, auch wenn in Ham-

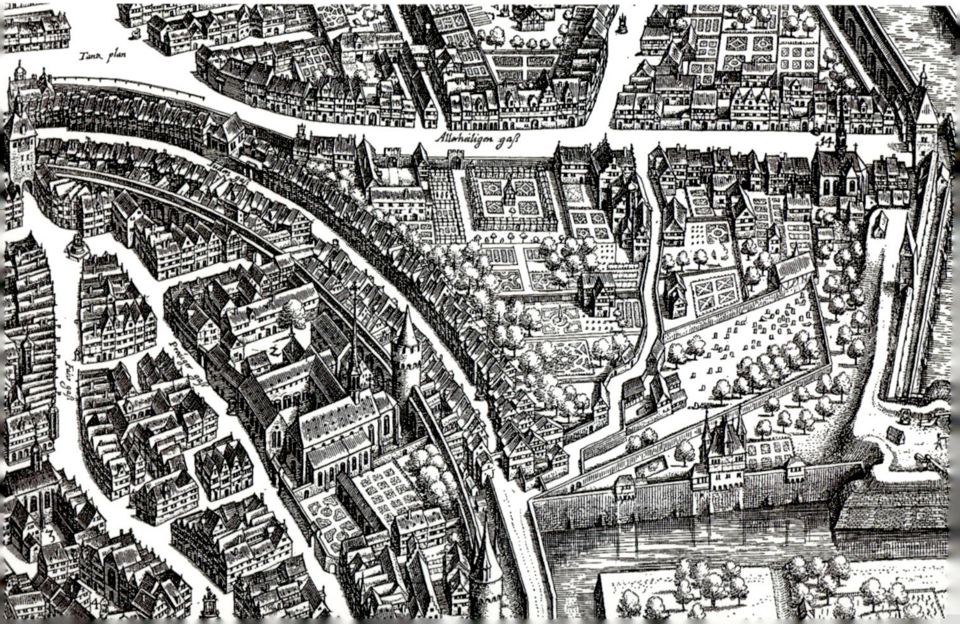

Tantz plan
Allerhäiligen gaß
Juden gaß
Prediger gaß
14

Amschel Rothschild Junior (Frankfurt).

burg eine der bedeutendsten jüdischen Gemeinden des Reiches lebte. Es war alles in allem eine geschützte Bevölkerungsgruppe. Man betrachtete sie als nützlich. Das bedeutete natürlich nicht Integration der Juden. Andererseits kam es zumindest zu einer räumlichen Integration, insofern die Juden zumeist nicht in eigens für sie bestimmten Ghettos lebten (einige große Städte wie Frankfurt ausgenommen). So beginnt, wie ich sagen würde, die Geschichte des deutschen Antisemitismus nicht mit den Vertreibungen des 15. Jahrhunderts und Luthers Diatriben in den 1540er Jahren, sondern eigentlich erst mit dem Beginn der Moderne im 19. Jahrhundert. Es gibt keine lange Vorgeschichte der Tragödien des 20. Jahrhunderts. Der Holocaust hat keine Wurzeln, die tief zurückreichen in die deutsche Geschichte bis in das späte Mittelalter.

Dass Juden im Heiligen Römischen Reich zu Wohlstand gelangen konnten, zeigt die Geschichte der bekanntesten und erfolgreichsten jüdischen Familie, der Rothschilds. Sie waren Frankfurter Juden, lebten in der Judengasse, wo Mayer Amschel Rothschild in den 1760er Jahren sein Bankhaus gründete, etwa zu der Zeit, an die sich Goethe in seiner Beschreibung des Ghettos erinnert. Rothschild war ein Hofjude und finanzierte den Hof des Landgrafen von Hes-

Die Judengasse in Frankfurt, im 19. Jahrhundert.

Matthäus Merian, Stadtplan von Frankfurt, 1628; der Ausschnitt zeigt die Biegung der Judengasse.

Oben links: Carl Rothschild, Neapel.

Unten links: Nathan Rothschild, London.

Oben rechts: James Rothschild, Paris.

Unten rechts: Salomon Rothschild, Wien.

sen-Kassel. Das Bankimperium bauten seine fünf Söhne aus, von denen einer in Frankfurt blieb, während die vier anderen nach London, Paris, Neapel und Wien entsandt wurden, um dort neue Banken zu gründen, damit die Firma nicht allein von den Geschäften in Deutschland abhängig war. Die Rothschilds zogen ein riesiges und erfolgreiches Netz von Partnern und Agenten durch ganz Europa, finanzierten Regierungen während der napoleonischen Kriege und verstanden, Gold quer durch den Kontinent zu transferieren, ohne dass es in falsche Hände geriet. Die deutschen Armeen, die 1813/14 gegen Napoleon kämpften, wurden weitgehend mit Subsidien aus London bezahlt, die die Rothschilds verwalteten. Vier der Brüder wurden nach dem Wiener Kongress vom österreichischen Kaiser in den Adelsstand erhoben, nicht zuletzt wegen ihrer Verdienste um die Finanzierung der Kriege. 1830 (vgl. Kapitel 15) soll ihre Mutter Gutle Rothschild, Amschels Witwe, gesagt haben: «Es wird keinen Krieg in Europa geben. Meine Söhne geben kein Geld.» Die Rothschilds waren leidenschaftliche, zugleich sehr umsichtige und wahrhaft spektakuläre Kunstsammler. Unter den großen Gemälden, die sie erwarben, war auch Tischbeins berühmtes Goethe-Porträt (vgl. Kapitel 8), das die Baronin Salomon de Rothschild 1887 dem Frankfurter Städel vermachte.

Zu den sichtbarsten Zeichen dafür, dass Juden in der deutschen Gesellschaft «angekommen» waren, gehörte der Bau von Synagogen, die öffentliche Manifestation ihrer Präsenz in einer Stadt. So weihten die Juden von Offenbach, einer Nachbarstadt Frankfurts, 1916, mitten im Ersten Weltkrieg, eine prächtige neue Synagoge ein, ein großes, von einer Kuppel gekröntes Gebäude, in dem sich einige hundert Menschen zum Gottesdienst versammeln konnten. Ihr Standort war eine symbolträchtige Offenbacher Adresse im Zentrum, an der Kreuzung von Goethe- und Kaiserstraße. Im politischen und kulturellen Leben waren Juden nun prominent vertreten. Dies markierte, so der jüdische Architekt Alfred Jacoby, der nach dem Zweiten Weltkrieg in Offenbach geboren ist, den Höhepunkt der jüdischen Assimilation. Trotz des Krieges sahen die Juden für sich eine sichere Zukunft in Deutschland:

> Bei der Einweihung 1916 sagte der Rabbi: «Und wir sind nun Teil dieser Gesellschaft hier. Wir sind angekommen im Paradies.» Das war 1916. Es zeigt, wie stark die Juden

Die Synagoge in Offenbach an der Kreuzung von Goethe- und Kaiserstraße, 1930.

damals den Druck verspürten, anerkannt zu werden und Teil der Gesellschaft zu sein. Das war wichtiger als der Gedanke, dass wir uns mitten in einem Krieg befinden. Was tun wir hier? Sehen Sie, das war schon sehr befremdlich.

Die Lage war bei weitem nicht so entspannt, wie der Rabbi sie schilderte. Denn im gleichen Jahr 1916 wurde auch die berüchtigte «Judenzählung» durchgeführt, als Reaktion auf (völlig unbegründete) populistische Behauptungen, die Juden drückten sich vor dem Militärdienst. Nach 1918, während der politischen und wirtschaftlichen Krisen, wurden bevorzugt Juden, und vor allem jüdische Politiker (vgl. Kapitel 23), zu Sündenböcken gemacht und, im Fall Walther Rathenaus, ermordet.

Ein jüdischer Freundeskreis in den Ferien in Bayern, in traditioneller bayerischer Tracht, 1920.

Die Offenbacher Synagoge wurde in der «Kristallnacht» 1938 geschändet und angezündet, die Mitglieder ihrer Gemeinde später deportiert und ermordet. Damit jedoch war die Geschichte der Offenbacher Juden und ihrer Synagoge nicht zu Ende. In der Abteilung des Deutschen Historischen Museums, die den Jahren unmittelbar nach 1945 gewidmet ist, gibt es alle möglichen Objekte – Zeitungen und Zeitschriften, Kleidung und Geräte, Modelle für den Bau von Wohnungen, Schulen und Krankenhäusern. Unter diesen Architekturmodellen wiederum ist eines von besonderem Interesse. Es ist das am wenigsten ausgeführte, am wenigsten ausgearbeitete dieser Modelle: Vollständig aus Karton gemacht, steht es auf einem Stück Pappe, das nicht größer ist als ein DIN A4-Blatt. Der Rand dieser Grundfläche ist nach oben geknickt, um die Mauer anzudeuten, die das Grundstück abgrenzt. Der größte Teil der Grundfläche ist flüchtig grün und braun angemalt, um einen Garten mit Wegen zu markieren, die um Blumenbeete und Büsche führen. Ganz am Ende des Grundstücks stehen zwei miteinander verbundene Gebäude, nicht viel größer als Streichholzschachteln. Nur wenn man genau hinsieht, entdeckt man,

Modell der ersten nach dem Zweiten Weltkrieg gebauten Synagoge in Offenbach, 1955.

auf der vorderen Umgrenzungsmauer und über der Eingangstür, einen Davidstern. Es ist das Architektenmodell für eine der ersten Synagogen, die nach Auschwitz in Deutschland gebaut werden sollten, entworfen von Hermann Zvi Guttmann für die jüdische Gemeinde in Offenbach. Das war um 1950, wer aber waren damals die Mitglieder dieser Gemeinde? Dazu Rabbi Mendel Gurewitz:

> Es war eine zusammengewürfelte Gruppe von Menschen, die den Holocaust überlebt hatten, nicht viele Deutsche, die meisten stammten aus Polen. Sie waren nach Offenbach gekommen. Wenn man einen von ihnen gefragt hätte: «Denken Sie, dass Sie dableiben werden?», wäre die Antwort «Nein» gewesen. Sie waren in Offenbach nach dem Motto: «Wir bleiben nur so lange, wie wir uns nach einem Ort umsehen, an den wir gehen können» – nach Amerika oder Israel. Keiner wollte hierbleiben. Doch einige, die hier in Offenbach lebten, fanden: Wir müssen eine Synagoge bauen, für den Moment. So bauten sie eine schöne kleine Synagoge, sehr klein, für sie aber war sie groß, denn sie hatten ja nie daran gedacht, dass noch irgendwer sonst jemals hierher kommen würde.

Es gab nach dem Krieg, woran uns Rabbi Gurewitz erinnert, Tausende Juden auf der Durchreise, und viele haben Europa verlassen, sind nach Amerika, Kanada, Australien und natürlich nach Israel gegangen. Aber nicht alle wollten weg – Europa war trotz allem ihre Heimat –, und auch nicht alle konnten ausreisen. Zu ihnen gehörte Alfred Jacobys Vater:

> Mein Vater studierte nach dem Krieg und wollte Ingenieur werden. Sein Bruder verließ Deutschland, er ging 1948 nach New York. Auch mein Vater wollte immer dorthin, doch er war krank. 1948 hatte er eine geschlossene Tuberkulose, darum durfte er nicht ausreisen. Die Amerikaner ließen ihn röntgen und sagten: «Tut uns leid, aber wir müssen Ihnen das Visum verweigern.»

Also blieb Alfred Jacobys Vater weiter in Offenbach. Er wurde ein führendes Mitglied der kleinen jüdischen Gemeinde, für die langsam auch vorstellbar wurde zu bleiben, trotz allem. Es war eine schwere Entscheidung, und wenn man sie getroffen hatte, standen weitere schwere Entscheidungen an – so etwa die Frage, was mit der alten Synagoge geschehen sollte, die 1916 so feierlich eingeweiht und dann in der NS-Zeit angezündet und enteignet worden war.

Am Ende stand die Entscheidung fest. Auch wenn der Offenbacher Stadtrat anbot, sie der jüdischen Gemeinde zurückzugeben, war diese Synagoge nun zu groß für die kleine Gemeinde geworden, die auch nicht damit rechnete, dass sie wachsen würde. Außerdem war das Gebäude durch die NS-Jahre entweiht; es würde zu schwer fallen, es wieder zu nutzen; zudem stand es an einer exponierten Stelle, an der Kreuzung zweier der bekanntesten Straßen in Offenbach. Ein neues, weniger auffälliges Gebäude war das, was man wollte. Die Stadtregierung stellte einen Baugrund gegenüber der alten Synagoge zur Verfügung, und 1956 wurde nach unserem Modell eine neue errichtet und eingeweiht. Noch einmal Alfred Jacoby:

> Sie war sehr bescheiden. Es gab achtzig Plätze, einen Mehrzweckraum, in dem man gemeinsam essen oder sich versammeln konnte, und eine Wohnung für das einzige Mitglied der früheren Gemeinde, das nach dem Krieg zurückgekehrt war und nun als Verwalter fungierte. Das war alles. Das Gebäude war so weit wie möglich von der Straße zurückgesetzt; es wirkte, als habe der Architekt es soweit er nur konnte, an die hintere Grundstücksgrenze gequetscht. In vielen deutschen Städten sieht man dieses Bedürfnis, sich zu verbergen. Um diese Zeit sandte die zionistische Bewegung einen Mann nach München, und der riet Ben-Gurion, das Leben von Juden in Deutschland zu verurteilen. Das hatte es in der jüdischen Geschichte nur einmal gegeben, 1492 in Spanien. Damals hatten die Rabbiner erklärt, dass Spanien ein Land sei, in dem Juden nicht leben dürfen. Ich denke, Architektur ist immer ein Medium, solche Dinge auszudrücken, die Frage, wie man sich verhalten soll und auf welche Weise man am besten lebt. Und hier war der Impuls eben: «Ich verstecke mich besser, halte zurück, was ich vorhabe.» Betrachtet man die juristischen Dokumente, die in dieser Zeit in der Gemeinde angefertigt wurden, so findet man in vielen den Passus, Hauptziel der Gemeinde sei es, die Emigration zu erleichtern. In anderen Worten, die Botschaft war: Der letzte möge das Licht ausmachen und die Schlüssel abgeben.

Doch die jüdische Gemeinde in Offenbach hielt durch und blieb. Zudem: Es gab viele hunderttausend Juden, die in Europa noch immer hinter dem Eisernen Vorhang festsaßen, insbesondere in der Sowjetunion. Die Vorstellung, nach Israel auszuwandern, war für sie, selbst wenn die Möglichkeit bestanden hätte, nicht immer attraktiv. So gab es in den 1960er, 1970er Jahren einen langsamen Zustrom von Emigranten, denen Deutschland weniger fremd erschien als der Nahe Osten – und denen Deutschland eine Wiedergutmachung anbot. Und dann, als die Sowjetunion 1990 zusammenbrach, öffneten sich die Schleusen. Rabbi Mendel Gurewitz erinnert sich:

> Ich bin in New York geboren. Wir haben keine deutschen Produkte gekauft. Nach Deutschland zu gehen, war tabu. Doch warum kamen dann die Juden aus der Sowjetunion dorthin? Als sich der Eiserne Vorhang hob, gingen viele von ihnen nach Israel. Aber sie fanden dort, dass Israels Klima nicht das richtige war, insbesondere ältere Menschen kamen mit der Hitze nicht zurecht. Also sahen sie sich nach einem anderen Ort um, an dem sie willkommen wären, und wahrscheinlich war neben Israel Deutschland das einzige Land, das sie bereitwillig aufnahm. Die Deutschen wollten wegen dem, was sie im Krieg getan hatten, die Juden wieder ansiedeln, und darum waren sie bereit, ihre Renten zu bezahlen und sie mit gewissen Sonderrechten auszustatten. Ganz plötzlich also wurde die kleine Offenbacher Gemeinde wieder zu einer großen Gemeinde, weil eine Menge russischer Juden hierherzogen.

Insgesamt 200 000 Juden sind nach Deutschland gekommen, nachdem Helmut Kohl ihnen 1990 sofortiges Bleiberecht angeboten hatte, dazu finanzielle Unterstützung und sonstige Hilfen bei der Integration. Diese russischen Juden wählten Deutschland in vollem Bewusstsein dessen, was fünfzig Jahre zuvor geschehen war, zum Befremden vieler Juden anderswo in der Welt. Für die Juden in Offenbach bedeutete dies, dass ihre Annahme aus den 1950er Jahren, dass sie eine kleine, halb im Verborgenen existierende Gemeinde bleiben würden, von den Ereignissen überholt wurde. Die Gemeinde ist seit 1990 stattlich gewachsen, und die Synagoge musste mitwachsen. Die Gemeinde brauchte mehr Raum, nicht nur für die Gottesdienste, sondern auch, um sich versammeln oder gemeinsam feiern zu können, und, vor allem, für die Kinder. Der Mann, der das neue, erweiterte Gebäude entworfen hat, ist der Architekt Alfred Jacoby:

> Es gibt nun einen neuen Mehrzwecksaal, einen Kindergarten und so weiter. Tatsächlich ist unser Kindergarten interessant, denn es ist ein völlig interreligiöser Kindergarten auf jüdischer Grundlage. Es sind ein Drittel muslimische Kinder bei uns, ein Drittel christliche und ein Drittel jüdische Kinder, doch alle Kinder sitzen zusammen und singen Lieder zu den jüdischen Feiertagen und so weiter. Das klappt tatsächlich.
>
> Vor allem aber zeigt sich das Gebäude heute der Stadt. Das war sehr wichtig – ich musste den Zaun wegräumen, hinter dem wir uns versteckt hatten, und so die Synagoge in ein städtisches Gebäude verwandeln, wieder eingefügt in den Kontext der ganzen Stadt.

Synagogen wie die in Offenbach waren in der Geschichte stets die physische Repräsentation der Beziehung zwischen Juden und Deutschen. Auch heute gibt es, wie in anderen europäischen Ländern, in Deutschland bestürzende antisemitische Zwischenfälle, doch die Juden in Offenbach sind «zurück auf der Straße», vollkommen sichtbar für die Nation, die sie aufnahm. Siebzig Jahre, nachdem die «Endlösung der Judenfrage» in Gang gesetzt wurde, haben sich einige hunderttausend Juden entschlossen, ihre befreiten Länder in Osteuropa zu verlassen und in dem Land zu leben, das sie einmal hatte vernichten wollen.

Die Offenbacher Synagoge
nach ihrer Erweiterung, 1998.

29

Barlachs Engel

In Großbritannien wissen wir, worum es bei unserem Remembrance Day geht. Seit 1919 haben wir jedes Jahr all dessen gedacht, wofür unsere Soldaten gestorben sind – Freiheit, Demokratie, Unabhängigkeit. In jeder Stadt und jedem Dorf fand eine Zeremonie statt, ertönte das Signal «Last Post», herrschte zwei Minuten Stille. Um die Ehrenmale versammelt, gedenken wir in ganz Großbritannien und im Commonwealth in einem festen Ritual unserer Verluste und des hohen Preises für den Sieg.

In Deutschland gibt es kein vergleichbares alljährliches Gedenken an den Ersten Weltkrieg oder an den noch schrecklicheren Konflikt im Zweiten Weltkrieg. Welche Zeremonie hätte man ersinnen können, um eines Krieges zu gedenken, den Deutschland verloren hatte und für dessen Ausbruch es in den Friedensverhandlungen schuldig gesprochen worden war. Dabei zählten die Deutschen 1,8 Millionen Kriegstote, etwa doppelt so viele, wie das ganze britische Empire zu beklagen hatte. Nicht, dass es in Deutschland keine Denkmale gab, die an ältere Kriege erinnerten. Wie in allen Ländern Europas gibt es auch in Deutschland reichlich Statuen siegreicher Könige und Generäle: etwa die 67 Meter hohe Siegessäule im Berliner Tiergarten, die Preußens Siege über Dänemark, Österreich und Frankreich im 19. Jahrhundert feierte (vgl. Kapitel 1) – ungetrübter Stolz in Bronze und Stein. Doch 1918 war anders. Deutschland war geschlagen, international überschüttet mit Beschuldigungen, den Krieg begonnen zu haben, immensen Reparationsforderungen ausgesetzt. Erschüttert von inneren Unruhen, Umsturzversuchen und der zersetzenden

Ernst Barlach, *Schwebender Engel*, wie er heute im Güstrower Dom hängt.

Der Güstrower Dom.

Dolchstoßlegende – der Behauptung, das deutsche Heer sei niemals besiegt, sondern von den Politikern verraten worden. Wie konnte unter solchen Umständen des Ersten Weltkriegs und seiner Opfer überhaupt gedacht werden?

Eine Antwort finden wir im protestantischen Dom von Güstrow, einer kleinen Stadt etwa 160 Kilometer nördlich von Berlin. Keine aufragende Säule, kein glänzendes Mausoleum in der Hauptstadt, sondern eine lebensgroße schwebende Figur aus Bronze, horizontal von der Kirchendecke herabhängend, die oft als Engel bezeichnet wird. Sie hängt über einer alten Taufeinfassung. Traditionell ist die Taufe christliches Symbol für die Vergebung der Sünden und die Erneuerung des Lebens. Dieser runde gusseiserne Zaun sieht aus wie ein Lorbeerkranz. Der Engel aber schwebt darüber. Seine Lippen sind geschlossen, stumm. Hier ist der Krieg verinnerlicht, sein Schrecken und sein Grauen werden durch dieses Schweigen nur noch größer. Die Augen des Engels sind geschlossen, offenbar kann er den Schmerz und das Leid nicht ertragen. Diese Figur ist ein Werk des Bildhauers Ernst Barlach. Der Engel sei, so wurde er beschrieben, «ein Mahnmal, aber keine Mahnung». Barlach selbst sagte, die Skulptur stelle die Haltung dar, die wir dem Krieg gegenüber einnehmen sollten: Erinnerung und innere Schau.

Ernst Barlach ist so eng mit dieser Stadt verbunden, dass sie sich heute Barlachstadt Güstrow nennt. Geboren wurde er allerdings ganz im Norden Deutschlands, 1870 in Holstein, in Güstrow ließ er sich 1910 nieder. Wie viele Künstler und Dichter dieser Zeit hat auch Barlach den Ersten Weltkrieg zunächst enthusiastisch begrüßt. Wie seine Kollegen glaubte auch er, im Feuer des Krieges werde eine neue Gesellschaft geschmiedet, und obwohl er bereits weit über vierzig Jahre alt war, meldete er sich 1915 zu den Waffen. Der Krieg war ein Wendepunkt in seinem Leben, aber in einem ganz anderen Sinn. Er war entsetzt über seine Erfahrungen als Landsturmmann und wurde zum entschiedenen Pazifisten. Wie der englische Dichter Wilfred Owen war auch Barlach überwältigt vom «*pity of war*», wie jener versuchte auch er in seiner Kunst eine wahrhafte Antwort auf Schrecken und Sinnlosigkeit des Krieges zu finden. 1916 wurde er als Invalide aus dem Kriegsdienst entlassen, und danach, bis zu seinem Lebensende, war der Pazifismus die treibende Kraft seiner bildhauerischen Arbeit. Seine Mahnmale lassen sich vielleicht als ein deutsches Äquivalent zur Klage der britischen Kriegsdichter betrachten.

Den ersten Auftrag zu einem Kriegsmahnmal erhielt Barlach im Jahr 1921. Auftraggeber war die Kieler Nikolai-Kirche in seinem Geburtsland Schleswig-Holstein. Er nannte seine Skulptur *Schmerzensmutter*: eine einsame Frau in einem Umhang, die ihre Hände vor dem Gesicht zusammenschlägt, dazu die Inschrift in Plattdeutsch: «Min Hart blött vör Gram awers du gifst mi Kraft.» (Mein Herz blutet vor Gram, aber du gibst mir Kraft.) Diese Figur ist die Jungfrau Maria, sie ist eine Frau aus Kiel, sie ist jede Mutter, die den Verlust ihres Sohnes hinnimmt, ohne ihn zu verstehen. Die Skulptur war umstritten, man fand sie pazifistisch, unpatriotisch, zu fixiert auf das Leid derer, die zurückblieben, statt auf das Heldentum

Ernst Barlach, *Schmerzensmutter*, Nikolaikirche Kiel, 1944 zerstört.

jener, die starben. Den NS-Bildersturm überlebte die Skulptur, 1944 aber wurde sie von einer alliierten Bombe zerstört. Sie ist Gegenstand eines bewegenden Tributs des englischen Dichters Geoffrey Hill – «In Memoriam, Ernst Barlach»–, den dessen Konzentration auf die Trauer einer Mutter, ausgedrückt in einfachen Worten im Dialekt, tief berührt hat.

Nicht weit vom Güstrower Dom befinden sich Barlachs Atelierhaus und das Barlach-Museum. Räume und Garten von Barlachs Atelier sind voller Zeichnungen und Skulpturen – soweit diese das Dritte Reich überlebt haben. Ein Ausstellungsraum enthält die Modelle von Barlachs Kriegsdenkmalen, die in verschiedenen

Ernst Barlach in seinem Atelier, neben seiner Skulptur *Mutter und Kind*, 1937.

Städten und Kirchen Deutschlands stehen; ein stummer Chor, der die Opfer der Kriege vergegenwärtigt, die Kriegsteilnehmer wie Überlebende zu tragen haben. Weder in Großbritannien noch in Frankreich kenne ich einen vergleichbaren Raum. Barlachs Kriegsdenkmale, und zwar ausnahmslos alle, verweigern sich nationalen Gefühlen, nichts verweist auf den Kriegstod als etwas Edles oder Bewundernswertes. Nein, sie teilen den Schmerz und rufen nach Reue. Volker Probst, Leiter der Ernst Barlach Stiftung, hat Barlachs Werk erforscht:

> Barlach hat einen neuen Typus von Kriegerdenkmalen entwickelt. Es gibt keinen Heroismus, keine Glorifizierung von Tod oder Krieg. In seinen Kriegerdenkmalen für Magdeburg, Güstrow, Hamburg und Kiel findet man stattdessen die Erkundung von Schmerz, Tod, Trauer und Gram. Barlachs Engel ist ein zeitloses Symbol für Frieden und Gewaltverzicht, ein «Denkzeichen», das sich an uns alle richtet.

Käthe Kollwitz, *Selbstbildnis*, 1923.

Ernst Barlach, Kopf des *Schwebenden Engels*.

Mitte der 1920er Jahre war Barlach eine nationale Berühmtheit, und seine Ablehnung des Krieges allgemein bekannt. Da er in Güstrow lebte und arbeitete, beauftragte ihn der Kirchengemeinderat 1926, ein Kriegerdenkmal zu schaffen, das im Dom zu dessen 700-Jahres-Feier aufgestellt werden sollte: Das Resultat war der *Schwebende Engel*, die Evokation einer Mutter, die nach Westen blickt, zu den Schlachtfeldern in Flandern, in stiller, beständiger Trauer um ihren toten Sohn.

Mit am auffälligsten am Güstrower Engel ist sein Gesicht. Wer sich in der deutschen Kunst auskennt, sieht sofort die Züge einer anderen Anti-Kriegs-Künstlerin, das Gesicht der Käthe Kollwitz, die eng befreundet war mit Barlach und auch ein passendes Modell: Im Oktober 1914 hatte sie ihren Sohn Peter an der Westfront verloren (vgl. Kapitel 22). Barlachs Pazifismus antwortete auf den ihren, und zwischen beiden entwickelte sich eine enge geistige Verbindung. Sie antwortete mit ihrem Werk auf die Simplizität seines Stils. (Barlach ermutigte sie zum Holzschnitt, den sie sehr wirkungsvoll in ihrem Erinnerungsblatt an den Kommunisten Karl Liebknecht einsetzte; abgebildet auf S. 451). Barlach hat später gesagt, dass er Käthe Kollwitz im Sinn gehabt haben müsse, als er die Gussform für den Engel schuf. Das runde Gesicht mit den in tiefen Höhlen sitzenden Augen, der volle Mund, die leicht nach unten

Ernst Barlach, *Schwebender Engel*, Drittguss, nach 1927. Hängung im Dom 1953–1968.

gezogenen Lippen – der Engel *ist* Käthe Kollwitz, und wie die zuvor entstandene *Schmerzensmutter* verkörpert er in seinem Ausdruck nachdenklichen Kummers etwas vom Gram aller Mütter. Genau das freilich sahen Barlachs Kritiker nicht. Sie ereiferten sich über die slawischen Gesichtszüge des Engels, den «entarteten» Stil und die Botschaft, die sie als pazifistisch und defätistisch wahrnahmen: Es gibt in diesem Mahnmal nicht den leisesten Hinweis darauf, dass die Toten ihr Leben um einer gerechten oder lohnenden Sache willen verloren hätten.

Die Skulptur erregte sofort den Zorn von Lokalpatrioten und Rechten. Die Nationalsozialisten verabscheuten sie, und als sie an die Macht kamen, war klar, dass der Engel weg musste. Was sie wollten, war etwas wie Georg Kolbes Kriegerdenkmal in Stralsund – zwei schöne und kraftvolle Männergestalten, ein Schwert haltend und den stolzen Blick auf den Feind gerichtet, darunter die Inschrift: «Ihr seid nicht umsonst gefallen».

Barlach erhielt Morddrohungen örtlicher Nazis. Seine Ausstellungen wurden abgesagt, seine Skulpturen und Kunstwerke nach 1933 von öffentlichen Orten entfernt. 1937 wurde in München die Ausstellung «Entartete Kunst» gezeigt (vgl. Kapitel 24), um allgemeine Abscheu gegen das zu fördern, was Goebbels den «kranken jüdischen Geist» nannte. Auch wenn Barlach weder Jude noch politisch aktiv war, Stil und Botschaft seiner Werke waren inakzeptabel. Zwei von ihnen wurden in die Münchner Ausstellung aufgenommen. Im gleichen Jahr, am 23. August 1937, wurde der Engel auf Anordnung der NS-Behörden aus dem Güstrower Dom entfernt.

Als die Skulptur abgenommen wurde, hinterließ sie einen Raum für Betrachtungen, die nicht in Worte zu fassen sind. An diesem Tag findet dort alljährlich eine stille Gedenkfeier statt; Pastor Christian Höser erläutert:

> Jedes Jahr erinnern wir uns an die Abnahme des Schwebenden im Jahr 1937 und haben damit ein besonderes Gedächtnis auch für diese schwere Verirrung unseres Volkes …, in Worte lässt sich das nicht fassen, aber solch eine Skulptur kann uns immer wieder darauf konzentrieren, es ernst zu nehmen und daraus zu lernen … also ein Vermächtnis, für Versöhnung einzutreten und dieses immer wieder Gott anzubefehlen und durch das eigene Tun umzusetzen. Das ist die Herausforderung, die uns heute erreicht.

Georg Kolbe, *Kriegerdenkmal*, Stralsund, 1934/35.

1914–1918
IHR SEID
»NICHT«
UMSONST
GEFALLEN

Die Skulptur wurde nach Schwerin gebracht, und Anfang der 1940er Jahre wurde Barlachs friedlicher Bronzeengel von den Nationalsozialisten eingeschmolzen und das Metall den Kriegsanstrengungen zugeführt. Barlach starb ein Jahr nach der Entfernung seines Engels aus dem Dom.

Wenn aber die Statue als Kriegsmaterial endete, was hängt dann heute über dem ehemaligen Taufgitter in Güstrow? Das ist eine interessante Geschichte. Nach Barlachs Tod im Oktober 1938, ein Jahr nach Entfernung der Statue aus dem Dom, spürten einige seiner Freunde und Anhänger, unterstützt von einem Kunsthändler, der über verdächtig gute Beziehungen zu den NS-Behörden verfügte, die Gipsform auf, die der Künstler für den ersten Abguss angefertigt hatte und die sich noch immer in der Berliner Gießerei befand. Weil sie zu Recht befürchteten, dass der Bronzeengel aus Güstrow zerstört werden würde, ließen sie mit dieser Gipsform einen zweiten Abguss fertigen. Irgendwann während des Krieges wurde die Form bei einem Bombenangriff zerstört, die zweite Bronze aber, identisch mit der ersten, überstand den Krieg versteckt in einem Dorf bei Lüneburg. Nach dem Krieg stimmten Barlachs Nachlassverwalter schließlich zu, dass dieser zweite Guss ausgestellt werden dürfe. Allerdings waren kommerzielle Konflikte zu lösen, und zu dieser Zeit lag Lüneburg in West-, Güstrow aber in Ostdeutschland. 1951, nach vielem Hin und Her, gelangte der Engel in die Antoniterkirche in Köln. Dort hängt er bis heute, genau so, wie Barlach dies intendiert hatte, allerdings mit einer Ergänzung: Auf der Platte im Fußboden steht nun nicht mehr nur das Datum «1914–1918», sondern auch «1939–1945» (später geändert in «1933–1945»). Die Symbolkraft des Engels und seine Geschichte, so dachten die Kölner, werden es diesem erlauben, auch die zusätzliche Bürde all der Verluste und Toten des Zweiten Weltkriegs zu tragen.

Es bleibt die Frage: Wenn sich die zweite Version des Engels heute in Köln befindet, was hängt dann heute so geheimnisvoll und beeindruckend über dem Fußboden des Güstrower Doms? Christian Höser beantwortet diese Frage:

Der zweite Guss von Barlachs *Schwebendem Engel* in der Antoniterkirche, Köln.

In den Nachkriegsjahren, in den 50er Jahren, gab es ein sensibles Aufeinanderhören und Suchen wie zwischen dem neuen Guss der Abformung, der nach Köln ging, und dem Originalplatz hier im Dom zu Güstrow, doch eine Möglichkeit entstehen kann, dass er wieder hierher kommt, an den Platz, für den ihn Barlach konzipiert hat. In den 1950er Jahren war

1914 - 1918
1939 - 1945

> aber der Kalte Krieg in einer heißen Phase. Zudem war damals in der DDR nicht klar, wie man mit Barlach, mit seinem Kunstverständnis und Gedankengut umgehen sollte. Daher war dieser inneröstliche Gesprächsprozess eine besondere Herausforderung.

Trotz der doktrinären Zweifel, welche die kommunistische Führung an der Legitimität und dem Sinn von Barlachs Botschaft hegte, trotz der Barrieren, die der Kalte Krieg zwischen den beiden deutschen Staaten errichtet hatte, wurde 1953 eine Kopie des Kölner Gusses hergestellt und die dritte Inkarnation von Barlachs Bronzeengel im Dom von Güstrow aufgehängt. Es war ein außerordentliches Ergebnis der Dialogbereitschaft, eine eindrucksvolle Anerkennung der Symbolkraft, die diese Skulptur auf die Menschen im tief gespaltenen Deutschland ausübte.

Am 13. Dezember 1981, an einem bitterkalten Tag, nahezu dreißig Jahre, nachdem der Engel nach Güstrow zurückgekehrt war, befand sich Bundeskanzler Helmut Schmidt auf einem offiziellen Besuch in der DDR, ein bedeutsamer Schritt auf dem Weg zur Normalisierung der Beziehungen zwischen beiden deutschen Staaten. Auf Schmidts Bitte hin besuchten er und Erich Honecker, der Generalsekretär des ZK der SED, den Dom in Güstrow, um zusammen unter dem Engel zu stehen. Begrüßt wurden sie vom mecklenburgischen Landesbischof. Ernst Barlach sei, so sagte dieser, für beide Staatschefs und für beide Staaten eine gemeinsame Erinnerung, eine gemeinsame Vergangenheit. Helmut Schmidt antwortete dem Bischof:

> Ich möchte Ihnen sehr danken für den Empfang und für Ihre Worte. Wenn Sie gesagt haben, Barlach sei unsere gemeinsame Erinnerung, unsere gemeinsame Vergangenheit, möchte ich das etwas anders wenden und sagen: Er kann auch unsere gemeinsame Zukunft sein.

Was Erich Honecker dazu dachte, ist nicht überliefert, doch weder er noch Helmut Schmidt hätten sich damals vorstellen können, dass die beiden deutschen Staaten ein Jahrzehnt später wieder vereint sein würden und Barlachs Skulptur nun tatsächlich eine gemeinsame Geschichte und eine gemeinsame Zukunft repräsentieren konnte – in einem ungeteilten Land.

Sechzig Jahre sind seit seiner Rückkehr vergangen, und in dieser Zeit wurde

Helmut Schmidt und Erich Honecker unter Barlachs *Schwebendem Engel*, Güstrow, 13. Dezember 1981.

Barlachs Engel zum Wahrzeichen Güstrows. Hinweisschilder an der Autobahn sollen heute als Anreiz Touristen in großer Zahl anlocken. Der Engel hat die Stadt seit über dreißig Jahren nicht verlassen. So war seine zeitweise Abwesenheit im Jahr 2014, als Leihgabe für eine Ausstellung im British Museum, von großer lokaler Bedeutung. Volker Probst, der die Barlach Stiftung leitet, vertritt den musealen Eigentümer des Güstrower Engels:

> Dieser Engel ist bislang zwei Mal ausgeliehen worden. 1970, zu Barlachs hundertstem Geburtstag, war er in Moskau und Leningrad, und 1981 wurde er auf der großen Barlach-Werkausstellung in Berlin gezeigt. Doch das Zusammentreffen von zwei Jahrestagen – 100 Jahre seit Beginn des Ersten Weltkriegs und 25 Jahre Wiedervereinigung Deutschlands – ergab einen sinnträchtigen Zeitpunkt, Barlachs Engel nach London zu bringen.

Die endgültige Entscheidung darüber, ob die Skulptur zu der Ausstellung von 2014 nach London reisen sollte oder nicht, fiel, wie es sich gehört, in der Güstrower Domgemeinde. Pastor Höser:

> Wir hatten eine Begegnung hier im Dom, die für das deutsch-deutsche Verständnis ganz wichtig war. 1981 kam Helmut Schmidt auf eigenen Wunsch hierher, mit Erich Honecker. Sie begegneten sich hier, dem Volk aber nicht. Aber es war deutsch-deutsche Geschichte, die der Schwebende sozusagen hervorgebracht, ausgelöst hatte. – Und damit komme ich auf das Thema Versöhnung, das sozusagen unterschwellig auch für unser Land immer wieder präsent ist. Wir brauchen es als Thema in Europa. Deswegen ist es uns wichtig, dass wir diesen Schritt gewagt haben, den Schwebenden nach London zu geben.

Es gibt nur wenige Objekte, die so viel deutsche Geschichte des 20. Jahrhunderts verkörpern wie diese Skulptur aus Güstrow: das Kriegsfieber von 1914; den Pazifismus der 1920er Jahre; die Welt der expressionistischen Kunst einer Käthe Kollwitz; die Zerstörung «entarteter Kunst» durch die Nationalsozialisten; die zwiespältigen Kompromisse mit dem Dritten Reich, die die Kunsthändler trotz allem eingehen konnten; die Westfront im Ersten Weltkrieg und die Bombenangriffe auf Berlin im Zweiten; die Teilung Deutschlands nach dem Krieg und die Dialoge, die gleichwohl möglich waren; die anhaltenden schmerzlichen und schwierigen Unterredungen zwischen Deutschland und der Welt auf der Suche nach Lösungen und nach Versöhnung. All das hat auch den Engel geprägt und ihm eine weitere, noch tiefere Bedeutung verliehen. Wie Deutschland selbst wurde auch er entehrt, zerstört, zerlegt und wieder erschaffen. Doch stets trug er das Überleben eines Ideals in sich und die Hoffnung auf Erneuerung.

Im British Museum war er für einige Monate in einem anderen Rahmen Teil von Diskussionen über die Verbindungen zwischen Deutschlands Vergangenheit und seiner Zukunft. Das letzte Wort, oder in diesem Fall, das letzte Schweigen, gebührt Pastor Höser:

> Wir haben uns entschieden, keinen Ersatz, kein anderes Stück hier aufzustellen, sondern diese Leerstelle zu lassen. Dieser Schmerz, den wir als Gemeinde durch diese Leerstelle haben, ist Teil der Ausstellung in London. Und ich möchte gerne, dass wir diese *Leer*stelle auch als *Lehr*stelle, als einen Raum, eine Zeit nutzen, in der wir etwas lernen, uns der Frage neu stellen können, inwieweit wir noch Verantwortung übernehmen, inwieweit wir bereit sind, uns auseinanderzusetzen mit der Situation und wirklich einstehen für Versöhnung. Das gehört letztendlich alles in die Konzeption Ihrer Londoner Ausstellung.

30
Deutschland erneuert

Wir haben diese Reise durch Deutschlands Vergangenheit am Brandenburger Tor begonnen, dem heute beliebtesten Ort, wenn es etwas öffentlich zu feiern gibt. Beenden möchte ich sie im Reichstagsgebäude, dem Sitz des Deutschen Bundestages und Ort nationaler Beratungen. Beide Bauwerke waren Zeugen großer historischer Ereignisse. Beide sind sie beladen mit bleibenden symbolischen Bedeutungen. Diese beiden außergewöhnlichen Bauwerke tragen die politische Geschichte des Landes gleichsam in ihren Steinen.

Sie stehen nur wenige hundert Meter voneinander entfernt, an einem bei Berlinbesuchern heute beliebten Rundweg. Doch für die längste Zeit der letzten siebzig Jahre war es schwierig oder unmöglich, diesem Weg zu folgen, denn seit 1945 waren sie getrennt durch die Grenze zwischen dem sowjetischen und dem britischen Sektor der besetzten Stadt, der Bruchlinie des Kalten Krieges, die 1961 zur Berliner Mauer wurde (vgl. Kapitel 2). Die Mauer ist heute verschwunden, und geblieben von ihr sind so spärliche Spuren, dass Touristen rätseln, wo genau sie gestanden haben muss. Erstaunlicherweise hat diese Erinnerung, noch immer lebendig und bitter, gerade dort so gut wie keine physische Präsenz, wo sie für Jahrzehnte ihre stärkste symbolische Kraft besaß.

Andere Erinnerungen aber sind hier überall greifbar. Nicht zu übersehen, nur einen Straßenblock nach Süden, erstreckt sich das Holocaust-Denkmal für die ermordeten Juden Europas (vgl. Einleitung, S. 40 f.), vom Architekten Peter Eisenman entworfen und 2005 fertiggestellt. Es hat weder einen Turm noch eine ragende

Nächste Doppelseite: Der Reichstag, restauriert und umgebaut nach Plänen von Norman Foster, ab 1992.

DEM DEU

VOLKE

Säule, aber es dominiert seine städtische Umgebung dennoch. Nicht weit davon, zwischen den Bäumen des Tiergartens, nahe Tor und Parlament, stehen drei bescheidenere Denkmale jüngeren Datums für die Gruppen, die wie die Juden von den Nationalsozialisten allein deswegen umgebracht wurden, weil sie waren, was sie waren: körperlich oder geistig behindert, homosexuell, Sinti oder Roma.

Diese Denkmale wurden bewusst an diesem Ort errichtet: Der Beschluss dazu fiel nach langen Beratungen im Bundestag. So werden die Abgeordneten auf ihrem Weg zum Reichstagsgebäude täglich an dieses schreckliche Kapitel der deutschen Geschichte erinnert. Diese Erinnerung werde, so hofft man, ihre Debatten prägen. Die Denkmale stehen dort aber nicht nur für die Politiker – man will auch das Denken der Bürger prägen und die Besucher aus aller Welt ansprechen, die in wachsender Zahl hierher kommen, um das neue Herz dieser pulsierenden Stadt zu bewundern. Wie ich bereits zu Beginn dieses Buches sagte, kann man sich nur schwer eine internationale Parallele zu dieser Übung in schmerzlicher Selbstvergewisserung vorstellen. Hat es funktioniert? Christopher Clark glaubt das:

> Das Dritte Reich hat nicht einfach als Regime, sondern durch die Mitwirkung von vielen hunderttausend deutschen Bürgern Verbrechen von solchem Ausmaß und solcher Barbarei verübt, dass sie nicht zu leugnen sind. Es führt kein Weg vorbei an dem Eingeständnis, dass diese Ereignisse der deutschen Nation eine moralische Bürde auferlegen. Doch es ist bemerkenswert, in welchem Maß diese Bürde nach 1945 auch angenommen wurde, die Schuld ist internalisiert und Teil der deutschen nationalen Identität. Das Bewusstsein einer moralischen Bürde, der Schuld für die entsetzlichen Verbrechen des Dritten Reichs treibt tiefe Wurzeln in das deutsche Nationalgefühl hinein, und ich halte dieses selbstkritische Bewusstsein, moralisch befleckt zu sein von den Untaten eines Regimes, für einen einzigartigen Zug des heutigen deutschen Gemeinwesens.

Der Weg zum Reichstagsgebäude selbst ist weniger ernst und feierlich. Es stand nahe an der Mauer, wohl ein Grund dafür, dass seine Umgebung vernachlässigt wurde, und heute erstreckt sich das Reichstagsgebäude auf einer Wiese, auf der Menschen Fußball spielen, sich sonnen und Urlaubsfotos schießen – eine unerwartete Umgebung für diesen grandiosen Palast, der 1884–1894 erbaut wurde, um das Parlament des neuen, geeinten Deutschen Reichs zu beherbergen, das 1871 in

Versailles proklamiert worden war. Es ist ein für das Europa des späten 19. Jahrhunderts typisches Bauwerk, römisch-imperial in seinem (ursprünglich noch reicher dekorierten) architektonischen Vokabular, fast britisch-imperial in seinem monumentalen Selbstvertrauen, zugleich auf merkwürdig deutsche Weise großspurig durch die das Ganze ursprünglich krönende Zentralkuppel auf quadratischem Grundriss. Es ist ganz eindeutig das Parlament eines Staates, der sich selbst sehr ernst nimmt.

Dabei wurde in den Jahren nach 1871 nicht weniger klar, dass dieser neue Staat nur sehr zögernd bereit war, sein Parlament ernst zu nehmen. Bismarck missfiel die langsame, hemmende Prozedur der Gesetzgebung mit ihren unvermeidlichen Kompromissen, und er hinderte den Reichstag systematisch daran, tatsächlich Macht auszuüben. Den jungen Kaiser Wilhelm II. machte der Anspruch demokratischer Legitimität ähnlich ungeduldig wie so vieles andere auch. Fortwährend kam es zu Zank und Streit zwischen Kaiser und Reichstagsabgeordneten, die sich bis zuletzt auch um die Worte: «Dem deutschen Volke» drehten, die als Inschrift die Fassade zieren sollten. Der Kaiser war strikt gegen diese Formulierung, die seine ultimative Autorität in Zweifel zog, er favorisierte «Der Deutschen Einigkeit». Erst 1916, mitten im Ersten Weltkrieg, setzten sich die Reichstagsabgeordneten durch. Der Architekt und Typograph Peter Behrens, ein Vertreter der Moderne, entwarf den Schriftzug, und die Bronze, gewonnen aus eingeschmolzenen französischen Kanonen, die im Krieg gegen Napoleon erbeutet worden waren, bildete einen historischen – und bellizistischen – Gegensatz zu der entschieden demokratischen und modernen Inschrift.

Zwei Jahre später, der Kaiser hatte abgedankt und der Krieg war nahezu beendet, rief der Sozialdemokrat Philipp Scheidemann am 9. November 1918 die neue Deutsche Republik von einem Fenster des Reichstags aus. Für die nächsten fünfzehn Jahre war das Gebäude der Sitz des Parlaments der Weimarer Republik, und über dem Reichstag wehte nicht mehr die schwarz-weiß-rote Fahne des Kaiserreiches, sondern die schwarz-rot-goldene der deutschen Nationalversammlung von 1848 in Frankfurt am Main (vgl. Kapitel 15). Der Reichstag war zu einem wirklichen, demokratischen Parlament geworden, «Dem deutschen Volke» allein verpflichtet und nicht länger eingeschränkt durch monarchische

Der Reichstag in Flammen, 27. Februar 1933.

Macht – doch er stand nun unter unablässigen Attacken von Linken und Rechten.

Seit 120 Jahren ist der Reichstag ein zentrales Gebäude der deutschen Geschichte, sein Gebrauch, Missbrauch und Nichtgebrauch spiegeln den Zustand Deutschlands in jeder Hinsicht. Den berühmten Reichstagsbrand am 27. Februar 1933, wenige Wochen, nachdem Hitler an die Macht gelangt war, schoben die Nationalsozialisten einem arbeitslosen holländischen Kommunisten in die Schuhe. Der Brand beschädigte nicht nur das Gebäude schwer, er markierte auch das Ende des demokratischen Deutschland, denn er lieferte dem NS-Regime den Vorwand, mit dem Reichspräsident von Hindenburg überzeugt werden konnte, die «Verordnung zum Schutz von Volk und Staat», auch Reichstagsbrandverordnung genannt, zu unterzeichnen – ein Gesetzespaket, das die in der Weimarer Verfassung garantierten Bürgerrechte weitgehend außer Kraft setzte. Nun konnten Gegner aller Richtungen verhaftet werden, viele von ihnen wurden ermordet. Das Gebäude wurde nicht vollständig restauriert – die Nationalsozialisten hatten seine liberalen

Die Sowjetfahne über den Ruinen des Reichstages, 1945.

Assoziationen nie gemocht; Hitlers Marionettenparlament tagte von nun an in der nahe gelegenen Krolloper.

Der Schaden, den der Brand von 1933 angerichtet hatte, wurde nach 1940 von britischen und amerikanischen Bomben rasch übertroffen. Als der Krieg seinem Ende zuging, wählte Stalin den Reichstag, obwohl ihn die Nationalsozialisten derart missachtet hatten, zum Hauptsymbol des faschistischen Berlin. Es wurde zu einer regelrechten Obsession der Sowjets, das Gebäude noch vor dem Maifeiertag 1945 zu erobern; eine große Zahl von Soldaten wurde in den sich hinziehenden, blutigen Straßenkämpfen geopfert, die erst an ein Ende kamen, als Rotarmisten die Sowjetfahne auf das ausgebombte Dach pflanzten – ein Bild, das um die Welt ging und bis heute in Erinnerung geblieben ist als Zeichen des Sieges der Russen im

Russische Graffiti von 1945, erhalten im restaurierten Reichstagsgebäude.

Zweiten Weltkrieg. Wie ganz Berlin, wie ganz Deutschland, hatte das Gebäude fürchterliche Schläge abbekommen. Nur seiner soliden Konstruktion war zu verdanken, dass es überhaupt stehen blieb. Das gewaltsame russische Kapitel in der Geschichte dieses Gebäudes kann bis heute gelesen werden; man kommt kaum darum herum. In den öffentlich zugänglichen Bereichen des restaurierten Reichstagsgebäudes sind Graffiti in kyrillischer Schrift erhalten, Hinterlassenschaften triumphierender russischer Soldaten. Unter allerhand Obszönitäten und Flüchen ist «Hitler kaputt» noch am ehesten druckreif. Wenn ihnen danach ist, mögen Besucher auch die anderen entziffern.

Nach 1945 fiel das Reichstagsgebäude in einen Dämmerschlaf – man hatte es zwar nutzbar gemacht, genutzt aber wurde es kaum, dort, in der Westhälfte Berlins unmittelbar vor der Sektorengrenze und späteren Mauer gelegen. Das Parlament der Bundesrepublik hatte seinen Sitz nicht in Berlin, es tagte in Bonn. Große Teile des Skulpturenschmucks aus dem 19. Jahrhundert erschienen weder ausdrucksstark noch erbaulich und wurden bei der Sanierung in den 1960er Jahren entfernt, und so wartete ein schlichteres, zweckmäßigeres, im Grunde provisorisches Reichstagsgebäude, als der Einigungsvertrag zwischen den beiden deutschen Staaten 1990 abgeschlossen war. Es wurde beschlossen, dass das Reichstagsgebäude, wie nach 1871, zum Sitz des Parlaments des neuerlich vereinten Deutschland werden sollte – nun des Bundestages. Für die fundamentale Erneuerung wurde ein internationaler Wettbewerb ausgeschrieben, und den Zuschlag erhielt 1992 der Entwurf des britischen Architekten Norman Foster. Die Bereitschaft, einen Nichtdeutschen auszuwählen, war in sich schon ein starkes Bekenntnis zum Internationalismus des wiedervereinten Staates. Doch um das alte Reichstagsgebäude zum würdigen Sitz des neuen gesamtdeutschen Bundestages zu machen, bedurfte es mehr als nur eines physischen Umbaus: Auch die *Idee* des Bauwerks, vom Kaiser verunglimpft, von den Nationalsozialisten verachtet, besudelt durch die Intrigen rund um den Brand, entwertet durch seine Vernachlässigung in der Nachkriegszeit, bedurfte einer Erneuerung. Damit es zur Tribüne für die Repräsentanten eines freien Volkes werden konnte, musste das Bauwerk mit seinen Narben aus Ehre und Scham neu erfunden werden. Es musste neu geboren werden, und so geschah es.

Der Reichstag verhüllt von Christo und Jeanne-Claude, Juni 1995.

Der *Verhüllte Reichstag* – das Projekt des Künstlerpaars Christo und seiner Frau Jeanne-Claude – ist vielleicht die unerwartetste Episode in der Geschichte dieses Ortes. Zwei Wochen lang, vom 24. Juni bis zum 7. Juli 1995, umhüllten 90 000 Quadratmeter eines silbrigen Gewebes das gesamte Gebäude. Millionen kamen, um mitzuerleben, wie der alte Reichstag mitsamt seiner umstrittenen oder kontaminierten Vergangenheit den Blicken entschwand. Als er wieder auftauchte aus seinem riesigen Silberkokon, war er ein anderes Gebäude geworden und konnte nun das werden, was er für Deutschland werden musste.

Monika Grütters, heute Staatsministerin für Kultur und Medien, war damals Mitglied des Berliner Abgeordnetenhauses und hatte viel mit dem Projekt zu tun:

> Erst nachdem Christo den Reichstag, das Gebäude, die Architektur, die Ruine verhüllt und uns dadurch die Augen für die eigentliche Topographie dieses Bauwerks geöffnet hat, haben wir verstanden, dass es unser Haus ist, das Haus der Bevölkerung, ein demokratisches Gebäude, in dem das Parlament sitzt, die Volksvertretung. Dieses Happening der Reichstagsverhüllung hat das nicht in erster Linie den Parla-

> mentariern, sondern vor allem den Menschen näher gebracht, und etwas von diesem Geist ist bis heute geblieben.
>
> Ja, dadurch ist es endlich populär geworden, hat auf einmal die Passanten erreicht. Es ist mehr aus ihm geworden als nur eine Funktion, die es bis dahin auch nur halbherzig erfüllen konnte, auf Grund der schwierigen Geschichte. Und es ist weg von der Mauer, wieder in der Mitte angekommen. Ganz unerwartet hat es Christo geschafft, durch die Verhüllung die Augen uns allen zu öffnen, so absurd das erscheint, aber genau das war die Idee. Die Verhüllung hat in wenigen Wochen viele Jahre Geschichte in eine gute Perspektive gerückt.

Die Wieder-Aneignung eines Bauwerks durch seine Öffentlichkeit – auch dafür lässt sich kaum irgendwo anders etwas Vergleichbares finden. Es war ein Prozess, der fortgesetzt wurde durch die nachfolgende, von Norman Forster sorgfältig geleitete Metamorphose. Er selbst sagt dazu:

> Ich hatte das starke Gefühl, dass der Bau, als er wieder auftauchte, die Narben des Krieges, die Narben auch von zivilem Vandalismus, wenn Sie so wollen, der Geschichte, bewahren sollte und dass es eine sehr deutliche Demarkation dessen geben sollte, was in der Art eines visuellen Museums Spuren der Vergangenheit sind – dass diese Graffiti, obszön oder nicht, ein integraler Bestandteil dieses Baus sein sollten, und auf diese Weise Botschaften aus seiner Vergangenheit, auch seiner Wiedergeburt, mit schöner Klarheit vermitteln würden.

Monika Grütters ist sicher, dass Foster mit seiner Vorgehensweise bei denen, die in diesem Gebäude arbeiten, rundum Erfolg hatte:

> Ja, ich denke dabei an die kyrillischen Inschriften, die im Gebäude gefunden wurden aus den Tagen Ende April, Anfang Mai 1945, Soldaten der Roten Armee haben sie dort angebracht. Sie machen uns auf eine etwas simple, aber umso eindringlichere Weise, eben durch Graffiti, klar, dass es noch nicht lange her ist, dass wir in einer Diktatur lebten, einen Niedergang der Menschheit erlebt haben, bevor wir dieses Gebäude wieder einer demokratischen Würde zuführen konnten.

Der «wiedergeborene» Reichstag unterscheidet sich deutlich sichtbar von allen früheren Stadien des Bauwerks. Über den Plenarsaal der Abgeordneten spannt sich eine lichtdurchflutete, leichte Glaskuppel, umrundet von Rampen, die es den Besuchern ermöglichen, in den Saal hinunterzuschauen, in dem die Abgeordneten debattieren. Eine sprechende architektonische Metapher: An jedem Sitzungstag,

Im Innern von Norman Fosters Kuppel.

ohne Einschränkung, können die Besucher ihre Politiker im wörtlichen Sinne von oben beaufsichtigen. Für eine Öffentlichkeit, deren Bürger im Überwachungsstaat der DDR aufgewachsen sind, die noch Erinnerungen hat an das Dritte Reich oder auch nur an das politische Taktieren in der Bundesrepublik während des Kalten Krieges, für eine Öffentlichkeit wie diese ist die Kuppel ein aufregendes Bekenntnis zu ziviler Freiheit. Unter dieser Glaskuppel hat Bundeskanzlerin Angela Merkel im Januar 2014 in ihrer Reaktion auf Edward Snowdens Enthüllungen der NSA-Überwachungsmethoden die Notwendigkeit betont, dass Bürger und Parlament die Kontrolle über die Geheimdienste behalten (vgl. Kapitel 2). Monika Grütters:

> Die Kuppel hat einen einladenden Gestus, sie ist ein Tummelplatz für Besucher, und die Menschen, die über dem Plenarsaal herumlaufen, turnen dem Parlament auch ein bisschen auf der Nase herum. Für uns Parlamentarier heißt das, die Bürger, das sind die da oben, wir Parlamentarier sind die da unten. Dadurch hat der Sinnspruch «Dem deutschen Volke» endlich seine Bedeutung erfüllt.

Norman Foster, seine Arbeit interpretierend, geht noch weiter:

> Es geht um das Verhältnis von Öffentlichkeit und Politikern, und darum, es in einer Weise neu zu definieren, die einmalig ist. Die Kuppel ist zum Symbol einer Stadt geworden. Mehr noch: Sie ist inzwischen zum Symbol einer Nation geworden.

Tatsächlich war das Reichstagsgebäude in den 120 Jahren seines Bestehens das Symbol für viele Deutschlands: für das gerade geeinigte Reich; für die stets gefährdete freiheitliche Demokratie der Weimarer Republik, die im Brand von 1933 unterging; für das Reich der Nationalsozialisten, das, wie dieses Gebäude, zerstört und dann von den Sowjets und ihren westlichen Alliierten erobert wurde; für die nun 25 Jahre alte parlamentarische Demokratie von heute. Dank Fosters Umbau ist jede dieser Erinnerungen weiterhin präsent und in diesem Gebäude wirksam. In welchem Maß diese noblen architektonischen Metaphern das Verhalten der Politiker tatsächlich beeinflussen, das nachzuprüfen ist «dem deutschen Volke» aufgegeben.

Berlin ist eine Stadt, die in Architekturen träumt. In dieser Hinsicht ist das Reichstagsgebäude nur ein Beispiel dafür, wie es die Stadt versteht, neue Identitäten zu beschwören oder an verschiedene Vergangenheiten zu erinnern, indem sie ihr historisches Zentrum baut und umbaut. Dem Eingang zur

Berlins Museumsinsel aus der Luft.

Akropolis nachgebildet und geschmückt mit Skulpturen, die sich an die Metopen des Parthenon anlehnen: Deutlicher als mit dem Brandenburger Tor hätte Preußen seine Entschlossenheit nicht demonstrieren können, Berlin in den 1780er Jahren zu einem neuen Athen zu machen. Am anderen Ende der Allee Unter den Linden führte der gleiche Traum von Berlin als Metropole der Bildung und der Künste König Friedrich Wilhelm IV. in den 1840er Jahren dazu, die Insel gegenüber dem Schloss in ein «Heiligtum der Künste» zu verwandeln: durch den Bau der Museumsinsel. Entstanden ist ein Parnass an der Spree, wo Museen in der Gestalt klassischer Tempel und durch Kolonnaden verbunden den Besuchern erlauben, die Welt der Antike wiederzuentdecken. Beide, Tor und Insel, bringen den Glauben vieler Deutscher im 19. Jahrhundert zum Ausdruck, den antiken Griechen ähnlich zu sein, einzelne Stämme, die ihre unterschiedlichen Identitäten pflegen und dennoch zusammenwirken, der Bildung hingegeben, sich dabei über weite Gebiete ausdehnend. Tatsächlich wurde die griechische Diaspora rund ums Mittelmeer, Alexandria und Konstantinopel, häufig mit den deutschen Städten an der Ostsee und in Osteuropa verglichen. Das war eine Phantasie, die Preußen und Bayern teilten (vgl. Kapitel 9), Teil einer neuen nationalen Selbstdefinition: die freiheitsliebenden Deutschen/Griechen gegen die aggressiv imperialen Franzosen/Römer. Schon da-

Das «Forum Fridericianum», der Bebelplatz; von links nach rechts: Oper, Sankt-Hedwigs-Kathedrale, rechts die Alte Bibliothek.

mals stand dies quer zu Preußens konkurrierenden Ambitionen militärischer Stärke. Heute freilich, im Kontext von Berlins ökonomischer Hegemonie über Südeuropa, muss diese Architektur, die ein im Wesen griechisches Deutschland beschwört, manche Besucher aus den mediterranen Ländern erstaunen und verärgern.

Einige hundert Meter westlich der Museumsinsel künden die Bauwerke Unter den Linden von einem anderen, etwas älteren Traum Deutschlands – von der preußischen Aufklärung, wie sie Friedrich dem Großen vorschwebte (und von ihm auch in beachtlichem Umfang verwirklicht wurde). Der lange Prozess des Wiederaufbaus ist fast abgeschlossen. Christopher Clark erläutert, was diese sorgfältig restaurierten Gebäude bedeuten:

> Ich glaube, man könnte das, was wir dort sehen, betrachten als eine Art architektonischer Wiederbestätigung einer bestimmten Vision des preußischen Staates und seines historischen Auftrags. Die Preußen definierten sich nie allein durch ihre militärische Stärke. Ihr Staat war stets auch das, was sie einen *Kulturstaat* nannten, ein Staat, geschaffen und dazu da, kulturelle Ziele zu verfolgen. Wir sehen in diesem außergewöhnlichen Stadtraum, den sie Forum Fridericianum nannten, ein Trio höchst gelungener Bauwerke, die in der Regierungszeit Friedrichs des Großen entstanden sind. An der hinteren Ecke des Platzes steht die Hedwigskirche, ein bemerkenswertes

> Monument religiöser Toleranz in einem protestantischen Staat; mitten in der Stadt durften Katholiken eine kraftvoll wirkende Kirche errichten. Rechts steht die Bibliothek, ein halböffentliches Gebäude. Gewöhnliche Leute konnten dort hineingehen und Bücher lesen. Gegenüber dann das Opernhaus. Ein Bekenntnis zur Toleranz, zu Büchern, zur Musik. Darum ging es in Berlin, neben anderen Dingen, und wenn diese Gebäude heute restauriert werden, dann bedeutet dies, Preußen wird in gewisser Weise als Kulturstaat wiederentdeckt.

Doch wie so häufig in Berlin, ist auch dort der Wurm drin. In der Mitte dieses noblen Platzes ist eine Glasfläche in die Pflasterung eingelassen, die den Blick auf tiefer unten gelegene leere Bücherregale freigibt. Es ist ein Denkmal, das einem anderen Deutschland gilt. Denn hier, im Mai 1933, schleppten NS-Studenten Bücher aus der «halböffentlichen» Bibliothek und warfen sie ins Feuer (vgl. Kapitel 24).

Forum Fridericianum und Museumsinsel zeugen von Preußens Selbstverständnis als Kulturstaat. Für die meisten Deutschen jedoch und auch für den größten Teil der übrigen Europäer war Preußen vor allem ein Militärstaat. Gegenüber dem Kronprinzenpalais, auf der anderen Seite von Unter den Linden, stehen Schinkels Neue Wache (vgl. Kapitel 22) und der Barockbau des Zeughauses, die ebenso machtvoll von der zentralen Rolle der Armee sprechen. Schon bevor die Nationalsozialisten 1933 die Macht übernahmen, hat die bellizistisch gesinnte preußische Führung Deutschland auf den verderblichen Weg aggressiver Expansion getrieben, so sehen es viele. Preußen, darauf würden die meisten Deutschen Wert legen, war niemals das Ganze Deutschlands.

Der am meisten debattierte aller Berliner «Erinnerungsorte» liegt am östlichen Ende der Prachtstraße Unter den Linden. Am Ende der Sichtachse, die vom Brandenburger Tor wegführt, sieht man die Bauarbeiten, die hier in vollem Gange – und umstritten – sind. Hier stand das Stadtschloss der Hohenzollernkönige und der Kaiser, dessen Ruine die DDR in den 1950er Jahren sprengen ließ. An seiner Stelle stand seit Mitte der 1970er Jahre der Palast der Republik, Sitz der DDR-Volkskammer; auch dieser Palast wurde ab 2006 wieder abgerissen, unter viel Protest von Ostberlinern. So wurde hier beides abgeräumt, die Bauwerke des alten Preußen und der DDR, Erinnerungen an ferne Siege und an jüngere Erfahrungen. Ihre Spuren und ihre Schatten bleiben. Nach langen Debatten beschloss der Bundestag

Erinnerung bauen, August 2014: Rekonstruktion des Berliner Stadtschlosses am alten Standort, dort wo zuvor der Palast der Republik stand.

den Bau einer Replik des alten Stadtschlosses, und inzwischen wächst sie rasch. Der Blick Unter den Linden entlang wird wieder so enden, wie es die Kurfürsten von Brandenburg intendiert hatten. Doch hofft dieses «alte» Bauwerk von einem sehr modernen Deutschland zu zeugen. Es soll die weltberühmten Berliner Sammlungen von Kunst aus Afrika, Asien, Ozeanien sowie Nord- und Südamerika beherbergen. Dieses Schloss will nicht das einer militaristischen preußischen Dynastie sein, sondern das eines neuen Deutschlands und seiner Beziehungen in die Welt, über Europa hinaus. Wieder ist Berlin dabei, einen Traum zu bauen: diesmal den eines friedlichen, bereichernden Dialogs der Kulturen – die europäischen und mediterranen auf der Museumsinsel, die Kulturen der übrigen Welt im Schloss, dessen Botschaft so doppelsinnig sein wird wie die des Münchner Siegestores, mit dem dieses Buch begann. Die komplexe deutsche Vergangenheit wird auch hier einmal mehr neu geformt werden durch ihre Monumente und Erinnerungen.

Envoi

Ein zentraler Gedanke dieses Buches lautete, dass sich Geschichte in Deutschland nicht nur mit der Vergangenheit beschäftigt, sondern, anders als in anderen Ländern Europas, nach vorne blickt. Darum endet es mit zwei Kunstwerken, die beides reflektieren, Vergangenheit und Zukunft.

1920, einige Monate bevor er ans Bauhaus in Weimar berufen wurde (vgl. Kapitel 20), schuf Paul Klee eines seiner fesselndsten Werke, den «Angelus Novus», in einem von ihm eigens entwickelten aufwendigen Ölpausverfahren. Es war die Zeit, in der sich Deutschland mit den Folgen des Ersten Weltkriegs auseinandersetzte und mit der Weimarer Republik einen hoffnungsvollen Weg in die Zukunft eingeschlagen hatte. Zwanzig Jahre später, kurz vor der Kapitulation Frankreichs im Sommer 1940, verfasste der Philosoph Walter Benjamin, ein in Berlin geborener Jude, der nun im Exil in Paris lebte, seine Thesen *Über den Begriff der Geschichte*; eine von ihnen ist von Klees berühmtem Blatt inspiriert:

> Es gibt ein Bild von Klee, das *Angelus Novus* heißt. Ein Engel ist darauf dargestellt, der aussieht, als wäre er im Begriff, sich von etwas zu entfernen, worauf er starrt. Seine Augen sind aufgerissen, sein Mund steht offen und seine Flügel sind ausgespannt. Der Engel der Geschichte muß so aussehen. Er hat das Antlitz der Vergangenheit zugewendet. Wo eine Kette von Begebenheiten vor uns erscheint, da sieht er eine einzige Katastrophe, die unablässig Trümmer auf Trümmer häuft und sie ihm vor die Füße schleudert. Er möchte wohl verweilen, die Toten wecken und das Zerschlagene zusammenfügen. Aber ein Sturm weht vom Paradiese her, der sich in seinen Flügeln verfangen hat und so stark ist, daß der Engel sie nicht mehr schließen kann. Dieser Sturm treibt ihn unaufhaltsam in die Zukunft,

Paul Klee, *Angelus Novus*, 1920.

der er den Rücken kehrt, während der Trümmerhaufen vor ihm zum Himmel wächst. Das, was wir den Fortschritt nennen, ist dieser Sturm.

Klee ist Ende Juni 1940 in der Schweiz gestorben, gerade als Frankreich überrannt wurde. Genau drei Monate später hat sich Benjamin auf der Flucht an der französisch-spanischen Grenze, aus Furcht, er würde zurückgeschickt, das Leben genommen.

Gerhard Richter ist, wie Paul Klee, Tilman Riemenschneider und Caspar David Friedrich, ein Meister der reflexiven Stille, in der die Zeit aufgehoben ist und Vergangenheit und Zukunft ineinanderfließen. Auch er ist, wie Dürer und wiederum Klee, ein Virtuose vieler Techniken. 1977 fotografierte er seine Tochter Betty, die über ihre Schulter hinweg auf eines seiner Bilder blickt, das an der Wand hinter ihr hängt. Dieses Bild war eine verschwommene, graue Wiedergabe einer alten Zeitungsfotografie. 1988 verwandelte er diese Fotografie von Betty in ein Gemälde, nach dem er dann den hier abgebildeten Offsetdruck schuf. So wurden, über viele Jahre hinweg, diverse Medien verwendet, jedes Mal Augenblicke des Sehens und Wieder-Sehens, bis sich dieses Porträt einer Person ergab, deren Haltung sich nicht genau entziffern oder klar in Worte fassen lässt. Schon in seinem Entstehungsprozess also ist es eine vielschichtige Meditation über Ereignisse und Weisen ihres Aufbewahrens. Ich denke, es tut Richters Kunst keine Gewalt an, wenn ich sie als Metapher für Deutschlands subtile, wechselhafte, obsessive Beschäftigung mit seiner Vergangenheit verstehe.

Richter und seine Tochter verkörpern viel von dieser Vergangenheit. Er wuchs in der Nähe der heutigen polnischen Grenze auf, erlebte seine Kindheit unter den Nationalsozialisten und unterbrochen vom Krieg. Danach studierte er im zerstörten Dresden. Wie die Hauptfigur in Christa Wolfs *Der geteilte Himmel* ist er 1961, nur Monate, bevor die Mauer durch Berlin gezogen wurde, aus der DDR geflohen. Betty, die sich von ihrem Vater abwendet (schüchtern? abgelenkt? gleichgültig? ablehnend?), wuchs in Westdeutschland auf, sie gehört zu der Generation, die in einem Land groß wurde, das es sich zur Aufgabe gemacht hat, eine beschämende Vergangenheit aufzudecken, die Verbrechen der Eltern- und Großelterngeneration ans Licht zu bringen und, wenn möglich, strafrechtlich zu verfolgen – und deren Opfer zu ehren.

Betty lebt in einem Raum, der noch erfüllt ist von Werken ihres Vaters, auch wenn das Gemälde an der Wand hinter ihr im Dunkeln nicht mehr zu erkennen ist, so wie alle Deutschen in der Gegenwart der Taten ihrer Vorgänger leben – einer Präsenz, die zwar blasser wird, doch immer noch bestimmend ist. Was Betty von ihrem Vater und seiner Generation hält, was sie daraus macht, können wir nicht erkennen. Doch gleich wird sich diese junge Frau uns zuwenden – und der Zukunft.

Abbildungsverzeichnis

Wir haben versucht, alle Rechteinhaber ausfindig zu machen. Der Verlag ist gerne bereit, in zukünftigen Auflagen alle Fehler oder Auslassungen zu korrigieren, die ihm angezeigt werden.

Bildrecherche: Cecilia Mackay

Literaturhinweise

Zur deutschen Geschichte allgemein

Applebaum, Anne, *Der Eiserne Vorhang. Die Unterdrückung Osteuropas 1944–1956*, übers. v. Martin Richter, München 2013

The Cambridge Modern History, zahlreiche Bände, Cambridge 1957 ff.

Craig, Gordon A., Deutsche Geschichte 1866–1945. Vom Norddeutschen Bund bis zum Ende des Dritten Reiches, übers. v. Karl Heinz Siber, München 1999

Evans, Richard J., *Das Dritte Reich*, übers. v. Udo Rennert und Martin Pfeiffer, in drei Bänden:

–, *Aufstieg*, München 2004

–, *Diktatur* (2 Bde.), München 2006

–, *Krieg*, München 2009

Howard, Michael, *The Franco-Prussian War 1870–71*, London 1967

Kehlmann, Daniel, *Die Vermessung der Welt*. Roman, Reinbek 2005

MacCulloch, Diarmaid, *Die Reformation 1490–1700*, übers. v. Heike Voß-Becher, Klaus Binder, Bernd Leineweber, München 2008

Roberts, Andrew, *Napoleon the Great*, London 2014

Schama, Simon, *Landscape and Memory*, London 1995

Schmidt, Georg, Der Dreißigjährige Krieg, München 82010

Scruton, Roger, *German Philosophers: Kant, Hegel, Schopenhauer, Nietzsche*, Oxford 1997

Whaley, Joachim, *Das Heilige Römische Reich Deutscher Nation und seine Territorien*, übers. v. Michael Haupt u. Michael Sailer, in zwei Bänden:

–, *Von Maximilian I. bis zum Westfälischen Frieden. 1493–1648*, Darmstadt 2014

–, *Vom Westfälischen Frieden bis zur Auflösung des Reichs. 1648–1805*, Darmstadt 2014

Wilson, Peter H., *Europe's Tragedy. A History of the Thirty Years War*, London 2009

Winkler, Heinrich August: *Der lange Weg nach Westen*, München 2000, in zwei Bänden:

–, *Deutsche Geschichte I. Vom Ende des Alten Reiches bis zum Untergang der Weimarer Republik*

–, *Deutsche Geschichte II. Vom «Dritten Reich» bis zur Wiedervereinigung*

Geteilter Himmel

Fulbrook, Mary, *Interpretations of the Two Germanies, 1945–1990*, Basingstoke 2000

Garton Ash, Timothy, *Die Akte «Romeo». Persönliche Geschichte*, übers. v. Udo Rennert, Frankfurt am Main 1999

Hertle, Hans-Hermann, *Die Berliner Mauer.Biographie eines Bauwerks*, Berlin 2011

Miller, Roger Gene, *To Save a City: The Berlin Airlift. 1948–1949*, College Station 2000

Schulte, Bennet, *Die Berliner Mauer. Spuren einer verschwundenen Grenze*, Brandenburg 2011

Wolf, Christa, *Der Geteilte Himmel*, Halle 1965 (Frankfurt am Main 2009)
Wolfrum, Edgar, *Die Mauer. Geschichte einer Teilung*, München 2009

Verlorene Kapitale

Davies, Norman, *Verschwundene Reiche. Die Geschichte des vergessenen Europa*, übers. v. Karin Schuler, Stuttgart 2013
Egremont, Max, *Forgotten Land: Journeys among the Ghosts of East Prussia*, New York 2011
Evans, R. J. W., *Rudolf II. Ohnmacht und Einsamkeit*, übers. v. Uta Szyszkowitz, Graz 1980
Kafka, Franz, *Die Verwandlung und andere Erzählungen*, Frankfurt am Main, Berlin 1995

Stadt an der fließenden Grenze

Fischer, Christopher J., *Alsace to the Alsatians? Visions and Divisions of Alsatian Regionalism*, New York 2012

Fragmentierte Macht

Ebert, Robert R., «‹Talers›, patrons and commerce: a glimpse at the economy in the times of J. S. Bach», in: *Bach* 16 (1985), S. 37–54
Stollberg-Rilinger, Barbara, *Des Kaisers alte Kleider. Verfassungsgeschichte und Symbolsprache des Alten Reiches*, München ²2013
Wilson, Peter H., *The Holy Roman Empire, 1495–1806*, Basingstoke 1999
Wines, Roger, «The Imperial Circles, princely diplomacy and imperial reform 1681–1714», in: *Journal of Modern History* 39 (1967), S. 1–25

Eine Sprache für alle Deutschen

Bainton, Ronald H., *Hier stehe ich. Das Leben Martin Luthers*, übers. v. Hermann Dörries, Göttingen 1952
Brady, Thomas A., *German Histories in the Age of the Reformations, 1400–1650*, Cambridge 2009
Edwards, Mark U., Jr., *Printing, Propaganda and Martin Luther*, Berkeley 1994
Gardiner, John Eliot, *Bach. Music in the Castle of Heaven*, New York 2013
Sanders, Ruth H., *German. Biography of a Language* Oxford, New York 2010
Schilling, Heinz, *Martin Luther. Rebell in Zeiten des Umbruchs*, München ³2014

Schneewittchen gegen Napoleon

Koerner, Joseph Leo, *Caspar David Friedrich. Landschaft und Subjekt*, übers. v. Christiane Spelsberg, München 1998
Martus, Steffen, *Die Brüder Grimm. Eine Biographie*, Berlin 2009
Pullman, Philip, *Grimms Märchen*, übers. v. Martina Tichy, Hamburg 2013
Vaughan, William, *Friedrich*, London 2004
–, *German Romantic Painting*, New Haven 1980
Zipes, Jack, *The Brothers Grimm. From Enchanted Forests to the Modern World*, New York 2002

Eine Nation unter Goethe

Bisanz, Rudolf M., «The birth of a myth: Tischbein's ‹Goethe in the Roman Campagna›», in: *Monatshefte* 80 (1986), S. 187–99
Boyle, Nicholas, *Goethe. Der Dichter in seiner Zeit*, übers. v. Holger Fliessbach, in zwei Bänden:
–, *Goethe I. 1749–1790*, München 1995
–, *Goethe II. 1790–1803*, München 1999
Gage, John (Hg.), *Goethe on Art*, übers. v. John Gage, London 1980
Goethe, Johann Wolfgang von, *Die Leiden des jungen Werther*, in: *Werke*, Hamburger Ausgabe, Bd. 6

Moffitt, John F., «The poet and painter: J. H. W. Tischbein's ‹Perfect Portrait› of Goethe in the Campagna (1786–87)», in: *The Art Bulletin* 65 (1983), S. 440–55
Robson-Scott, William Douglas, *The Younger Goethe and the Visual Arts*, London 1967
Seibt, Gustav: *Goethe und Napoleon. Eine historische Begegnung*, München 2008
Williams, John R., *The Life of Goethe. A critical biography*, Oxford 1998

Die Halle der Helden

Bouwers, Eveline G., *Public Pantheons in Revolutionary Europe. Comparing Cultures of Remembrance, c. 1790–1840*, Basingstoke 2012
Green, Abigail, *Fatherlands: State-Building and Nationhood in Nineteenth-Century Germany*, Cambridge 2001

Ein Volk, viele Würste

Dornbusch, Horst D., *Prost! The Story of German Beer*, Boulder, Colorado 1997
Peter, Peter, *Kulturgeschichte der deutschen Küche*, München [3]2014
Tlusty, B. Ann, *Bacchus und die bürgerliche Ordnung. Die Kultur des Trinkens im frühneuzeitlichen Deutschland*, übers. v. Helmut Graser, Augsburg 2005

Die Schlacht um Karl den Großen

Brose, Eric Dorn, *German History 1789–1871. From the Holy Roman Empire to the Bismarckian Reich*, New York 2013
Coy, Jason Philip, Benjamin Marschke und David Warren Sabean (Hg.), *The Holy Roman Empire Reconsidered*, New York 2010
Forrest, Alan, und Peter H. Wilson, *The Bee and the Eagle. Napoleon, France and the End of the Holy Roman Empire, 1806*, Basingstoke 2009
Siemann, Wolfram, *Vom Staatenbund zum Nationalstaat. Deutschland 1806–1871*, München 1995

Den Geist schnitzen

Chapuis, Julien (Hg.), *Tilman Riemenschneider, c. 1460–1531*, Washington: National Gallery of Arts 2004 (Katalog)
Mann, Thomas, *Sämtliche Erzählungen*, Frankfurt am Main 1981

Brüder der Ostsee

Holman, Thomas S., «Holbein's portraits of the Steelyard merchants: an investigation», in: *Metropolitan Museum Journal* 14 (1979), S. 139–58
Lindberg, Erik, «The rise of Hamburg as a global marketplace in the seventeenth century: a comparative political economy perspective», in: *Comparative Studies in Society and History*, 50 (2008), S. 641–62
Lloyd, T. H., *England and the German Hansa 1157–1611. A Study of their trade and commercial diplomacy*, Cambridge 1991
Tate Gallery, *Holbein in England*, London 2006

Die Eiserne Nation

Clark, Christopher, *Preußen. Aufstieg und Niedergang. 1600–1947*, München 2007
Dwyer, Philip G. (Hg.), *The Rise of Prussia, 1700–1830*, London 2000
Friedrich, Karin, *Brandenburg-Prussia, 1466–1806. The rise of a composite state*, Basingstoke 2012
Gayle, Margot, und Riva Peskoe, «Restoration of the Kreuzberg monument. A memorial to Prussian soldiers», in: *APT Bulletin* 27 (1996), S. 43–45
Haffner, Sebastian, und Ulrich Weyland, *Preußen ohne Legende*, Berlin 1998
Kunisch, Johannes, *Friedrich der Große. Der König und seine Zeit*, München 2011
Paret, Peter, *The Cognitive Challenge of War. Prussia 1806*, Princeton 2009

Nach 1848: Zwei Wege

Hewitson, Mark, *Nationalism in Germany, 1848–1866. Revolutionary nation*, Basingstoke 2010
Levin, Michael, *Political Thought in the Age of Revolution, 1776–1848. Burke to Marx*, Basingstoke 2011
Namier, Lewis Bernstein, *1848: The Revolution of the Intellectuals*, London 1944
Rapport, Mike, *1848. Revolution in Europa*, Stuttgart 2011
Sperber, Jonathan, *The European Revolutions. 1848–1851*, Cambridge 1994

Am Anfang war der Drucker

Füssel, Stephan, *Gutenberg und seine Wirkung*, Frankfurt am Main 1999
Jensen, Kristian, *Incunabula and Their Readers. Printing, Selling and Using Books in the Fifteenth Century*, London 2003
Weidhaas, Peter, *Zur Geschichte der Frankfurter Buchmesse*, Frankfurt am Main 2003

Ein Künstler für alle Deutschen

Bartrum, Giulia, *Albrecht Dürer and His Legacy*, London 2002

Meister des Metalls

Rieger, Bernhard, *The People's Car. A Global History of the Volkswagen Beetle*, Cambridge, Massachusetts 2013
Seelig, Lorenz, *Höfische Pracht der Augsburger Goldschmiedekunst*, München 1995
Thompson, David, *Watches*, London 2008

Wiege der Moderne

Bergdoll, Barry, und Leah Dickerman, *Bauhaus 1919–1933: Workshops for Modernity*, New York: Museum of Modern Art 2009 (Katalog)
Seemann, Hellmut Th., und Thorsten Valk, *Klassik und Avantgarde. Das Bauhaus in Weimar 1919–1925*, Göttingen 2009

Bismarck der Schmied

Augstein, Rudolf, *Otto von Bismarck*, Frankfurt am Main 1990
Darmstaedter, Friedrich, *Bismarck and the Creation of the Second Reich*, New Brunswick 2008
Röhl, John C. G., *Wilhelm II.*, München 2001, in drei Bänden:
–, Die Jugend des Kaisers
–, Der Aufbau der persönlichen Monarchie
–, Der Weg in den Abgrund
Steinberg, Jonathan, *Bismarck. Magier der Macht*, übers. v. Klaus-Dieter Schmidt, Berlin 2015

Die leidende Zeugin

Kollwitz, Käthe, *Die Tagebücher. 1908–1943*, herausg. v. Jutta Bohnke-Kollwitz, München 2012
Prelinger, Elizabeth (Hg.), *Käthe Kollwitz. Handzeichnungen, Druckgraphik, Skulpturen*, übers. v. Martina Tichy, München 1993 (Katalog)

Geld in Krisenzeiten

Coffing, Courtney L., *A Guide and Checklist of World Notgeld 1914–1947 and Other Local Issue Emergency Monies*, Iola, Wisconsin 2000
Fergusson, Adam, *Das Ende des Geldes. Hyperinflation und ihre Folgen für die Menschen am Beispiel der Weimarer Republik*, übers. v. Almuth Braun, München 2011

Ausmerzung der Entarteten

Fischer-Defoy, Christine, und Paul Crossley, «Artists and art institutions in Germany, 1933–1945», in: *Oxford Art Journal* 9 (1986), S. 16–29

Fleckner, Uwe (Hg.), *Angriff auf die Avantgarde. Kunst und Kunstpolitik im Nationalsozialismus*, Berlin 2007

Goggin, Mary-Margaret, «‹Decent› vs ‹Degenerate› art: the National Socialist case», in: *Art Journal* 50 (1991), S. 84–92

Hudson-Wiedenmann, Ursula, und Judy Rudoe, «Grete Marks, artist potter», in: *Journal of the Decorative Arts Society 1850-the Present* 26 (2002), S. 100–19

Levi, Neil, «‹Judge for yourselves!›: The ‹Degenerate Art› exhibition as political spectacle», in: *October* 85 (1996), S. 41–64

Am Tor von Buchenwald

Browning, Christopher, *Ganz normale Männer. Das Reserve-Polizeibataillon 101 und die Endlösung in Polen*, übers. v. Peter Krause, Reinbek 1996

Friedländer, Saul: *Das Dritte Reich und die Juden*, übers. v. Martin Pfeiffer, in zwei Bänden:

–, *Die Jahre der Verfolgung*, München 1998

–, *Die Jahre der Vernichtung*, München 2006

Goldhagen, Daniel Jonah, *Hitlers willige Vollstrecker. Ganz gewöhnliche Deutsche und der Holocaust*, übers. v. Klaus Kochmann, München 1996

Kershaw, Ian, *Hitler*, übers. v. Klaus Kochmann, in zwei Bänden:

–, 1889–1936, München 2000

–, 1936–1945, München 2002

Vertriebene Deutsche

Douglas, R. M., *«Ordnungsgemäße Überführung». Die Vertreibung der Deutschen nach dem Zweiten Weltkrieg*, übers. v. Martin Richter, München 2013

Kossert, Andreas, *Kalte Heimat. Die Geschichte der deutschen Vertriebenen nach 1945*, München 2008

Wiederbeginn

German History in Documents and Images, *Occupation and the Emergence of Two States (1945–1961): 3. Reconstituting German Society*, http://germanhistorydocs. ghi-dc.org/subpage.cfm?subpage_id=i63

Die neuen deutschen Juden

Brenner, Michael u. a., *Geschichte der Juden in Deutschland von 1945 bis zur Gegenwart. Politik, Kultur und Gesellschaft*, München 2012

Elon, Amos, *Zu einer anderen Zeit. Porträt der deutsch-jüdischen Epoche. 1743–1933*, München 2003

Gilbert, Martin, *The Holocaust. The Jewish Tragedy* London 1986

Barlachs Engel

Paret, Peter, *Ein Künstler im Dritten Reich*, übers. v. Klaus Kochmann, Berlin 2007

Deutschland erneuert

Beevor, Antony, *Berlin 1945. Das Ende*, übers. v. Frank Wolf, München 2002

Dank

Dieses Buch ist das Ergebnis einer Zusammenarbeit vieler Menschen. Unser Projekt *Germany: Memories of a Nation – Deutschland: Erinnerungen einer Nation* wurde in drei Stufen realisiert. Die erste wurde entwickelt als Ausstellung für das British Museum; sie wurde dort vom 16. Oktober 2014 bis zum 25. Januar 2015 gezeigt. Sponsoren der Ausstellung waren Betsy und Jack Ryan, Förderung erhielten wir auch von der Salomon Oppenheimer Philanthropic Foundation. Absicht dieser Ausstellung war es, aus der Perspektive des neuen Deutschlands, das nach dem Fall der Berliner Mauer entstanden ist, die komplizierte Geschichte dieses Landes zu betrachten. Einzelne Aspekte dieser Geschichte wurden in einer zweiten Stufe erkundet, einer Folge von Radiosendungen, die British Museum und BBC Radio 4 gemeinsam entwickelt haben. Das Ergebnis der dritten Stufe ist dieses Buch.

Am British Museum hat Rosalind Winton, unterstützt von Joanna Hammond und Sam Stewart, sowohl die Radioserie wie das Buch in jeder Phase ihrer Entwicklung betreut; Max Easterman und Christopher Bond gaben den Radioskripts mit ihrem schriftstellerischen Talent und Können die nötige Form. Mein herzlicher Dank gilt darüber hinaus Clarissa von Spee und Sabrina Ben Aouicha, die – unter der Leitung von Carolyn Marsden Smith und Alasdair Hood – ihr Wissen und ihre Erfahrungen als Kuratorinnen in die Ausstellung und die anderen Teile des Projekts einfließen ließen. Mein größter Dank gilt Barrie Cook, meinem Hauptgesprächspartner und dem Kurator der Ausstellung, der in jeder Phase des Projekts mit seinem anscheinend unerschöpflichen Wissen für Orientierung und Ermutigung sorgte, aber auch – und nicht weniger wertvoll – zur Beschränkung mahnte.

Über drei Jahre haben Jane Ellison, Commissioning Editor von BBC Radio 4 und Joanna Mackle, Deputy Director des British Museum, ihre jeweiligen Teams geleitet, damit *Germany: Memories of a Nation* entstehen konnte. Ohne ihre energische Umsicht wären weder die Sendungen samt der sie begleitenden Websites noch dieses Buch entstanden.

Tony Hall, Director General der BBC, und Gwyneth Williams, Controller of Radio 4, haben mit schützender Hand und Ermutigung zu dieser glücklichen Partnerschaft zweier öffentlicher Organisationen beigetragen. Paul Kobrak, Tonmeister der Documentaries Unit, BBC Radio and Music, hat mich auf ausgedehnten Reisen durch Deutschland begleitet und Aufnahmen produziert, zu deren Gelingen seine unablässige Neugier immens beigetragen hat. John Goudie hat uns während des ganzen Projekts mit seinem unschätzbaren redaktionellen Gespür begleitet. Ebenso unverzichtbar war die Unterstützung, die wir von Clare Walker, Anne Smith und Sue Fleming erhielten. Die Radiosendungen wurden begleitet von einer Website des BBC, für die ich Rhian Roberts und Greg Smith sowie Matthew Cock, Head of Web des British Museum, Dank sagen möchte.

Das Buch wäre nicht entstanden ohne die Professionalität und die Geduld von Stuart Proffitt, Publishing Director von Penguin, der mit seiner grenzenlosen intellektuellen Energie dazu beitrug, dass aus den Radioskripten Buchkapitel wurden. Mein herzlicher Dank geht auch an das Penguin-Team – Marian Aird, Andrew

Barker, Chloe Campbell, Donald Futers, Mark Handsley, Rebecca Lee, Cecilia Mackay, Rita Matos, Michael Page und Kit Shepherd –, die dafür gesorgt haben, dass das Buch rechtzeitig zum 25. Jahrestag des Falls der Berliner Mauer erscheinen konnte.

Schließlich möchte ich allen Experten danken, deren Beiträge sowohl in diesem Buch erscheinen wie auch in der Radiosendung zu hören waren – ihr Wissen war Leitfaden für unsere Recherchen und prägte den Aufbau des ganzen Projekts. Professor Bernhard Rieger hat zu einer der Sendungen beigetragen und darüber hinaus wertvolle Kommentare zu den letzten Kapiteln des Buches geliefert. Last not least gilt mein Dank Detlef Felken von C.H.Beck, dem deutschen Verlag dieses Buchs, der uns mit seinen Kenntnissen der deutschen Geschichte zur Seite stand, viele kreative Vorschläge gemacht und uns vor Irrtümern bewahrt hat. Die noch vorhandenen gehen zu meinen Lasten.

Allen, die zu Idee und Ausarbeitung von *Deutschland. Erinnerungen einer Nation* in seinen unterschiedlichen Erscheinungsformen beigetragen haben, möchte ich von Herzen danken.

Neil MacGregor
Director, The British Museum
Oktober 2014

Register

Kursive Seitenzahlen verweisen auf Abbildungen